ARRESTS

DE LA COVR

PRONONCEZ EN

ROBBES ROVGES.

DEPVIS LE PARLEMENT COMMENÇANT
à la Sainct Martin 1580. iusques à Noël 1621.

COLLIGEZ ET RECVEILLIS PAR M. IACQVES
DE MONTHOLON *Aduocat en ladite Cour de Parlement.*

AVEC DEVX TABLES, L'VNE DES
Arrests, & l'autre des Matieres.

A PARIS,

En la boutique de l'Angelier.
Chez CLAVDE CRAMOISY, au premier pilier
de la grand' Salle du Palais.

M. DC. XXII.

AVEC PRIVILEGE DV ROY.

ADVIS AV LECTEVR,
SVR LE SVBIECT DE CE LIVRE.

A vacation du Palais seroit tres-difficile & incertaine pour la resolution des difficultez qui s'y presentent, si elle n'estoit soulagée par la decision des Arrests qui se prononcent en Robbes Rouges solemnellement, comme estans des Arrests que la Cour choisit & recognoist deuoir faire loy pour la resolution des questions qui ont esté iugées par iceux. Il se donne grand nōbre d'Arrests dans le Parlement, mais la Cour ne les nous donne pas tous pour loy & pour regle en la decision des procés & des causes qui se presentēt : elle fait choix de ceux qui ont decidé quelque question remarquable, soit en poinct de droict, soit en interpretatiō des Ordonnāces ou des Coustumes : elle ne veut pas que l'on abuse des Arrests, & que l'on prēne tel Arrest qui aura esté donné sur vne hypothese & question particuliere, sur quelques circonstances, ou sur ce qui estoit de faict entre les parties, pour des resolutions generalles, & dont il se faille seruir en toutes occurrences, encores qu'il semble qu'elles soient pareilles, parce que l'on ne sçait pas les particularitez du

ā ij

procés, & que l'on s'y pourroit tromper. Elle faict
choix des Arrests qui ont vuidé & decidé les quèstions
qui se pourroient rencontrer au faict desdits Arrests,
& pour cela l'on les appelle Arrests generaux; & souuent apres la prononciation d'iceux, Meßieurs les
Presidens qui les pronõcent nous aduertißent de ce que
nous deuons apprendre de l'Arrest qui a esté prononcé,
& quelle maxime a esté iugée, quelle question, quelle
difficulté. Ce que nous sçauons tous auoir esté soigneusement obserué par feu Monsieur le Premier President de Harlay, & à present fort particulierement
par Monsieur le Premier Presdent de Verdun, &
entre autres de Meßieurs les autres Presidens, par
Monsieur le President Seguier. Außi nous auons
apprins de Meßieurs les Gens du Roy en la plaidoirie
que ce sont les vrais Arrests que l'on doit alleguer &
desquels l'on se doit seruir aux causes & procés, les
autres n'estans publics ny prescripts aux Aduocats
pour s'en seruir, ayans peu estre donnez sur des faicts
particuliers, comme la plus part des causes & procés
se iugent sur des circonstances particulieres. C'est
doncques l'intention de la Cour que ces Arrests generaux soient tenus pour regles, loix, et maximes au
Palais; ce qui ne peut estre s'ils ne sont mis en lumiere,
& transmis à la posterité: autrement estans ignorez,
ils ne peuuent estre gardez & obseruez pour reigles &
decisions aux questions qui ont esté iugées par lesdicts
Arrests: voire il est aduenu que l'on a prononcé des
Arrests en Robbes Rouges en vne pareille question qui

auoit deſia eſté iugée par autre Arreſt prononcé auparauant ſolemnellement, et en Robbes Rouges, parce
que ces Arreſts n'eſtans venus en public, la memoire
en eſtoit perduë : comme auſſi le Barreau changeant
de temps en temps, les Aduocats qui viennent les vns
apres les autres, ne ſçauent que les Arreſts qu'ils ont
ouy prononcer, ſi par occurrence ils n'en ont apprins
quelqu'vn des anciens, prenant leur aduis ſur quelques difficultez : & d'ailleurs, l'on ſe contente bien ſouuent de les auoir ouy prononcer; ce qui faict que la memoire eſtant labile, ils s'oublient : mais quand l'on
ſçait qu'ils ſont mis en lumiere, l'on y a recours ſ'il ſe
preſente quelque queſtion ou difficulté importante, &
les Aduocats au moins en reçoiuent de l'inſtruction à
meſure qu'ils viennent au Palais. Ces conſiderations
m'ont faict prendre reſolution de tirer de mes Collections tous les Arreſts qui ont eſté prononcez en Robbes Rouges depuis que ie ſuis venu au Palais, qui fut
au Parlement commençant à la Saint Martin 1580.
iuſques au dernier Arreſt qui fut prononcé par
Monſieur le Premier Preſident à Noël 1621. qui
ſont au nombre de cent trente-huit. Ils ſont ſommai-
rement redigez, pour ſeruir comme d'Index ou Som-
maire inuentaire, mon but ayant eſté de donner au
public, ce que nous auons apprins des reſolutions de la
Cour, & deciſions qu'il luy a pleu nous apprendre
eſtre iugées pour ſeruir de loy & de regle en pareilles
queſtions & difficultez : ce qu'elle nous oblige de ſçauoir par ceſte prononciation publique, & non d'en

ſçauoir les raiſons, leſquelles ſont bien ſouuent toutes
autres que celles qui ont eſté deſduictes par les parties.
Auſſi qu'à des Arreſts donnez, il ne faut plus de raiſons, leſquelles ſeruent ſeulement quand ils ſont à donner : C'eſt pourquoy i'eſpere eſtre excuſable ſi redigeant
des Arreſts ſi celebrement prononcez, auec tant d'au-
ctoritez tirées de toutes ſortes de ſciences, et auec vne ſi
admirable parure & doctrine, ie ne leur ay donné que
l'ame & la ſubſtance, les mettant quaſi à nud, n'ayant
regardé ny conſideré que le neceſſaire, puis que c'eſt ce
que la Cour veut qui nous demeure, puis qu'à la fin de
la prononciation, elle nous apprend ce que nous en
deuons retenir, & à quoy nous nous en deuons ſeruir.

TABLE DES ARRESTS
CONTENVS EN CE LIVRE.

TABLE.

TABLE.

ẽ ij

ē iij

TABLE.

FIN.

PRIVILEGE DV ROY.

LOVYS par la grace de Dieu Roy de France & de Nauarre, A nos amez & feaux les Gens tenans nos Cours de Parlement de Paris, Rouen, Thoulouse, Bordeaux, Rennes, Aix, Dijon & Grenoble, Preuost de Paris, Seneschaux de Lyon, Poictou, Anjou, Baillifs & Preuosts, & à tous autres nos Iusticiers & Officiers qu'il appartiendra, Salut : Nostre bien amé Claude Cramoisy marchand Libraire en nostre ville de Paris, Nous a faict remonstrer qu'il luy a esté mis en main vn Liure intitulé, *Arrests de la Cour prononcez en Robbes Rouges, depuis le Parlement commençant à la S. Martin 1580. iusques à Noël 1621. Colligez & recueillis par M. Iacques de Montholon Aduocat en ladite Cour de Parlement*. Lequel Liure il desireroit faire imprimer, mais il craint qu'apres les grandes despenses qu'il a faites, & luy conuient encores faire pour la perfection dudit Liure, autres Libraires & Imprimeurs voulussent faire le semblable, qui seroit à sa ruine, Nous requerât sur ce luy pouruoir de nos Lettres. A ces cavses desirans fauorablement traicter ledit exposant, & que son trauail & commodité qu'il employe iournellement pour faire voir au public choses vtiles & de merite, ne luy soient inutils, luy auons permis & octroyé, permettons & octroyons de grace speciale par ces presentes, d'imprimer ou faire imprimer ledit Liure en telle marge, caractere & volume qu'il aduisera, & tant de fois que bon luy semblera, iceux mettre & exposer en vente & distribuer pendant le temps & espace de six ans à commencer du iour qu'il sera acheué d'imprimer, faisant tres-expresses inhibitions & defenses à tous Libraires & Imprimeurs de nostre Royaume, estrangers y traficquans, & autres personnes de quelque estat, qualité & condition qu'ils soient, de ne troubler ny empescher aucunement ledit Cramoisy en la iouissance de ceste nostredite permission, de n'imprimer ou faire imprimer ledit Liure en quelque sorte & maniere que ce soit, ny susciter les estrangers à ce faire, de n'en vendre & distribuer aucuns exemplaires, que de ceux qui auront esté imprimez par ledit exposant, ou de son consentement, sur peine aux contreuenans à ceste nostre volonté, de deux mille liures d'amende, & de confiscation de tous les exemplaires qui se trouueront auoir esté contrefaits, le tout au profit dudit Cramoisy : A la charge d'en mettre deux exemplaires en nostre Bibliotheque publique à present gardée au Couuent des Cordeliers de ceste ville de Paris, auant que de les exposer en vente, suiuant nostre reglement. Si vovs mandons que du contenu en ces presentes vous faciez, souffriez & laissiez iouir plainement & paisiblement ledit Cramoisy, & de proceder à l'encontre des contreuenans à icelles par toutes voyes deuës & raisonnables, nonobstant oppositions ou appellations quelconques, pour lesquelles & sans preiudice d'icelles ne voulons estre differé. Et d'autant que de ces presentes l'on pourra auoir affaire en plusieurs & diuers lieux, Nous voulons qu'au vidimus d'icelles faict sous seel Royal, ou collationné par l'vn de nos amez & feaux Conseillers & Secretaires, soy soit adioustée comme au present original. Voulons en outre que mettant au commencement ou à la fin dudit Liure, ces presentes, ou vn bref extraict d'icelles, qu'elles soient tenuës pour deuëment signifiées. Car tel est nostre plaisir. Donné à Paris, le 4. iour de Feurier, l'an de grace 1622. Et de nostre regne le douziesme.

Signé, Par le Roy en son Conseil.　　　　　　　　　　　RENOVARD.

ARRESTS

ARRESTS PRONONCEZ

EN ROBBES ROVGES, AV
PARLEMENT DE PARIS, DEPVIS LE PAR-
lement commençant à la sainct Martin 1580. iusques
au Parlement finissant à la Nostre Dame de Septembre 1621.

LAIGS,

D'yne notable somme, à distribuer par le Curé, selon l'intention
du testateur declaree audit Curé en confession.

ARREST I.

AISTRE François Pelletier Curé de sainct
Iacques de la Boucherie, en la ville de Paris, se
constituë demandeur, contre les heritiers de
deffunct Iacques Perdrier, Seigneur de Rosay,
qui estoient heritiers collateraux, à ce qu'ils
eussent à luy bailler, & mettre entre mains, la
somme de trois mil escus, pour l'employer se-
lon la volonté du deffunct, laquelle il luy auoit declaré en Confession, lesdits heritiers demandent qu'il soit tenu de declarer à quoy
se deuoit faire l'employ de ladicte somme, & outre soustenoient
n'estre tenus deliurer ladicte somme, parce que le deffunct estoit
decedé peu apres ceste Confession, que souuent ceux qui sont tour-
mentez de maladie, ordonnent beaucoup de choses, qu'ils ne seroient s'ils auoient le iugement plus sain, *sæpe multùm peccatur,* en
telles extremitez, *l. seruo alieno §. inept. de leg.* 1. & côme disoit vn an-

A

cien, *lingua loquuta est, nescio quid, titubante animo, non sponte, sed altis expugnata malis, & summo victa dolore*, comme ils mettoient en faict, que ceste somme ne deuoit estre mise entre les mains dudit demandeur, que pour la deliurer à la femme du deffunct, par les inductions de ladicte femme, que c'estoit pourquoy ils requeroient qu'il eust à declarer à quoy il deuoit faire l'employ de ladicte somme, que autrement se feroit faire ouuerture aux inductions, & suggillations, fraudes, & suppositions, contre lesquelles la Iustice tient la main, comme prohibee par les loix particulierement par la loy *fin. si quis aliquem testari proh.* & en la loy *captatorias institut. de hæred. inst.* Le demandeur soustenoit, n'estre tenu de declarer ce qui luy auoit esté dit en confession, sans encourir vn crime de leze Majesté diuine, à cause du Sacrement, de l'essence duquel est le secret, cessant lequel il faudroit abolir ledit Sacrement; ainsi que nous apprenons des Conciles, *ex Concilio Cabilonensi cap.* 33. Celuy de Latran tenu sous Innocent troisieme, *can.* 8. *sect.* 19. Celuy de Trente *Session.* 14. *cap.* 5. que par la loy Theopompus, qui est decisiue, *de dote leg.* celuy auquel le deffunct a declaré sa volonté doit estre creu, *quanto magis* en ce qui est du Sacrement de Confession, que les dispositions doyuent estre estroittement gardees, *l. 1. cod. de sacros. Ecclef. l. 1. ad l. falcid. l. cum pater §. filius matrem de leg.* 2. l'Auth. *de nup.* dit, *disponat testator, & erit lex* - l'Auth. *de hæred. & falcid.* dit, *Vna est legis intentio, Vt quæ à morientibus disposita sunt impleantur.* Pline en ces epistres disoit, *hanc misi legem dixi, Vt voluntates deffunctorum & si lege deficerentur, eas ratas tuerer.* Et particulierement pour ce qui est des fidei commis, & restitutions qui se doyuent faire selon la volonté du testateur, il est fort precis en droict. que celuy qui est chargé de telle restitution, s'en doit fidellement, & entierement acquiter, *l. fideicommissa §. Item si quis, & l. quisquis de leg.* 3. *l. cum virum cod. de fidei. l. ex facto §. penult. ad Senatusconf. Trebel.* Et les Docteurs sur ceste loy, *Boërius decis.* 38. *l. filius f. §. cum autem de legis.* Le Preuost de Paris auoit ordonné que deliurance seroit faicte par les heritiers, au demandeur de ladicte somme, sans qu'il fust tenu declarer à quoy elle deuoit estre employee, apel par lesdits heritiers Par Arrest prononcé par Monsieur le premier President de Thou à Noël 1580. la sentence a esté confirmee. Faut noter, que ledit Curé auoit affirmé deuant l'vn de Messieurs, que la vefue ne participoit à la somme leguee. L'Arrest est rapporté par Robert *lib.* 1. *cap.* 3. fort au long.

Vn Notaire, qui est creancier de celuy qui constituë rente sur soy,
receuant le contract, se preiudicie, estant dict par ledit
contract, que les heritages ne sont obligez
à autre creancier.

ARREST II.

VNE femme, nommee Prian, constituë rente de
cent liures à vn notaire de Paris, nommé Payen; à laquelle rente estoit obligee vne maison, size en la ville de Paris, quelque temps apres ledit Payen reçoit
vn contract de constitution de rente, que ladicte
Prian constituoit sur elle, & par le cōtract, ladicte maison est pareillement obligee laquelle dicte Prian declare nestre obligee à aucun
autre, estāt deuës quelques annees d'arrerages de ceste derniere rē-
te, le creancier fait saisir ladite maison. Se meut different sur l'ordre
des creanciers, le decret estāt faict entre ledit creācier, & ledit Payē
qui s'estoit opposé audit decret, sur leur preference, le Notaire sou-
stiēt qu'il doit estre preferé, *quia prior tempore, l. si prior §. vlt. qui pot.*
in pign. hab. Le creancier dit, il y a du dol de vostre part, d'auoir teu
vostre hypoteque lors que le contract a esté passé, & receu par vous
& d'auoir exprimé, que la maison n'estoit obligee à aucū auparauāt,
ou en tout cas vous auez remis vostre hypotecque: Le Notaire replique, que ce n'estoit luy qui cōtractoit, ny qui parloit au cōtract,
que les Notaires receuās des contracts, ils escriuēt ce qu'on leur dit,
qu'estās personnes publiques, ils ne se pouuoiēt faire preiudice, *quia*
nemini debet esse officium suum damnosum. l. præcepit cod. de cau. largit.
tribut. lib. 10. cod. Et Bart. qui le traicte là: D'ailleurs, qu'il est obligé de tenir secret ce qui concerne les parties, desquelles il reçoit les
contracts: Que les Notaires ne le doyuent declarer à personne, ny
faire voir aucuns des contracts qu'ils reçoyuent, si ce n'est par ordonnance de Iustice, qu'ils sont Iuges cartulaires, & se doyuent
comporter enuers les particuliers, comme font les Iuges, lesquels
ne suppléent iamais rien de ce qui est du faict. Outre ce qui est dit,
& allegué par les parties, quand mesme il en auroit cognoissance en
particulier, & qu'il sçauroit que ce qui est mis en fait par les parties,

A ij

eſt faux, parce qu'ils ne doyuent iuger que ſur ce qu'ils ſçauër, comme Iuges. De meſme les Notaires ne doyuēt inſerer aux contracts,
que ce que les parties leur font eſcrire, fors ce qui eſt du ſtil, encores qu'ils ſceuſſent le contraire, en autre qualité que de Notaire; autrement ils violeroient la foy publique , & la fidelité qu'ils doyuēt
garder à ceux qui les employent , & s'ils en auoient autrement vſé,
perſonne ne ſe voudroit plus fier à eux , & partant cōme ils ne ſont
tenus deſcouurir les debtes de ceux qui s'obligent par les contracts
qu'ils reçoyuent, encores qu'ils ayent cognoiſſance deſdictes debtes, pour en auoir reçeu les contracts , nonobſtant que lon leur fiſt
appoſer par le dernier contract, que les biens deſdits contractans,
ne ſont affectez, obligez, ny hypotecquez à aucun autre, parce que
les parties, auſquelles telles declarations ſont faictes, peuuent pour-
ſuyure ceux auec leſquels ils ont contracté, comme ſtelionataires
pour auoir declaré que leurs heritages eſtoient francs & deſchar-
gez de toutes debtes, & hypotecques. Ainſi ne ſont tenus leſdits
Notaires declarer ce qui leur peut eſtre deub , par les parties con-
tractantes, encores que celuy qui prend de l'argent à rente declare
ne deuoir aucune choſe, parce que ceſte declaratiō n'eſt faite par le
Notaire, & receuant vn contract, il le reçoit *tanquam nudus miniſter*,
& comme Officier public pour receuoir les contracts des parties,
A cela reſpondoit le creancier, qu'vn Notaire, quoy que perſonne
publique, n'eſt pas exempt de ſe comporter en homme de bien,
pouuant refuſer de receuoir vn contract , ſi l'on luy veut faire inſe-
rēr quelque choſe cōtre verité , & preiudiciable à ceux qui contractent, parce qu'il reçoit le contract tant pour l'vne que pour l'autre
des parties, & doit autant de fidelité, & loyauté à l'vne qu'à l'autre:
car en refuſant de receuoir le contract, il donnera ſubject de ſe de-
fier à celle des parties, que l'on veut tromper, & s'abſtiendra de contracter, tout ainſi que le Iuge qui ſçait la verité , au contraire de ce
qui eſt allegué en vn procés, par les parties, ou l'vne d'icelles, pour
ne faire iniuſtice, ſe doit abſtenir, s'il peut du iugement du procés,
& laiſſer iuger les autres. Mais particulierement, quand vn Notaire
eſt creancier de celuy qui luy faict eſcrire qu'il n'a point de creancier, pour circonuenir celuy auec lequel il contracte : Il a occaſion
de croire, que cela eſtāt eſcrit par luy meſme qu'il ſe fait preiudice,
& qu'il pert ſon hypotecque à l'égard de celuy qui eſt rēdu creācier
par ledit contract, ne ſe pouuant excuſer de dol, colluſion, & intelli-
gence auec la partie, qui fait vne declaration contre verité, *in necem*,
de celuy, qui croit eſtre veritable ce que l'on luy dict, ayant moyen

de se deporter de receuoir tels contracts, comme il a esté dict : car la loy *si deinsser* § *pater de pign.* dict que celuy qui *scripsit sua manu*, vn acte ou contract, qui luy peut faire preiudice, perd son droict & son hypoteeque, la loy *Caius de pign. act.* dit, que *qui contradicendo*, estant present en vn contract, *impedire potuit*, *sibi preiudicat*, s'il ne contredict ce qui le regarde, qui est interé au contract, ou en l'acte, mesme *si subscripserit*, *& scinerit contentum in actu*, se dit Bart. sur ceste loy, la loy *Titius* §. *Titius quib. mod. pign. soluit*. dit le mesme Le Preuost de Paris ordonne que le creancier sera preferé audict Payen. appel. Par Arrest prononcé à Pasques 1581. l'appellation au neant, ce dont est appellé sortira son effect. Robert a encores rapporté cest Arrest amplement, *lib. 9. cap. 19.*

La faueur des pauures ne rend vn testament valable,
qui n'est solemnel.

ARREST III.

S E I V S faict son testament, par lequel il donne tout son bien aux pauures, n'ayant que des meubles & acquests, desquels il pouuoit disposer par la coustume de Paris, sous laquelle il estoit demeurant, declare par ledit testament qu'il vouloit estre enterré à saincte Catherine du Val des escoliers, au bas d'iceluy il escrit ces mots, ce mien testament a esté escrit par mon seruiteur, & l'ay sousscript. Quelque temps apres il en faict vn autre, par lequel il change le lieu de sa sepulture, & declare qu'il veut estre enterré en l'Eglise de S. Paul, & laisse à l'œuure de ladicte Eglise quelque somme de deniers, ne faict aucune mention du premier Testament. Apres le decez du Testateur, Monsieur le Procureur General ayant descouuert ce premier testament, faict appeller les heritiers du deffunct pour se voir condamner faire deliurance aux pauures, de tous les biens tant meubles, que immeubles delaissez par ledit deffunct, suyuant ledict testament. Lesdicts heritiers deffendent, & disent que ledict testament est nul, n'y ayant esté gardees aucunes des formes & ceremonies requises par ladicte Coustume de Paris, en l'art. 289. pour faire vn testament valable, n'estant escrit entierement de la main du testateur, ny receu par le Curé ou son Vicaire en presence de trois

tefmoins, ny par deux Notaires, ou vn Notaire en prefence de deux
tefmoins, comme il eft requis par ledit article. *Tum* que le Teftateur a fait vn teftament pofterieur à celuy-là, lequel encores qu'il
ne porte reuocation expreffe dudit premier teftament, fi eft-ce
qu'en ce qu'il porte changement de la fepulture ordonnee par ledit Teftateur, par fon premier teftament, que cela opere vne reuocation taifible dudit premier teftamēt par vn texte remarquable &
finguliçr en la loy *alumnæ* §. *Seia de adim. leg.* Monfieur le Procureur
General replique, que la confideration des pauures eft telle, & fi
grande, que l'on tient en droict *ex imperfecto teftamento legata facta*
pauperibus, Vt & alia pia legata deberi. Bart. le traitte *in l. in refta-*
mento de fideicom. libert. En la loy *id quod cod. de epifc. & cler.* Il eft
porté, *id quod pauperibus teftamento Vel codicillis relinquitur, non Vt*
incertis perfonis relictum, euanefcat, fed omnibus modis ratum firmūmque
confiftat. La loy *Titia* §. *Seia de auro & arg. leg.* Faict voir combien
eft grande *In legato.* La faueur de telles difpofitions faictes en faueur des pauures, *& caufe piæ.* Et cefte faueur eft telle, que ce qui a
efté laiffé *In piam caufam,* ne peut iamais eftre reuoqué ou Interuerty : *l. legatū de Vfuf. leg.* Auffi les pauures eftās cōfiderez en la neceffité extreme en laquelle ils font, *quibus Vix ad tectum neceffariū, aut*
ad locum fepulturæ fuus pateat ager, cōme dit Tite Liue, Qui n'en auroit extreme pitié pour procurer, que ce qui leur a efté laiffé, ne
leur foit enuié, ou emporté fous pretexte d'vne formalité en vn
teftament, lequel *liquido conftat,* auoir efté fait par le Teftateur,
l'ayāt figné & foufcrit de fa main. *Euidentia facti,* dit Cic. *eft maxima*
probatio, n'eftāt confiderable que ledit Teftateur a fait vn pofterieur
teftament à ceftui-la, car en France nos teftamens ne font que co-
dicilles : Et quand l'on en auroit fait vne douzaine, ils fubfiftent
tous, s'il n'y auoit reuocation expreffe des precedens teftamens,
par le dernier. Auffi ladicte couftume de Paris art. 292. dit que infti-
tution d'heritier n'a lieu, qui eft à dire en effect que les teftamens ne
font obferuez par la forme du droict efcript, auquel la regle a lieu,
que : *Pofteriore teftamento prius reuocatur,* quand l'vn & l'autre eft folemnel, ce qui n'a lieu en France, mefme à Paris, comme il a efté
dit, s'il n'y a reuocation expreffe. A cela refpondoient les heritiers,
que quelque faueur que meritent les pauures, qu'elle n'eft tou-
tefois telle qu'elle face fubfifter vn teftament qui n'a fa forme effen-
tielle, qui font les folemnitez requifes, pour la validité d'vn teftament, de laquelle forme l'on ne peut rien remettre. Bart. *in l. nemo*
de leg. qui dit que *huic formæ nihil addi aut detrahi poteft,* & y eft auf-

si expresse la loy *cum antiquitas cod. de testam.* non pas mesme quand le Testateur seroit malade de peste, comme ils l'ont tous traitté sur ceste loy *casus cod. de testam.* parce que les actes, mesmes les testamens ne subsistent, & ne sont recognus pour testamens que quand l'on les void auoir leur forme & solemnitez requises, pour les faire tenir & reputer pour testamens, & pour cela ce sont scrupules que ces formes-là, aussi bien que celles des retraicts, & autant aux vns qu'aux autres *qui cadit à syllaba cadit à toto*, Cela a esté iugé par arrest du 30. Decembre 1593. en la coustume de Paris, laquelle porte audit art. 289. que le testament pour estre valable doit estre dicté & nommé par le Testateur aux Notaires : Se trouue vn Testateur lequel dicte son testament, & le signe, le porte aux Notaires, leur declare qu'il a dicté & nommé ledict testament, & signé, lesquels Notaires luy lisent & relisent, & font mention que le Testateur leur à declaré l'auoir dicté, & nommé. Et neantmoins par ledict Arrest, ledict testament a esté cassé, parce qu'il n'auoit esté dicté & nommé aux Notaires mesmes, mais le Testateur leur auoit dict qu'il l'auoit dicté & nommé, *quia nihil sit per aequipollens*, où il va de recognoistre la volonté du Testateur, il y faut satisfaire, *in forma specifica*, Et si l'on la changeoit pour vne consideration, comme pour la faueur des pauures, il escherroit tousiours quelque cause ou consideration qui la feroit aussi changer, & parce moyen il n'y auroit rien de certain & asseuré, en vn acte si important. Ce qui fut cause qu'en la redaction de ladicte Coustume de Paris, les Commissaires ne voulurent auoir aucun esgard aux remonstrances qui furent faictes pour aporter quelque limitation ou exception à l'aage requis par l'art. 283. pour faire testament, & excepter dudict article, ceux qui entreroient en Religion, & qui feroient profession, estant mis en consideration, comme il appert par le procés verbal de ladicte Coustume, que ceux qui se rendoient Religieux auoient pouuoir de disposer de leur personne à seize ans, suyuant les Conciles, qu'il estoit plus raisonnable qu'ils eussent aussi pouuoir de disposer de leurs biens à mesme aage, & n'attendre l'aage de vingt ans, comme il est porté par ledict article, & neantmoins fut ordonné que l'article demeureroit comme il auoit esté arresté. Estant certain que tous ceux qui font des testamens ont le principal interest à ceste rigoureuse obseruatiõ, comme il est dit au §. *plane inst. de milit. test.* autrement il seroit aysé de supposer des testamens. Au faict particulier il paroist que le Testateur ne s'est tenu à ce pretendu testament lequel il a sceu estre nul, en ayãt faict vn autre solemnel, lequel sans

doubte reuocque par effect le precedent, qui n'a iamais esté testament, n'estant la question de sçauoir si vn testament solemnel est
reuoqué par vn posterieur : mais de sçauoir si n'y ayant qu'vn testament solemnel, l'on reputera pour testament vn acte qui n'a aucune forme de restament, & encores à l'effect de le faire preualoir à
vn testament qui a les solēnitez requises par la Coustume, qui est v-
ne doute destituee de toute raison, & qui n'est fondee ny en droict,
ny en coustume. Et a esté iugé par Arrest du 27. Iuillet 1598. à l'audience, qu'vn testament fait en pays de droict escrit, qui n'auoit
sept tesmoins ne pouuoit reuoquer vn autre testament & qu'il ne
suffisoit de cinq tesmoins pour reuoquer vn testament solemnel,
combien qu'en la loy *hac consultissima* §. *si quis cod. de test.* Il soit
decidé que pour vne nude & simple reuocation de testament il suffit cinq tesmoins, à cause qu'au faict de ceste cause le testament
qu'on reuoquoit ostoit la succession à l'heritier *ab intestat*, qui auoit
esté institué par le premier testament, qui est vne fallace de ladicte loy *hac consultissima* : Mais icy l'on veut faire operer vne reuocation à vn testament non solemnel, d'vn solemnel contre la volonté du Testateur, qui seroit vne grande iniquité. Par Arrest à la
mesme prononciation, sans auoir esgard au premier testament,
Les heritiers sont enuoyez absous, en baillant suyuant leur offre
deux cens escus aux pauures.

Les heritiers du mary sont tenus consentir l'insinuation d'vne
donation faicte à la femme par contract de mariage,
par ledict mary.

ARREST IV.

TITIVS faict vne donation à sa femme, par contract
de mariage. Titius meurt sans que ladicte donation
soit insinuee, le mariage ayant duré quelques annees,
la vefue faict appeller les heritiers de son mary, n'e-
stans suruenus aucuns enfans dudit mariage, pour
consentir l'insinuation, pardeuant le Bailly de Mascon, ou son Lieu-
tenant. Ils soustiennent que par l'ordonnance de Moulins art. 58.
la donation n'ayant esté insinuee dans les quatre mois, est nulle
à l'esgard

à l'esgard auſſi bien de l'heritier, que du creancier. Ladite veu-
ue reſpond que c'eſtoit à ſon mary de faire inſinuer ladite donation, ayant le mary la direction de tout ce qui concerne les
droicts & actions de ſa femme, pour faire qu'elle y ſoit entierement conſeruée, ſans y receuoir aucun preiudice, comme
maiſtre de la communauté : ce qui eſt vniuerſel, & tant de la
diſpoſition du droict eſcrit, encores qu'il n'y ait point de communauté en pays de droict eſcrit, *in l. ſciendum. §. ſi fundus. qui
ſatiſd. cogant.* & en la loy premiere *de fundo dotali* : que par toutes nos Couſtumes, meſmes par celle de Paris, *qua eſt inſtar omnium*, eſtant compilée des Atreſts de la Cour : auſſi qu'il eſt dict
de Paris, que *eſt orbis in vrbe* : Et cela eſt ſi conſtant, que perſonne n'ignore, que la femme ne ſe peut entremettre d'eſter à droit,
ny de contracter, ou faire aucun acte que ce ſoit, ſans l'authorité de ſon mary, qui paroiſſe par eſcrit; autrement tout ce qu'elle faict eſt nul, ſe deuant gouuerner de l'aduis & conſentement
de ſon mary, & par ſon authorité, non ſeulement en pays Couſtumier, mais auſſi en pays de droit eſcrit, (auquel les parties
ſont demeurantes, entre leſquelles ce procez s'eſt meu,) comme
le remarque Iean Fabre ſur le §. premier aux Inſt. *ad Senatuſ-
conſ. Tert.* & ſur la loy premiere, *Cod. de bon. mater.* Si donques
ſon mary a eſté tenu de faire faire ladite inſinuation, par conſequent auſſi ſes heritiers, qui ſont tenus de ce qui eſt des faicts &
promeſſes dudit defunct, ſont tenus de faire faire ladite inſinuation, ou du moins la conſentir, eſtans tenus en ladite qualité
d'heritiers, de tout ce que ledit defunct eſtoit tenu; lequel s'il
viuoit, pourroit eſtre contrainct de la faire faire, comme il a eſté
iugé par l'Arreſt, que l'on appelle vulgairement l'Arreſt de Pel-
lerin. Leſdits heritiers reſpondoient à cela, que l'heritier du
donateur peut debattre vne donation de nullité, faicte par celuy duquel il eſt heritier, faute d'inſinuation, encores que le
donateur ne la peut debatre, & qu'il peut eſtre contrainct de
conſentir l'inſinuation, *quia hoc habet* l'heritier par ladite Ordonnance de Moulins, qui declare les donations nulles, faute d'inſinuation dans les quatre mois, meſmes à l'eſgard de l'heritier
du donateur. Que la plus grande difficulté eſt en ce que ladicte
veufue ſouſtient que c'eſtoit audit defunct ſon mary de la faire
inſinuer; en quoy il faut conſiderer, que l'obmiſſion de l'inſinuation ne pouuant eſtre arguee de dol, ou de mauuaiſe foy du
defunct, ayant veſcu en bon meſnage auec ſa femme, eſtant à

B

present decedé, & les heritiers trouuans ce defaut, qui rend ladite donation nulle, *tus habent à lege*, qui est l'Ordonnance, de
pouuoir debatre ladite donation, encores qu'ils soient heritiers
dudit defunct, car ladite Ordonnance permet à l'heritier de debatre vne donation faicte par celuy duquel il est heritier, si elle
ne se trouue insinuée dans les quatre mois, du moins du viuant
du donateur. L'on ne peut donques dire qu'estans heritiers ils
sont tenus de ce que le defunct estoit tenu de faire. Il n'y auroit
que le dol, & la fraude, qui empescheroiēt qu'ils ne peussent profiter dudit dol, & fraude. *Atqui* la veufue ne peut pretendre
qu'il y ait aucun dol, ny fraude, & peut sçauoir que l'obmission
de ladite insinuation n'est venuë que de l'ignorance qu'a euë
ledict defunct de l'Ordonnance, ou pour n'y auoir aduerti ; ce
qui aduient souuent à ceux mesmes qui sont entendus aux affaires de la Iustice ; ce qui paroist par la grande multitude des
procez, qui se presentent, & qui se sont presentez iusques à present, pour l'obmission des insinuations des donations qui, ont
esté debatuës à ceste occasion. Que l'on se doibt representer
que quelque direction des droicts & actions de la femme, qu'ait
le mary, que l'on ne la peut dire estre plus obligatoire, que celle qu'a le tuteur, pour ce qui est des biens & droicts de son pu-
pille, & neantmoins l'on n'a point encores veu qu'il y ait eu aucun tuteur condemné enuers le mineur, pour telle obmission
d'insinuation de donation qui ait esté faite à vn mineur, duquel
il estoit tuteur. Que ceux qui sont heritiers du donateur sont
bien moins tenus, & obligez de faire valider ladite donation,
ayant pouuoir par l'Ordonnance de la debatre, quoy qu'heritiers, faute d'insinuation. La veufue disoit à cela, que la question qui se presentoit, n'estoit pas pour vne donation qui luy ait
esté faite par autre que par son mary, de l'insinuation de laquelle
l'on vueille rendre les heritiers de son mary responsables ; mais
il est question d'vne donation à elle faicte par sondit mary, par
leur contract de mariage, sans laquelle le mariage n'eust esté
faict, dequoy l'on ne la sçauroit indemniser, qu'en faisant sortir effect à ladite donation, par ceux qui sont heritiers de sondit mary. Et ne se pourroit imaginer vne plus grande tromperie
en vn mariage, que d'oster à vne femme, par les heritiers de son
mary, ce qui a esté cause du mariage, & à faute dequoy il n'eust
iamais esté accordé ; qui est cause que l'on fauorise tant en Iustice les contracts de mariage, & l'entretenement des clauses &

conuentions apposées en iceux, si ce n'est d'autant que l'on presume, que sans chacune desdites clauses & conuentions prinses
en particulier, le mariage ne se fust fait; lequel ne se pouuant
plus rompre, ny les parties s'en resilir; il est tres-iuste, & tres-
necessaire de faire sortir effect à tout ce qui a esté conuenu, &
accordé par lesdits contracts. Et quant à ce qu'on dic, que son
mary a ignoré, ou peu ignorer ladite Ordonnance, ou qu'il n'y
auroit aduerty: L'on respond en vn mot, qu'il y a vne reigle de
droict, commune, & vulgaire, qui dit que *imperitia culpa annume-
ratur*, & par consequent, les heritiers sont tenus de reparer cette faute, comme eust esté le defunct. Par sentence du Iuge de
Mascon, les heritiers sont absouz. Appel: Par Arrest prononcé
à la Pentecoste 1581. l'appellation & ce au neant; en emendant
la Cour ordonne que les heritiers seront tenus consentir ladite
insinuation.

La mere comme heritiere des meubles, succede à sa fille, aux
deniers prouenus d'vne rente racheptée, le remploy n'e-
stant fait lors du deceds de ladite fille.

ARREST V.

VT . contracté mariage entre vn nommé Henne-
quin, & Marie Iannette. Par le contract de mariage, il est porté que les propres de l'vn des deux, s'ils
ne se trouuoient en nature lors de la dissolution du
mariage, seront remployez au profit de celuy au-
quel ils appartenoient. Le mary decede, laisse vne fille, la mere
en a la garde bourgeoise: ceste fille vient à deceder, laissant sa
mere viuante: six mois auant le deceds de ladite fille, deux rentes qui luy estoient escheuës par la succession de son pere, &
qui estoient propres audit pere sont racheptées. L'oncle de la
fille heritier des propres de ladite fille, demande à la mere le
remploy desdites deux rentes, suiuant la clause du contract de
mariage: la mere qui est heritiere des meubles, soustient n'estre
tenuë dudit remploy, & que la clause dudit contract de mariage, s'entend des propres qui seroient alienez constant le mariage: que ce n'est le cas qui s'offre, par ce que le rachapt a esté

B ij

fait apres la diſſolution du mariage ; qu'elle a cherché la commodité de remployer leſdites rentes, qu'elle ne s'eſt trouuée.
Au contraire , l'oncle met en faict qu'elle a procuré le rachapt,
voyant ſa fille moribonde. La mere reſpond , que c'eſt *contra*
commune votum des meres, *malè ominari* de la vie de leurs enfans,
que l'on voit la ſtipulation appoſée au contract de mariage,
pour le remploy des propres, n'auoir eſté appoſée que pour exclure les conioincts reſpectiuement, de ſucceder aux propres
les vns des autres, & faire qu'ils n'entraſſent en la communauté. L'oncle dit qu'encores que la clauſe parle des propres, & rentes qui feront racheptées pendant le mariage, que *eadem ratio* de
celles, qui ſeront racheptées pendãt la minorité des enfans, apres
la diſſolution du mariage, y ayant eu Edict faict en l'an 1533. par
lequel il a eſté ordonné que les rentes des mineurs qui ſeroient
racheptées ſeroient remployées. Que l'on void le ſoing que les
Couſtumes ont apporté pour conſeruer les propres aux familles : & ſuiuant cela, les clauſes qui s'appoſent d'ordinaire aux
contracts de mariage pour ledit remploy, s'appoſent à ceſte fin :
leſquels propres ne remontent point, & n'y peuuent ſucceder
les pere & mere ou autres aſcendans. Et pour ceſte meſme raiſon les retraits lignagers ont eſté introduits par toutes nos Couſtumes. Que les deniers des rachapts des rentes dont eſt queſtion, qui eſtoient propres à la defuncte ſa mere & à ſon pere, *ad-*
huc extant, le rachapt eſtant fait depuis peu , deſquelles les deniers du principal ſont de pareille nature de propre, que leſdites rentes, les deniers eſtans ſubrogez au lieu d'icelles, tout ainſi que les deniers prouenus de la vente d'vne terre, s'ils ſont encores en nature, & qu'ils ſoient ſaiſis, les creanciers ſont mis en
ordre du iour de leur hypotheque, comme ſur vn immeuble, &
non du iour de la ſaiſie, comme ſur vn meuble, ainſi qu'il a eſté
iugé pour les deniers prouenus de la vente de la terre de Ville-
bois , acquiſe par le ſieur Duc d'Eſpernon, de Monſieur de
Montpenſier, *ſubrogatum enim ſapit naturam ſubrogati, l. Impera-*
tor. §. vlt. de leg. 2. Que tous les iours par la ſtipulation d'employ
de deniers en heritages, l'on faict tenir auſdicts deniers nature
d'immeuble, & de propre au profit de la femme & des ſiens.
Qu'il n'y a plus de raiſon que les deniers prouenuz d'vn propre ſoient reputez de meſme nature de propre qu'il y a pour des
rentes propres. Que ſi leſdites rentes euſſent eſté acqueſt à la
defuncte, qu'il y auroit plus d'apparence de receuoir la mere à

y fucceder : mais à ce qui eſt venu de propre , que c'eſt contre ce
qui a touſiours eſté obſerué. La mere reſpondoit à cela qu'il falloit conſiderer qu'elle ne pretendoit les deniers dont eſt queſtion , comme s'ils fuſſent entrez en ſa communauté ; ce qu'elle
n'euſt peu faire , ſi le rachapt deſdites rentes eut eſté faict pendant le mariage , à cauſe de ladicte clauſe de remploy des propres alienez ou racheptez, pendât le mariage, mais qu'il eſt queſtion de ſçauoir ſi ce ſera l'oncle heritier des propres qui ſuccedera auſdits deniers , ou elle comme heritiere des meubles de ſa
fille. Pour cela l'on ne peut dire que ladite clauſe de remploy
face que l'oncle y doiue ſucceder, par ce qu'elle n'a eſté appoſée que pour l'exclure , s'il ſe faiſoit quelque rachapt de rentes
propres à ſon mary pendant ledict mariage , & pendant que la
communauté auoit lieu, ou pour exclure ſon mary , ſi l'on en ra-
cheptoit quelques vnes àelle appartenantes, non que telle conuention ait eſté appoſée pour diſcerner les heritiers des meubles , & les heritiers des immeubles , pour affecter le rachapt à
l'heritier des immeubles. Et partant il n'y a apparence de croire que ſi ſon mary fuſt decedé ſans enfans, que l'heritier des immeubles de ſondit mary , eut ſuccedé aux deniers prouenus du
rachapt deſdites rentes, ſi le rachapt en euſt eſté fait pendant le
mariage , les deniers ne ſe trouuans employez lors de ſon deceds qui ſont vrayement meuble. Cela eſtant , qu'il y a pareille raiſon de dire que ſa fille eſtant decedée , ſe trouuans des
deniers en ſa ſucceſſion de rentes racheptées de ſon viuant, qui
luy appartenoient à cauſe de la ſucceſſion de ſon pere , qu'elle
qui eſt heritiere des meubles y doibt ſucceder, comme leſdicts
deniers eſtans meubles ; & que l'oncle qui ne peut ſucceder
qu'aux propres n'y peut rien pretendre. N'eſtant l'Edit fait pour
les rentes appartenantes aux mineurs qui auroient eſté rache-
tées , conſiderable, par ce qu'il a eſté faict en faueur & conſideration des mineurs, & pour leur acquerir du fonds, & ne con-
ſommer les deniers prouenus de leurs immeubles, à fin qu'eſtans
maieurs il ne ſe trouue qu'ils ayent rien perdu de leurs propres,
ains qu'ils leur ayent eſté conſeruez en tel eſtat qu'ils eſtoient
au temps qu'ils ont eſté mis en tutelle. Mais le deceds du mineur
eſtant aduenu, *non eadem ratio* de ſes heritiers, leſquels l'Edict
n'a point conſideré, ny entendu oſter à l'heritier des meubles
pour donner à l'heritier des propres ; l'Edict n'a pas eſté faict
pour cela. Vne ſucceſſion ſe conſidere en l'eſtat quelle ſe trou-

ue lors qu'elle est deferee: ce qui est meuble appartient à l'heritier des meubles; ce qui est immeuble, à l'heritier des immeubles, sans s'arrester à l'origine, ny considerer d'où sont venus les deniers qui se trouuent en la succession. Sentence du Preuost de Paris, par laquelle il est ordonné que remploy sera faict. Appel: Par Arrest en la mesme prononciation, l'appellation, & ce au neant; en emendant le iugement, la mere est absoute dudit remploy. *Aduerte* à vn Arrest qui est cy après, prononce à la Nostre Dame de my-Aoust 1591. qui n'est contraire, par ce que celuy-cy est pour vn remploy de rentes racheptées apres la dissolution du mariage, & l'autre pour rentes racheptées pendant le mariage.

Il n'y a hypotheque sur les biens d'vn Commissaire du Chastelet de Paris, du iour qu'il est pourueu, pour ce qu'il a manié, comme Commissaire, au preiudice des precedens creanciers dudit Commissaire.

ARREST VI.

'ON auoit deposé & consigné vne somme de deniers entré les mains d'vn Commissaire du Chastelet, lequel auoit des creanciers precedans ladite cosignation, mais posterieurs au temps qu'il auoit esté pourueu de ceste charge: lesquels soustenoient deuoir estre preferez à cause de leur hypotheque, sur les biens dudit Commissaire, à ceux ausquels les deniers consignez appartenoient. Au contraire soustenoient ceux ausquels lesdits deniers appartenoient, que ledit Commissaire auoit consommez, qu'ils auoient hypotheque sur lesdits biens, du iour que ledit Commissaire auoit esté pourueu de son estat, estans les biens d'vn Commissaire obligez, pour ce qu'il fera par apres en sa charge, du iour qu'il a esté receu en la charge, *argumento* du tuteur, qui est tenu du iour qu'il est esleu tuteur. *l. pro officio, & tit. Cod. si mater indemnitatem promiserit.* De mesme, *in authent. Idem est. Cod. de bonis quae liberis.* Qu'il est fort considerable, que les Commissaires estans personnes publiques, establies pour la commodité des particuliers, afin que l'on s'y fie, ne se pouuans

lefdits particuliers addreſſer à d'autres, pour ce qui eſt de la
fonction de leurs charges, & s'ils le faiſoient, leſdits Commiſſaires ſe rendroient parties pour eſtre conſeruez en leurs charges : l'on ne doit pour ceſte conſideration eſtre trompé, ny tiré
en perte. Ceſte conſignation a eſté faicte entre les mains dudit
Commiſſaire, *ratione* de ſa charge, & à cauſe de ſon office: *quid
faceret* celuy qui ſe fie à la Iuſtice, & à celuy qu'elle a eſtably, s'il
n'eſtoit ſecouru par la meſme Iuſtice, n'ayant eſté à ſon pouuoir
de depoſer leſdits deniers en autre main ? & ſi les biens dudit
Commiſſaire n'eſtoient affectez à la ſeureté d'iceux deniers cõ-
ſignez du iour qu'il eſt entré en ceſte charge, *eſt præpoſitus ad hoc*,
il a eſté baillé au peuple pour cela? L'on a iugé que les biens
d'vn beneficier ſont obligez du iour qu'il a prins poſſeſſion de
ſon benefice, pour les reparations des baſtimens, qui dependent
dudit benefice, par Arreſt du 24. Mars 1603. contre les heritiers
de Monſieur de Beaune, Archeueſque de Bourges. L'on tient en
droict que *officia quæ ſunt authoritate publica*, comme *adminiſtrato-*
res Reipub. tutores, & ceux *qui ex neceſſitate gerunt*, ſont tenus *in ſo-*
lidum. l. clarum. Cod. de authorit. præſt. l. 1. ſi vnus ex pluribus tutori-
bus. Bart. l. 1. §. ſi plures. de exercitoria act. Pour la geſtion, pour le
compte, & pour le reliqua d'iceluy, l'on ne peut nier que les
Commiſſaires puiſſent eſtre mis en ce rang, comme eſtans *ad*
inſtar de ceux qui ont eſté remarquez cy deſſus, ayans leurs offices *authoritate publica*, comme l'on peut remarquer de ce qu'en
dict Maſuer au titre Des executeurs teſtamentaires, & de ce
qui en approche dans Bart. ſur la loy *cum alteui. de neg. geſt.* Le
creancier diſoit au contraire qu'il ſe tenoit à la maxime generalle, qui eſt que les hypotheques ſont reglées par le temps des cõ-
tracts : laquelle maxime a lieu par tout, & en tous debteurs, ſans
que l'on ait reçeu en France les hypotheques tacites, qui ſont
de droict, *in dote*, par la loy *aſſiduis. C. qui pot. in pignore: in locatore*
ſuper ys quæ iniuncta & illata ſunt à conductore, in domũ locatoris, & autres ſemblables hypotheques priuilegiees par la diſpoſition de
droict. Et ne ſe trouue en droict, que ceux qui ont contracté
cum adminiſtratoribus ciuitatis, ayent priuilege pour eſtre preferez
aux creanciers deſdits adminiſtrateurs. Car pour ce qui eſt de
la ſolidité, laquelle eſt practiquée contre l'vn des adminiſtrateurs, quand ils ſont pluſieurs qui ont manié, ce n'eſt pas la difficulté qui ſe preſente. Il ne ſe trouue en droict, que le fiſque, &
le mineur qui ſoient preferez ſur les biens des adminiſtrateurs

rerum fifci, & des tuteurs. Autrement il y auroit pareille raison de dire que les biens d'vn Procureur & de celuy *qui negotia geſſit alterius*, fuſſent obligez & hypothequez à ceux deſquels ils font les affaires du iour de leur geſtion : ce qui n'a iamais eſté practiqué, s'il n'y a contract entre eux, par lequel ils ſe ſoient obligez l'vn à l'autre; car en ce cas, il y a hypotheque à cauſe du contract du iour & datte d'iceluy. De meſme vn Receueur s'il auoit manié ſans contract les affaires d'autruy, il eſt ſans doute, que ſes creanciers qui auroient contracté par eſcrit, ſeroient preferez ſur les biens dudit Receueur, à celuy duquel il auroit manié le bien, & le reuenu; & que l'on ne conſidereroit que la priorité ou poſteriorité des contracts. Par Arreſt prononcé le 7 Septembre 1581. le creancier du Commiſſaire eſt preferé à ceux auſquels les deniers de la conſignation appartenoient; & a eſté ceſt Arreſt donné en conſequence d'vn autre qui auoit eſté donné auparauant en la quatrieſme Chambre des Enqueſtes.

L'heritier eſt tenu payer l'indemnité qui eſt deüe au ſeigneur, pour le legs faict à l'Egliſe.

ARREST VII.

V NE Damoiſelle faict vn legs de quelques terres tenuës en fief, à l'Hoſpital de Montreuil ſur la mer; le Seigneur demande ſon indemnité audit Hoſpital, lequel s'addreſſe aux heritiers de la teſtatrice, à ce qu'ils ayent à acquiter ladite indemnité. Ils ſouſtiennent n'en eſtre tenus, & diſent que *legatum tranſit cum onere*. L'Hoſpital reſpond, que c'eſt à l'heritier de le faire iouir : ce qu'il ne peut faire, ſi ladite indemnité n'eſt payée au Seigneur, laquelle eſt deüe par l'heritier ſuiuant la loy *His verbis.* §. *vlt. de leg*.3. Qu'il y a vn ancien Arreſt dans Galli qui l'a ainſi iugé pour le Chapitre de Noſtre Dame de Paris. Le Preſident Magiſtri en ſon traicté des Amortiſſemens en cotte vn pareil du 22. Mars 1558. donné au profit des enfans de la Trinité de la ville de Paris, contre Dame Marie Briſſonet, pour le fief de Lhicruille. Par Arreſt prononcé à Noël le 22. Decembre 1581. l'heritier eſt condamné payer ladite indemnité au Seigneur. Nota qu'il y a cy aprés vn pareil Arreſt, prononcé à la Noſtre Dame de

Septem-

Septembre 1619. qui est cause que l'on ne s'est tant est endu sur celuy-cy. Faut voir Robert liure 3. de ses Arrests, chap. 10. & Monsieur Loüet f. 16. pour ceste matiere.

Conuention de vendre à plusieurs ensemble, est diuisible.

ARREST VIII.

IL est faict conuention par vn qui possedoit quelques heritages, de les vendre à trois, pour eux, & leurs enfans, à la charge qu'ils payeroient tous ensemble, & non separement le prix accordé à vne seule fois. Il aduient que l'vn de ces trois est executé à mort, auant que d'auoir faict l'achapt desdits heritages, pour forfait, & ses biens confisquez; Les autres veulent achepter lesdits heritages, & offrent le prix accordé tout entier: l'on leur dit, La faculté accordée est pour achepter tous ensemble; & non separément; elle est accordée *coniunctim*, & non à part, & chacun de ceux ausquels ladite faculté a esté donnée, doit exercer ladite faculté, & non l'vn sans l'autre. Celuy qui a esté executé, a confisqué ses biens, & par consequent les suruiuans n'ont son droict d'ailleurs. *non est ius acrescendi* en ce contract, auquel il y a des droicts, comme de Iustice, & semblables, qui ne se peuuent diuiser. Au contraire l'on respond que ce contract est vn contract de bonne foy, puis que c'est vne promesse de vendre. Que *est locus iuri accrescendi* en vn contract de bonne foy, *l. fundus ille. de contrah. empt.* Que par la disposition de la loy *vxorum. §. agri plagam. de leg. 3. grauatus heres vendere duobus, si vnus nolit emere, alter velit, heres tenetur vendere ei qui vult emere.* Que *casus si nolit, vertitur ad casum, si non possit, l. Gallus. §. & quid si tantum. de lib. & posth.* Que l'on a bien de verité iugé par les Arrests de la Cour, qu'vn retrayant lignager ne pouuoit estre côtrainct de retirer tout ce que l'acquereur auoit acquis, quand par le contract il y auoit vente d'acquests, & de propres, mais seulemét les propres, encores que l'acquereur dist qu'il ne vouloit diuiser son côtract, & qu'il n'auoit achepté l'vn qu'à cause de l'autre. Qu'il ne pouuoit faire son profit de l'vn sans l'autre. Que le retrayât luy laissast tout, ou qu'il retirast tout; qu'vne ventilation estoit mal-aisée à faire, par ce que l'on n'achepte les heritages par vne estimation esgalle de chacun ar-

C

pent, les estimant autant l'vn que l'autre, mais selon la bonté, &
la situation; en telle sorte que l'on achepte plus vn arpent à cause de sa bonté, & du terroir auquel il est assis, que l'on ne faict
vne douzaine d'autres, de ceux qui sont comprins au contract
d'acquisition. Lesdicts Arrests sont du 17. Iuillet 1564. & 10.
Ianuier 1577. De mesme iugé, que si l'acquereur a reuendu partie des heritages, le retrayant pourra retirer ce qui luy reste, par
Arrest du 7. Aoust 1597. Au faict qui se presente, l'acquereur
est hors d'interest, puis que l'on retire tout, & qu'on le rem-
bourse entierement de son prix. Maistre Anne Robert cotte les
Arrests *lib. 9. cap.* 19. par lesquels il a esté iugé, que *iure communi*
vendita les coobligez peuuent retirer les parts les vns des autres. A cela l'on disoit qu'il falloit considerer que ceste conuention n'auoit rien de commun, ny de semblable à tout ce qui a
esté dict du retraict; & qu'estant aduertie, comme vne conuention grandement extraordinaire, & nullemens vsitée, qu'il ne
se falloit departir en aucune façon des clauses & conditions ausquelles elle auoit esté faite; par lesquelles l'on voit que celuy
qui accordoit de vendre son heritage à ces trois desnommez en la
conuention, n'entendoit, sinon precisément aux termes de ladite conuention, estre contrainct de s'en defaire, *ita lex dicta* à
sa liberalité. Si l'on dict en droict que *pactum appositum in traditio-*
ne rei suæ est strictim obseruandum, & qu'il est perpetuel en quelque main que passe la chose donnée ou venduë, *etiam si per mille*
manus transierit, ce disent nos Docteurs, *l. vlt. Cod. de pact. inter*
vendit. & empt. appos. à plus forte raison, au faict qui se presente,
qui est vne pure gratification, peut-on dire, que ceux ausquels
la faculté d'achepter est donnée, ne la peuuent exercer, que
selon qu'elle leur est donnée precisément, & que les vns ou les
autres ne pouuans, ou ne voulans achepter, que la conuention
estoit nulle: & qu'il ne falloit dire qu'il fust question d'vn contract de bonne foy, auquel *ius accrescendi* est pratiqué, car ce n'est
point vn contract de vente, qu'vne promesse de vendre, laquelle estant faicte de la pure & nue volonté de celuy qui a promis; il faut necessairement obseruer les conditions, & clauses
ausquelles il a restreint sa promesse; d'autant que faisant sa promesse à trois esgallement, les conioignant en ceste acquisition,
il auoit du dessein, & pour les personnes, & pour les choses,
comme il est vray-semblable. Pour les personnes, à fin de tes-
moigner vne affection esgalle, & que s'ils n'estoient tous en pa-

reille volonté d'achepter, qu'aucun ne l'eust, pour des raisons
& considerations qui luy estoient particulieres. Pour les heritages, à fin qu'estans esgallement à la bienseance & commodité autant des vns que des autres, ils n'eussent point d'enuie les
vns sur les autres, & que l'on eut preferé les vns aux autres en
ceste acquisition. A la mesme prononciation iugé que les deux
suruiuans iouïroient du droict & faculté accordé par ladicte
promesse.

Reparation preferée aux conuentions de mariage d'vne
seconde femme.

ARREST IX.

ITIVS espouse deux femmes ; il tuë celle qu'il
auoit espousée la premiere : le pere de ceste femme
homicidée, fait faire le procés à son gendre, lequel
est condamné à mort, & en deux mil escus de reparation enuers la partie ciuile : La seconde femme
demande estre preferée pour son doüaire, à ladite partie ciuile,
laquelle soustient ladite femme non receuable, par vn dilemme
qui est ; Que si ladite femme auoit espousé le condamné à mort,
auparauant qu'il eut tué sa premiere femme, que le mariage
estoit nul, *quia vnius duæ vxores esse non possunt* : & partant que
ce mariage *nullos potuit producere effectus ciuiles* : Que si elle l'a espousé depuis ledit meurtre, *& sic post contractum crimen capitale*,
que le mariage estoit encore nul. La femme respondoit que
bona fide contraxit, ignara de ce crime, ce qui la iustifie, suiuant le
chap. *ex tenor. ext. qui sily sint legit.* Que l'on peut bien croire
que si elle eust sceu qu'il eust eu vne autre femme, qu'elle ne
l'eust iamais espousé. Au contraire le defendeur disoit qu'elle
estoit consentante à la mort de la premjere femme, d'autant
que le second mariage estoit clandestin, faict à heure indeuë.
Respondoit la demanderesse, que le mariage auoit esté cele-
bré en l'Eglise, & qu'il y auoit contract de mariage faict en presence de parens. Le defendeur soustenoit que quand elle seroit la plus innocente de ce crime, & qu'elle auroit contracté
mariage auec le criminel, de tresbonne foy, que neantmoins elle
ne pourroit estre bien fondée à la preference par elle requise;

G ij

d'autant qu'il estoit constant entre les parties, que sa fille de luy
defendeur auoit esté mariée auec le criminel, auant qu'il eust
espousé la demanderesse: que ce premier mariage-là n'auoit esté
dissolu que par le meurtre de sa fille; le delict doncques estoit
precedent le mariage : que la demanderesse auoit contracté
auec luy, & par consequent que tout ce que le criminel auroit
peu faire apres ce crime contracté, en quelque sorte que ce soit,
par contract, conuention, donation, testament, ou autrement,
ne pouuoit subsister, mesme *quando sequuta est condemnatio*. La loy,
post contractum crimen capitale, y est expresse, *de donat*. Ce qui est
d'autant plus certain au faict qui se presente, auquel estant question de conuention faicte auec vne seconde femme par le criminel, à laquelle le delict a donné lieu, parce que si le premier
mariage n'eust esté dissolu par le meurtre de sa fille, ledit criminel ne pouuant auoir deux femmes, il n'eust peu faire aucune
conuention de mariage auec la demanderesse: Il ne seroit raisonnable qu'elle eust aucunes conuentions que le crime ne fust
expié, qui a donné cause ausdites conuentions. Ce qui ne seroit
de mesme en vne autre debte, ou hypotheque, laquelle ne de-
pendroit, & ne prendroit sa cause dudit delict, comme sont lesdites conuentions de ladite demanderesse. Outre qu'il y a des
Coustumes, comme celle de Bretagne entre autres, qui disent,
qu'on vient en hypotheque du iour du delict, & non du iour de
la condemnation. Ce qui est conforme à la disposition de droict,
par lequel les peines n'estoient arbitraires comme elles sont en
France, ains estoient reglées, & certaines selon les delicts, lesquels auoient tous leurs peines certaines & arrestées. *l. 1. de pœnis.
l. fin. §. Tryphonio. de iure fisci. Bal. l. fin. de iurisdict. omnium iudicum,
Alexander ad l. diuortio. §. si vir. solut. matr.* La demanderesse se
defendoit de cela par son ignorance, qui establissoit sa bonne
foy, & partant qu'elle estoit assistée de plusieurs Arrests qui
auoient iugé que l'on ne vient en hypotheque, pour vne
reparation, que du iour de la condemnation, & non du
iour du delict ; & que la seule hypotheque pour vne reparation, est celle qui vient *ex iudicato*, le delict n'en portant aucune,
estant incertain si celuy qui est accusé, sera conuaincu d'auoir
commis le delict duquel il est accusé. Guido Pape le tient ainsi,
en sa question 535. & ladite loy *post contractum*, dict, *sequuta con-
demnatione*, que celuy qui a delinqué ne peut faire aucune disposition apres auoir commis quelque crime. Par Arrest pro-

noncé à Pasques, 1581. est ordonné que le defendeur seroit preferé à la seconde femme, pour sa reparation, & le surplus des biens affectez & hypothequez au doüaire de la seconde femme.

La consignation se doit faire dans les vingt-quatre heures, aussi bien en vn retraict accordé qu'en vn retraict adiugé.

ARREST X.

V N retrayant lignager fait adiourner vn aequereur à Montargis, le iour mesme de l'acquisition, & l'assigne à six mois de là. L'acquereur faict anticiper le retrayant, & luy accorde le retraict. Le retrayant ne consigne point dans les vingt-quatre heures, suiuant la Coustume. Le temps passé, l'acquereur demande qu'il soit debouté du retraict. Le retrayant dict, La Coustume me donne an & iour, il suffist de consigner dans ce temps-là : ce que i'ay faict donner l'adiournement plustost, c'est crainte que ie ne fusse preuenu par vn autre lignager, parce qu'en l'art. 3. du titre de retraict de la Coustume de Montargis, le plus diligent est preferé aux autres, encores qu'ils fussent plus proches parens. L'acquereur replique & dict, Vous vous estes preiudicié, puis que parauant le temps, vous m'auez faict adiourner, & m'estoit loisible de vous faire anticiper, estant adiourné : Et partant la Coustume de Montargis, qui dit que dans vingt-quatre heures de l'adiournement, il faut cõsigner, vous rend non receuable. Le retrayant pour dupliques dict, que ledit article de Coustume s'entend du retraict adiugé, & non du retraict accordé, tel qu'est cestuy-cy, & alleguoit la commune vsance du pays sur cest article. Au contraire disoit l'acquereur, *Vbi eadem ratio, ibi idem ius. l. licet orationis. de excusat. tut.* Que la Coustume reglant le temps de la consignation à vingt-quatre heures au retraict, qu'il y a pareille raison au retraict accordé, qu'au retraict adiugé, & que le retrayant est d'accord que le temps de la consignation se doit garder au retraict adiugé, qu'aussi doit-il demeurer d'accord, qu'il doit auoir lieu au retraict accordé, n'y ayant aucune raison de difference, & la Coustume ne distinguant point entre le retraict adiugé, & le retraict accordé : *vbi lex non distinguit, neque nos distinguere debemus.* Que celuy qui est demandeur en retraict, doit estre prest de faire le remboursement, & luy donne la Coustu-

me vingt quatre heures pour cela, & non plus, ayant deub se
persuader que l'on luy pourroit accorder promptement le retraict, sans plaider, & ne se fier à son assignation donnée à long
iour, laquelle ne doibt preiudicier à l'acquereur, & empescher
qu'il ne puisse anticiper, & aduancer le temps pour auoir promptement ses deniers pour les employer ailleurs, & prendre la
premiere cómodité qui s'en presentera, par ce que le retrayant
fait les fruicts siens, sans payer interest des deniers, depuis la
demande & offres, en ladicte Coustume de Montargis, art. 21.
comme en celle de Paris : & depuis la consignation (laquelle est
requise, principallement pour cela,) aux Coustumes de Poictou, Bourbonnois, Aniou, & autres : & à esté iugé par Arrest,
que l'on ne garde au retraict la maxime *pro rata anni*, ledit Arrest du 11. Ianuier 1600. & en la Coustume de Blois, iugé par
Arrest que l'adjournement en retraict, ne se peut donner plus
loing qu'à quinzaine, à l'effect de gaigner les fruicts par le retrayant, non pour debouter du retraict. Le retrayant disoit que
cet Arrest donné en la Coustume de Blois luy seruoit pour dire
qu'en tout euenement l'on ne le pouuoit debouter du retraict,
ayant donné l'adjournement & assignation à long iour, mais
seulement luy faire perdre les fruicts qu'il eut peu faire siens du
iour de la demande en retraict, pour ne les auoir que depuis
qu'il auroit executé ledit retraict : d'autant mesme que la Coustume de Montargis en l'art. 12. dict, que ladicte consignation
dans vingt quatre heures se doibt faire du iour du retraict adiugé : elle ne parle du iour du retraict accordé : & la loy *quod con-*
stitutum. de milit. test. dit que *vbi verba legis non conueniunt, neque*
eius dispositio, mesmes en ce qui est des Coustumes, lesquelles
sont estroitement obseruées selon leurs termes, *& quantum so-*
nant, l. si viro, §. de viro. sol. matr. sans pouuoir estre tirées de cas
à autre. Le Preuost de Montargis ordonne que le retrayant
pourra consigner dans le temps de l'assignation : Par Arrest à la
mesme prononciation, l'appellation, & ce mis au neant, en
emendant declare la Cour, le retrayant descheu, faute d'auoir
consigné dans les 24. heures du retraict accordé, & que l'Arrest sera leu au siege.

La fille receuë à la succession, sa mere ayant renoncé.

ARREST XI.

V N nommé Cousin mariant vne sienne fille, luy baille sa dot en argent, moyennant laquelle elle renonce à la succession de son pere : de ce mariage y a vne fille. Cousin decede, ayant institué par son testament heritiers ses autres enfans : sa fille qu'il auoit mariée estant des-ja decedée, ayant laissé vne fille, laquelle debat le testament de son ayeul, auquel elle estoit preterite, demande estre admise à la succession desondit ayeul, auec ses oncles. Lesdits oncles l'empeschent, & remonstrent que *neptis ex filia non rumpit testamentum. l. maximum vitium. Cod. de lib. præter.* en pays de droict escript, où est la question qui se presente, par ce que les parties estoient demeurantes en Lyonnois. Que le chap. *quamuis. de pact. in 6.* qui authorise les renonciations, est obserué en France, pour les successions escheües, mesme aux mineurs, ce qui se garde aussi en pays de droict escrit ; & qui plus est, *potest minui legitima* en pays de droict escrit, par le pere. C'est la doctrine de Bart. *l. Titia centum. §. Titio genere. de cond. & dem.* & de Bald. *in l. si plures. Cod. de condit. insert.* quand le pere marie sa fille luy mesme. *Quòd si exclusa sit filia, multo magis neptis, non tantùm ex filia, sed etiam ex filio, l. si vna matre. Cod. de bon. matern.* Que la loy *qui superstitis. de acquir. heredit.* qui dit que *neptis venit ad successionem aui ex suo capite,* & que *licet pater aut mater renuntiauerint pro filijs,* neantmoins ils peuuent succeder de leur chef, est corrigée par ladite loy *maximum vitium,* qui a esté alleguée, *Cod. de lib. præter.* laquelle est venuë depuis, qui dit que *neptis ex filia, potest præteriri ab auo.* La petite fille soustient au contraire, que *licet non rumpat testamentum,* que neantmoins succedant de son chef, sa mere s'estant trouuée decedée lors du deceds de son pere, que *subintrauit gradum,* & que sa mere n'ayant iamais recueilly la succession de son pere, mais eu seulement quelque chose en dot pour la marier, qu'en rapportant ce que sa mere a eu, comme en auancement d'hoirie, elle doibt estre receuë à succeder, sans que la renonciation de sa mere luy puisse preiudicier, s'agissant d'vne succession qui n'a iamais appartenu à sa mere, estant decedée auant qu'elle fust escheuë; mais à elle qui s'est trouuée capable de la recueillir, lors qu'elle est escheuë; de laquelle partant sa mere ne l'a peu priuer. Et de fait ladite loy *maximum vitium*, a esté corrigée par la loy *illam. Cod. de collat.* laquelle a receu *neptes ex filia* à succeder *contra tabulas testamenti*, auec les oncles & les tantes, *cum diminutione tamen tertiæ partis bonorum hereditatis* ; à laquelle troisiesme partie de la succession la petite fille ne prenoit rien, mais demeuroit en préciput & aduantage aux oncles & tantes. Et depuis ceste loy *illam* a encores esté corigée par l'authent. *quæ tertia. eod. tit. Cod. de collat,* laquelle a tout reduit à l'esgalité. De sorte qu'il est vray de dire, que *neptis ex filia* par disposition de droict, *ex iure nouissimo*, est receuë à succeder *contra tabulas testamenti*, quand elle a esté preterite par son ayeul. Le Seneschal de Lyon ordonne que la petite fille succedera auec ses oncles, lesquels il condamne à la restitution des fruicts depuis le deceds de l'ayeul. Appel. Par Arrest l'appellation au neant, ce dont est appellé sortira son effect, en rapportant par la petite fille ce qui a esté donné en dot à sa mere. Ledit Arrest prononcé à la Pentecoste 1582. Il est à remarquer que par les derniers Arrests il a esté iugé que les petits enfans ne peuuent venir à la succession de l'ayeul, la mere y ayant renoncé, sans distinction de ligne directe ou collaterale, *etiam* qu'ils ne soient heritiers de leur mere : cela a esté iugé par Arrest prononcé en robbe rouge à la Pentecoste 1585. & par Arrest aussi en robbe rouge à la Nostre Dame d'Aoust 1593. & encores auparauant par autre Arrest en robbe rouge à Pasques 1569. Et est à noter qu'au faict de l'Arrest de l'an 1593. le petit-fils n'estoit heritier de sa mere, comme il sera dict cy apres. Et sera aussi remarqué que ledict Arrest de l'an mil cinq cens quatre vingts cinq, à la Pentecoste, a esté donné en pays de droict escript, posterieur à cestuy-cy.

Vn legataire receu à demander le legs d'vne rente à luy faict,
ores que le testateur eust aliené la maison, sur laquelle
il auoit assigné ledit legs.

ARREST XII.

V N testateur delaisse par testament vn legs de vingt
escus de rente, sur vne sienne maison: il estoit lors
qu'il fist ce legs, detenu de maladie, & reuint à
conualescence. Quelque temps apres il vend ceste
maison à faculté de rachapt. Vn lignager la retire
par retraict, & depuis ledit testateur la rachepte du lignager, suiuant ladite faculté de reemeré apposée au contract de vente.
Vient ledict testateur à deceder sans auoir changé son testament, auquel il auoit faict ledit legs de vingt escus de rente sur
ladite maison, le legataire apres ledit deceds demande son legs
à l'heritier: Il luy dict, *alienatione fuit ademptum, l. scribit. §. item*
scribit. de auro & argent. leg. Respond le legataire, que par le rachapt *non videtur alienata domus*, sur laquelle sa rente estoit per-
ceptible, & que le testateur l'ayant racheptée, il a faict paroir
qu'il vouloit que le legs eut lieu, suiuant la loy *si seruus,* & la loy
si rem legatam. de adimend. leg. la loy *si chorus. §. vlt. de leg. 3.* la
loy *periculi. de naut. fœn.* Le Bailly d'Amiens absoult les heritiers. Appel. Par Arrest à la mesme prononciation, l'appellation, & ce mis au neant, en emendant deliurance est faicte au
legataire de son legs. Il faut aduertir qu'il se fait plusieurs distinctions en droict, sur ceste matiere, & question, *an alienatione rei*
legatæ tollatur legatum. En la loy *qui vsumfructum. de vsufr. leg.* il
est decidé que *si ex auro legato, quod in cipsis erat, post legatum ex*
eo auro facti sunt alij cipsi, innouati & recentes illi cipsi, non deben-
tur legatario, quia non omne simile idem. En la loy *fideicommissa. §.*
si rem. de leg. 3. si ex necessitate alienatio facta fuerit, legatum debe-
tur, secus si ex mera voluntate. Ideo si quod testatori debitum erat, ab
eo legatum fueris, & postea id debitum quod legauit exegerit, debet
probare legatarius non ademptum, quia substantia legati extinguitur:
Quod si testator non exegit, sed debitor sponte soluit, debetur legatum,
quia non potuit testator non recipere. Tum si exacta pecunia, & rursus
collatæ essent, permutatio nominum non perimit legatum. l. qui filium.

D

de *leg.* 3. *tamen insula legata , & ea diruta , postea noua facta , extinguitur legatum, l. tabernam. de fundo instr.* Il faut encores voir la loy *seruum.* §. *si pocula. de leg.* 1. qui dit, *poculo legato , & in massam reducto , lana legata , postea veste facta , non perimi legatum.* Il y a encores la loy *cetera.* §. *vlt. de leg.* 1. qui dict, que *si testator quod legauit , ædibus postea iunxit,* que *legatum extinguitur.*

Les enfans d'vn bastard sont receus à la succession de l'ayeul, à cause de la bonne foy de leur mere , qui estimoit qu'il fust legitime.

ARREST XIII.

VN nommé Renard a vn fils naturel d'vne concubine, lequel il tient en sa maison, comme son fils legitime, l'ayant esleué comme ses autres enfans : il le marie, comme son fils, & le nomme son fils par le contract de mariage. Dudit mariage il y a des enfans. Le bastard decede, son pere suruiuant, lequel peu de temps apres decede , laissant plusieurs enfans legitimes , ausquels la veusue du bastard, comme tutrice de ses enfans , demande la portion hereditaire de son defunct mary, lequel est representé par ses enfans en ladite succession. Les enfans legitimes disent qu'elle n'est receuable , d'autant que les bastards ne succedent point. Respond la veufue, que *bona fide contraxit matrimonium,* que par le contract de mariage son mary est nommé fils , n'auoit oncques entendu qu'il fust bastard ; que si elle l'eust sceu, *non contraxisset matrimonium;* que de droict ciuil les bastards succedoient. *in l. ex facto.* §. 1. *ad Treb. l.* 1. §. *sed & vulgo , & l.* 2. *ad Senatusconsultum Tertull. & Orphic. Bart. in l. suggestioni. Cod. de verb. signif.* lequel tient *in l. heredes.* §. 1. *ad Treb.* qu'ils peuuent succeder *ab intestat ;* & en France estant aduoüez , & recogneus, ils retiennent la dignité de noblesse, & portent les armes de la maison de laquelle ils sont aduoüez, auec la difference d'vne barre transuersalle. Chassaneus sur la Coustume de Bourgongne *in verbo,* le plus prochain, *num.* 7. Benedicti *in verbo, vxorem. num.* 710. *& sequentibus.* Papon *lib.* 22. du titre des successions des bastards. Mais cela cessant, l'on a tousiours gardé la disposi-

tion Canonique *in cap. referente, & cap. exteriore.ext. qui filÿ sint*
legit. par laquelle la bonne foy *vnius ex coniugibus* rend les enfans
legitimes, & habiles à succeder. Ceste bonne foy laquelle a esté
tousiours de sa part, d'autant plus considerable, qu'elle n'a esté
ignorée par les parties aduerses, lesquelles estans presentes au
contract de mariage, ont veu que le defunct leur frere estoit
nommé par leur pere qui le marioit, son fils, sans qu'ils ayent
contredict, ny donné aucun subject à la demanderesse de douter qu'il fust fils legitime : & par ainsi ils ont d'auantage asseuré,
& confirmé sa bonne foy, laquelle ils voudroient à present e-
luder, à laquelle il semble selõ que l'on les voit à present parler,
qu'ils ayent tendu des pieges, *vt illi insidiarentur : quibus non debet*
patrocinari leur fraude, & leur dot, pour exclure leurs neueux,
nemini enim dolus prodesse debet, l. 1. Cod. de dolo malo. Les enfans
legitimes respondoient qu'il ne falloit considerer le droict escrit, selon qu'il estoit auant que les Empereurs fussent Chre-
stiens, par ce que pour lors les concubines estoient permises :
mais Constantin qui a esté le premier Empereur Chrestien a
commencé à rejetter des mœurs si corrompuës, & à exclure les
bastards des successions de leurs geniteurs, comme il paroist
par la loy premiere, *Cod. de natural. liberis.* Ce qui a esté suiuy
depuis par les autres Empereurs, mesmes par Iustinian en la loy
finale de ce titre *de natural. lib.* & en fin *iure nouissimo*, par les Authent. *si sint filÿ legitimi*, les bastards *vnam tantum vnciam habent,*
ex testamento, cum matre partiendam ; ab intestato, ils n'ont rien, *pre-*
ter alimenta, en l'Authent. *quibus modis natur. offic. legit.* & est
gardée en France, la constitution Canonique, au chap. *cùm ha-*
beret. de eo qui duxit vxorem quam polluit per adult. qui ne va
qu'aux alimens pour les bastards. Au surplus, qu'ils n'ont vsé
d'aucun dol au contract de mariage de la demanderesse : car ils
n'ont point celé la qualité de son mary, ils ne l'ont iamais dit legitime : si leur pere l'a nommé son fils, ce n'est pas dire qu'il fust
legitime : & neantmoins ce n'est eux qui l'ont dict, & n'estoient
obligez de faire adjouster, fils naturel, ny destourner leur pere,
lequel ne leur faisoit tort, vsant d'vn mot qui estoit general & in-
deffny, qui se pouuoit aussi bien entendre d'vn fils naturel, cõme
d'vn fils legitime, ne s'estans point enquis quelle estime en auoit
la demanderesse. Le Preuost de Paris deboute la demanderesse
de sa demande. Appel : prend lettres pour estre receuë à prendre
conclusions contre les inthimez, qui auoient assisté à son dir con-

tract de mariage, à ce qu'ils fussent condamnez en ses dommages & interests, pour le dol apparent, d'auoir celé la qualité de son mary. Par Arrest l'appellation au neant, ce dont est appellé sortira son effect : & neantmoins ayant esgard aux lettres, est ordonné qu'en baillant à l'appellante audit nom de tutrice, autant pour ses enfans qu'eust eu leur pere, s'il eust esté legitime, que les parties estoient mises hors de Cour & de procez sur lesdits dommages & interests. Ledit Arrest prononcé à la Nostre Dame d'Aoust 1582.

Donation faicte à vne concubine, confirmée pour sa vie, n'estant insinuée.

ARREST XIV.

MÆVIVS n'ayant aucuns enfans legitimes, donne à vne concubine, de laquelle il auoit eu quelques enfans, quelques heritages. Ceste donation n'estant insinuée, ladite femme demande deliurance aux heritiers de ce qui luy auoit esté donné. Lesdits heritiers & creaciers du donateur la soustiennēt nulle, faute d'insinuation. Elle respond que ladite donation luy est faite, pour auoir iugé par le defunct qu'il luy auoit osté l'honneur, & qu'elle ne pouuoit plus esperer de trouuer condition, ny alliance parmy le monde. Qu'il n'est raisonnable que le donateur luy ait fait perdre l'honneur sans luy donner moyen de viure, apres vne telle faute, laquelle est imputee aux hommes qui ont coustume de seduire vn sexe fragile, & qui est retenu par la pudeur, laquelle donne mesme de la retenuë à la femme, pour penser au mariage, d'elle mesme, & faut que ce soit par l'entremise de ses parens qu'elle y paruienne. C'est pourquoy la loy *St à sponso. Cod. de donat. ante nupt.* veut que *si sponsus aliquid donauerit sponsæ, nec sequantur nuptiæ, & interuenerit osculum,* que *media pars rerum donatarum remaneat penes sponsam.* Ce qui n'est de mesme, *si sponsa donauerit sponso, nec sequantur nuptiæ;* car en ce cas l'on rend tout à la fille, *siue interuenerit osculum, siue non interuenerit.* L'on void doncques que *propter solum osculum* le mary donnant *sponsæ,* elle retient la moitié de ce qui luy a esté donné; *quanto magis,* ayant le donateur seduit & abuse vne femme, la donation qu'il luy aura

faite, sera-elle valable? Quant à l'insinuation, y a-il pas pareille
raison d'en imputer le default au donateur, comme il y a au
mary, lequel n'aura faict insinuer vne donation, qu'il aura faite à sa femme? Si le defunct au lieu d'espouser la demanderesse,
comme il deuoit, puis qu'il l'auoit abusée, il l'a renduë d'vne si
miserable condition, qu'apres cela elle ne peut trouuer de party; & partant qu'il l'ait reduite à dependre de luy, en l'honneur,
& aux biens: ceux qui sont ses heritiers luy osteront-ils le peu de
biens, par lesquels il a pensé recompenser l'honneur qu'il luy a
rauy? Ce n'est pas vne donation, c'est s'acquiter d'vne obligation, & d'vne debte plus priuilegiée, que quelconque debte
que l'on puisse deuoir. S'ils sont heritiers, ils sont donques tenus d'entretenir ce que le defunct, duquel ils sont heritiers, a
estimé auoir esté obligé d'accorder à la demanderesse, s'acquit-
tant plustost, que donnant, & racheptant son forfaict par quelque sorte de reparation, laquelle reparation en crime n'a iamais
esté reputée pour donation, subiecte à insinuation. Ce qui doit
aussi satisfaire aux creanciers, s'il s'est iugé luy-mesme, & qu'il
se soit condamné à faire telle reparation à la demanderesse; *nihil*
differt ceste donation, d'vne reparation, qui est ordonnée par
Iustice, quand celuy qui est coupable, & la merite, ne la veut
faire de luy mesme. Lesdits heritiers & creanciers respondent,
que la demanderesse a peut-estre autant, & plus apporté, pour
perdre le defunct de reputation, que luy, pour la perdre de mesme reputation, & que c'est sans subiect qu'elle reiette sur luy
toute la perte de son honneur. Que si outre le des-honneur
qu'elle a apporté au defunct, il falloit encores qu'elle eust les
biens, ce seroit ruiner les personnes, & les familles, d'honneur
& de biens. Tant y a, l'insinuation manquant en ceste donation,
non seulement les creanciers la peuuent debatre, mais aussi les
heritiers, suiuant l'Ordonnance de Moulins, art. 58. qui declare toutes donations nulles, si elles ne sont insinuées dans les
quatre mois, du iour de la datte d'icelles, tant à l'esgard du
creancier, que de l'heritier. Que ceste Ordonnance est estroitement gardée, ayant esté introduite pour empescher que les
creanciers ne fussent trompez, & qu'ils sceussent si ceux auec
lesquels ils contractent ont des biens, ou s'ils n'en ont point: ne
tenant qu'à eux qu'ils n'en sçachent la verité, s'ils veulent aller
au Greffe des Insinuations; & n'y allans pas, ils se doiuent imputer leur faute, ou lascheté, de n'auoir voulu pouruoir à leurs

affaires, comme ils deuoient & pouuoient. C'est pourquoy l'on
repute les Coustumes qui requierent les nantissemens, pour
acquerir hypotheque, les plus sages ; car par ce moyen les
creanciers ne peuuent estre trompez, ne tenant qu'à eux,
qu'ils ayent cognoissance des biens & facultez de ceux auec
lesquels ils contractent : & si l'on a donné aussi pouuoir aux
heritiers de les debatre, c'est par ce qu'elles sont nulles, les do-
nateurs ny donataires ne les ayant faict insinuer dans le temps
prescrit par l'Ordonnance ; & presume-lon que le donateur
qui n'a fait insinuer la donation, *actum voluit facere inutilem*, retenant sa donation *in arca*, sans la porter *apud acta*, suiuant ce
que traicte Bald. *in l. sancimus. Cod. de donat.* & la loy *an inutilis.
de accept.* dict que *non valet etiam in vim pacti, & sic nec respectu heredis.* Et la loy *apud Celsum. de dolis malis & metus except.* dit que *donatio in arca retenta nihil operatur.* La Cour par Arrest en la mesme prononciation, ordonne que la demanderesse iouïra des
choses à elle données, par forme d'alimens, sa vie durant seulement.

---

*Vn Hostellier est responsable de la marchandise qui a esté
derobée en son hostellerie.*

ARREST XV.

N Courtier conduisant de la marchandise sur le
chemin de Troye, arriue en vne hostellerie de
nuict, sur les deux heures du matin, comme ils ont
coustume de faire, range sa charrette dans la court:
aduient que partie de sa marchandise luy est volée;
Il faict appeller l'Hostellier en Iustice, pour se voir condamner
en ses dommages & interests. L'hostellier remonstre que ledit
Courtier estoit arriué à heure indeuë, qu'il ne l'auoit aduerti de
ce qu'il auoit amené chez luy. Le Courtier au contraire, qu'il
est arriué comme l'on a de coustume aux hostelleries ; que les
Hostelliers sont tenus de conseruer tout ce qui entre en leurs
hostelleries, ausquelles l'on arriue à toutes heures : *nautæ, caupo-
nes, stabularij, vt recepta restituant :* que *censentur recepisse* tout ce qui
entre en leurs maisons. Si les hostelleries ne sont seures, ny *sit
hospes ab hospite tutus,* le droict des gens est violé, le commerce

public ceſſe, la communication des peuples & des nations, le traffic n'a plus de lieu. Ce qui entre en vne hoſtellerie eſt vn depoſt public, d'autant plus priuilegié que le depoſt particulier, parce que l'on eſt contraint d'entrer en vne hoſtellerie, ſans cognoiſtre l'hoſte, & ſans l'auoir choiſi, ne pouuant auoir le choix de ceux que l'on ne cognoiſt aucunement, & ſans auoir eſté appellé pour conſentir qu'il tinſt hoſtellerie, ou pour l'empeſcher. Au depoſt particulier, chacun choiſit le depoſitaire, & ſe peut imputer s'il a faict vn mauuais choix: Et neantmoins ce depoſt particulier, eſt ſi priuilegié aux quatre cas, *incendij, tumultus, ruina, & naufragy*, à cauſe que l'on n'a pas lors le choix, & que l'on prend le premier venu, que l'action eſt infamante contre le depoſitaire qui a deſnié le depoſt, en ces cas là. Eſtant conſiderable que quiconque entreprend de tenir hoſtellerie, *pollicetur fidem*, il aſſeure tous ceux qui iront s'heberger chez luy, qu'ils ſeront en toute aſſeurance, pour ce qui entrera dans ſon hoſtellerie, parce que c'eſt vne loy publique, perpetuelle & vniuerſelle, qui a eſté de tout temps, que les Hoſtelliers ſont reſponſables de tout ce que ceux qui s'hebergent chez eux, y apportent. Et partant ne pouuans ignorer à quoy ils ſont tenus, & ne le deuans ignorer, ils ſont inexcuſables, s'il en aduient faute. Il n'y a celuy qui ne ſoit enuelopé dans ceſt intereſt public, de quelque condition & qualité qu'il ſoit, pour les occurrentes neceſſitez, rencontres, & commoditez de la vie, eſtant preſque neceſſaire à tous d'aller & venir de lieu en autre, ſoit pour ſon particulier, ſoit pour le public, pour l'exercice du traffic & commerce, pour le tranſport & voiture de tout ce qui eſt neceſſaire à la vie, pour la neceſſité meſme des eſtats, offices & charges de chacun, qui obligent ſouuent d'aller & venir de lieu en autre. Bref c'eſt choſe dequoy il eſt comme impoſſible de ſe paſſer, d'aller par les hoſtelleries. L'Hoſtellier reſpondoit à cela, qu'il ne falloit tant exaggerer l'importance, d'auoir de l'aſſeurance aux hoſtelleries, que l'on ne conſidere qu'il peut y auoir de la faute de ceux qui arriuent aux hoſtelleries, y arriuans à heures indeuës, en pleine nuict, faire ouurir les portes *nocte intempeſtina*, qu'il ſemble que ceux qui en vſent comme cela, tendent aux larrons, ne pouuans les Hoſtelliers auoir leurs ſeruiteurs domeſtiques ſi preſts, en vn temps ſi importun, pour prendre garde à ce qui arriue lors que chacun eſt retiré, la nuict eſtant donnée pour le repos. Côment doncques peut-il eſtre poſſible que l'on puiſſe obſeruer

ceux qui entrent & fortent en vn temps, que les portes ont de
couftume d'eftre fermées, & qu'elles le deuffent eftre. Partant
l'on peut dire que ceux qui en vfent comme cela, donnans caufe au mal, fe le doiuent imputer. Il n'y a obligation fi exacte, ny
rigueur de Iuftice, fi grande, qui ne puiffe eftre relafchee par les
circonftances qui amoindriffent les fautes. Il n'eft iamais permis de tuer; neantmoins les loix des douze tables permettent
nocturnum furem, cum telo, occidere. Dans Tite-Liue *lib. 9. & 10. pri-*
me decadis, il eft remarqué des occurrences qui difcernent ce qui
arriue de nuit, de ce qui arriue de iour, pour en faire toutautre iugement, contre ceux qui veulent cacher fouz l'ombre de la nuit,
leurs actions. *Tum* l'Edict du Preteur dict, *vt recepta reftituant cau-*
pones. Il falloit donques, que le demandeur l'aduertift de ce qu'il
auoit amené, & qu'il luy baillaft en garde, *vt appareret eũ recepiffe*,
puis qu'il l'auoit amené en fon hoftellerie à heure indeuë : car
il luy peut demander ce qu'il n'a iamais faict entrer en ladicte
hoftellerie, ayant efté fort mal-aifé la nuict, de difcerner ce que
l'on euft faict aifément de iour. Mais eftimant que ledit demandeur feroit luy-mefme foigneux de conferuer fa marchandife,
ayant beaucoup faict pour luy, de luy ouurir fa porte, en vn
temps auquel l'on luy pouuoit iuftement refufer; Il fuppofe au
lieu de cela, de la marchandife qu'il dict eftre perduë dans ladite hoftellerie, laquelle n'y eft peut-eftre iamais entrée. Le Bailly de Troyes par fa fentence, abfout l'Hoftellier. Appel par ledit
Courtier. Par Arreft en la mefme prononciation, l'appellation,
& ce au neant; en emendant, la Cour condamne l'Hoftellier, à
faute de reprefenter la marchandife defrobée, aux dommages
& interefts dudit Courtier & voiturier.

*La peine du compromis est deuë, pour auoir appellé de la sen-
tence arbitralle; encores que l'appellant eust renoncé à son appel.*

ARREST XVI.

AIVS, & Titius, ayant faict vn compromis, pour
le iugement de leurs differends, les arbitres donnent leur iugement. Titius appelle dudit iugement: depuis il se r'aduise, & acquiesce à ladite sentence. Caius le poursuit pour le payement de la peine. Titius dit que par l'acquiescement à ladite sentence il a fait
cesser l'appel, & que *res eo redyt*, comme s'il n'y eut iamais eu
d'appel, qu'il est prest d'executer ladite sentence. Au contraire, Caius dict, qu'il suffit qu'il ait vne fois interjetté l'appel,
s'estant soubmis par le compromis à la peine en cas de contrauention à ladicte sentence arbitralle; que c'est contrauention
d'en auoir appellé; que *idem fuisset ius quæsitum Titio*, si luy
Caius en eust interjetté appel: les peines sont precises, & *stricte
debentur*, quand elles sont promises & stipulées en quelque acte,
pour quelque chose que ce soit. *l. si seruus. §. si plurium. si quis
cautionibus*; où il est porté, que *si quis tres seruos iudicio sisti promiserit, & duos tantùm sistat, totam pœnam esse commissam*. Ainsi iugé
par Atrest du dernier Decembre 1580. Vn fideiusseur ayant promis de representer trois femmes, qui estoient accusées de quelque crime, & à faute de ce, payer la somme de cinq cens liures:
il n'en represente que deux. Par ledit Arrest, il est condamné
payer toute la peine. La loy finale *de rescind. vend.* est expresse
pour cela, & dict que les peines apposées *in contractu venditio-
nis* sont executées à la rigueur. De mesme en la loy *si qui ducen-
ta, §. vtrum. de reb. dub.* & encores la loy *stipulationum. §. si sortem.
de verb. oblig.* dit, que *præstatio partis debitæ ab vno ex heredibus, non
impedit quin pœna committatur in solidum.* Titius dict sans chercher
ailleurs la decision de ceste question, qu'elle est decidée en la
loy *Celsus ait. de recept. arbitr.* où il est dict: *Si arbiter intra Kalendas Septembris dari iusserit, nec datum erit, licèt postea offeratur, tamen semel commissam pœnam compromissi non euanescere, quoniam*

E

verum est intra Kalendas datum non esse. Aussi *verum est dicere*, qu'ayant le defendeur appellé, qu'il y a eu contrauention de sa part à la sentence arbitralle, & qu'elle a esté par luy debatuë, & impugnée, encores que par apres il se soit desisté de son appel. Autrement ce ne seroit qu'illusion, & trauerse ; car apres vne contrauention expresse par vn appel, l'on voudroit en estre quitte pour se r'aduiser ; & ainsi les conuentions *essent ludibrio*, tantost ne les voulant entretenir, tantost les voulant entretenir: & ne seruiroit de rien d'y apposer des peines ; ce que la loy ne trouue pas bon, d'vser d'vne telle variation, mesme au mineur, tantost de repudier vne succession, tantost de l'apprehender. *l. cùm non solùm. §. non antem. Cod. de bon. quæ liberis: ne leges ludibrio habeantur*, ce dit ceste loy. A cela respondoit le defendeur, que les loix ont distingué, quand elles ont dict, qu'on deuoit rigoureusement vne peine promise & stipulée, a sçauoir s'il s'a- gissoit d'vne obligation, qui consistast *in dando*: tunc la peine n'est executée, *si nihil interest* de celuy auquel la promesse a esté fai- te : si elle estoit *in faciendo*, de verité l'on l'obserue à la rigueur, *l. 2. §. & socrum. de verb. oblig.* & la gl. au chap. *suam ad nos. ext. de pænis*, fait la mesme distinction *in dando, aut in faciendo* ; à quoy se rapporte la loy qui a esté alleguée par le demandeur, qui se commence *stipulationum. §. si sortem. de verb. oblig.* laquel- le parle d'vne obligation *in faciendo*. Au surplus, que ce qui est principallement considerable, c'est que *nihil interest* au de- mandeur, puis que luy defendeur s'est desisté de son appel. Que l'on considere en droict, *pro mora purganda, si quid intersit aduersary. l. si insulam. de verb. oblig.* Bart. & Alexandre sur ceste loy, *quo casu* que *nihil interest aduersary, mora purgatur* sans aucu- ne peine. Si en crimes la loy dict, que l'on considere *si sit im- perfectum delictum, & tantummodo conatus,* auquel cas, l'on ne punist point, ou l'on punist beaucoup moins, *si non sit nocitum,* & que le mal projecté n'ait esté accomply, en la loy premiere *de extraord. criminibus,* en la loy *metum. §. sed quod prætor. de eo quod met. cauf.* & pour vn texte notable, *in l. qui falsam. ad l. Corne de falf.* où il est dit, *qui falsam monetam percusserit, si id totum efforma- re noluerit, suffragio iusto pænitentiæ. absoluitur.* Si cela est obser- ue en crimes, combien plus en matiere pure ciuile, encores où il n'y a presque que la cogitation de se plaindre, & d'appeller, l'appel n'estant venu à effect, y aura-il lieu de remettre la peine? laquelle n'est vrayement acquise, que quand l'on persiste à ne

vouloir satisfaire au iugement arbitral, n'estant l'intention des
parties autre vray-semblablement, quand ils se sont obligez à
telle peine, qu'elle fust seulement encouruë, si l'on contreue-
noit par effect à la sentence arbitralle, & non pour n'auoir con-
treuenu que de parole sans effect, & sans que le demandeur ait
esté constitué en aucuns despens, dommages & interests, auant
la renonciation audit appel. La glose *ia l. edicta. Cod. de edendo*
dict, que *libellus potest mutari ante litem contestatam*; & la loy *non,
potest. de iudic.* L'Authent. *qui semel. Cod. quomodo & quando iudex
sententiam mutare possit*, faict voir que le Iuge mesme *potest mutare sententiam* en quelques cas, & plus au faict qui se presente, par
la loy *destitisse. de iudic.* l'on se peut desister d'vn appel, & au pis
il n'y va que des despens. Et le chap. *significauerunt. de test. ext.*
qui est addressé au Prieur de Sainct Victor, touchant le Prieuré
d'Argenteuil, contentieux entre ceux de Sainct Denys, & les
Religieux de Fourlieu, porte que l'on peut changer les conclusions d'vn procez, s'il n'est tout instruit. En vn mot, la loy *qui
cùm maior. §. accusasse. de bon. libert.* est elegante, & à propos
pour ce subject, où il est dict; *Accusasse eum dicimus, qui crimina
obiecit, & causam perorari vsque ad sententiam fecit. Caeterùm si ante
quieuit, non accusauit, & hoc rare vtimur; sed si appellatione interpo-
sita desiit, benigne dicetur non pertulisse accusationem.* Ceste loy est
decisiue, pour la difficulté qui se presente. Par Arrest prononcé
cé à Noël 1582. Titius a esté condamné payer la peine. Robert
rapporte l'Arrest *lib. 3. cap. 8.*

---

*Le pere ne succede à sa fille au propre naissant, encores que tous
les biens de luy & de sa femme ayent esté faicts communs par le contract de mariage.*

ARREST XVII.

ROBERT Girard espouse Iacquette Lado. Par leur
contract de mariage y a clause, qu'ils seront vns
& communs en tous leurs biens, meubles, acquests, conquests, & propres; & en cas qu'il
n'y ait enfans de leur mariage, que les biens de
chacun reuiendront à leurs heritiers respectiuement. De ce ma-

riage est issuë vne fille. Quelque temps apres la mere meurt, le pere partage auec sa fille tous les biens, tant de luy, que de sa defuncte femme, suiuant la clause dudit contract de mariage. Aduient à la fille moitié des biens paternels, & moitié des maternels. Ceste fille vient à deceder. Vne tante maternelle se constituë demanderesse contre le pere, pour veoir dire qu'elle iouira de tous les biens escheus à sa mere, lesquels seront declarez luy appartenir, comme estant sa plus proche heritiere. Le defendeur remonstre, que quant aux propres venus de luy, qu'elle ne les peut pretendre, par ce que la clause du contract de mariage, qui porte que les biens retourneront aux plus proches heritiers, au cas qu'il n'y ait enfans, s'entend seulement des biens qui seront venus de chacun costé, que les heritiers du costé, duquel ils sont venus, y succederont. *Tum* que la clause est apposée, en cas qu'il n'y eust enfans, qu'il y en a eu, qu'il est question de la succession de l'enfant, qui est suruenu du mariage, & non de la succession des contractans. Que les biens ayans esté faicts communs, qu'il doibt succeder à sa fille, comme plus proche, n'ayans esté les biens, dont est question, qu'acquests à la mere, & propre naissant à la fille. La demanderesse au contraire soustient, que les biens paternels luy doiuent aussi bien appartenir, que les maternels, par ce qu'ils ont faict souche en la personne de la fille. Que le propre ne remonte point, sans distinction de naissant, ou d'ancien, si ce n'est en ce qui est venu des ascendans, quand ils suruiuent leurs enfans: mais au faict qui se presente, qu'à cause de la conuention l'on ne peut dire, qu'il soit rien venu à la defuncte à cause de son pere, par ce que les biens maternels luy tiennent lieu de ce qui est venu de luy. Replique le pere, que *iure reuersionis*, ce qui est venu de luy, luy doit retourner, suiuant la loy *constitutionis nouæ capitulum. Cod. de bonis quæ liberis*: sans que la conuention change la nature des biens, par ce que *donatum à marito vxori, videtur profectum à patre, si filij succedant matri, & non mutant data à patre, vxori, naturam profectitiorum. l. etiam. Cod. de donat. inter virum & vxorem. l. Quintius. D. eodem. l. cùm alijs. Cod. de secund. nupt. & l. si liqueat. Cod. de inoff. donat.* & pour cela si l'on veut retirer par retraict lignager, des heritages, qui soient alienez par les enfans, il faut estre parent du costé du pere, & non du costé de la mere, encores que lesdits heritages ayent esté donnez par le pere à sa femme, & que les enfans en ayent ioüy comme heritiers de leur mere.

Iugé par Arreſt pour le ſieur de la Beneſtaye, & pour le ſieur de Malicorne. De meſme en la queſtion, ſi vn pere ayant eſté condamné à mort, & ſes biens confiſquez au Roy, le condamné ayant des enfans auſquels le Roy faict don des biens de leur pere, ſi tels biens leur ſeront propres, ou acqueſts. L'on a iugé pour vn nommé Spifame qu'ils leur ſeroient propres, *inſpecta origine*, & qu'ils ſont venus de leur pere, auquel s'ils euſſent ſuccedé, ils leur euſſent eſté propres. La gloſe ſur la loy *quod dicitur. de imperſ.in reb.dotal.* tient expreſſément, que les biens retiennent touſiours la nature de leur origine, & Bart. le traicte *in l.bonorum. rem ratam hab.* Tiraqueau *in tract. de retractu*, §.32. tient que l'employ d'vn propre eſt propre. Il eſt vray qu'il dict, pourueu qu'il ſe face promptement. La tante reſpõdoit à cela, que l'on doit conſiderer que ce n'eſt vne donation au faict qui ſe preſente, que le mary ait faicte à ſa femme, mais vne communication & ſocieté de tous biens, en ſorte que le mary a eſté recompenſé de ce que ſa femme a peu auoir de luy, par ce qu'il a eu d'elle : en telle façon, que ſi ſa fille ſuccedant à ſa mere, a eu quelques biens qui fuſſent venus de luy, auſſi en a-il eu de ceux qui auoient appartenu à ſa femme, leſquels ſa fille a perdus, prenant au lieu de ceux-là, *vice permutati dominy*, ce qui auoit appartenu à ſon pere, ſuiuant la loy *Imperator*, & la ſuiuante, *de leg.* 1. Le premier Iuge adiuge à la demandereſſe les biens maternels, au pere les paternels. Appel aux Preſidiaux, qui emendent la ſentence, & ordonnent que partage ſera faict eſgallement de tous les biens, entre la demandereſſe, & le defendeur. Appel par le defendeur. Par Arreſt prononcé à Noël 1582. l'appellation, & ce au neant ; en emendant ordonne la Cour, que tous les biens delaiſſez par la defuncte appartiendront à la demandereſſe, auec reſtitution de fruicts receus par le defendeur depuis le deceds de ſa femme.

Teſtament mutuel ne peut eſtre reuoqué par le ſuruiuant,
quand il l'a executé.

ARREST XVIII.

L y a eu deux Arreſts prononcez à Paſques 1583.
Par le premier, il a eſté iugé qu'vn teſtament mutuel faict par deux conioincts, de tous leurs biens,
ne peut eſtre reuoqué par le ſuruiuant, quand il l'a
executé, & qu'il a iouy de ce qui luy a eſté donné
ou legué par ledit teſtament. Mais d'autant que contre ledit
Arreſt, il y a eu propoſition d'erreur, ſur laquelle les parties ſe
ſont accordées, l'on ne ſe peut ſeruir dudit Arreſt, le faict eſtant
reuoqué en doute. Pour la reſolution de la queſtion ſi vn teſtament mutuel peut eſtre reuoqué par le ſuruiuant, il y eut Arreſt le premier de Mars 1601. à l'audience, plaidant Robert, &
Dauid Arnauld, en vne cauſe, en laquelle le mary & la femme
ayans faict vn teſtament mutuel, le mary decede; la veufue le
faict regiſtrer, faict partage de la communauté, ſans preiudice de
l'vſufruict qu'elle deuoit auoir par ledit teſtament; toutesfois
elle ne l'auoit prins, & y auoit trente ans que le partage auoit
eſté faict. Les heritiers de la femme ſouſtenoient qu'il falloit
que ledit teſtament fuſt executé, & que les heritiers du mary
rendiſſent les fruicts par eux perceuz. Par Arreſt fuſt dict, ſans
auoir eſgard audit teſtament, que le partage tiendroit; mais cela fut à cauſe du long temps que ledit partage auoit eſté entretenu par la femme. Il y a l'Arreſt que l'on appelle de Sourdis,
par lequel l'on a iugé qu'vn teſtament mutuel ne ſe peut reuoquer, quand il a eſté executé par le ſuruiuant, & qu'il en a prins
profit ſuiuant la diſpoſition portée par ledit teſtament. Le meſme iugé pour la veufue du Bailly de Touraine, plaidant Maiſtre
Pierre du Lac. Neantmoins Oldrade conſ. 119. tient que le
ſuruiuant peut contreuenir au teſtament mutuel; mais il faut
rapporter tout ce qu'en diſputent nos Docteurs, Guy Pape,
Piſchius, Benedicti ſur le chap. *Rainutius*, Oldrade, & les autres,
à ce qui eſt de la reſolution portée par les Arreſts, entre leſquels
Monſieur Loüet en rapporte quelques-vns, qui ont iugé la
difficulté ſelon qu'il a eſté dict cy deſſus; de ſorte qu'il eſt con-

stant au Palais par les Arrests, que quand le suruiuant a executé
le testament mutuel, & prins ce qui estoit à son profit, qu'il ne le
peut plus reuoquer, soit qu'il y ait enfans, soit qu'il n'y en ait
point. La grande raison est, que ce n'est pas tant vn testament
qu'vn contract, quand il se faict ainsi mutuellement, & qu'ils se
donnent par iceluy l'vn à l'autre, en cas de suruie; & n'est raisonnable que le predecedé soit frustré de sa disposition, & de son
intention, ne la pouuant plus changer, ny reuoquer, & que le
suruiuant qui a esté cause de ce que le defunct a faict vne telle
disposition, de leur consentement mutuel, ait la liberté seul, de
reuoquer ceste disposition mutuelle, les choses n'estans plus en
leur entier : quand mesme le suruiuant voudroit rendre tout ce
qu'il en a prins, par ce que le predecedé n'y est plus, pour changer sa disposition. Et de droict *hereditas potest relinqui pacto, vel con-*
tracta, aussi bien que *testamento*. Cela se pratique tous les iours
aux contracts de mariage. *Capella Tholosana* le traicte en plusieurs
endroicts, *Aufrerius decis.* 451. & 428. Guy Pape *decis.* 267. &
Boer. decis. 172.

Le tiers acquereur condamné, apres trente ans, laisser à la femme
ce qui est affecté à son douaire coustumier.

ARREST XIX.

E N la Coustume de Bretagne, la femme a douaire
Coustumier sur le tiers des heritages qui appartiennent au mary, lors du contract de mariage.
Pendant & constant vn mariage, le mary vend
vne terre, de laquelle l'acquereur iouist trente ans,
& plus : apres le deceds du mary, la femme faict adiourner ledit
acquereur, pour se departir du tiers de ladite terre qu'il auoit
acquise de defunct son mary, affecté par la Coustume à son
douaire coustumier. L'acquereur remonstre qu'apres trente
ans elle n'est receuable, par ce que *etiam constante matrimonio potuit*
agere ad declarationem iuris, en cas que douaire eust lieu. La femme replique, que *non valenti agere, non currit præscriptio* ; que le
douaire n'a lieu qu'apres le deceds du mary : partant que *constan-*
te matrimonio, elle n'a eu aucune action, estant incertain si douaire auroit lieu. Si tost que le mariage a esté dissolu, & qu'elle

a'péu agir, elle a intenté son action. Recognoist que la question a esté fort agitée en la Cour, si la prescription doit courir
contre la femme, pour les droicts qu'elle a sur les biens, & heritages qui appartenoient à son mary, & qu'il a vendus pendant
le mariage, ou du iour du contract de vente, ou du iour de la
dissolution du mariage : & veut-on dire qu'allant aux Chambres, il y eut Arrest au rapport de Monsieur de la Rochethomas,
que la prescription auoit couru contre la femme du iour du
contract de la vente faite par le mary: mais Messieurs de la grand
Chambre, furent d'aduis *a die mortis mariti.* Car de dire, que
la femme peut agir *ad declarationem iuris,* & appeller le detenteur en declaration d'hypotheque, mesme quand elle a tousiours esté bien traictée de son mary, & qu'il n'y a eu seuice: Qu'il
est grandement considerable que le mary, *constante matrimonio,*
est maistre des actions, & des biens de sa femme ; *adeò,* que
in rebus dotalibus tenetur praestare dolum, & culpam. l. in rebus. de iure
dotis. Que si les decrets ne purgent les doüaires, qui sont des ventes necessaires, & faites par Iustice, si ce n'est en tout cas, *quando*
ius est quaesitum, & que l'on a peu s'opposer, le droict estant ja acquis ; mesme quand celuy auquel le droict appartient, *est sui iu-*
ris, qu'il n'est point mineur, & en tutele : *quanto magis* en vne
vente volontaire, secrette, & particuliere, faicte par le mary, *clam*
vxore, y aura-il lieu, de conseruer la femme ? La loy *vbi lex. Cod.*
de vsucap. dit que *prohibita alienari, non possunt praescribi.* Vray est
qu'au tiers detenteur l'on tient qu'apres trente ans seulement,
il peut prescrire suiuant la loy *filius familias. §. diui. de leg.* 1. Mais
les trente ans s'entendent *à die mortis mariti,* suiuant l'Authent.
nisi tricennale. Cod. de bonis mater. le Conseil de Decius 350. & Faber *in l. 1. Cod. de bon. mater.* la femme n'ayant peu agir auparauant : & quand elle l'eust peu & voulu faire, sans doute elle eust
prouoqué son mary à seuices, quand il n'en eut vsé auparauant:
lesquelles seuices & mauuais traictement, l'on est d'accord
empescher la prescription du tiers acquereur, lequel a peu, &
deu s'enquerir de la qualité & charges des biens qu'il acqueroit,
& de la condition de celuy duquel il acqueroit : & sçauoir que
estant marié, sa femme auoit vn doüaire sur ses biens par la Coustume, mesme sur ses propres ; & deuoit aussi s'enquerir si les
biens qu'il acqueroit estoient propres, ou acquests à son vendeur, *qui enim cum alio contrahit, non debet esse ignarus conditionis*
eius. Ioinct que la Coustume de Paris art. 117. porte que la prescription

scription du doüaire ne court que du iour du deceds du mary, laquelle Coustume est compilee des Arrests de la Cour. Au contraire, le tiers detenteur disoit que les derniers Arrests, si la Cour auoit varié en ceste difficulté, estoient que la prescription de dix ans couroit contre la femme, *constante matrimonio*, au profict du tiers acquereur, si elle ne faisoit apparoir que le mary l'eust forcée & contraincte. Qu'outre l'Arrest que ladite veufue auoit recogneu auoir esté donné au rapport dudit sieur de la Rochethomas, il y en auoit encores vn plus recent, donné au rapport de feu Monsieur de Montholon, qui a iugé que les dix ans couroient contre la femme, *constante matrimonio*, & n'y a qu'vne exception, quand les Coustumes prohibent toutes alienations au mary, au preiudice de sa femme, comme celles du Maine, & d'Anjou. A cela la femme repliquoit, qu'il falloit distinguer, si la femme auoit parlé au contract de vente, auquel cas il faut qu'elle verifie auoir esté forcée par son mary, de consentir au contract de vente, & se doit pouruoir dans les dix ans, du iour du contract. Ainsi iugé au rapport de Monsieur de Mesme. Mais quand elle n'a parlé au contract, & que l'on ne dit autre chose, sinon que pour conseruer son droict, ou son hypotheque, elle pouuoit agir *ad declarationem iuris*, *alia ratio*, par ce que le mary estant maistre des biens & actions de sa femme, la prescription ne doit auoir lieu contre la femme, mesme en vn doüaire Coustumier, lequel ne va pas à vne simple hypotheque sur les biens du mary, mais à vn droict reel, pour ioüir par la femme du fonds par ses mains, tant que doüaire a lieu. Par sentence du premier Iuge, la femme est deboutée de sa demande. Appel. Par Arrest en ladite prononciation, l'appellation, & ce au neant, en emendant est le detenteur condamné se départir du tiers de l'heritage par luy acquis, au profict de la demanderesse, pour en ioüir par elle tant que doüaire aura lieu.

F

Donation faicte en contract de mariage, non insinuée dans les
quatre mois, du viuant de la donatrice, iugée bonne & va-
lable : nonobstant que la donatrice se fust plaincte par son te-
stament d'ingratitude de la donataire, & qu'elle eut reuo-
qué la donation.

ARREST XX.

VNE tante interuient au contract de mariage de sa
niepce, luy faict don de ses meubles, & de vingt ar-
pens de terre, dont elle se trouueroit saisie lors de
son deceds. La tante decede; sa niepce veut entrer
en ioüissance de ce qui luy a esté donné; les heritiers
l'empeschent, & disent que ladite donation ne peut subsister,
ny comme donation entre vifs, ny comme donation à cause de
mort. Entre vifs, par ce qu'elle n'est insinuée, & qu'il n'y a eu
tradition, ny retention d'vsufruict expresse, & que par le contract *facta fuit mentio mortis.* Que depuis ladite donation, ladite
donataire auoit vsé d'ingratitude enuers sa tante, qui luy auoit
faict ladicte donation; & par consequent qu'elle ne pouuoit
rien pretendre à ce qui luy auoit esté donné, par le §. *Ingratitudi-*
nem, de l'Authent. *de nupt.* laquelle dict que les donations sont
renduës nulles, quand le donataire se rend ingrat enuers le donateur. Qu'elle ne pouuoit aussi valoir à cause de mort, par ce
que la donatrice auoit faict vn testament subsequent, par lequel elle vouloit que tous ses heritiers, entre lesquels estoit
ceste niepce, vinsent esgallement à sa succession. Que ladite donatrice auoit long temps vescu apres ladite donation, laquelle
estant prinse pour donation à cause de mort, elle seroit reuoquée par la disposition contraire, portée par ledit testament.
La niepce disoit au contraire, que c'estoit vne donation entre
vifs, insinuée dans l'an de la procuration de la donatrice, *ea vi-*
uente: qu'elle portoit en effect retention d'vsufruict, puis qu'elle n'auoit lieu qu'apres le deceds de la donatrice : laquelle retention d'vsufruict opere vne tradition, *l. quod meo. de acquir. he-*
red. & Bart. sur ceste loy. Qu'elle estoit faicte pour recompense de seruice : que le mariage n'eust autrement esté accordé;
que c'est son dot; que le testament ne l'a peu reuoquer estant

precedemment faicte, & la proprieté des chofes données ac-
quife à elle donataire : qu'il ne fuffifoit que par ce teftament, la
donatrice euft pretendu de la part de ladite donatrice, de l'ingratitude, laquelle deuroit eftre prouuée & verifiée ; ledit teftament n'en pouuant faire foy, d'autant qu'il eftoit nul *ex defe-*
ctu des folemnitez, n'ayant efté leu, & releu, & n'y ayant que
deux tefmoins contre la difpofition de la Couftume de Melun.
Repliquent les heritiers, que pour ce qui eft de l'infinuation,
n'ayant efté faicte qu'apres le temps porté par l'Ordonnance,
qu'elle n'eft valable, y ayant nullité, & decret irritant, apres les
quatre mois, par ladite Ordonnance, laquelle doit eftre obferuée eftroittement, & fpecifiquement, ainfi que le tiennent les
Docteurs, particulieremêt Bart. *in proœmio Digeftorum. §. & antea.*
Autrement les ftatuts feroient illufoires, *& fruftra* le temps auroit efté appofé à l'Ordonnance, dans lequel fe doit faire ladite
infinuation : lequel eftant reglé & coarcté, *licitum intra tempus,*
poft tempus eft illicitum, l. Imperator. de poftul. cùm id quod lex indul-
get in præteritum, in futurum vetat, l. cùm lex. de lege commiff. & encores quand l'on fe veut departir des termes exprez d'vn ftatut,
in preiudicium iuris alteri quæfiti, n'eftant iamais permis de faire
chofe quelconque, *in preiudicium terty, l. fi debitor. Cod. de diftract.*
pign. Quant à l'ingratitude, qu'elle eftoit affez prouuée par le
teftament, encores qu'il fuft debatu de quelques nullitez ; par
ce que *ex actu inutili, & nullo probatio elici poteft*, pour vne declaration qui fera faicte dans l'acte, *l. fin. arborum furtim cæfarum.*
Comme fi par vn teftament nul, & non folemnel, l'on a declaré
les debtes que l'on doit, il feruira pour iuftifier que celuy qui a
faict le teftament, deuoit, quand il a exprimé la fomme. *l. cùm*
quis decedens. §. coduillis. de leg. 3. La niepce refpondoit à cela, qu'il
a efté iugé, que le donateur pouuoit eftre contraint de confentir l'infinuation, apres les quatre mois portez par l'Ordonnance, n'eftant raifonnable qu'il rende luy mefme l'acte qu'il a fait,
illufoire, & qu'il en empefche l'effect ; les donations ne fe fai-
fans pour fe circonuenir. Que la defuncte auffi de fon viuant a
confenti l'infinuation ; par confequent, que pour ce regard ladite donation ne peut eftre debatuë. Quant à ce qui eft de l'ingratitude, que fi c'eftoit vn pere, ou vne mere, qui euffent fait
cefte declaration, qu'il y auroit plus d'apparence d'y adioufter
foy ; encores que l'acte foit nul : mais à vn parent collateral, *non*
idem. C'eft la diftinction que les Arrefts ont apportée, quand les

pere ou mere declarent des causes d'exheredation contre leurs
enfans, & les expriment : encores que les enfans en reçoiuent
quelque note, elles sont receuës ; *secus* pour les collateraux. Il
y eut Arrest à l'Audience, le 9. Mars 1602. par lequel l'on cassa
vne exheredation faicte par vn oncle, pour cause infamante,
contre la niepce. *Aliud in patre*, par la loy *& si pepercerit. de lib.*
& posth. l. 1. §. *idem ait. de Carboniano edicto. l. his verbis.* §. 1. *de*
hered. instit. Les heritiers à ce dernier poinct, ne respondoient
qu'vn mot, qu'il falloit faire vne autre distinction, qui est, qu'il
est permis au parent collateral de faire vne declaration generalle, comme pour ingratitude, ou mauuais traittement ; mais ne
rien cotter en particulier qui note. Il a esté ainsi iugé, qu'vne exheredation faicte par vn frere de son frere, pour plusieurs torts
qu'il luy auoit faicts, sans rien dire en particulier, estoit valable.
L'Arrest est du 28. Mars 1605. suiuant la loy *codicillis.* §. *matre. de*
leg. 2. Par Arrest prononcé à la Pentecoste 1583. deliurance est
faicte à la mere des choses à elle données, sans restitution neantmoins de fruicts perceuz par les heritiers, depuis le deceds de
la tante.

Jugé qu'en la Coustume de Vitry, il n'est deub droict de rachapt
pour vne donation remuneratoire, faicte en contract de
mariage, encores que la Coustume dist, qu'il en
est deub en toutes donations.

ARREST XXI.

LA Coustume de Vitry porte qu'en toutes donations il est deu profit de fief au Seigneur. Vn Gentil-homme donne à vn sien seruiteur vne terre assise en ladite Coustume, en recompense de seruices, & en faueur de mariage. Le Seigneur de fief
faict saisir ceste terre à faute d'homme, droicts, & deuoirs non
faits, & non payez. A ceste saisie s'oppose le donataire ; soustient
qu'il n'est deu aucuns droicts seigneuriaux pour ceste donation,
par ce qu'elle est remuneratoire, & pour recōpense de seruices ;
ce qui ne contient aucunement à vne donation, *quæ sit nullo iu-*
re cogente. Outre qu'elle est fauorable, estant faicte *in contractu*

matrimonij. Aussi que pour estre deu droit au Seigneur à cause de
ceste donation, il eust fallu que la Coustume eust dict que pour
les donations remuneratoires, & onereuses, ou faites pour re-
compenses de seruices, il estoit deu droict au Seigneur, tout
ainsi que l'Ordonnance des Insinuations de l'an 1549. ayant dit
que l'insinuation estoit requise en toutes donations, elle adiouste encores qu'elles soient faictes en contract de mariage, qu'elles soient onereuses, ou faictes pour recompense, & qu'elles
soient remuneratoires: ce que l'Ordonnance de l'an 1549. laquelle a premierement introduict les insinuations, n'ayant dit,
mais seulement que l'insinuation estoit requise en toutes donations; l'on tenoit auant ladite Ordonnance de l'an 1549. que les
donations onereuses, remuneratoires, & faictes par recompense, & en contract de mariages, n'estoient subiettes à insinuation;
par ce que ladite Ordonnance n'en parloit point. Au contraire
disoit le Seigneur, qu'il estoit fondé en la Coustume, qui est
generalle, & n'excepte rien, ne distingue point. Qu'vne donation remuneratoire, & qui est faicte en faueur de mariage, est
aussi bien donation que les autres donations: qu'elle n'a point
d'autre nom; que l'Ordonnance de l'an 1549. l'a assez declaré,
quand elle a ordonné que telles donations remuneratoires e-
stoient aussi bien subiettes à insinuation, que les autres donations. Que par ceste donation, de laquelle est question, il y a
mutation de vassal, & translation de propriété, aussi bien qu'en
vne vente, pour laquelle il est deu droicts. De sorte que l'on
peut dire, que ceste donation est vne vente, & que le prix est
l'estimation des seruices du donataire; & partant qu'il en est deu
droicts; estant certain que le Seigneur est fondé de pretendre
droicts luy estre deuz pour toutes mutations, suiuant la Coustume. Et de dire que c'est par contract de mariage que ceste
donation est faicte, cela n'est considerable; par ce que l'Ordonnance qui parle des insinuations des donations, a aussi bien lieu
aux donations faictes en faueur de mariage, comme en celles
qui sont faictes pour quelque autre consideration que ce soit.
Ce qui est tellement pratiqué, que l'on a voulu mesme dire, que
les donations faictes par vn pere, ou vne mere, à vn enfant, en
auancement d'hoirie, lors que l'on le marie, estoient subiettes à insinuation, à cause de l'Ordonnance qui n'excepte rien.
Et s'est voulu la Cour esclaircir, s'estant presenté vn procez qui
tomboit sur ceste difficulté, comme l'on en auoit vsé depuis

l'Ordonnance, & si tels contracts de mariage portans de telles
& semblables donations auoiét esté insinuez; & enuoya au Chastelet pour estre les registres des insinuations veus, & en faire
rapport à la Cour. Et apres qu'il luy fust rapporté que depuis
vingt ou trente ans, il n'y en auoit que dix ou douze de ceste
qualité de donations faictes en auancement d'hoirie, qui eussent esté insinuez : elle iugea que tels contracts portans telles
donations n'estoient subjects à insinuation. Mais qu'en autre cas
cela ait esté iugé, que donation faicte en contract de mariage,
ne fust subjecte à insinuation; il ne se trouue point : si ce n'est
quand en reglant par mary & femme, leur communauté, il est
conuenu que le suruiuant aura les meubles, ou iouïra par vsufruict des acquests : il a esté iugé, que ce n'estoit donation, mais
vne conuention pour ce qui estoit de la societé & communauté
entre mary & femme : comme il appert par les Arrests rapportez par Monsieur Loüet f. 252. Et pour monstrer que telle donation est indubitablement subjecte à insinuation, c'est que
l'on ne peut dire que la donation qui est faicte par contract de
mariage, ne soit vn vray acquest au donataire; lequel partant
ne peut estre reglé comme les donations faites en ligne directe,
aux enfans, par leur pere & mere: lesquelles ne leur sont acquests, mais propres, leur tenant lieu de leur portion heredirai-
re en la succession desdits pere & mere. Et est remarquable
qu'en la Coustume de Poictou, au titre de communauté de
biens, il est porté par exprez, que toute donation est reputée
acquest, si ce n'est qu'il soit dict, qu'elle sera propre au donataire. Et celuy qui a commenté ladite Coustume, n'excepte point
de ceste disposition les donations faictes en ligne directe: remarque bien, que ladicte Coustume est contraire au droict escrit, *quia de iure donatio non venit in societatem, l. coire. Cod. pro socio.* Ce qui est bien vray à cest esgard, que *donatio non venit in
societatem*: mais *nihil vetat*, qu'il ne soit vray, que la donation est
acquest à celuy à qui elle est faite, quand il n'y a point d'autre
titre que de donation; d'où vient le Prouerbe ordinaire, Qu'il
n'y a plus bel acquest que don. Si donques il a fallu que le donataire ait fait insinuer son contract pour asseurer sa donation,
comment peut-il dire, que la terre qui luy a esté donnée, soit
par luy tenuë & possedée à autre titre que de donation? Et par
consequent la Coustume portant que pour toutes donations, il
est deu droicts au Seigneur, comment se peut-il exempter de

payer ceux qui luy font demandez? Le donataire refpondoit à
cela, que quand la Couftume diét, que pour toutes donations
il eft deu droicts au Seigneur, qu'elle a plus confideré vne donation, vraye donation, gratuite, de pure liberalité, & de bienfaict, qu'elle n'a penfé à vne remuneration, & recompenfe, laquelle n'euft que le nom de donation, & non l'effect. Que
c'eftoit l'interpretation que la loy donnoit pour recognoiftre
les actes, de quelle qualité l'on les doit reputer, ou ventes, ou
efchanges, ou donations. Qu'il faut confiderer l'effect, & non
le nom, en la loy *infulam. de prefcrip. verb.* où il eft dict que pour
recognoiftre quel eft le contract, il ne faut pas regarder le nom
que l'on luy baille, mais que c'eft en effect : comme fi en effect
c'eft vne vente, & que l'on luy donne le nom d'efchange, il faut
dire que c'eft vne vente, & pour cela nous auons la reigle de
droict, qui dict *plus valere quod agitur , quàm quod fimulatè conci-
pitur.* Il faut confiderer la fubftance de l'acte, & non l'efcorce,
& la fimple denomination. Partant que le contract dont eft
queftion, eftant pris tel qu'il eft, n'eftant en aucune façon vne
donation, qu'il n'en peut eftre deu droicts au Seigneur, lequel y prenant quelque chofe pour luy, diminueroit la iufte
recompenfe qui luy a efté faicte de fes feruices. Par Arreft
main-leuée eft faicte au donataire, & abfout des demandes du
Seigneur. Ledict Arreft prononcé à la Noftre Dame d'Aouft
mil cinq cens quatre vingts trois.

---

*C'eft à l'heritier à faire publier & regiftrer les teftamens
portans fubftitutions.*

ARREST XXII.

TITIVS fait fon teftament, inftituë Caius fon heritier, & s'il decede fans enfans, fubftituë Mævius,
& apres luy quelques autres. L'heritier iouïft des
biens, apres le deceds du teftateur, & decede fans
enfans. Apres fon deceds, fes heritiers continuent
la iouïffance des biens, comme s'ils euffent appartenu incommutablement au defunct, duquel ils eftoient heritiers. L'vn des

substituez qui a suruescu le defunct, qui auoit esté institué heritier, par celuy qui auoit faict les substitutions, demande contre lesdits heritiers, que la substitution soit declarée ouuerte à son profit, ayant descouuert ladite substitution: de laquelle il n'auoit eu auparauant cognoissance, par ce qu'elle n'auoit esté publiée ainsi que l'Ordonnance le requiert, qui est l'Ordonnance de Moulins art. 57. Lesdits heritiers de Caius, qui auoit esté institué heritier par Titius, qui auoit faict lesdites substitutions, l'empeschent *ex defectu* de ladite publication non faicte en iugement, à iour de plaidoirie, & registrement au Greffe Royal, plus proche, & ce dans six mois, à compter du iour du deceds du testateur, qui a faict les substitutions, lesquelles autrement sont declarées nulles, & de nul effect & valeur, par ladite Ordonnance. Le substitué respond, que ladite publication, & registrement se deuoit faire par celuy duquel ils sont heritiers, lequel auoit esté institué heritier par le testateur, & lequel partant sçauoit lesdites substitutions, qui estoient ignorées par luy, qui est l'vn des substituez, à present le plus capable d'en pouuoir demander l'ouuerture, ceux qui estoient substituez auparauant luy, estans decedez. Et encores que l'Ordonnance ne dise pas, à la diligence de qui ladite publication & registrement doiuent estre faicts, si est-ce qu'il est certain & indubitable que c'est l'heritier qui en est tenu, comme en ayant seul cognoissance, & non le substitué. Et si l'heritier n'en estoit chargé, il seroit à son pouuoir de faire éuanouïr toutes les substitutions, fideicommis, & restitutions, desquelles il se trouueroit chargé, contre l'intention de celuy duquel il est heritier, combien qu'il soit tenu de ses faicts, & d'accomplir, & d'executer sa volonté, & ses dispositions. Lesdits heritiers disoient au contraire, que si l'Ordonnance eut entendu charger l'heritier de faire faire ladite publication, qu'elle l'eust dict; & que de l'estendre plus auant que ce qu'elle porte, que cela ne se peut faire, mesme quand le statut n'est conforme au droict commun. *l. vlt. S. in computatione. Cod. de iure delib.* Qu'il est notoire, que par la disposition du droict escrit, ladite publication n'estoit requise; & que c'est l'Ordonnance qui l'a introduite, encores que le mesme inconuenient peut aduenir en pays de droict escrit, que le substitué n'eust aucune cognoissance de la substitution, & du testament du defunct, & que le seul heritier en eut cognoissance. Que par Ar-

test

rest il auoit esté iugé que l'heritier n'estoit tenu de ladite publication, & enregistrement. Respond le substitué, que lesdits heritiers se trompent de dire, que par la disposition de droict, les
testamens ne fussent publiez, apparoissant du contraire, par la
loy premiere, *quemadmodum testamenta aperiantur* : par ce que
l'on en faisoit l'ouuerture en Iustice, les testateurs les cache-
tans de leur seel, & des resmoins testamentaires; à fin que l'on
sceust qui estoit l'heritier. Et quant aux substitutions, le testateur les mettoit au bas de son testament, & ordonnoit que l'on
les tinst closes, iusques apres le deceds de l'heritier, crainte que
les substituez, s'ils sçauoient la disposition faicte à leur profit
par substitution, n'attentassent a la vie de l'heritier. Mais tant
y a, l'on sçauoit qu'il y auoit des substitutions, encores que l'on
ne sceust pas au profit de qui elles estoient faictes. Quant à ce
que lesdits heritiers disent que *in statutis non debet fieri extensio*,
Il y a des cas, esquels l'on peut estendre ce qui est porté par vn
statut, & entre autres, quand autrement il seroit sans effect :
comme au faict qui se presente, ladite Ordonnance seroit sans
effect, & ne se feroit iamais de publicatiõ, si l'heritier n'en estoit
chargé, par ce qu'il n'y a autre que luy qui la puisse faire faire,
estant seul qui a cognoissance de la disposition, & du testament
du testateur, qui a fait lesdites substitutions. C'est ce que dict
Bart. *in l. omnes populi. de iust. & iure*, que *sit extensio statuti, ne remaneat statutum inutile, & sine effectu*. Par Arrest prononcé à la Nostre Dame de Septembre 1583. il a esté iugé que c'estoit à l'heritier à faire publier, & registrer les testamens, qui portent substitution, & que le default n'en peut estre imputé aux substituez;
& partant declara la Cour ladite substitution ouuerte au profit
dudit substitué. Le mesme a esté iugé depuis à l'Audience, le
4. Aoust 1598. plaidans Maistre Louys Buisson, & Denis Bou-
teiller.

G

Donation entre vifs , faicte à vn baftard , n'eft reductible
aux alimens , & à vie.

ARREST XXIII.

ITIVS donne à vn fien baftard par donation entre
vifs : les heritiers du donateur veulent faire redui-
re cefte donation à vn vfufruict, *& ad alimenta.* Le
baftard dict, que fi la donation luy euft efté faicte
par teftament, que lefdits heritiers auroient quelque raifon de pretendre que *fauore heredum ,* la reduction fe deuroit faire aux alimens,& à vn vfufruict, ne s'eftant le donateur
deffaifi de fon viuant, & n'eftant eftimé auoir voulu autre chofe
faire par tel legs, finon donner moyen de viure apres fon deceds, à celuy qu'il nourriffoit de fon viuant, & qu'il entretenoit
de tout ce qui luy eftoit neceffaire, fans luy auoir rien donné,
tant qu'il a vefcu de fon bien, en meuble, ou en heritage : Mais
le defunct luy ayant donné de fon viuant par donation entre
vifs, irreuocable, & s'eftant deffaifi de ce qu'il luy a donné , &
transferé la proprieté defdites chofes données deffors de la donation ; que les heritiers ne pouuoient plus rien pretendre aux
chofes données , le defunct n'y ayant eu aucun droict lors qu'il
eft decedé ; & pour cela qu'il n'a efté neceffaire de leur demander deliurance, laquelle il auoit du viuant du donateur, par le
moyen de ladite donation faicte entre vifs, laquelle faifit le donataire, deffors qu'elle eft faicte ; iouiffant de ce qui luy auoit
efté donné par la volonté du donateur, du faict & promeffes duquel lefdits heritiers font tenus. Les heritiers repliquoient, que
l'on gardoit en France , la conftitution Canonique du chapitre
Cum haberet. ext. de eo qui duxit eam, par laquelle l'on ne peut donner aux baftards, finon *ad alimenta ,* par celuy qui eft le pere naturel. Que fi telles donatiós pour eftre faictes entre vifs, eftoient
tolerées, à l'effect de transferer la proprieté des chofes données,
pour en iouir à perpetuité par les baftards, ou pour en pouuoit
difpofer à qui bon leur fembleroit, fans les reftraindre à leur vie,
& à vn fimple vfufruict, fi ce n'eftoit qu'ils euffent des enfans
nais en loyal mariage, fuiuant l'Arreft rapporté par Monfieur
Loüet , que ce feroit indirectement faire fucceder lefdits ba-

stards à leurs peres naturels, contre la disposition de droict en
la loy fin. *Cod. de natur. lib.* & de l'Authent. *quibus modis naturales
efficiantur legit.* au §. *discretis*, & contre la disposition des Coustumes, & de nostre droict François, qui exclud les bastards de toutes successions de leurs progeniteurs. Voire ce seroit vn moyen
de les aduantager plus auant que les vrais heritiers, par ce que
l'on void souuent que le vray moyen d'aduantager par vn pere,
ou autre parent, l'vn de ses heritiers, plus que l'autre, c'est de luy
faire donation entre vifs, à laquelle il se puisse tenir sans estre
heritier, comme les Coustumes le permettent, afin de n'estre tenu de rapporter, ou moins prendre en venant à la succession. Le
bastard respondoit à cela, que l'on deuoit considerer que le donateur n'auoit point d'enfans legitimes, à l'esgard desquels de
verité par ladite Authent. *Quib. modis natur. efficiantur legit.* les bastards *ab intestat*, ne pouuoient auoir que des alimens, & par
testament ils ne pouuoient auoir qu'vne douziesme partie de
la succession, qui est vne once. Mais en cas qu'il n'y eust aucuns
enfans legitimes, l'on pouuoit tout donner aux enfans naturels, la legitime reseruée aux freres, laquelle leur estoit deuë,
turpi persona instituta. l. fratres. Cod. de inoff. test. Que si par testament le pere naturel pouuoit tout donner à son bastard, pourueu qu'il n'eust point d'enfans legitimes, *multo magis* par nos
mœurs, sera-il loisible de donner entre vifs, tout ce que l'on voudra ausdits bastards, estans en France les donations entre vifs
beaucoup plus estenduës, & beaucoup plus libres que les dispositions testamentaires, y ayant peu de Coustumes, qui ne permettent de donner tout son bien entre vifs, à quelque personne
que ce soit, si ce n'est que par la mesme Coustume il y ait prohibition expresse de donner à certaines personnes : & au contraire par testament toutes les Coustumes prohibent de disposer,
sinon de certaine portion de ses biens, & n'y en a point qui permettent vne libre & entiere disposition de tous biens par testament : ce qui estoit permis de droict, & au contraire defendu
de tout donner entre vifs, à fin de se reseruer quelques biens
pour en disposer par testament. Par Arrest prononcé à Pasques
1589. le donataire est absout des demandes, fins & conclusions
des heritiers. Cest Arrest est rapporté par Robert *lib. 2. cap. 10.*
où il est traitté amplement : l'on y aura recours.

L'on considere la Coustume qui est lors que la disposition
doit sortir son effect.

ARREST XXIV.

ITIVS & Seïa, conioincts par mariage, ayans tous leurs biens assis en la Coustume de Touraine, ont des enfans de leur mariage, lesquels Titius laisse tous mineurs, lors de son deceds : la veufue ioüist apres ledict deceds de tous les biens du defunct, suiuant l'ancienne Coustume de Touraine, qui portoit que le suruiuant de deux conjoints ioüist par vsufruict de tous les biens meubles, acquests, & propres appartenans aux enfans estans souz l'aage de puberté. La Coustume estant reformée en l'an 1559. il y a article qui est le 319. qui porte que le suruiuant de deux conioints qui se remarie, perd l'vsufruit que la Coustume luy donne de tous les biens des enfans qui sont souz aage de puberté. Ceste Coustume estāt reformée, Seïa se remarie. Apres le mariage, le tuteur des enfans la fait appeller pardeuant le Bailly de Touraine, pour voir dire qu'elle laissera ioüir ses enfans des biens de leur pere, desquels elle ioüissoit par vsufruict suiuant l'ancienne Coustume, attendu qu'elle s'est remariée, & que par la reformation de ladite Coustume, le suruiuant qui se remarie est priué dudit vsufruict. Elle soustient que *ius fuit illi quæsitum* auant la reformation, son mary estant decedé pendant l'ancienne Coustume, qui ne priuoit le suruiuant qui se remarioit, dudit vsufruict. Que ce n'est que la Coustume nouuelle qui a introduit cela. Qu'en pareille difficulté, la Cour a iugé qu'il faut considerer *si sit ius quæsitum*, quand la femme se remarie. C'estoit en l'interpretation de l'Edict ou Declaration du Roy pour les contracts pigneratifs de ceux des pays de Touraine, Berry, & Anjou : lesquels estoient conuertis en contracts de constitutions de rentes par lettres du Roy. La Cour en la verification, adjousta, fors pour les veufues & mineurs, qui pourront demander l'interest à l'aduenir. Il y auoit vne femme qui estoit veufue lors de ladite verification, & depuis elle se remarie ; la question estoit de sçauoir si s'estant remariée, & perdant par ce moyen la qualité de

veufue, elle deuoit ioüir de l'effect de ladite verification, par
ce que la loy *Titio. de cendit. & demonstr.* dit, *Ridiculum est eandem*
vt viduam, & vt nuptam admitti. La Cour par Arrest du 6. Mars
1608. à l'Audience , iugea qu'elle ioüiroit de l'effect de ladicte
verification. Et semble que la raison de l'Arrest ait esté , *quia ius*
erat quæsitum , & qu'elle ioüissoit d'vn droit qui estoit ancien , &
non d'vn droict attribué de nouueau , comme au faict qui se
presente, ladite Seia ne demande pas vn droict nouueau, mais
vn droict ancien qui luy estoit acquis auant son second mariage. Au contraire le tuteur dict, qu'elle n'auoit ce droict que par
la Coustume, laquelle *quod dat tollere potest.* Bald. *in l. illam. Cod.*
de collat. Pan. *in cap. fin. extra. de constituti.* Monsieur Loüet rapporte vn Arrest donné sur cela , par lequel il a esté iugé qu'il
faut suiure la Coustume reformée , qui est lors du deceds , &
non celle qui estoit lors du mariage pour la communauté ; que
le cas auquel la femme est priuée de l'vsufruict, qui est le second
mariage, est aduenu depuis la reformation. Que si elle eust esté
remariée auant ladite reformation , *ius fuisset illi quæsitum* , lequel ne luy eust esté osté. *Etiam* qu'apres la reformation elle se
trouua remariée , & n'estre plus veufue, *iure iam quæsito*, qui
est le cas de l'Arrest du 6. Mars 1608. cy dessus par elle cotté,
combien que Iason *consilio* 11. ne soit de cest aduis , & die qu'il
faut voir *si factum remanet post statutum, vt si dotata excludatur, trahi-*
tur ad dotatam ante statutum. Par sentence dudit Bailly de Touraine, il est dict, que les enfans ioüiront de tous les biens, sans
que leur mere y puisse pretendre vsufruict. Appel. Par Arrest
en la mesme prononciation, l'appellation au neant, ce dont est
appellé sortira son effect.

Si la donation entre conioincts qui ne valoit que pour l'vfu-
fruict, y ayant enfans, vaudra pour la proprieté, les en-
fans venans à deceder, le pere & la mere viuans.

ARREST XXV.

A Couſtume d'Anjou porte, qu'homme & femme ſe
peuuent donner l'vn à l'autre, le tiers de leurs propres,
& leurs acqueſts, & conqueſts, s'ils n'ont point d'enfans; & au cas qu'ils ayent des enfans, ne ſe peuuent
donner que l'vſufruict de ce que deſſus. Deux côioints par mariage ſe donnent le tiers de leurs propres, & leurs acqueſts, &
conqueſts. Lors du don il y auoit vne fille, qui depuis decede:
ſuruient vn autre enfant maſle, qui predecede auſſi ſes pere &
mere. Toſt apres decede la mere ayant confirmé par ſon teſtament ledit don, lors qu'il n'y auoit plus d'enfans. Apres le deceds de ſa femme, le mary demande deliurance aux heritiers
de ſa femme, de ce qu'elle luy auoit donné, leſquels ſe defendent, & diſent: Il y auoit des enfans lors de la donation, il en eſt
encores ſuruenu depuis; *licèt* il n'y en ait point, qui ayent ſur-
ueſcu la defunƈte leur mere, ſuffit que *ſuperueuerint*, & que *mo-*
mento temporis, ils ayent eſté, *l. qui vxorem pregnantem. de iniuſto,*
rupto, & irrito teſt. comme *in herede, ſufficit*, que *momento fuerit*
quis heres ad excluſionem ſubſtituti. Que lors que le don fut fait,
l'on n'auoit entendu donner que l'vſufruict, par ce que y ayant
lors des enfans, la Couſtume ne permetoit de donner que l'vſufruict. *Tum* telles donations *inter virum & vxorem*, ont eſté tant
prohibées de droiƈt, & ſi reſtraintes pour la crainte & preſomption de force, ou d'induƈtion d'vne part, ou d'autre, *aut ne ſe*
mutuo amore ſpoliarent. Au contraire le mary diſoit, que la Couſtume qui diſpoſe que l'on ne peut donner que le tiers des propres, & les acqueſts, & conqueſts par vſufruict, s'il y a enfans,
s'entend, qui ſuruiuent lors du deceds des pere & mere, & lors
de la diſſolution du mariage: car la reſtriƈtion eſt faiƈte en leur
faueur, *quibus deficientibus*, ladite faueur ceſſe, *l. poſthumus. de*
iniuſto rupto, combien que ladiƈte loy *vxorem pregnantem*, du
meſme titre diſe le contraire: mais en ladiƈte loy *vxorem*,
c'eſt vne ſcrupuloſité qui eſt reprouuée par ladite loy *poſthu-*

mus, & qu'il se trouue par tout le droict, que la disposition estant restrainte en faueur des enfans, que *illis deficientibus*, elle a son effect tout entier: & est ainsi entenduë la loy *si vnquam. Cod. de renocand.donat.* par l'opiniō commune de tous les Docteurs, il n'y a que Bart. qui soit seul d'opinion contraire : Cela est aussi aux substitutions, en la condition, *si sine liberis* : car il suffit, que lors du deceds il y ait des enfans, *licèt postea decedant* ; tant y a que la condition soit vne foy escheüe, que l'heritier ait eu des enfans, pour faire cesser la substitution. *l. filius f. §. cum quis. de leg. 1.* Cela est aux secondes nopces, *si decedant liberi*, celuy qui se remarie iouist des biens qui luy ont esté donnez par le premier mary, ou par la premiere femme, en proprieté, & non seulement en vsufruict. *Authent. sed etsi. Cod. de secundis nupt.* Tant y a, cela est general en droict, & a esté ainsi iugé par les Arrests, mesme en la Coustume de Chartres, apres auoir informé par turbes sur l'vsance de la Coustume, qui porte que la femme conuolant en secondes nopces, perd la proprieté *lucrorum nuptialium*, y ayant des enfans, ne retenant que l'vsufruict ; que les enfans venans à deceder, la proprieté retourne à la femme. Et par autre Arrest a esté iugé, que les enfans du mariage ayant reduit le douaire par leur suruiuance à vie, lequel auoit esté accordé par le contract de mariage sans retour, *non extantibus liberis*, que les enfans decedans, la mere l'aura sans retour. *Tum* que le don mutuel *est instar donationis causa mortis* ; lequel partant est confirmé par la mort, quand lors d'icelle, il n'y auoit plus d'enfans. Par sentence du premier Iuge, les parties ont esté appointées à informer, & sur la prouision reserué à y faire droict, lors que les enquestes seroient rapportées. Appel par le mary pardeuant le Bailly, lequel adiuge la prouision au mary, ordonne qu'au principal les parties informeront. Appel par les heritiers. Arrest de leur consentement, par lequel la sentence sortira son effect, les enquestes estans rapportées. Autre Arrest, par lequel est ordonné qu'il sera informé par turbes, *super modo vtendi*, de la Coustume: l'information faicte & rapportée, n'y ayant aucune preuue *super vsu*; en fin la Cour par Arrest prononcé à la Pentecoste 1584. a adiugé le tiers des propres, & les acquests & conquests en proprieté au mary. Il y a vn Arrest depuis donné en la Coustume de la Rochelle, où le contraire a esté iugé ; mais c'est à cause que ladite Coustume requiert l'égalité des choses mutuellement données, laquelle égalité ne se trouuoit au cas dudit Arrest.

Si le mot d'Enfans, s'entend seulement de liberis in
primo gradu.

ARREST XXVI.

LE Procureur Baron, fait bail à neuf ans d'vne maison size à Paris, à Monsieur le Clerc Conseiller
aux Requestes du Palais. Par le bail y a clause,
que disant six mois deuant, le bailleur pourra
r'entrer en la maison, & ses enfans. Apres le deceds dudit Baron, maistre René Chopin qui auoit espousé vne
fille dudit Baron, marie vne sienne fille, laquelle il veut loger en
ladite maison, & en fait aduertir le locataire à ce qu'il ait à en
sortir dans six mois. Le locataire soustient qu'il ne le peut deslo-
ger pour sa fille : que *nomine* des Enfans *intelliguntur primi in gradu*, és contracts, *qui sunt magis stricti iuris*, que les testamens, ausquels l'on estend de verité le nom d'Enfans, *ad nepotes*, pourueu
que l'on ait vsé du nom *liberi. l. liberorum. de verb. signif.* Mais
qu'en François ce mot d'Enfans, selon le commun vsage, *& ex
more loquendi*, s'entend seulement *de filys primi gradus*, & que la
distinction qui se fait de droict *inter filios, & liberos*, ne se peut
accommoder au François, auquel l'on vse du seul mot d'Enfans, n'en ayant point en la langue, qui se rapporte au nom La-
tin *liberi*; lequel nom d'Enfans, ne s'estend *ad nepotes*, s'il n'est
faict mention expressement des petits enfans. Cuias *in l. 2. de
excusat. tut. & in consult.* 51. Bart. *in l. Gallus. §. instituens. de lib. &
posth.* tiennent que *filiorum nomine non veniunt nepotes*, & que po-
tius *nepotum nomine venirent pronepotes*, *quàm filiorum nomine nepotes*; mesme quand il est question d'vne disposition contractuelle, de laquelle s'il se faisoit extension au profit de l'vn des contractans, tirant le nom d'Enfans, aux petits enfans, l'autre des
contractans receuroit preiudice. Que si ceste fille qu'on vouloit
loger en ceste maison, eust esté heritiere de l'ayeul immediatement, & que sa mere fust decedée auant son pere, estant reputée *in primo gradu*, par la representation de sa mere, il y auroit
apparence. *Tum* que son bail est à peu d'années, qu'il expire
dans trois ans. Ledit Maistre René Chopin disoit au contraire,
que ladite clause estoit apposée en faueur du bailleur; par consequent

sequent qu'elle deuoit estre estenduë *in fauorem* de ses enfans.
Que luy Chopin succedoit *in iure* de son beaupere, en estant heritier, ou sa femme, & qu'il le represente. Que le defunct pouuoit loger ses enfans, luy en consequence les siens; que *nomine*
liberorum veniunt nepotes, tant és contracts, qu'és testamens, mesme *ex iusta interpretatione, vt vult Cuiacius in dicta Consultat.* que *non*
potest esse magis iusta interpretatio, que de faire qu'vn proprietaire,
ou ses enfans puissent loger en leur maison, mesme à Paris, où
les maisons sont si recherchées, & mal-aisées à trouuer, ayant la
loy *æde. Cod. de loc.* & la glose là, remarqué que c'est vn des cas, auquel le locataire peut estre depossedé, quand le proprietaire
est deslogé : *quod trahitur ad liberos, cùm sit eadem persona patris & fi-*
lij. Que ce mot, *liberi*, s'exprime en François par ce mot d'Enfans; Mais cela cessant, que la clause estant apposée au bail,
qu'en disant six mois deuant, le preneur sera tenu quitter ladite
maison, qui est vne clause ordinaire & accoustumée presque en
tous les baux des maisons de Paris; Il ne falloit point que ledit
sieur locataire s'enquist, *in quem vsum*, l'on vouloit rentrer en ceste maison, si c'estoit pour y loger sa fille; car il luy doit suffire,
qu'on l'ait aduerty six mois deuant, de sortir, apres lesquels il
doit sortir de la maison, suiuant la conuention portée par le
bail. Et ne faut pas dire que pour auoir adiousté que le bailleur,
& ses enfans, pourront rentrer en la maison, en aduertissant le
locataire six mois deuant, que la clause n'est generale pour l'ex-
pulsion, en disant six mois deuant, mais qu'elle est restrainte &
specialle pour se loger par le bailleur ou ses enfans; car ces mots
n'ont esté adioustez pour restraindre, ny pour cause finalle de la
clause, mais pour cause impulsiue : car le bailleur a vsé d'vne
clause accoustumée, de mettre le locataire dehors, en l'aduertissant six mois deuant. Et s'estant peu tenir à cela, ce qu'il a passé outre, n'a esté qu'vne consideration, parlant de luy, & de ses
enfans, non pas pour se priuer de la liberté d'vser de la clause
toties & quoties, mais *quo magis* ladite liberté luy demeurast, & la
peust exercer, n'ayant esté dict, pour se loger par ledit bailleur
& ses enfans; mais que luy bailleur, & ses enfans pourroient
vser de ladite clause, qui estoit dire en effect, luy & ses heritiers;
entre lesquels heritiers du bailleur estant la femme dudit Chopin, il a peu luy denoncer qu'il vouloit se seruir de ladite clause
des six mois. Et s'il dict qu'il a entendu ladite clause estre seulement apposée pour se loger par le bailleur & ses enfans; l'on

H

luy respondra que le bailleur l'a autrement entenduë, & qu'il a
voulu rentrer en ladite maison, & resoudre le bail, & que ses
heritiers qui ont esté nommez sous le nom d'Enfans, pourroient
faire le mesme en l'aduertissant six mois deuant, l'on ne peut
croire plustost à l'vn qu'à l'autre; & par consequent il faut entrer en la consideration que la clause est accoustumée, & ordinaire en tous baux, que aduertissant six mois deuant les locatai-
res, le bailleur ou ses heritiers peuuent rentrer dans la maison
ex quacunque causa, quand ce seroit mesme seulement pour en
faire bail à vn autre. Par Arrest prononcé à la Nostre Dame
d'Aoust 1584. le locataire est absoult sans despens.

Legs faict à vn Iacobin par son pere, iugé bon & valable.

ARREST XXVII.

MÆ v i v s legue à vn Religieux Iacobin de Prouins,
son fils, deux septiers de grain de rente. Il fait appeller les heritiers, pour luy faire deliurance de son
legs. Ils le soustiennent incapable dudit legs, à cause de sa profession, *duplici nomine; Primo*, par ce qu'il
est en vn ordre de Mendians, & qui ne peuuent & ne doiuent
viure que d'aumosnes. *Secundo*, parce qu'vn Religieux quel qu'il
soit ne peut rien posseder en particulier, par le vœu de pauureté, que font tous Religieux. Le Iacobin disoit au contraire, ou
son superieur, qu'on luy auoit peu leguer *ad alimenta*, *can. non di-
catur*, & la glose en la Clemétine *de regular*. qui dit que les Mendians, mesmes les Freres Predicateurs, qui sont les Iacobins, sont
capables de legs, par ce qu'ils sont principallement employez
en la Predication : & partant qu'ils ne doiuent estre distraicts de
leurs estudes, en pourchassant les aumosnes. D'ailleurs que les
Mendians sont dispensez de pouuoir posseder des rentes, *quia
refrigescit charitas*, & que les aumosnes diminuent grandement.
Ce qui a faict que la dispense a passé mesme aux Cordeliers,
combien que leur regle y soit grandement contraire. Que pour
cela, ils ne contreuiennent à leurs vœux, parce que les Superieurs font receuoir les arrerages, & les employent aux necessi-
tez du Religieux, en particulier, selon le besoin qu'ils recognoissent qu'il en a; le legs ayant esté faict en sa consideration,

par le pere du Religieux, qui a estimé qu'il deschargeroit dautant le Monastere, de ce qui seroit besoin audit Religieux, le fournissant du sien. Et neantmoins il paroist par les constitutions Canoniques, que les Religieux peuuent auoir des pecules, *& aliquid in recondito*, par le moyen des pensions qu'on leur peut bailler, ou quand ils ont le reuenu de quelques benefices qu'ils tiennent, ou quand ils ont quelque charge pres du Roy, & des Grands, pour raison dequoy l'on leur donne quelque pension; ou bien quand ils sont graduez, ou qu'il y a quelques benefices dependans de l'ordre auquel ils ont faict profession, y estans enuoyez pour les desseruir, & sont transferez à ceste fin par leurs Superieurs. Et fut iugé par Arrest le 13. Auril 1589. que vn Cordelier auoit peu acquerir vne rente constituée, des deniers de son pecule. Et de là vient la grande difficulté, souuent agitée en la Cour, de sçauoir à qui appartiendra le pecule d'vn Religieux apres son deceds, ou au monastere où il a faict professiō, ou au monastere où il est decedé. L'on fait distinction des Religions. Celles de Sainct Benoist, Clugny, Cisteaux, aucuns ont tenu que ce qui est acquis par ceux desdits ordres, appartient aux monasteres où ils ont fait profession, par le chap. *quanto. de offic. ordin. can. abbates.* & la glose la 18. quest. 2. les Canonistes le traictent sur le chap. *cùm in officys. de test.* & au tit. de *pecul. cleric. cap.* 1. Alex. & Iason sur la loy *cum fundus. S. si seruum. si cert. pet.* Specule *in tit. de statu monachorum, num. 46. & 47.* Si ce n'estoit que les Religieux du Monastere où il a faict profession, l'eussent chassé, *argumento legis Quod seruus. de stipulat. seruorum*, & la glose *in d. can. abbates.* Quelques autres, comme Bald. *in consil.* 63. ont tenu que telles acquisitions doiuent estre au profit du conuent dans lequel ledit Religieux demeuroit lors de l'acquisition par luy faicte : & se fondent sur la loy *filius. de verb. oblig.* & la loy derniere *de stip. seruorum*, qui disent qu'il faut regarder le temps du contract. Et encores que le chap. *Ioannes. de regular.* dise que *monachi non possunt disponere de peculio:* les Docteurs sur ce chap. disent, *nisi tradiderit inter viuos.* Les heritiers repliquoient que autre chose est de leguer au Monastere, ou Conuent, quoy qu'il soit de l'ordre des Mendians, ou de leguer à vn particulier Religieux; car estans les legs faicts à vn Conuent, ou Monastere, les Religieux n'enfraignent point leurs vœux en particulier, & est le superieur qui dispose de telles aumosnes, estans les ordres des Mendians dispensez par le Pape de pouuoir posseder quelques

rentes ou fonds de terre : mais les Religieux particuliers ne font
pas difpenfez, ny à eux permis d'enfraindre leurs vœux, prenant quelque legs en particulier : n'eſtant feulement le vœu des
Religieux *nihil habere proprium*, comme en l'ordre de S. Iean de
Hierufalem, mais c'eſt vn vœu de pauureté, de la ſubſtance duquel eſt de ne rien poſſeder en particulier, & de viure en commun, receuant tout ce qu'on a beſoin de la main du ſuperieur.
Que le defunct qui a laiſſé ladicte rente, ne l'a laiſſée au Conuent, ny entendu qu'autre que le dit Religieux ſon fils en iouïſt,
luy ayant laiſſé en particulier. Que ſi cela auoit lieu, ce ſeroit
vne ouuerture pour aneantir tous les vœux des Religieux, &
les rendre Seculiers au lieu de Religieux, & en fin ils voudroiét
eſtre receus à ſucceder à leurs parens, n'eſtans plus aſtraincts au
vœu de pauureté. Le premier Iuge auoit faict deliurance du
legs ſuiuant le teſtament du defunct. Appel. Par Arreſt à la
meſme prononciation, la ſentence confirmée, à la charge que
les arrerages de la rente ſe recouureroient par le Procureur du
Conuent, par les quittances du Superieur, pour eſtre diſtribuez
à la nourriture & entretenement du legataire en ſes eſtudes
ſa vie durant.

---

*Legs faict à vne baſtarde, auec prohibition d'aliener, adiugé au
Roy, encores qu'elle n'en euſt iouy tant qu'elle auoit veſcu.*

ARREST XXVIII.

ITIVS legue à vne ſienne baſtarde vne rente de
trois cens liures, auec prohibition d'aliener. Aduient que la baſtarde decede ſans auoir iouy de
ladite rente, ny l'auoir iamais demandée. Le Procureur du Roy au Threſor, apres le deceds de la
baſtarde, demande deliurance à l'heritier dudit legs, par droict
de baſtardiſe. L'heritier du teſtateur dict, qu'elle n'en a iamais
iouy, *non fait in bonis* de la defuncte : *tum prohibitio alienationis videtur inducere tacitum fideicommiſſum* au profict de l'heritier, *l. fi-
luus f. S. diui. de leg. 1. & ibi* Bart. Le Procureur du Roy au Threſor diſoit au contraire, que depuis la mort du defunct, la baſtarde a eſté faicte proprietaire de ladite rente, *legatum tranſit à
defuncto ad legatarium, ita vt nullo momento fuiſſe videatur penes*

heredem; & le Roy eſt notoirement heritier des baſtards, ſinon és trois cas, qui ſont quand le teſtateur eſt né, demeurant, & mort en la terre d'vn Seigneur haut-iuſticier ; auſquels cas ſa ſucceſſion appartient au Seigneur. Quant à la prohibition d'aliener, *facta erat in commodum* de la baſtarde, non de l'heritier : à fin que ſi elle auoit des enfans, qu'elle leur côſeruaſte biê: & en tout cas que ceſte prohibitiõ d'aliener, eſtoit en effect auoir voulu faire vn heritier à ceſte baſtarde, autre que celui que la loy luy donnoit, ſ'il auoit entendu affecter ladite rente, ſe trouuant en la ſucceſſion de ladite baſtarde, à d'autres qu'au Roy, auquel elle deuoit appartenir par la loy du Royaume. Que s'il ne luy euſt legué ladite rente, que ſa vie durant, & pour en iouïr par vſufruict, il n'y auroit point de difficulté, que n'ayant la baſtarde rien eu en la proprieté, que le Roy n'y pourroit rien demander apres ſon deceds ; mais la proprieté luy a eſté leguée, ſans aucune reſtriction à l'vſufruict. Elle a doncques appartenu au Roy, apres le deceds de ladicte baſtarde, puis qu'il ſuccede aux baſtards, ſans que la prohibition d'aliener luy ait peu oſter. Si l'on ne veut dire que *fraus facta legi*, laquelle eſt rejettée en ceſte loy *Seius & Agerius. ad l. Falcid.* n'ayant le teſtateur entendu reduire ledit legs à la vie de la baſtarde, & conſeruer la proprieté à ſes heritiers, puis qu'il ne l'a pas dit, & que le legs n'en porte rien, *& ſe* que ne peuuent dire autre choſe les heritiers, ſinon ce qui eſt en la loy *pater ſilium. §. fundum. de leg. 3.* que *prohibitus alienare quandiu viuit, non prohibetur teſtamento alienare*; ce qui eſt traicté par Iaſon en ſon conſeil quatrieſme. Qui eſt dire en effect, que le vray heritier du baſtard, qui eſt le Roy, auroit peu eſtre exclud par ladite prohibition d'aliener, *in fraudem legis* ce qui n'eſt tolerable, comme il a eſté dict. L'heritier diſoit au contraire, que ſi le teſtateur n'auoit dict en ces termes, qu'il ne laiſſoit ladite rente à ſa baſtarde, que ſa vie durant, qu'il l'a dit en termes qui ſignifient le meſme, quand il a dict qu'il luy prohiboit d'aliener : par ce que n'en pouuant diſpoſer, cela emporroit vne charge de reſtitution, & de fideicommis, ou ſubſtitution au profict de ceux qui eſtoient au lieu du teſtateur, & qui le repreſentent, qui ſont ſes heritiers ; eſtant certain que ſi le teſtateur euſt ſuruescu ladite baſtarde, que ladite rente luy euſt deu reuenir au moyen de ladite prohibition, laquelle a eſté permiſe audit teſtateur, ſans faire fraude à perſonne, luy ayant eſté libre d'appoſer telle condition au legs par luy faict, que bon luy auroit semblé. Autrement il faudroit dire que toutes substitutions, ou fideicommis seroient prohibez ; ce qui n'a aucune apparence de raison. Le testateur doncques estant decedé, ceste charge de restitution reuient au profict de ses heritiers ; outre, comme il a esté dict, qu'vne prohibition d'aliener apposée en vn legs, emporte vne charge de restitution, & de fideicommis ou de substitution, comme il est porté *in dicta l. filius f. §. de leg.* 1. & Bartole qui le traicte là. Par sentence du Thresor, deliurance est faicte du legs au Roy. Appel. Par Arrest prononcé à la Nostre Dame de Septembre 1584. la sentence confirmée sans restitution de fruicts.

La femme est preferée pour son employ au frere de son mary, creancier dudit mary, present au contract de mariage.

ARREST XXIX.

EIVS & Berta sont conioints par mariage. Berta apporte en mariage vne somme de deniers, dont partie est conuenuë deuoir estre employée en propre, l'autre estre emmeuble. Au contract de mariage assiste le frere de Seius, auquel estoit deuë quelque somme de deniers, par obligation, par ledit Seius. Decede Seius, le frere demande payement de sa debte aux heritiers ; à faute de payement il fait saisir les meubles de la succession. Berta s'oppose pour son employ, & soustient qu'elle doit estre preferée sur lesdits meubles, dont elle dict qu'vne grande partie a esté acquise de ses deniers dotaux, nonobstant ladite saisie, par ce qu'elle estoit nantie desdits meubles : *nec solùm incumbebat pignori*, mais aussi elle pretendoit lesdits meubles estre siens, comme estans acheptez de ses deniers. Tout ainsi qu'vne femme qui renonce à la communauté, & moyennant ladite renonciation peut par son contract de mariage reprendre ce qu'elle a apporté, trouuant quelque meuble qu'elle a apporté, le peut reprendre, le trouuant en nature, encores qu'il soit entré en communauté, à laquelle elle a renoncé, & laquelle partant appartient aux heritiers de son mary : Que *pari ratione*, elle qui a renoncé à la communauté, peut reprendre les meubles qu'elle a apportez, quoy que soit, ceux qui sont acheptez de ses de-

niers, sur & tant moins de ce qui luy est deub. Et d'ailleurs que
ayant ledit frere esté present audit contract de mariage, il ne
peut pour sa debte estre preferé à ses conuentions matrimonialles, n'ayant rien declaré de sa debte, laquelle partant il est presumé auoir remis *ratione* de la femme. Le frere au contraire sou-
tient que *non apparet*, que lesdits meubles ayent esté acheptez
des deniers dotaux de ladite Berta : & quand ainsi seroit, que
l'on ne peut dire que lesdits meubles soient subrogez au lieu
desdits deniers; parce que la regle que *subrogatum sapit naturam
subrogati. l. Imperator. §. vlt. de leg. 2.* ne s'entend que *in vniuer-
sali*, comme *in successione*, non *in re particulari*, *l. qui vas. §. vlt. de
furtis.* Quant à sa presence audit contract de mariage, qu'elle ne
luy a peu faire de preiudice, parce que celuy qui est present en
vn contract, ne se faict preiudice. *l. sicut. §. non videtur. quibus modis pig. soluitur*, où il est dict que *sola praesentia, aut scientia nulli praeiudicat*, si ce n'est *in patre*, en la loy *si cum dotem. §. transgrediamur.
sol. matr.* Encores faict-l'on les distinctions, *Aut tenetur consentire
& se obligare, scilicet quando tenetur dotare: Et in filio, & filia, & tunc
praesentia & solus consensus eum obligat. Aut tenetur consentire, non tamen se obligare, & praesentia eum non obligat: Aut non tenetur neque
consentire, neque se obligare, & tunc tenetur tantum de peculio.* Voire
mesme celuy qui est tesmoin en vn acte, *non sibi praeiudicat. l. Tertia.
§. Lucia. de leg. 2.* bien en la loy *Fideiussor. §. pater. de pign. qui scripsit
actum sua manu sibi praeiudicat*; de verité en la loy *Caius. de pign. act.*
Et Bart. sur ceste loy dict, que *praesens, & qui sciuit contentum in
actu, si subscripserit, sibi praeiudicat, si contradicendo impedire potuit.*
Mais au contract de mariage dont est question, il n'a creu luy
estre faict aucun preiudice à sa debte, parce que les creanciers
doiuent estre payez selon l'ordre de leur hypotheque, & a sceu
que la femme n'auoit hypotheque que du iour de son contract
de mariage. Que si son frere eust declaré que ses biens qu'il af-
fectoit aux conuentions matrimonialles de sa femme, n'estoient
hypothequez à aucun creancier; en ce cas là, il se fust faict preiudice, ne l'ayant contredict, combien qu'il eust peu soustenir
par ladite loy *sicut. §. non videtur. quibus med. pignus solu.* que sa seule presence ne luy auroit peu faire preiudice. Mais de desirer de
luy que sans subject il formast des difficultez pour empescher
vn mariage, ne luy estant faict aucun preiudice, n'estans par le
mary ses heritages declarez francs de toutes hypotheques, c'est
sans raison, & ne l'a deu faire : partant il ne luy doit aucune-

ment eſtre imputé, pour luy faire perdre ſon hypotheque, qu'il a
eſté preſent à ce contract de mariage, auquel il n'a aſſiſté que cõme parent, & non pour conſentir, ou authoriſer leſdites conuentions matrimonialles; comme ſi ſans ſa preſence & conſentement le mariage n'euſt eſté fait, & s'il ne conſentoit auſdites
conuentions: ce qui ne ſe peut dire, auſſi n'eſt-il pas veritable.
Par Arreſt à la meſme prononciation, la femme a eſté preferée
pour ſon remploy ſur les deniers prouenus de la vente des
meubles.

Les lots & ventes ſont deuës au fermier qui eſtoit lors de la ven-
te, faicte à faculté de reemeré, en la Couſtume du Mayne,
encores qu'il y eut vn autre fermier, ladicte facul-
té eſtant expirée.

ARREST XXX.

L A Couſtume du Mayne porte que d'vn heritage
vendu à faculté de reemeré de neuf ans, ne ſont
deubz lots & ventes, au cas que le rachapt ſoit ef-
fectué. Titius vend vne maiſon audit pays ſouz faculté de reemeré de neuf ans, laquelle eſtoit en la
cenſiue du Comté de Suze, lequel lors dudit contract de vente
auoit baillé à ferme ſes droicts Seigneuriaux pour quelques années. Aduient que les neuf ans de ladite faculté eſtans expirez,
ladite maiſon n'a eſté racheptée, de ſorte que les lots & ventes
ſe trouuent deubz; & lors deſdits neuf ans expirez il y auoit vn
autre fermier deſdits droicts ſeigneuriaux, que celuy qui eſtoit
lors du contract de vente. Se meut procez entre ces deux fer-
miers. Le premier qui eſtoit lors du contract de vente dict: *Ex*
die du contract, la vente eſtoit pure & ſimple, *ex qua laudimia*
debebantur, reſoluble ſouz condition ſuiuant la loy 1. *de in diem*
addict. & partant les lots & ventes me ſont deuës. Le ſecond au
contraire, ſouſtenoit que la Couſtume qui dict que d'vn contract faict à faculté de reemeré de neuf ans, il n'eſt deub lots au
Seigneur, monſtre que la vente qui eſt faicte ſouz telle faculté
n'eſt pure & ſimple, & qu'il ne faut dire qu'elle ſoit ſeulement
reſoluble ſouz condition: car la loy qui dict que la vendition
qui

qui est faicte *ea conditione*, *si melior sit allata conditio*, est nulle,
si la condition aduient, ores qu'elle fust vraye vente auant
que la condition aduinst; *multum differt* du cas qui s'offre : car
au cas de ceste loy, la volonté a esté de vendre, à qui que ce
fust, qui fist la condition meilleure; mais en ce faict, *aliud*, car
l'on peut dire que l'on a plustost voulu ne point vendre, que
de vendre. *Tum*, les lods & ventes ne sont deües sinon *à die*
que la vente est vrayement & reellement effectuée, & qu'elle ne peut plus estre reuoquée. Le premier fermier replique,
que le contract estoit vn vray contract de vente, puis que
cessant la faculté de rachepter, celuy qui auoit vendu, ne
pouuoit plus rien pretendre à la chose venduë, & que s'il y a
reemeré, ou reuente, qu'il y a doncques vne premiere vente,
ne pouuant y auoir seconde vente, qu'il n'y en ait vne premiere, laquelle estant faicte dés l'instant du contract par lequel l'on a vendu, sans doute les lods & ventes estoient deües
deslors dudit contract, si la faculté n'estoit exercée, parce
qu'en l'exerçant dans les neuf ans, il n'en est point deub suiuant ladite Coustume. Le Iuge du Maine auoit condamné
l'acquereur payer au dernier fermier. Appel. Le procez party
à la grande Chambre, departy à la premiere, par Arrest prononcé à Noël mil cinq cens quatre-vingts quatre; La sentence mise au neant; ordonne la Cour que les lods & ventes seront payées au premier fermier. Maistre Anne Robert rapporte cest Arrest *lib. 7. cap.* 18. qui auoit plaidé la cause, ayant
esté appointée au Conseil à l'audience, où l'on peut apprendre tout ce qui fut allegué de moyens de part & d'autre,
quand la cause fut plaidée, sans en faire icy repetition.

I

Le fils s'estant marié contre le gré de son pere, ses enfans sont
receuz à succeder à l'ayeul, nonobstant l'exheredation,
estant retourné en grace auec son pere.

ARREST XXXI.

AIVS se marie contre la volonté de son pere, lequel
ayant sceu que son fils se vouloit marier en lieu qui
ne luy estoit aggreable, declare en iugement qu'il
ne consentoit à ce mariage, & au cas que son fils
passast outre, qu'il le vouloit & entendoit exhere-
der, suiuant ce qui luy est permis par l'Ordonnance du Roy
Henry II. de l'an 1556. confirmée par l'Ordonnance de Blois,
art. 41. Du depuis ce mariage, le pere & le fils sont long temps
sans se voir: toutesfois depuis ils se voyent, boiuent & mangent
ensemble: le fils vient à deceder, laissant des enfans dudit mariage qu'il auoit contracté contre le gré de son pere. L'ayeul
desdits enfans auant son deceds faict son testament, par lequel
il les exherede. La mere tutrice de ses enfans faict appeller
les enfans & heritiers dudit defunct ayeul, pour voir dire
que partage seroit faict des biens & succession dudit defunct,
ayeul de ses enfans, & baillé à sesdits enfans leur contingente
portion, comme representans leur pere. Les heritiers se defendent, & soustiennent la veufue & tutrice desdits petits enfans
non receuable, à cause du mariage contracté par son mary contre la volonté de son pere; & que pour ceste cause, ayant esté
exheredé, & ses enfans, il n'y a lieu de demander ledit partage.
Au contraire dict ladite veufue, que son defunct mary *rediera*
in gratiam auec son pere: en tout cas, que l'Ordonnance ne permet l'exheredation, que du fils, qui a delinqué, & non des petits
enfans. L'on replique que la reconciliation n'a esté que pour
l'affection sinistre, & non pour reuoquer l'exheredation, comme il est fort bien traicté par Iason *consil.* 23. Et quant à l'Ordonnance, qu'elle ne faict aucune distinction; & que si elle permet
l'exheredation du fils, qu'elle permet en consequence celle des
petits enfans, lesquels ne peuuent estre heritiers que par representation de leur pere. La tutrice respond à cela, que ceste difficulté est decidée en propres termes par la decision de la loy 3.

§. *si emancipatus de bon. possess. contra tab.* laquelle dict en ces mots; *Si emancipatus filius, vxore non ex voluntate patris ducta, filium sit sortitus; deinde nepos, patre iam mortuo, ad bonorum possessionem qui velit venire, admittendus est ad eam: non enim per rescisionem, is qui filius iustus est, efficitur non filius, cùm fiat rescisio, quò magis admittatur, non quò minus admittatur. Nam etsi tam ignominiosam duxerit vxorem filius, vt dedecori sit tam ipsi, quàm patri, mulierem talem habere, dicemus tamen ex ea natum ad possessionem bonorum aut admitti, cùm possit aui iure suo vti, & filium exheredare: nec enim minus in hoc nepote, is qui de inofficioso cognitarus est, merita nepotis, quàm patris eius delicta perpendit.* Apres ce texte, il ne reste aucune difficulté en la cause, quand les autres circonstances, mesme celle de la reconciliation du fils, qui ont esté cy dessus representées, cesseroient, ne pouuant estre obmis que l'affection d'vn pere est si naturelle enuers ses enfans, *adeò vt omnes omnium charitates complectatur,* qu'il est presumé, quelque disgrace qu'il y ait eu, reuenir à son naturel, & *de facili* remettre l'exheredation, & qu'il n'en a vsé que par commination. Le premier Iuge, ordonne que partage & diuision seront faicts des biens de l'ayeul, & ausdits mineurs baillé la part & portion de leur pere. Appel. Par Arrest à la mesme prononciation, est ordonné que ladite sentence sortira son plein & entier effect. Cest Arrest est rapporté par Chenu, quest. 78. au long selon qu'il a esté extraict du Greffe, auec les moyens de part & d'autre, auquel l'on peut auoir recours, comme pareillement aux Arrests de Robert *lib. 2. c. 9.*

Representation en ligne collateralle, n'a lieu en la Coustume de Meaux.

ARREST XXXII.

L A Coustume de Meaux fut redigée en l'an 1509. Par la redaction, representation a lieu en ligne directe, sans parler de la collaterale: & auparauant, la representation n'auoit lieu ny en directe, ny en collaterale. Mauius qui demeuroit à Meaux, & y auoit tous ses biens, decede sans enfans, delaissant vn frere, & des neueux d'vn autre, lesquels neueux font appeller leur oncle, frere du defunct, pour voir ordonner que partage sera faict

entr'eux, des biens du defunct, & à eux baillé moitié desdits
biens, comme representans tous ensemble, leur pere. L'oncle
se defend, & les souftient non receuables, attendu qu'il n'y a
representation par ladite Couftume en ligne collateralle, sous
laquelle Couftume les biens font affis, & où le defunct eftoit
demeurant, & n'y auoit representation qu'en ligne directe seulement. Que les Couftumes eftans *iuris ftricti, non fit extenfio de
cafu ad cafum*, suiuant la loy *Si verò. §. de viro. fol. matr.* Repliquent les neueux, que si la pretenfion de leur oncle auoit lieu,
que ce feroit tirer vn argument *à contrario fenfu* d'vne Couftume:
ce qui n'a iamais lieu, *l. fi pater. §. cùm pater. de pact. dotal.* où les
Docteurs notent qu'vne Couftume qui charge vn legataire ou
donataire de plufieurs charges, comme de payer les debtes,
d'acquiter les fraiz funeraux, & femblables; & puis dict ladite
Couftume, quant à telle charge, comme de bailler caution, ou
quelque autre des charges qu'elle a exprimées, dont le legataire eft tenu, ne se pourra remettre, l'on ne peut de là inferer que
l'on puiffe remettre les autres, *nifi quando altâs redderetur ftatutum
illuforium, cap. fecundò requiris. ext. de appellat.* Il ne faut doncques
inferer de la Couftume, pour auoir dict, que representation a
lieu en ligne directe, fans parler aucunement, fi elle a lieu en la
collateralle, que cefte reticence de la representation en ligne
collateralle, foit vne exclufion de representation en ladite ligne
collateralle : mais il faut dire que ce qui n'eft exprimé par la
Couftume, *remanet in difpofitione iuris communis*, auquel il faut
auoir recours, pour fçauoir fi representation aura lieu en ligne
collateralle & suppléer par le droict efcrit ce qui eft obmis en
ladite Couftume : *Cafui enim omiffus remanet in difpofitione iuris
communis*, comme il a efté dict, *l. commodiffimè. de lib. & pofth. l. fi
defunctus. Cod. de fuis & legit. & ibi Bald. Atqui*, il eft trefcertain de
difpofition de droict efcrit, que representation a lieu en ligne
collateralle, *in fratrum filijs, Authent. ceffante, & Authent. poft fratres. Cod. de legit. hered.* qui eft le cas qui s'offre de la representation *in fratrum filijs*, laquelle eft suppléée par les Arrefts de la
Cour, aux Couftumes qui n'en parlent point : par lefquels Arrefts il a efté iugé que l'on pouuoit rappeller par teftament les
neueux, non feulement iufques à la concurrence de ce que la
Couftume permet de difpofer, mais auffi és biens defquels la
Couftume ne permet de difpofer par teftament. L'oncle refpond à cela, que la correction qui a efté faicte de l'ancienne

Couſtume, en laquelle repreſentation n'auoit aucunement lieu
ny en ligne directe, ny en collateralle, faict ceſſer toute la difficulté qui pouuoit eſtre en ceſte queſtion, parce que l'ancienne
Couſtume n'eſtant corrigée que pour la ligne directe, en laquelle la repreſentation eſt receuë par la nouuelle Couſtume,
l'ancienne Couſtume demeure en ſa force & vertu, pour ce qui
eſt de la ligne collateralle, en laquelle repreſentation n'auoit
lieu. Que ceſte raiſon eſtoit deciſiue de la difficulté qui euſt
peu eſtre au faict qui ſe preſente. Par Arreſt prononcé à Paſques
1585. l'oncle eſt abſous de la demande des neuoux. L'Arreſt eſt
rapporté par Robert *lib. 3. c. 16.*

---

*Les heritiers ſuccedent à l'Eueſque, Religieux, & non le Mo-
naſtere auquel il a faict profeſſion.*

ARREST XXXIII.

ESSIRE Iacques Fourré Eueſque de Chaalons,
qui eſtoit Religieux Iacobin, vient à deceder : ſa
ſucceſſion eſt renduë contentieuſe entre ſes plus
proches parens habiles à luy ſucceder, & le Conuent, auquel il auoit faict profeſſion. Ledit Conuent, diſoit que celuy qui auoit eſté Religieux, eſtant fait Eueſque, n'auoit *heredis inſtitutionem, neque actiuam, neque paſſiuam,*
ne pouuoit eſtre inſtitué heritier, ny inſtituer auſſi aucun heritier, à cauſe du vœu de pauureté ; & que s'il auoit quelque pecule, qu'il deuoit appartenir au Conuent où il auoit faict profeſſion, encores qu'il euſt eſté depuis Eueſque, & qu'il euſt fait
des acqueſts ; Que n'eſtant *ſolutus à voto,* tout deuoit appartenir audit Monaſtere. Et ſi bien la dignité Epiſcopale exime celuy qui a eſté Religieux, de l'eſtroitte obſeruance de ſes vœux :
non toutesfois de la ſubſtance, qui conſiſte à n'auoir rien de
ptopre : mais poſſedoit tout ce qu'il poſſede, comme adminiſ-
ſtrateur ſimplement. Ce qui eſt traicté *in can. ſtatutum. 18. q. 1.
in can. de monachis. 16. q. 1. cap. vlt. de vita & honeſt. cleric. ext.* Les
freres & nepueux du defunct ſe defendoient principalement
de ce qu'ils eſtoient pauures, & de la qualité de ceux auſquels
les biens de l'Egliſe, & des Eccleſiaſtiques eſtoient bien employez. Auſſi que l'vn deſdits heritiers auoit faict quelque legs

I iij

au Conuent de Chartres, où le defunct Euefque auoit faict fa
profeffion : ioinct que les acquifitions qu'auoit faictes ledict defunct eftoient faictes fouz leur nom. Ce qui monftroit, que le
defunct *tradiderat inter viuos*, & qu'il n'en iouïffoit que par forme d'vfufruict. Que le Religieux fimple qui n'a iamais efté E-
uefque, peut difpofer de fon peculé, *fi tradat inter viuos*, *cap.*
Ioannes. ext. de regul. Ils fe defendoient auffi des Arrefts donnez
en pareil cas; entre autres, d'vn donné le vnziefme Auril 1581.
au profit d'vn neueu de l'Euefque de Xaintes, qui auoit efté
Religieux : il eft vray que c'eftoit vne donation entre vifs. Il y a
eu deux Euefques de Bourges, aufquels les parens ont fuccedé,
encores qu'ils euffent efté Religieux, fans qu'ils en ayent efté
empefchez par procez; Et pareillement les parens d'vn Euefque
de Verdun qui auoit efté Religieux, luy ont fuccedé. Le premier Iuge auoit adiugé les biens au Conuent de Chartres. Appel. Par Arreft en la mefme prononciation, apres auoir demãdé
aux Chambres, l'appellation, & ce dont eft appellé mis au neant,
en emendant, la fucceffion eft adjugée aux heritiers dudict E-
uefque. La queftion eft amplement traictée dans les Arrefts de
Monfieur Loüet, qui recite ceft Arreft, mais fans datte.

Iugé, que verba fuaforia *n'emportent fideicommis.*

ARREST XXXIV.

ÆVIVS par fon teftament prie fon heritier, que s'il
vouloit laiffer fes biẽs apres fon deceds à quelqu'vn
de fa famille, que ce fuft à la charge de porter leur
nom & armes. L'heritier decede ayant vn fils, & des
filles, fans auoir aucunement difpofé. Le fils apres
le deceds de fon pere, demande les biens, en vertu du fideicommis de fon ayeul, & que *ex defectu electionis* par fon pere, il
doit auoir tous les biens, n'y ayant que luy qui foit capable de
porter le nom & les armes. Les fœurs difoient que les mots du
teftament, qui font *fi voluerit*, n'emportent point de fideicommis, ainfi que l'on peut obferuer par ce qui eft remarqué en
droict, en la loy *cùm pater.* §. *mando.* & §. *rogo.* en la loy *peto*, en la
loy *vnum ex familia.* §. *vlt. de leg.* 2. où il eft dict, *maximè* en ceft
loy *cùm pater.* §. *mando*, que *fi teftator vtatur verbis confilij*, *non vi-*

detur cogitasse de fideicommisso; combien que *verba suasoria*, *in commodum alterius prolata*, *inducant fideicommissum*. *d. l. peto*, & *d. l. vnum ex familia*. §. *vlt. sicut & verba precatoria*, *rogo*, *desidero*, *peto*, & *similia*, *d. l. cùm pater*. §. *rogo*, & *d. l. peto*. *Idem est de verbis enunciatiuis*. *l. Pamphilo. de leg. 3. si ad grauatum sint directa*. *Item si quis dixerit*, *Rogo vt sic curam habeas fundi*, *quem tibi dedi*, *vt ad filias tuas peruenire possit*, cela emporte fideicommis, *in verbo*, *peruenire*, *l. fideicommissa*. §. *hæc verba*. *de leg. 3*. Ladite loy au commencement, & le §. fin. *Inst. de sing. rebus per fideic. relictis*, disent que *verba fideicommissi maximè in vsu*, *sunt*, *peto*, *rogo*, *volo*, *mando*, *fidei tuæ committo*. Quant à la charge de porter le nom & les armes, que n'estant parlé de masles, quand ces mots emporteroient fideicommis, qu'elles estoient aussi bien capables dudict fideicommis, que leur frere, & qu'il auoit esté ainsi iugé par Arrest à la maison de Laubier, pour la substitution faite par le sieur de Villebon au sieur de Laubier, & ses hoirs, à la charge de porter le nom & armes; la fille dudit sieur de Laubier fust iugée capable de ladite substitution. *Tum* que celuy qui auoit faict le testament dont est à present question, n'estoit noble, lequel partant n'estoit presumé auoir telle affection de perpetuer son nom, comme a de coustume la Noblesse. Le fils respond, que le testateur n'a pas inutilement apposé ceste clause à son testament, & que c'est assez à vn heritier, pour l'obliger, de satisfaire au desir de celuy qui luy laisse tout son bien; lequel ayant vsé de priere, *illa verba precatoria inducunt fideicommissum*, comme en demeurent d'accord ses sœurs; la loy y estant aussi expresse, qui est la loy *cùm pater*. §. *rogo*, & autres qui ont esté par elles alleguées: laquelle priere tesmoigne *enixam testatoris voluntatem*, *quæ ad omnem successionis speciem porrigitur*, *dicta l. cùm pater*. §. *dulcissimis. de leg. 2*. & quant à la charge de porter le nom & armes, que cela ne se peut entendre que de luy; ses sœurs perdans leur nom passant en autre famille par leur mariage. C'est pourquoy les Docteurs, & particulierement Bartole quand il traicte la question de sçauoir *si nomine filiorum*, *aut fratrum*, *filiæ & sorores comprehendantur*, en ceste loy *si quis ita. de testam. tut.* & en la loy premiere *de peculio*, il tient qu'il faut considerer si le subject est adaptable, qui sont ses termes; comme si l'on donne à la charge de porter le nom & les armes, cela, dit-il, *non conuenit* à la femme, & partant elle n'aura rien en la disposition, ou legs faict à ceste charge. Le Iuge de Lyon auoit debouté le fils de sa demande. Appel. Par Arreſt en la meſme prononciation, l'appellation au neant, ce dont eſt appellé ſortira ſon effect.

Vne fille n'eſt releuée d'vne renonciation faicte à la ſucceſſion de
ſon pere, & à ſa legitime, le pere la mariant.

ARREST XXXV.

V pays de Lyonnois, vn bourgeois qui eſtoit riche
de trois cens cinquante mil liures, marie vne ſienne fille, luy baille quatre mil cinq cens liures pour
tous droicts ſucceſſifs à eſchoir, & de legitime.
Eſtant mariée elle baille quittance, par laquelle
elle renonce ſeulement aux droicts ſucceſſifs, ſans renoncer
ſpecialement à ſa legitime. Les pere & mere ayant veſcu quelques années apres ce mariage viennent à deceder : la fille prend
lettres pour eſtre releuée de ladite renonciation, & receuë à demander le ſuppléement de ſa legitime. Les autres enfans empeſchent l'entherinement, & diſent qu'elle n'y eſt receuable,
par ce qu'elle y vient apres trente cinq ans ; & quand receuable
elle ſeroit, que le chap. *quamuis. de pact. in 6.* eſt pratiqué en France, lequel authoriſe telles renonciations, & s'obſerue meſme *in patria iuris ſcripti*, que c'eſt le pere meſme qui l'a mariée :
que c'eſt le cas de droict *in l. Titio centum. §. Titio genero. de condit.*
& demonſtr. & Bartole là, *l. ſi plures. Cod. de condit. inſertis* ; & Balde là : en quoy ſont conformes les Couſtumes de Bourbonnois,
du Mayne, & de Touraine ; *accepit parum certi pro incerto.* Pouuoit aduenir que le pere euſt dilapidé tout ſon bien, lors de ſon
deceds ; Que les renonciations ſont fort embraſſées en France,
& ont lieu tant aux ſucceſſions directes, que collaterales, meſme pour les mineurs, tant pour les ſucceſſions eſcheuës, que
celles qui ſont à eſchoir. Quant à la legitime, la renonciation
y eſtant auſſi faicte, qu'elle doit tenir. Il n'y a qu'vne exception,
en cas que les Couſtumes r'appellent pour la legitime, comme
celles de Loris, Orleans, Chartres, Montfort. Iugé ainſi pour
Nogent Caillaut, & depuis à l'Audience le 14. Feurier 1585.
L'on allegue vn autre Arreſt, que l'on appelle l'Arreſt de Veſigneux, qui a iugé le meſme. Et encores que par la quittance il
ne ſoit faict mention de la legitime, ladicte quittance ſe doit
rapporter

rapporter au contract, par lequel il y a pareillement renonciation à la legitime. La fille difoit qu'elle eftoit receuable, d'autant que *uuo patre* elle n'euft ofé fe plaindre *propter reuerentiam
paternam*, pour laquelle l'on eft releué, fuiuant la loy *transaction-
nem, Cod. de transact.* Que les dix ans ne font paffez depuis les de-
cedz de fes pere & mere. Au fonds, que la fucceffion eftant fi
ample, qu'elle eft enormément lefée, fe trouuant fes pere &
mere auoir laiffé en leurs fucceffions, cinq cens mil liures. Que
dés lors du contract de mariage, ils auoient trois cens cinquante mil liures, & ainfi qu'il ne faut dire que *accepit certum pro incerto*, l'euenement eftant confideré, lequel faict paroir la lefion
tres-enorme. Que fi l'on a receu les renonciations en France, &
qu'on les fauorife, cela eft à l'efgard des nobles pour la conferu-
ation des grandes maifons; & tient Aufrerius, apres auoir difp-
puté au long, comment fe doit entendre, & interpreter le chap.
quamuis, s'il a lieu *tantum in directa, & non in collaterali*, & s'il fe
doit pratiquer entre toutes perfonnes, de quelque qualité
qu'elles foient, enfin il refoult qu'il n'a lieu que *inter nobiles.*
Et y a Arreft dans Monfieur Loüet f. 576. par lequel il a efté iugé, que l'on ne pratique les renonciations entre roturiers, apres
enqueftes faictes par turbes, en la Couftume d'Anjou, & que
l'on en pouuoit eftre releué, s'il y auoit lefion, en tout cas que
fa legitime ne luy pouuoit eftre defniée, qui fe montoit à plus
de trente mil liures. Que les Docteurs, fpecialement Bartole
fur la loy fin. *Cod. de pact.* tiennent que l'on n'y peut renoncer, &
qu'elle fe peut toufiours demander, quelque renonciation
qu'on ait faicte à icelle: qui eft la raifon pourquoy l'on ne peut
refter de ce que les Couftumes veulent que l'on laiffe aux heritiers, tiers, quart, quint, ou autre portion du bien, par ce que
cefte portion *eft loco legitima*: & pour cefte confideration, en
la queftion de fçauoir fi l'on peut leguer l'vfufruict de tous
fes biens, mefmes des propres, foit à Paris ou autre Couftume,
en laquelle l'on ne peut difpofer que de partie des propres par
teftament, qui a efté vne grande queftion fort agitée; enfin il
a efté iugé, que l'on ne pouuoit difpofer par vfufruict de la portion des propres que l'on doit laiffer à l'heritier. Et la raifon que
l'on en rend eft, que cefte portion eft laiffée aux heritiers *loco legitima, quæ granari non poteft legatis. l. Papinianum. S. quarta. de inoff. teft. & Nouella 18. de hereditaria portione, & collat. dot.* Que fi
l'on fauorife tant ce qui eft referué à des heritiers collateraux,

K

par ce que *eſt ad inſtar* de la legitime, combien qu'il ne ſoit point
deu de legitime aux collateraux : c'eſt à dire *illud debitum naturæ*
pour les alimens, qui ſont deubs par vn pere à des enfans : quelle
faueur receura ceſte vraye legitime que le pere doit à ſa fille, de
laquelle il eſt parlé *in l. 1. vnica, Cod. de imponenda lucratiua de-*
ſcript. qui dit, *in tam neceſſarys ſibíque coniunctis perſonis*, parlant
du pere & du fils, *ſub liberalitatis nomine*, *debitum naturale perſol-*
nitur. C'eſt pourquoy la legitime eſt auſſi deuë par les enfans
au pere , à cauſe de l'obligation reciproque qu'a le fils naturellement, de nourrir, & donner les alimens à ſon pere, comme le
pere eſt tenu de les bailler au fils, ſuiuant la loy *nam & ſi parenti-*
bus. de inoff. teſt. & par deux Arreſts, l'vn donné au rapport de
Monſieur Lallemant, à la ſeconde Chambre ; l'autre donné à
la quatrieſme. En tout cas, que ſa legitime ne luy pouuoit eſtre
deſniée, qui ſe montoit à plus de trente mil liures. Le premier
Iuge auoit debouté la fille. Appel. Par Arreſt prononcé à la
Pentecoſte 1585. apres que le procés a eſté party par deux fois,
& enfin departy en la troiſieſme : il eſt ordonné que ce dont eſt
appellé ſortira ſon effect.

Les enfans naiz d'vne femme condamnée à mort, en ſecond
mariage, ſont priuez de ſa ſucceſſion, laquelle eſt ad-
iugée aux enfans du premier lict.

ARREST XXXVI.

VNE femme nommée Maçon , eſt accuſée d'auoir
tué ſon mary, duquel elle auoit quelques enfans :
ſon procez luy eſt fait : ſentence confirmée par Arreſt, par laquelle elle eſt condamnée à mort : l'execution eſt ſurſiſe à cauſe de ſa groſſeſſe, pendant
laquelle elle obtient lettres d'abolition, adreſſées à la Cour,
deſquelles elle eſt deboutée. Elle en obtient d'autres addreſſées
au Preuoſt de l'Hoſtel, pour eſtre la peine corporelle conuer-
tie en vne priſon perpetuelle : ces lettres ſont entherinées, elle eſt miſe aux filles Penitentes, dont elle trouue moyen de ſortir : s'en va marier à Vannes en Bretaigne à vn Medecin , duquel elle a des enfans. Apres le deceds d'elle, ſes enfans du ſe-

cond lict se constituent demandeurs en partage , à l'encontre
des enfans du premier lict , lesquels se defendent & disent
que *non fuit matrimonium* entre leur mere , & le pere des demandeurs , *quia erat serua pœna* ; laquelle partant ne pouuoit
contracter mariage, & les enfans suruenus de ce pretendu mariage, qui sont les demandeurs, sont bastards. Partant disent
les defendeurs qu'ils se constituent demandeurs , par le moyen
de leurs defenses, à ce que toutes les alienations faictes par leur
mere, & le second mary, des biens qui auoient appartenu a leurdite mere, auant la condemnation, fussent reuoquées, comme
nulles, & lesdicts biens declarez leur appartenir, priuatiuement
aux demandeurs: & en tant qu'ils se voudroient ayder de la sentence du Preuost de l'Hostel, qu'ils s'en portoient pour appel-
lans. Lesdits demandeurs repliquoient , & disoient , que l'on
ne les pouuoit dire estre illegitimes, à cause de la bonne foy de
leur pere, suiuant le chap. *ex tenore. ext. qui filij sint legit.* & partant qu'ils deuoient auoir leurs parts & portions en la succession de leur mere. Et quant à la demande incidente des defendeurs, qu'ils n'y estoient receuables, estans heritiers de la defuncte, non plus qu'à l'appel par eux interjetté, lequel les rendoit indignes de la succession de ladite defuncte, d'autant que
l'heritier *qui impugnat testamentum defuncti, & falsi arguit, priua-*
tur hereditate, l. 3. §. 1. de his quib. vt indig. quanto magis de se rendre appellant par vn fils , & heritier, d'vne sentence qui a sau-
ué la vie à leur mere, de laquelle ils veulent auoir les biens? La
seule accusation du patron, *que fiebat à liberto*, le rendoit priuable de la liberté qui luy auoit esté donnée par le patron, *l. qui cum*
maior. §. accusasse. de bon. libert. Combien plus quand des enfans
se monstrent alterez du sang de leur mere , & que *illis tædio est*,
de ce qu'elle a trôuué vn Iuge qui luy ait esté fauorable? est-ce
pas *exuere personam filiorum*,& par côsequent se rendre priuables
de sa succession, ayant desiré la voir en vn gibet? Cela fait voir
s'ils peuuent estre receuables, eux qui ne deussent aucunement
amender de la succession de leurdite mere, de la vouloir auoir
toute entiere, & en exclure les demandeurs, enfans d'vn second lict, *qui nihil peccauerunt*, qui mettent en auant leur innocence & celle de leur pere? Si la mere a failly, la loy de Dieu
dict, *filius non portabit iniquitatem patris , aut matris.* L'on ne leur
objecte rien que la faute de leur mere. Sera-il dict, que l'innocence de leur pere & d'eux soit emportée par la faute de la me-

K ij

re? En ce combat de l'innocence de l'vn, & de la faute de l'autre, pour sçauoir qui l'emportera, le chap. *ex tenore*, & le chap. *referente*, l'ont decidé, & disent que pour la legitime des enfans *praualet* la bonne foy, & l'innocence de l'vn des conjoincts, contre la faute de l'autre. Les demandeurs ne sont point naiz *ex amplexu prohibito*, c'est d'vn mariage solemnel qu'ils sont naiz: *inigua effet hominum conditio*, si n'ayans aucune cognoissance de ce qui s'est passé bien loing d'eux, & ayant de bonne foy contracté mariage, l'on vouloit reputer leurs enfans, bastards, pour auoir ignoré ce qu'ils ne pouuoient sçauoir. L'on sçait la distance qu'il y a de Paris en Bretaigne. Ce sont diuers Parlemens, qui peut sçauoir en Bretaigne tous les procez qui se iugent au Parlement de Paris? Si *in dubys* il faut fauoriser la bonne foy, comme dict la loy, *semper in dubys id agendum vt quàm tutissimo loco sit res, bona fide contracta*: combien plus où il s'agist de l'estat des enfans, non pas la doubte, mais la pure sincerité, & bonne foy de leur pere les doit-elle secourir & asseurer leur condition, qui va à tout, à l'honneur, & aux biens? Les defendeurs respondent à cela, que le pere des demandeurs a esté bien supin s'il a ignoré la condition de leur mere lors qu'il l'a espousée. La loy presume que pour le moindre contract l'on n'est ignorant de la condition de celuy auec lequel l'on contracte, ou que l'on ne le doit estre; & si l'on s'est rendu si negligent de l'ignorer, que ceste ignorance est imputée à l'ignorant. *Quanto magis*, quand il est question de contracter mariage, s'enquiert-l'on de la condition de ceux ou de celles que l'on veut espouser, du lieu de leur naissance, de leurs parens, comment ils ont vescu, quels biens ils ont, s'ils ont desja esté mariez, s'ils ont des enfans? le plus idiot penseroit à cela. D'auantage il faut considerer que si l'on fauorisoit vn mariage, au mespris de la Iustice, d'vne personne condamnée à mort, que les crimes seroient impunis, & les iugemens rendus illusoires. Au surplus, qu'ils ne poursuiuent pas la punition de leur mere, mais ils se defendent apres son deceds, des moyens qui leur peuuent seruir contre ceux qui les veulent priuer des biens qui leur appartiennent. Il ne s'agist que de sçauoir, qui sont plus fauorables, ou des enfans naiz d'vn mariage auquel il n'y a rien à dire, ou des enfans qui sont naiz d'vn mariage contracté contre les loix. Car si apres vn crime capital, quand la condamnation s'est ensuiuie, l'on ne peut faire le moindre côtract: la loy *quæstum est*, est

elegante pour cela, *qui & à quibus manumisit*, qui dict , *Imperator
Antoninus rescripsit, ex eo tempore quo quis propter facinorum suorum co-
gitationem , iam de pœna sua certus esse poterat , multo plus cogitatione &
conscientia delictorum , quàm damnatione, ius datæ libertatis eum ami-
sisse.* Que sera-ce de contracter mariage , lequel est interdict
à ceux qui ont confisqué leur corps aux supplices publics , &
neantmoins à la suitte de ce pretendu mariage, faire des ventes,
& alienations , & par la condamnée , & par son mary, lequel est
assez conuaincu par telles alienations , auoir sceu la condition
de celle qu'il auoit espousée, ne faisant ces ventes & alienations
que pour dissiper le bien de ceste femme , & s'accommoder des
deniers en prouenans; sçachant bien qu'ils ne se pouuoient côseruer par sa femme, à cause de son crime? Le premier Iuge ordô-
ne que partage & diuision seront faicts des biens de la defuncte,
entre les enfans tant du premier que du second lict ; & à chacun
d'eux baillé leur contingente portion , sans auoir esgard à la demande incidente des defendeurs. Appel. La cause appointée
au Conseil à l'Audience, depuis l'appointé au Conseil estant
mis en estat de iuger , par Arrest prononcé à la Nostre Dame
d'Aoust 1585. pour le regard de l'appel de la sentence du Preuost de l'Hostel, les parties sont mises hors de Cour & de procez. Faisant droict sur l'appel du Seneschal d'Anjou , l'appellation & sentence sont mis au neant; en emendant le iugement,
La Cour ordonne que les enfans du premier lict iouiront de
tous les biens qui ont appartenu à la defuncte , leur mere , auparauant la condemnation ; casse toutes les alienations faictes
tant par elle , que son second mary ; sauf aux acquereurs leur
recours contre qu'ils verront bon estre , autres que les enfans
du premier lict. La Cour n'ordonne rien des biens acquis depuis la condemnation , lesquels il semble qu'elle ait reseruè aux
enfans du second lict. *Nota* qu'il y a cy dessus Arrest prononcé à
Pasques 1581. par lequel a esté iugé, que la seconde femme
post contractum crimen capitale par son mary , ne peut demander
ses conuentions matrimoniales. Par cest Arrest la Cour iuge
le mesme pour les enfans , & que ce n'est en ce cas que *bona fides
vnius coniugum prodest liberis* , par ce que la condemnation estant
publique , la bonne foy n'est pas presumée.

L'aisné doit estre remboursé par ses puisnez, des fraiz qu'il a
faits pour esclaircir la succession, & des debtes qu'il a payées,
in viriles, non pro portionibus hereditarijs.

ARREST XXXVII.

V N pere delaisse plusieurs enfans masles, & plusieurs
grandes terres, la plus part tenuës en fief. Les puisnez qui voyent leur part estre bien petite en la succession, & que leur aisné en emporroit la meilleure partie, & que d'ailleurs il y en auoit plusieurs qui
pretendoient droict, les vns en propriete, les autres par hypotheque sur lesdits biens, lesquels estoient fort embroüillez, ne
veulent faire aucune poursuite ; de sorte que l'aisné est contrainct d'entreprendre toutes lesdites poursuites, & d'en faire
les fraiz, au moyen desquelles il esclaircit fort ladicte succession. Lors lesdits puisnez font appeller ledit aisné en partage,
lequel leur consent ledit partage, en le remboursant de ses fraiz,
chacun *in viriles*. Les puisnez offrent le rembourser *pro modo emo-*
lumenti & pro portionibus hereditarijs; disent que la plus iuste reigle, en matiere de contribution aux debtes, est que chacun en
porte *pro ratione emolumenti*, & à proportion de ce qu'il amende.
La disposition de droict y est formelle, en la loy *si fideicommis-*
sum. §. tractatum. de iudic. l. si certarum. §. Iulianus. de milit. test.
l. ex facto. de hered. instit. l. heredes. §. vlt. l. rem. famil. ercisc. La
Coustume de Paris de mesme, art. 339 laquelle est alleguée pour
monstrer que les Arrests l'ont ainsi iugé, quand les Coustumes
ne portent point de disposition contraire, estant ladite Coustume redigée suiuant les Arrests de la Cour. Pour cela *si legatum*
minuitur per Falcidiam, minuitur quoque onus impositum legato. l.
pœnales. §. vlt. ad Falcid. combien qu'il y ait des distinctions à faire en quelques cas, en ce subiect là, qui sont expliquées par la
glose *in l. Plautius. §. Neratius. de condit. & demonst.* qui accorde
les loix qui semblent contraires en ceste matiere. Mais pour ce
qui est du payement des debtes, les heritiers les payent *pro por-*
tionibus hereditarijs, non in viriles. De verité l'aisné n'est pas tenu
ratione de son droict d'aisnesse, de payer plus de debtes, que les

autres heritiers ; par la raison qui est tirée de la loy *arrogator, de adopt.* qui est que *in his que deseruntur à lege, nemo potest grauari*: & neantmoins l'on a faict vne exception, quand la debte a esté contractée pour l'acquisition de ce que l'aisné prend pour son droict d'aisnesse. Et les anciens Arrests le iugeoient ainsi, contre l'aduis de du Moulin : depuis, les derniers Arrests sont reuenus à l'aduis de du Moulin, & a esté iugé par Artest du 25. Ianuier 1614. en la troisiesme Chambre, au rapport de Monsieur Scaron, que le masle, qui prend le fief en ligne collateralle, en la Coustume de Paris, ne payera que sa part, comme chacun des autres heritiers, du prix de l'acquisition dudit fief, qui n'estoit encores payé lors de la succession escheue. Mais au faict qui se presente, il s'agist de frais & despens faits pour esclaircir les biens de la succession, desquels biens l'aisné en ayant la plus grande part, il est raisonnable qu'il porte la plus grande part des debtes, par vne raison qui ne reçoit point de response, qui est, que si lors de la succession deferée l'on eust faict partage, l'aisné eust esté contrainct de soustenir les procez à ses despens, qui eussent concerné les biens qui luy fussent escheuz en ladite succession à cause de son droict d'aisnesse ; & les puisnez aussi, ceux qu'il eust fallu soustenir pour pouuoir iouir de leurs parts & portions. Si doneques à present les choses sont remises à l'estat qu'elles eussent esté lors dudit partage, il est sans doubte, que les grands procez ayans esté pour les terres en fief, que l'aisné possede, qu'il doit porter les despens, à proportion de ce qu'il prend ausdits fiefs ; car chacun apres le partage, doit defendre ce qui luy est escheu. De là vient, que les heritiers de la femme sont tenus des despens faicts par le mary, pour les procez qui concernoient les biens & droicts de la femme, encores qu'ils renoncent à la communauté. Bartole sur la loy premiere, *Cod. de bonis maternis, Faber in* S. *præteren. Inst. de act.* Par ceste consideration, que les despens ont esté faicts pour conseruer le bien de la femme : car si c'estoit vne autre debte de la communauté, qui prouinst d'ailleurs, y ayans lesdits heritiers de la femme renoncé, ils n'en seroient tenus, parce qu'il faut que chacun paye les despens faicts pour conseruer ce qui est à luy. L'aisné disoit à cela, que ses freres puisnez auroient quelque raison, s'il y eust eu partage lors que la succession est escheue ; car chacun eust iouy de ce qui luy fust escheu, & l'eust conserué à ses despens : mais n'ayant point esté faict de partage, tous les fraiz, & despens, qu'il a faicts pour esclaircir les biens & droicts de la succession, sont & doiuent estre reputez comme vne debte de la succession, & vne debte de chacun heritier, en particulier : la succession n'estant diuisée, ny partagée, & que luy les ayant auancez, *communi negotium gessit*, & se doiuent estimer ces despens, comme vne somme qu'eust deuë leur pere, laquelle s'acquitteroit par ses heritiers *in viriles*, pour quelque cause qu'elle fust deuë, voire mesme, quand ce seroit pour l'acquisition de ce qui est du droict d'aisnesse, l'aisné n'en deuroit porter d'auantage que les autres, comme lesdicts puisnez sont d'accord auoir esté iugé par Arrest cy dessus cotté. Qu'il leur doit suffire qu'il ait porté la peine, & le trauail de cest esclaircissement, & qu'ils viennent auiourd'huy *ad paratas epulas*. Par Arrest en la mesme prononciation, la Cour ordonne que les puisnez rembourseront *in viriles* leur aisné des fraiz & despens par luy faicts.

La femme doit venir à contribution auec les autres creanciers, pour ses conuentions matrimonialles.

ARREST XXXVIII.

V N nommé du Iardin, orfeure en la ville de Paris, estant fort oberé, sa femme fait saisir les meubles, s'estant faict separer de biens, pour estre payée de ses conuentions matrimonialles, ayant renoncé à la communauté. A ceste saisie s'oppose vn nommé Iouarde Italien, qui auoit fait saisir lesdits meubles auparauant ladite femme, & n'auoit voulu deposseder son debteur. Sur cette opposition les parties plaident aux Requestes du Palais. Iouarde dict pour causes d'opposition, que par la Coustume de Paris, le premier saisissant est preferé sur le meuble à tout autre : neantmoins attendu que le debteur est tellement oberé qu'il y a lieu à la contribution sur le meuble, n'estans les meubles & immeubles bastans pour payer les creanciers, qu'il consent de venir à contribution auec la femme, & les autres creanciers opposans auec luy, à la saisie de la femme. Contre ces moyens d'opposition, la femme dict, qu'elle a le priuilege de sa dot, qui l'exempte de ladite contribution, & qui la rend preferable
à tout

à tout autre creancier; mefme fur le meuble, lequel eft fubiect
à hypotheque, quand il eft encores en la poffeffion du debteur,
par l'art. 170. de ladite Couftume; & que de droict cela eft conftant, en la loy *ex facto. de peculio*: par la difpofition duquel
droict, la femme eft preferée, *ex priuilegio dotis*, à tout autre
creancier, *nifi haberet expreffam hypothecam* auant elle, fuiuant
la loy *afiduis. Cod. qui pot. in pign.* & la Nouelle nonante-vniefi-
me. Qu'elle auoit hypotheque *à die* de fon contract de mariage, & qu'il n'y auoit aucun creancier de fon mary qui euft hypotheque precedente la fienne, mais eftoient tous pofterieurs.
A cela difoient lefdits creanciers qu'il falloit confiderer que la
difficulté n'eftoit pas pour raifon de chofe qui fuft en pays de
droict efcrit, ains fouz la Couftume de Paris, laquelle difpofe
expreffément en l'art. 179. que tous creanciers, fans aucune exception, viennent à contribution fur le meuble, quand il n'y a
biens fuffifans tant en meubles, qu'immeubles pour payer les
creanciers, fans admettre aucun priuilege; partant qu'il ne fe
faut arrefter au droict efcrit, mais à ladite Couftume. Sentence
aufdites Requeftes, par laquelle il auroit efte ordonné que la
femme feroit preferée. Appel. Par Arreft prononcé à Noël
1585. la fentence eft mife au neant, en emendant ordonne la
Cour que la femme & les creanciers viendront à contribution.
Le contraire a efté iugé en pays de droict efcrit, comme l'on
peut voir aux Arrefts de Maiftre Anne Robert, lequel rapporte
auffi ceft Arreft *lib. 4. cap. vltimo*, où il s'eft eftendu, qui nous a
donné fubiect d'eftre fuccincts.

Rente en grain conftituée à prix d'argent au profit de l'Eglife, eft
rachetable, & les arrerages payables en argent, nonobftant
qu'elle foit conftituée de temps immemorial.

ARREST XXXIX.

ITIVS deuoit vne rente d'vn feptier de grain,
à vne communauté Ecclefiaftique, conftituée
moyennant quatre liures de principal. La conftitution eftoit de plus de deux cens ans. Il faict appeller lefdits Ecclefiaftiques pour voir dire, qu'il
ne fera tenu de payer les arrerages de ladite rente, qu'en argent

au denier douze, à raison des quatre liures de principal. Les Ecclesiastiques insistent, & disent que ladite rente est deüe en
grain, constituée de temps immemorial, au profit de l'Eglise; &
qu'en tout euenement s'il y auoit lieu de reduire les arrerages
de ladite rente en argent, que ce deuoit estre eu esgard à ce que
le septier de grain pouuoit valoir és années esquelles lesdits arrerages seroient deubs. Le debteur disoit qu'il y auoit toute
raison de reduire les arrerages en argent, puis que le principal
estoit en argent; *idque* selon les rentes constituées en argent au
denier douze : & que c'estoit sans apparence, de dire que lesdits
arrerages se deussent payer eu esgard à la valeur du septier de
bled à present; par ce qu'vne année d'arrerages excederoit le
sort principal. Que la Cour auoit par ses Arrests faict distinction
des rentes constituées en grain, au profit de l'Eglise; à sçauoir
que quand il ne paroissoit point par le tiltre que la constitution
fust faicte à prix d'argent, encores qu'il ne parust que ce fussent
rentes foncieres, & de bail d'heritage, que telles rentes n'e-
stoient conuersibles en argent. C'est l'Arrest donné au profit
des Doyen, Chanoines & Chapitre de Sainct Germain de l'Au-
xerrois, contre le Sieur Coignet. Mais quand par le tiltre il apparoist que telles rentes sont constituées à prix d'argent, elles
sont reduictes en argent, & se payent les arrerages en argent à
raison du sort principal, nonobstant qu'elles soient constituées
de cent, & deux cens ans. Ce qui n'est de mesme aux laics; par
ce que s'il ne paroist que les rentes constituées en grain, soient
de bail d'heritage, & foncieres, l'on les declare racheptables, &
sont presumées constituées en argent, suiuant l'Ordonnance du
Roy Charles IX. de l'an 1565. C'est pourquoy apparoissant par
le tiltre de la rente dont est question, qu'elle a esté constituée à
prix d'argent, il n'y a difficulté que les arrerages ne s'en doiuent
payer en argent à raison du denier douze, suiuant ladite Ordonnance qui le porte par exprés : autrement elles sont declarées
viuraires, & par côsequent, ce qui auroit esté payé de plus, seroit
imputable au principal. Et tant s'en faut que lesdits Ecclesiastiques se puissent plaindre de ladite reduction des arrerages en argent, à l'aduenir, qu'ils seroiét tenus de rendre ce qu'ils ont trop
receu pour les arrerages du passé, & autrement qu'à la raison
du denier douze, à l'esgard des quatre liures de principal, apres
auoir desduit ce qu'il faut pour l'amortissement dudit principal, puis que par ladite Ordonnance lesdites rentes constituées

en argent, à faute de les reduire au denier douze, font declarées vſuraires. La raiſon eſtant renduë par ladite Ordonnance, qui eſt la leſion & deception enorme, en la conſtitution deſdites rentes en grain, dont les plaintes eſtoient publiques; dautant que la valeur du bled a monté, & quelqueſfois excedé pour vne année d'arrerages, les deniers du principal; qui eſtoit la ruine des ſubiects du Roy: n'eſtant pour ces conſiderations, raiſonnable de continuer le payement en grain, qui eſtoit de petite valeur lors de la conſtitution, y a cent, ou deux cens ans, le bled eſtant depuis grandement enchery; & au contraire lors de la conſtitution les debteurs eſtoient ſoulagez payant les arrerages en grain, lequel eſtoit lors à fort vil prix. Outre que l'vſure eſt notoire, la rente ſe trouuant, attendu la grande valeur & cherté du bled, conſtituée non au denier douze, mais pas au denier quatre ou trois, & telle année le denier eſgalle le principal : & partant ce n'eſt plus rente, laquelle par l'Extrauagante *Regimini*, n'eſt permiſe, & tolerée, qu'à la raiſon du taux, & du denier qui eſt licite en chaque prouince. Et de faire eſtat de la faueur de l'Egliſe, que ce ſeroit abuſer du nom d'Eccleſiaſtique, ſi l'on vouloit couurir & diſſimuler vne vſure, ſouz pretexte de ce que la rente eſt deuë à l'Egliſe, eſtant l'Egliſe laquelle reproue telles vſures aux rentes, ladite Extrauagante eſtant venuë de l'Egliſe & faite par les Papes. Leſdits Eccleſiaſtiques reſpondoient à cela, qu'il ne falloit conſiderer ladicte rente comme conſtituée au profict de l'Egliſe à raiſon de quatre liures de principal, mais comme vn bienfaict, & aumoſne faicte à l'Egliſe par ceux qui l'auoient conſtituée ſur eux, *infecta origine* de deux cens ans, lors que l'on donnoit fort liberalement à l'Egliſe, au lieu qu'à preſent l'on tend à en diminuer le reuenu. En tout cas qu'il ne falloit conſiderer le temps qui eſt à preſent, pour la valeur du bled, laquelle change non ſeulement d'année en année, mais de mois en mois, & qu'il falloit conſiderer que lors de ladite conſtitution, les quatre liures de principal valoient plus que cinquante, ou ſoixante liures à preſent : & partant qu'en tout euenement, ledit principal deuoit eſtre eſtimé à la forte monnoye ſelon le temps de la conſtitution, & non ſelon le temps de preſent, & les arrerages reglez de meſme, ſuiuant le chap. *cum canonicus, extra. de cenſibus*, qui dict que *antiqua penſiones debent ſolui in antiqua moneta*. D'auantage que ceux qui deuoient la rente, ont eſté vn long temps, pour le peu de valeur du bled, qu'ils n'ont payé la rente au denier vingtquatre, ou trente, au lieu de la payer au denier douze : & à present que le bled vaut quelques fois plus que le denier douze, ils veulent faire reduire ladite rente au denier douze. Par Arrest prononcé à Pasques mil cinq cens quatre vingts six, ordonné que les arrerages de ladite rente se payeroient en argent, au denier douze, eu esgard aux quatre liures de principal. *Vide ampliùs* dans les Arrests de Robert *lib.* 4. *cap.* 18.

Donation des meubles qu'on aura lors du deceds, sans tradition, iugée bonne, & que ce n'est donner & retenir.

·ARREST XL.

AMOISELLE Marie Versoris, femme de l'Aduocat Pommeraye, donne par donation entre vifs, & irreuocable, du dernier Iuillet mil cinq cens soixante & dix-huict, à l'Aduocat de Luynes, tous ses meubles qu'elle aura lors de son deceds, ayant auparauant ladite donation faict son testament. Son deceds estant aduenu, le donataire demande deliurance à l'heritier, lequel soustient ladite donation estre nulle, d'autant que donner & retenir, ne vaut, par la Coustume de Paris : Que c'est donner & retenir, quand le donateur, ou la donatrice demeurent en possession de la chose donnée iusques à leur deceds, par l'article 274. de ladite Coustume. La donatrice au faict qui se presente ayant donné les meubles qu'elle auroit lors de son deceds, qu'elle est demeurée en possession de ce qu'elle a donné, par ce que le donataire n'en a peu iouïr, ayant suspendu l'effect de sa donation apres son deceds : lors duquel il pouuoit estre qu'elle n'en auroit aucuns de ceux qu'elle auoit lors de ladite donation, ayant la liberté d'en disposer, puis qu'elle ne donnoit que ceux qu'elle auroit lors de son deceds, c'est à dire en effect, qu'elle ne donnoit que ceux dont elle n'auroit disposé : Et par consequent qu'ayant la liberté d'en disposer, que c'estoit vrayement donner & retenir. Le donataire disoit au contraire, que ladite Coustume de Paris audit article 274. explique que c'est donner & retenir, & dict que donner & retenir est, quand le donateur s'est reserué la puissance de disposer librement de la chose par luy donnée. Qu'en la donation dont est question, il n'y a aucune reseruation expresse, faicte par la donatrice, de disposer de la chose donnée; & tant s'en faut qu'elle eust intention d'en disposer, qu'elle auoit fait son testament auant ladite donation, par lequel elle n'en auoit aucunement disposé, comme elle n'a fait aussi depuis iusques à son deceds : mais ce qu'elle a dict qu'elle donnoit les meubles qu'elle auroit lors de son deceds, elle entendoit par là se reseruer l'vsage desdits meubles, & la commodité d'en vser, non pas d'en disposer : & qu'en ce faisant, c'est vne espece d'vsufruict, qu'elle s'est reseruée sur lesdits meubles : par le moyen de quoy l'on ne peut dire que ce soit donner & retenir; d'autant que l'article 275. de ladite Coustume dict, que ce n'est donner & retenir quand l'on se reserue l'vsufruict de la chose donnée, lequel se peut retenir mesme des choses mobilieres, suiuant le §. *constituitur. Inst. de vsufr.* Tum qu'il faut considerer l'euenement, quand la disposition reçoit de la difficulté qui depend de l'euenement, & selon que la chose eschet. Ce qui est consideré en toutes les conditions, lesquelles selon qu'elles aduiennent, rendent la disposition nulle, ou valable, *l. filiusfamilias.* §. *cùm quis. de leg.* 1. Que c'est au faict qui se presente vne condition, d'auoir dit, Que i'auray lors de mon deceds, apposée à la donation qui a esté faicte. *Stichum qui meus erit, hoc est, si meus erit. l. Stichum. de leg.* 1. Et n'y a doute que les donations ne se puissent faire *sub modo, & conditione,* comme il y en a titre en droict, *de donat. quæ fiunt sub modo & condit.* Or si la condition, sous laquelle la donation est suspenduë, eschet par l'euenement au profict du donataire, la chose donnée est à luy *ex euentu.* De mesme au faict qui se presente, par l'euenement se trouuant que la donatrice n'a point disposé de ses meubles, le donataire est bien fondé à les demander, & en tout cas *quid prohibet,* que ceste donation ne vaille, comme vne donation à cause de mort, ou comme vn legs? estant certain que l'on a de coustume de regler les donations qui ont traict à mort, comme donations à cause de mort, *l. in mortis. de donat. causâ mortis, l. donationes. Cod. de donat. inter virum & vxor.* Et en ce faisant, l'on les reduit à ce que l'on peut disposer par testament. *Atqui* il est sans doute, que la donatrice pouuoit disposer par ladite Coustume de tous ses meubles. Par Arrest en la mesme prononciation, ladite donation a esté iugée bonne & valable.

Il est deu droicts au Seigneur, pour vente faicte par l'Eglise, encores qu'elle eust payé l'indemnité.

ARREST XLI.

VNE Communauté Ecclesiastique vend des terres qui estoient amorties, & pour lesquelles elle auoit payé l'indemnité au Seigneur. L'acquereur apres son acquisition est poursuiuy par ledit Seigneur, duquel sont tenus & mouuans lesdits heritages par luy acquis de l'Eglise, pour luy payer les droicts seigneuriaux deubs à cause de ladite acquisition. Il soustient qu'il n'en est point deu, estant la premiere fois que l'Eglise a mis hors ses mains lesdits heritages, pour lesquels elle luy auoit payé l'indemnité ; par le moyen de laquelle lesdits heritages ont esté deschargez de tous droicts enuers luy. C'est pourquoy elle a peu vendre lesdits heritages comme exempts & francs de tels droicts, puis qu'elle les auoit acquittez en payant vne partie de la valeur du fonds, selon les Arrests, qui est le tiers pour les fiefs, & le quint pour les rotures : tant y a, il a esté desinteressé, & desdommagé de tous droicts qui luy eussent peu estre deubs à cause de l'acquisition qu'en auoit faicte l'Eglise, laquelle sçachant que le Seigneur ne pouuoit rien pretendre desdits droicts à son preiudice, luy a vendu dauantage lesdits heritages, comme n'y ayant point de droicts à payer ; estant certain que ceux qui acquierent, considerent principalement cela, d'achepter plus ou moins, selon que les heritages sont chargez de droicts seigneuriaux. De sorte que s'il aduenoit qu'il fust deu droicts aux Seigneurs, pour la premiere fois que l'Eglise met hors de ses mains ce qu'elle a acquis, & pour raison de quoy elle a payé l'indemnité, cela tourneroit *in dispendium* de l'Eglise qui a indemnisé les Seigneurs, & vaudroit moins. Par ainsi le Seigneur feroit double profict, prenant des droicts de la vente faicte par l'Eglise, de laquelle il a esté indemnisé, & a receu sa recompense, de tout ce que l'Eglise luy deuroit à iamais. Et pour cette raison, l'Eglise ayant indemnisé le Seigneur, en vendant, elle se peut retenir la foy & hommage, sans que le Seigneur s'en puisse plaindre, par ce que receuant son indemnité, *abdicauit*

omne ius qu'il pouuoit auoir fur l'heritage : il l'a vendu & aliené
à l'Eglife, qui l'a achepté de luy, par le moyen des deniers qu'il
en a receus à cause de son indemnité. C'est pourquoy auffi aux
ventes qui se font faictes par le Clergé, pour la subuention du
Roy, il est porté expreffément par les commiffions des Com-
miffaires procedans aufdictes ventes, que les heritages feront
mouuans du Roy, & non des Seigneurs defquels ils eftoient tenus, auant que l'Eglife en iouïft, & qu'elle les euft acquis,
comme lefdicts Seigneurs n'ayans plus de droict de feigneurie
fur iceux, en ayant receu recompenfe. Le Seigneur difoit au
contraire, quel Eglife auoit payé l'indemnité pour tout le temps
qu'elle iouïroit defdits heritages, qui pouuoit eftre perpetuel,
& pour iamais, n'eftant l'Eglife difpofée à vendre, comme font
les laïcs, voire ne pouuant vendre fans vne vrgente neceffité,
ou tres-euidente vtilité : en forte qu'il pouuoit aduenir, qu'il
n'euft iamais receu de droicts feigneuriaux defdicts heritages,
dont eft queftion, ny fes fucceffeurs ; mais que fe trouuant vn
vaffal nouueau laïc, tant y a autre que l'Eglife, que ledit vaffal
eft obligé, & fubject de payer les droicts au Seigneur, dete-
nant lefdits heritages au dedans de fa feigneurie, dans laquelle
aucun ne peut tenir en proprieté aucune chofe qu'il ne foit tenu d'en recognoiftre le Seigneur ; fuiuant, & ainfi que les Couftumes aftreignent les vaffaux de recognoiftre leurs Seigneurs.
Autrement ledit Seigneur peut faifir à faute d'homme, droicts,
& deuoirs non faicts, & non payez ; car le Seigneur ne confidere que la chofe, à caufe de laquelle le droict luy eft deu, quand
il y a mutation de vaffal, *glebam ipfam, non perfonam quæ detinet.*
Trouuant doncques que celuy qui detient ce qui eft fubject à
fes droicts, ne luy a payé lefdits droicts de fon acquifition, tels
que la Couftume prefcrit, il eft bien receuable de proceder par
faifie feodale, pour fe faire recognoiftre & payer de fes droicts.
Par Arreft prononcé à la Pentecofte 1586. l'acquereur eft condamné payer au Seigneur les droicts feigneuriaux deuz à caufe
de fon acquifition.

*Donation mutuelle faicte par le mary à sa seconde femme,
reduite à la portion de l'vn des enfans, qui se trouuent
lors de la dissolution du second mariage.*

ARREST XLII.

Æ V I V S ayant trois enfans d'vn premier lict, se remarie auec Seia. Par leur contract de mariage ils se
font don mutuel : ils ont quatre enfans de ce mariage. Decede Mæuius, Seia demande deliurance de
son don mutuel aux enfans du premier lict; ils soustiennent que defunct leur pere ne luy a peu donner qu'autant
que l'vn des enfans pouuoit amender de luy, suiuant la loy *hac
edictali. Cod. de sec. nupt.* & qu'il faut considerer le nombre des
enfans qui se trouuent lors du deceds du donateur, & non le
nombre de ceux qui estoient lors du contract de mariage. Seia
respond, que la donation pourroit estre subjecte à reduction, si
elle estoit simple, faicte seulement par le mary : mais qu'estant
mutuelle, elle n'estoit subjecte à la loy *hac edictali*, à cause de
l'euenement incertain, par le moyen duquel Mæuius son mary
eust peu auoir de l'auantage, & du profict, s'il l'eust suruescue;
& en ce faisant auoir tous les biens qui luy appartenoient, à cause de ladite donation, & que par ce moyen lesdits enfans eussent
profité de tout cela. Que *nemo debet postulare cuius contrarium non
esset postulaturus*; qu'ils ne se fussent pas plaints de ladite donation, si leur pere eut suruescu; par consequent ils ne s'en doiuent plaindre, estant predecedé. Aussi que ce qui est retranché
*est loco legitimæ, in qua legitima non habetur ratio donationis mutuæ,
quia propter incertum euentum, legitimam non minuit.* Le mineur
pour cela, peut donner mutuellement par la loy *de fideicommisso.
Cod. de transact. quia minor qui vtitur iure maioris non restituitur.*
Les enfans du premier lict repliquoient, que la donation mutuelle estoit aussi bien prohibée au mary, ou à la femme, qui se
remarient, comme la donation simple, ainsi qu'il a esté iugé par
Arrest du dix-huictiesme Auril mil cinq cens quatre vingts six,
& a esté aussi iugé par Arrest en robbes rouges, du dix-huictiesme May mil cinq cens soixante & dix-huict, prononcé par
Monsieur

Monsieur le Chancelier de Bellieure, que la loy *hac edictali* a-
uoit aussi bien lieu au mary qu'à la femme. Que la donation mutuelle *nihil differt* d'vne donation simple, *propter incertum euentum*, par lequel il peut aduenir qu'il seroit fait fraude à la loy.
C'est ce qui a esté cause qu'en droict, ayant esté premierement
permis de substituer, *filio*, *reciproce*, *in legitima*, par la loy *si pater. Cod. de inoff. test.* depuis par la loy *quoniam in prioribus. Cod.
eod. tit. & l. si pater. Cod. de instit. & substitut. sub condit. factis: reg-
citur quod grauat legitimam.* Quant à ce qui est de la loy *de fideicommisso*, il paroist par ceste loy qu'il y auoit transaction; ce qui
n'est au faict qui se presente. Soustiennent que ce qui est subject à reduction, leur doit entierement appartenir, suiuant
l'Authent. *ad eos. Cod. de secund. nupt.* qui a remis l'ancien droict,
qui auoit changé, & qui estoit par la loy *quoniam. Cod. de secundu
nupt.* & a esté iugé par Arrest, que si le mary a constitué à la seconde femme plus grand doüaire, que ce qu'il pouuoit donner,
il sera reduict à ce qu'il pouuoit donner; encores que *ex euentu*
il peust aduenir que la femme n'auroit point de doüaire, venant
à predeceder son mary. Par Arrest en la mesme prononciation,
iugé que la reduction se feroit, eu esgard aux enfans qui e-
stoient lors du deceds du mary. Faut voir l'Arrest de Monsieur
de Bellieure dans Chenu en sa question 64. qui le rapporte fort
au long, auec les moyens des parties, & est semblable à celuy-cy.

---

*Vn Soliciteur ne peut rien faire au preiudice de celuy duquel il
a manié les affaires, & conduit les procez.*

ARREST XLIII.

LE President Largebaton, Premier President du
Parlement de Bordeaux, ayant plusieurs procez,
prend vn Solliciteur pour les poursuiure & con-
duire, estant ledit Solliciteur Aduocat, & entendu en affaires. Il se faict enfin vne transaction
sur lesdicts procez, laquelle ledit Solliciteur auoit aydé à dres-
ser. Ceste sollicitation estant finie, ledit Solliciteur se marie, &
espouse vne fille qui estoit heritiere auec ses freres de celuy a-
uec lequel auoit esté faicte ladite transaction. L'on luy baille en
mariage quelques terres, moyennant lesquelles elle renonce à

M

la succession de son pere. Depuis elle a lettres pour se faire releuer de sa renóciation, & estre receuë à venir à ladite successió de
son pere : lesquelles luy sont entherinées du consentemét de ses
coheritiers. En cósequence ledit Solliciteur, & sa femme veulét
estre receus parties au procez commencé par sesdits coheritiers,
pour la rescision de ladite transaction, tant en son nom, que côme ayant les droicts cedez desdits coheritiers. Les heritiers dudit sieur President le soustiennent non receuable en ceste pou-
suite, & empeschent qu'il soit receu partie audit procez, par
ce que *malo more* luy qui auoit esté Solliciteur dudit sieur President, & qui auoit apprins le secret de la maison, par la communication des tiltres qu'il auoit eu, se vouloit rendre partie contre son client, impugner ce qu'il auoit defendu, faire casser ce
qu'il auoit luy mesme trouué iuste, contreuenir à vn contract
duquel il estoit l'aucheur : Que l'on voyoit bien que sa poursuite estoit affectée, s'estant faict releuer du consentement de
ses coheritiers, de sa renonciation, pour auoir couleur d'entrer
au procez, auquel autrement il n'auoit aucun interest : & outre
cela, ayant prins cession des droicts de ses coheritiers. Ledict
Solliciteur disoit qu'estant employé en ceste qualité, & de Solliciteur, & d'Aduocat aux procez dudit sieur President, qu'il y
auoit faict tout ce qu'il auoit peu, pour les faire reüssir vrile-
ment pour ledit sieur President : qu'à present ayant interest, à
cause de l'alliance qu'il auoit prins, de soustenir ses droicts contre ledit sieur President, ou ses heritiers, qu'il le pouuoit faire.
Que de droict, quand l'on a interest en vne qualité, de debarre
quelque acte, & l'on l'a debatu, depuis changeant de qualité,
& ayant interest de soustenir le mesme acte, qu'on le peut faire,
ut in tutore, qui peut debatre en son nom, ce qu'il a soustenu
en qualité de tuteur, *l. aduersus. §. tutores. de inoff. test. idem in
aduocato*; *l. inter officium. de rei vindic. l. qui cum maior. §. si pa-
tront. de bon. libert. l. si exheredatus. de inoff. test.* Que c'estoit
l'Arrest du sieur Desdormans contre son frere aisné, lequel e-
stant decedé, ayant eu les droicts de l'aisné, fut receu à sousté-
nir le contraire de ce qu'il auoit faict estant puisné. Qu'ayant
trouué son auantage, & sa condition plus à son auancement de
prendre ceste alliance, l'on ne luy pouuoit rien imputer. Et
quant à la cession, qu'elle ne faisoit plus de preiudice à ses
parties aduerses, que si c'estoient ses coheritiers qui poursuiuis-
sent eux mesmes le procez. Au contraire disoient les enfans du-

dit ſieur Preſident, que ſans luy ils n'auroient point de procez, & que c'eſtoit luy qui auoit ſuſcité ſes coheritiers de l'entreprendre, comme il eſtoit vray-ſemblable, puis qu'il paroiſſoit à preſent que s'eſtant fait releuer de ſa renonciation, qu'il n'y auoit que luy, qui le ſouſtinſt, pour ſe ſeruir audit procez, de moyens, qu'il eſtoit obligé pour la fidelité qu'il deuoit à ceux qu'il auoit ſeruy, & qui l'auoient employé, de ne les mettre iamais en auant, les ayant apprins en ſecret, & luy ayant eſté commis, comme à vne perſonne qui deuoit eſtre aſſidé & loyal: veu meſme qu'il auoit trouué le contract de tranſaction raiſonnable, & que ſes coheritiers ne ſçachant rien de ce qui luy eſtoit cogneu, ils ont facilement fait ladite ceſſion: & luy s'oublie que l'on s'eſt commis à ſa preudhommie, & bonne foy, comme fait le client à celuy qui le defend, auquel l'on conſidere autant ou plus la bonne foy & la loyauté, que l'induſtrie. Par Arreſt prononcé à la my-Aouſt 1586. ledit Solliciteur eſt debouté de ſa ceſſion & interuention, ſauf de le mettre hors d'intereſt, ſi ſes coheritiers, par l'euenement du procez, auoient quelque recours contre luy.

La femme n'ayant renoncé au Velleian, elle eſt releuée du contract, & de la vente qu'elle a faicte de ſon bien en conſequence dudit contract.

ARREST XLIIII.

ITIVS & Seia ſa femme, s'obligent par contract à Mæuius, ſans qu'il y ait aucune renonciation par ledit contract, au Velleian, par ladite Seia, ny à l'Authentique *ſi qua mulier.* En conſequence de ce contract, & pour s'acquiter par Seia enuers Mæuius, elle vend vn heritage à elle appartenant, apres le deceds de ſon mary. Depuis eſtant conſeillée, elle obtient lettres pour eſtre releuée tant de l'vn que de l'autre contract. Les lettres fondées ſur ce que le premier contract eſtoit notoirement nul, s'eſtant obligée auec ſon mary, ſans auoir renoncé au Senatusconſulte Velleian, ny à l'Authentique *ſi qua mulier.* Quant au ſecond, qu'eſtant faict en conſequence du premier, qu'il ne pouuoit non plus subsister que le premier, n'y ayant aucune approbation expresse dudit premier contract, nonobstant le defaut de ladite renonciation; mais ayant simplement executé ledit premier contract, n'estimant qu'il fust nul, & qu'elle ne fust valablement obligée par iceluy. Que c'est la decision expresse de la loy *Denique. §. scio etiam. de minoribus*, où il est dict, que le mineur *qui adiuit hereditatem, & maior factus exegit debitores hereditarios, restituetur in integrum aduersus aditam hereditatem, quia non comprobans fecit, sed in consequentiam.* A laquelle loy se rapporte, & doit estre conioincte la loy 2. *Cod. si minor maior factus ratum habuerit*, & la loy *Liberis. §. 1. de liber. causa.* Le mesme a esté iugé en vne peremption d'instance, qu'elle ne se peut couurir, quelques procedures que l'on ait faict depuis la peremption, sans l'auoir alleguée. L'Arrest est du 9. Iuillet 1605. donné au rapport de Monsieur Rubentel; encores que l'on eut laissé iuger le procez, sans auoir remonstré qu'il estoit pery, & en cause d'appel ayant l'appellant fourny griefs, & obtenu lettres pour articuler faicts nouueaux: Depuis ayant remonstré que le procez estoit pery, lors qu'il fut iugé, & presenté requeste pour le faire declarer pery, par ledit Arrest il fust declaré pery. Et bien qu'il soit vray que chacun peut renoncer *iuri in fauorem suum introducto*, suiuant la loy *Si quis in conscribendo. Cod. de pact.* aussi faut-il que la renonciation soit expresse & non taisible. C'est pourquoy l'on tient en droict que *tacitum non habetur pro expresso in contractibus, licet aliud possit dici in vltimis voluntatibus. l. quidquid astringende. de verb. oblig. Bart. in l. cùm quid. de rebus cred.* Disoit qu'elle n'auoit iamais entendu le priuilege qui luy est donné de droict, combien qu'il fust necessaire qu'elle en fust aduertie par les Notaires, autrement que le contract estoit nul. Qu'on luy a celé ce priuilege, par ce que son mary recognoissoit qu'elle ne vouloit entendre à ladite obligation, ny y interuenir, l'ayant induite auec force & precipitation pour la faire obliger auec luy. Que son priuilege *est inclusum in corpore iuris*; & partant grandement fauorable, & auquel sans expression formelle l'on ne presume y estre desrogé. *Bart. l. 2. §. legatis. de iudic.* Si fauorable que *mulier contra minorem iuuatur Velleiano. l. vlt. Cod. de filiof. minore.* Si fauorable que *mulier quæ intercessit, & dedit fideiussorem, nec renunciauit, nec ipsa, nec fideiussor tenetur. l. si mulier. §. si ab ea. Cod. ad Vell.* Si fauorable que *mater intercedens pro filio, iuuatur Velleiano. l. 3. Cod. ad Vell.* Lequel priuilege a lieu quand la femme vend son

heritage *alterius gratia, vel mariti*, comme elle a faict au subject
qui se presente, ainsi qu'il est disertement decidé en la loy finale, §. *item. si mulier. Ad Velleianum.* L'acquereur disoit pour
ses defenses, que l'on ne pouuoit cotter aucune nullité en son
contract d'acquisition, auquel il ne falloit point de renonciation au Velleian, ny à l'Authentique *si qua mulier*, ledict contract ayant esté faict & passé par la demanderesse, depuis le deceds de son mary. Que luy defendeur qui a acquis de bône foy,
ne peut estre tenu, ny recherché pour le dol du mary de ladite
demâderesse, s'il l'a fait contracter par force, n'ayant quant à luy
aucunement participé à ce dol, ny sceu que la vente qu'elle faisoit fust en consequence d'vn contract frauduleux ; partant que
elle n'auoit aucune action contre luy pour ledit côtract, auquel
elle n'a renoncé, ne s'aidant quant à luy dudit contract. Et si
le contract qui a esté fait auec luy, a esté pour s'acquitter de l'o-
bligation en laquelle elle estoit entrée auec son mary sans auoir
renoncé audit Velleian, ny à ladite Authentique *si qua mulier*:
qu'il suffisoit que pour son regard, il n'y eust point de dol. Car
la loy 2. §. *sequitur. de doli mali except.* & la loy *apud Celsum. §. si*
cùm legitima, au mesme titre, disent que *licèt dolus sit in rem*, &
que *actor rem possideat, si tamen actor dolum non admisit, non potest*
illi dolus alterius obijci. C'est vn bon recours contre les heritiers
de son mary, lesquels sont en cause, les ayant fait appeller pour
voir casser ledit prémier contract, auquel elle n'a renoncé,
aussi bien que celuy auquel elle s'est obligée, contre lesquels elle peut demander ses dommages & interésts. Quant à
luy, il s'ayde d'vn contract auquel il n'y a rien à dire, fait de bonne foy, sans qu'il ait sceu pourquoy se faisoit la vente, ou du
moins si l'obligation de laquelle elle se vouloit acquitter en
vendant estoit vicieuse. Que la loy *si mulier. Cod. ad Vellei.* disoit que *geminata interessio per mulierem facta tollit Velleiani bene-*
ficium. Que ce second contract qu'elle a fait auec luy, c'est vn
acte geminé portant approbation & execution de sa premiere
obligation : Qu'au moins il deuoit subsister, & qu'elle se deuoit
contenter d'auoir action contre celuy auec lequel elle s'estoit
obligée, pour r'auoir le prix de la vente qu'elle auoit faicte audit defendeur de son heritage. Mais de rescinder vn contract de
bonne foy, pour renuoyer l'achepteur à repeter son prix contre vne personne auec laquelle il n'auoit point contracté, qui
pouuoit estre insoluable, ou de difficile conuention ; qu'il n'y

auoit apparence. Que la loy *denique*. au §. *scio etiam. de miné*. qu'elle auoit alleguée, receuoit vne distinction, qui est, que *in vni-*
uersalibus, comme *in successione*, le mineur est releué, s'il n'a approuué par exprez, lors qu'il est maieur, ce qu'il a faict estant
mineur, mais en vne particuliere vente, ou en vn contract particulier, il suffit que *maior factus*, il l'ait approuué raisiblement,
en l'executant: & a esté ainsi iugé par Arrest, plaidant Monsieur Marion. La demanderesse repliquoit, que le second contract n'estant qu'accessoire du premier, *sublato principali tolleba-*
tur accessorium; & pour cela il estoit ordinaire, quand l'on se
pouruoyoit contre vn premier contract, de faire appeller aussi
vn second acquereur, pour voir declarer le iugement executoire contre luy; & que par la loy *in causa cognitione. de mi-*
nor. le mineur qui est moins fauorable que la femme qui n'a
renoncé, comme il a esté dit cy dessus, peut se faire restituer
contre vn tiers, auec lequel il n'a point contracté, encores
que les actions qui prouiennent des contracts soient person-
nelles. Par Arrest en la mesme prononciation de la Nostre Dame d'Aoust mil cinq cens quatre vingts six, la Cour ayant esgard ausdites lettres, a cassé lesdits contracts, & remis la demanderesse en tel estat qu'elle estoit auparauant iceux, sauf
au defendeur à se pouruoir contre qui il verra estre à faire,
autre que ladite demanderesse: & defenses au contraire.

Le fideicommissaire a action contre l'acquereur & tiers deten-
teur, pour la restitution du fideicommis.

ARREST XLV.

VNE tante fait vne donation à trois de ses nepueux,
de quelques terres, & veut qu'au cas qu'ils decedent
sans enfans, qu'vne sienne niepce leur succede.
Deux desdicts nepueux decedent sans enfans; le
troisiesme véd lesdites terres à Seius, qui les reuend
encores à Titius, lequel est aduerti que ceste niepce se väte que
lesdites terres sont substituées à son profit: la fait appeller pardeuant le Bailly de Mascon, pour declarer si elle pretend quelque droict sur ces terres, suiuant la loy *diffamari*, qui se pratique en pays de droict escrit, où les parties sont demeurantes; &
à faute de ce faire, luy estre fait defenses de le troubler à l'aduc-

nir, en la proprieté & ioüiſſance d'icelles, leſquelles ſerónt declarées franches & quittes de toutes ſubſtitutions. Elle ſe defend en la forme, & au fonds. A la forme, dict que *nemo cogitur
inuitus agere*, qu'elle n'a point encores de droiċt, & peut aduenir que celuy qui a le premier vendu, nepueu de celle qui a faiċt
la ſubſtitution, aura des enfans. Au fonds, que cas, aduenant que
ledit premier vendeur decede ſans enfans, que leſdictes terres
luy doiuent appartenir, par clauſe expreſſe appoſée à ladite
donation faicte par ladite donatrice à ſes trois nepueux, dont ledit vendeur en eſt vn, en cas qu'ils viennent à deceder ſans enfans. Que *nemo plus iuris in alium transferre poteſt quàm habet.* Que
Titius & ſon vendeur immediat, n'a acheté leſdictes terres
qu'auec la charge, *& cum onere* de la ſubſtitution. Que l'action
qu'elle a, n'eſt pas ſeulement perſonnelle, *ratione* de la donation, contre celuy qui eſt chargé de ladite reſtitution; mais que
l'action *eſt in rem ſcripta*, & luy compete *ratione rei* ce qui faict
qu'elle ſe peut addreſſer au detenteur de la choſe. Comme le
retraiċt lignager & feodal s'intente contre le detenteur, par ce
que *competit* à ceux de la famille, & au Seigneur *ratione rei*; de
meſme que toute autre action *quæ competit, ratione rei, & quæ eſt
in rem ſcripta.* Que luy acquereur a ſceu ladite ſubſtitution, par
ce qu'il y a eu quelques iugemens rendus auec ſon autheur, par
le moyen deſquels il a peu ſcauoir ladite ſubſtitution. Titius
diſoit au contraire, que *prohibitus alienare in contractu, alienando
transfert dominium*, & n'y a qu'action contre luy, pour les dommages & intereſts par celuy qui a intereſt à ladite alienation.
Secus in teſtamento, lequel portant prohibition d'aliener, *impe-
ditur alienatio*, en telle ſorte, que ſi celuy qui eſt prohibé d'aliener aliene, *non transfert dominium, l. ea lege. Cod. de condiċt. ob cau-
ſam datorum*, & la gloſe là, *l. quotiens. Cod. de fideic.* Que la ſubſtitution que pretend la defendereſſe eſt par vn contract, non
par vn teſtament; par conſequent, qu'elle a ſeulement action
contre le vendeur chargé de ladite ſubſtitution par contract de
donation; mais qu'elle ne ſe peut addreſſer au demandeur, qui
a acquis ſans la charge de ladite ſubſtitution. Replique la defendereſſe, que la diſtinction alleguée par le demandeur a eſté
oſtée *iure nouo, in l. fin. Cod. de rebus alienis non alienand.* laquelle veut que l'alienation prohibée, ſoit en contract, ſoit en teſtament, empeſche *translationem dominij vtroque caſu.* Par ſentence
du Bailly de Maſcon le demandeur eſt maintenu en la proprieté

defdites terres', & defenfes à la defenderefle de l'y troubler,
comme defchargée de ladite fubftitution. Appel. Par Arreft
prononcé à Noël 1586. mal iugé : en emendant, lefdits heritages font declarez fubjects à ladite fubftitution, aduenant le deceds du donataire fans enfans.

---

*Vn doüaire fans retour, fe peut vendre par la femme, encores
qu'il y ait des enfans, aufquels il eft propre, fi les enfans font heritiers de leur pere.*

ARREST XLVI.

ITIVS & Seia contractent, mariage. Par le contract
de leur mariage, il eft porté, que le doüaire accordé
à la femme fera fans retour, en cas qu'il n'y ait point
d'enfans. Titius decede laiffant des enfans, lefquels fe
portent heritiers de leur pere. Seia la veufue vend fon doüaire,
extantibus liberis, à vn nommé Malingre. Seia eftant decedée,
lefdits enfans font appeller Malingre, pour voir declarer fon
contract d'acquifition nul, ayant achepté de leur mere fon
doüaire, lequel leur eft propre par la Couftume de Paris : &
bien qu'il foit accordé par ledit contract de mariage, fans retour, ce n'eft qu'en cas qu'il n'y ait enfans; que par leur exiftan-
ce ils ont fait ceffer la difpofition qui eftoit au profit de leur
mere, *deficiente conditione*, fuiuant la loy *filiusfamilias*. §. *cum
quis. de leg.* 1. Mais qui plus eft, ils ont furuefcu leur mere, &
par confequent la vendition nulle, leur mere n'ayant iamais eu
le doüaire librement, pour en pouuoir difpofer. Malingre difoit au contraire, qu'il ne s'arreftoit point à difputer, fi la mere
auoit peu difpofer de fon doüaire, & luy vendre *extantibus liberis*, par ce qu'il fçauoit bien qu'elle ne le pouuoit faire, s'il n'y
auoit que cela, le doüaire eftant propre aux enfans, par la Couftume, & ne luy ayant efté accordé fans retour, que *deficientibus
liberis*. Mais ils s'arreftoit à ce qu'ils eftoient heritiers de leur pere,
& par confequent, par la mefme Couftume de Paris, que ne pouuans eftre douairiers & heritiers, ils ne peuuent pretendre ledit
douaire leur appartenir : & que *in idem recidit*, qu'il n'y ait point
d'enfans, ou qu'ils foient heritiers du pere, & partant incapables

bles & inhabiles de pouuoir demander le douaire, *quia fit exten-*
fio ad cafus fimiles. l. Gallus. §. & quid fi tantum. de lib. & poft. lequel douaire ne leur pouuant appartenir, la mere l'a eu *liberè*,
& fans retour par fon contract de mariage, par ce que *illa duo*
conuertuntur, ou qu'il n'y ait point d'enfans, ou qu'ils ne puiffent
pretendre le douaire, puis qu'il ne peut eftre fans retour, que
in gratiam defdits enfans, s'ils le peuuent prendre; mais auffi en
cas qu'ils ne le puiffent prendre, leur faueur ceffe. Qu'il eft perpetuel en droict, que *deficientibus liberis, in gratiam* defquels
l'on a fufpendu vne difpofition, que la difpofition a fon effect:
tous l'ont tenu, fors Bartole, *in l. fi vnquam. Cod. de reuoc. do-*
nat. l. pofthumus. de intufto, rupto, & irrito teft. & en l'Authent. *fed*
etfi. Cod. de fecund. nupt. Il y a l'Arreft prononcé à la Pentecofte
1584. qui l'a ainfi iugé. Par Arreft prononcé à Pafques 1587. iugé que les enfans n'eftoient receuables en leur demande, de laquelle Malingre a efté abfoult. *Vide amplius* en l'Arreft prononcé
cé à la Pentecofte 1584.

Depoft de vaiffelle d'argent ne fe doit rendre en efpece, quand
l'on a fpecifié combien elle poife de marcs.

ARREST XLVII.

MONSIEVR d'Aurilly prend en garde d'vn Gentil-
homme de la vaiffelle d'argent, auquel il fift promeffe de la luy rendre; & eft porté par ladite promeffe, que ladite vaiffelle eft pefante de cinquante
quatre marcs d'argent. Ledict fieur d'Aurilly vend
ladite vaiffelle en la ville de Donquerque, où elle luy auoit
efté baillée, s'en voulant reuenir en France, craignant qu'elle ne luy fuft volée. Le Gentil-homme la redemande. Ledict
fieur d'Aurilly offre luy rendre cinquante quatre marcs d'argent: il fouftient qu'il y en auoit d'auantage, & demande eftre
receu à le verifier. *Tum* qu'il ne fuffit luy rendre la valeur de cinquante quatre marcs d'argent, qu'il luy faut rendre en vaiffelle, fuiuant le depoft, lequel il n'a peu interuertir, ny le vendre
fans l'aduertir: & que de droict, le depofitaire doit rendre le
depoft, felon qu'il l'a receu, & en mefme efpece; en la loy premiere, §. *fi pecunia.* §. *fi quis argentum.* & §. *fi cifta. depof.* Le fieur

N

d'Aurilly difoit à cela, que la quantité de marcs d'argent ayant
efté exprimée par la promeffe, & non les efpeces particulieres
de ladite vaiffelle, faifoit voir qu'il n'eftoit tenu de rendre, finon autant de marcs qu'il auoit receu, & non la vaiffelle en efpece; & que c'eftoit vne eftimation que l'on en auoit faict, felon que valoit le marc d'argent. Autrement l'on euft fpecifié
particulierement en quoy confiftoit toute ladite vaiffelle par le
menu, en plats, en affiettes, en baffins, & autres femblables
efpeces, defquelles l'on vfe en vaiffelle d'argent. Que l'on ne
luy pouuoit rien imputer d'auoir vendu ladite vaiffelle, l'ayant
fait pour en euiter la perte, fe retirant en France. D'ailleurs qu'il
ne s'en eftoit chargé que pour faire plaifir au demãdeur. De dire
qu'il y eut d'auãtage de marcs que ce qui eftoit porté par la promeffe, que c'eftoit la piece en vertu de laquelle le demandeur
agiffoit; qu'il ne pouuoit dõcques la reuoquer en doute, l'ayant
prinfe pour fon affeurance, & pour pouuoir demander le contenu en icelle : que s'il y eut eu d'auantage, il l'euft faict mettre,
fçachant bien que ladite promeffe feroit la reigle de ce qu'il
pourroit demãder audit fieur d'Aurilly. Et quand l'on pourroit
douter fi l'on peut faire preuue par tefmoins d'vn depoft, de
fomme qui excede l'Ordonnance, (que non, le contraire ayant
efté iugé par Arreft en robbes rouges, le 13. Aouft 1575.) que
ne ãtmoins y ayant preuue par efcrit de ce qui a efté depofé, que
contra fcriptum teftimonium non admittitur non fcriptum teftimonium,
l. 1. Cod. de teftibus : qui eft vne conftitution qui a efté reftituée
des Bafiliques par Monfieur Cuias. Par fentence de Meffieurs
des Requeftes, iugé que ledit fieur d'Aurilly rendroit cinquante quatre marcs d'argent en vaiffelle, & fur le furplus de la quantité, ordonné que les parties informeront. Appel. Par Arreft en
la mefme prononciation, la fentence eft mife au neant, en
emendant ordonné qu'il rendra feulement la valeur de cinquante quatre marcs d'argent.

L'on ne garde en pays Coustumier, que l'on se puisse addresser
aux nominateurs des tuteurs.

ARREST XLVIII.

ITIVS decede, laissant des enfans mineurs. Les
parens sont assemblez pour leur eslire vn tuteur :
ils eslisent Caius, lequel administre mal ceste tutele : en fin les mineurs estans deuenus maieurs,
ne pouuans recouurer sur leur tuteur, leur bien
qu'il auoit mal administré, ils sont appeller ceux qui l'auoient
nommé tuteur, pour se voir condamner en leurs dommages &
interests, ou leur rendre compte de leur tutelle, & leur payer
le reliqua qui se trouuera leur estre deu, suiuant ce qui est de
droict au titre *de nominatoribus tutorum*. Les nominateurs se defendent, & disent que ceste disposition de droict de s'addresser
aux nominateurs des tuteurs pour la mauuaise administration
du tuteur, ne se pratique qu'au pays de droict escrit, & non au
pays qui est regy par Coustume ; si ce n'estoit qu'il y eut du dol,
& de la collusion de la part desdits nominateurs, d'auoir esleu
vne personne de mauuaises mœurs, dissipateur, & qui eust si
mal gouuerné son bien, qu'il fust tout apparent, qu'il n'estoit
capable de bien administrer celuy d'autruy. Qu'ils auoient esleu
vne personne qui s'estoit bien comporté auparauant ladite administration, & qui estoit en bonne reputation. Que les mineurs voyans le mauuais mesnage de leur tuteur, se pouuoient
plaindre en Iustice, & en faire eslire vn autre à la requeste du
Procureur du Roy. Quant à eux, qu'ils ne se deuoient enquerir comment chacun vit en sa famille, & ne leur doit estre imputé s'ils ne l'ont fait, n'ayans creu y estre obligez ; ne s'estant
iamais pratiqué par nos mœurs, que ceux qui ont nommé des
tuteurs, fussent responsables de leur nomination faite d'vn tuteur, quand elle est faicte sans dol, sans fraude, sans collusion ;
quando nihil per sordes, aut auaritiam, aut per gratiam : Non plus
que le Iuge n'est tenu de son iugement, sinon en ces cas-là. Et
s'il falloit rendre les nominateurs responsables du faict des tuteurs, quand ils ont procedé de bonne foy à ladite nomination ;
& qu'on les voulust rendre obligez de l'euenement de la ge-

N ij

stion, il ne s'en trouueroit point qui vouluſſent nommer des tuteurs. Les mineurs repliquoient, & diſoient, que des enfans
mineurs ſe trouuans deſtituez de pere & mere, que les plus proches du ſang, & qui ſeroient capables de leur ſucceder, ſont o-
bligez de leur pouruoir de l'vn d'entre eux, qui leur tienne lieu
de pere, & qui conſerue & les perſonnes, & les biens. Que c'eſt
vn droict naturel, & vniuerſel, pratiqué par tous les peuples &
nations, par vne grande raiſon, qui eſt que ceſt office eſt mutuel & reciproque, & que chacun en peut auoir beſoin ; n'y
ayant celuy qui puiſſe eſtre aſſeuré s'il eſleuera ſes enfans auant
ſon deceds, iuſques à l'aage de maiorité. Que c'eſt tout de meſme de s'eſtre mis, contre ceſt office de nature, pratiqué par tous
les peuples, en deuoir de voler & rauir le bien de pauures mineurs, auſquels l'on attouche de degré de parenté ; que d'auoir
mis en la charge de tuteur deſdits mineurs vn diſſipateur, qui
ait mangé & conſommé tout leur bien ; car c'eſt eux en effect,
ce ſont les parens qui mettent le tuteur en charge, par ce que
le Iuge ne fait rien autre ſinon ſuiure l'aduis des parens & l'authoriſer, pour adminiſtrer la charge, n'en ayant aucune cognoiſſance ; & ainſi l'on ne s'en peut prendre au Iuge, mais aux
parens qui tiennent en ce ſubject lieu de Iuges, eſtant queſtion
de choſe de faict, & de ſçauoir celuy qui eſt le plus capable
pour adminiſtrer vne tutele, dont les parens ont cognoiſſance,
ſe faiſant l'eſlection de l'vn d'entre eux : Et ne s'agiſt de iuger
vne queſtion de droict, de laquelle le Iuge ait plus de cognoiſſance que les parens. Que c'eſt ſans apparence de dire, que des
mineurs deuroient veiller ſur leur tuteur pour en faire eſlire vn
autre, leur aage ne les rendant capables de cela : & ne ſe peuuent excuſer les defendeurs, que comme ils ont eu cognoiſſance des deportemens de celuy qu'ils ont eſleu, lors qu'ils en ont
fait l'eſlection, qu'ils n'ayent peu auſſi auoir cognoiſſance comme il s'eſt comporté depuis qu'ils l'ont mis en ceſte charge : &
eſtoit à eux, puis qu'ils pouuoient ſçauoir ſes deportemens, de
ne permettre qu'il continuaſt de demeurer en la charge, & d'in-
terpeller en cela l'office du Procureur du Roy. Qu'il n'eſt
croyable qu'ils ſoient ſans faute, dol, ou fraude en l'eſlection
qu'ils ont faite, & qu'ils n'ayent eſleu vn mauuais meſnager, &
decoctorem, pour adminiſtrer ladite tutele, les effects & l'euenement l'ayant monſtré : car comme quoy auroit-il ſi ſoudain
changé ſa vie, & ſes mœurs, ſon bon meſnage & ſa vigilance

en vne si effrenée dissipation, & mespris de la conseruation de ses mineurs & de leur bien ? Aux familles l'on se cognoist, & les parens ont cognoissance les vns des autres ; en telle sorte que l'on peut dire que quand ils auroient esté exempts de mauuaise foy lors de l'eslection, qu'ils ne s'en peuuent excuser, ayant sceu la mauuaise administration, sans y pouruoir, laquelle entre parens ne peut estre ignorée : & presume la loy que les parens sçauent, & ont cognoissance des actions de leurs parens, *l. de tutela, Cod. de restitut. in integrum: & scientia præsumitur ex agnatione, l. si filium. Cod. de liber. causa.* Par Arrest prononcé à la Nostre Dame d'Aoust 1487. les nominateurs sont absoults des demandes, fins & conclusions des mineurs. *Nota* que l'Arrest est en pays Coustumier ; car il a esté iugé que le titre *de nominatoribus tutorum* se garde en pays de droict escrit. Par Arrest du quatriesme Decembre 1608. à l'Audience.

Iugé en la Coustume de Bourbonnois, que les enfans des freres succedent in stirpes, *non* in capita, *encores qu'ils ne succedent par representation.*

ARREST XLIX.

CATVS decede sans enfans, laisse des nepueux, enfans de deux freres predecedez. L'vn des freres n'auoit laissé que deux enfans, & l'autre quatre. Les biens du defunct estoient sous la Coustume de Bourbonnois, en laquelle estoit demeurant ledict defunct. Quand il est question de partager ladite succession entre lesdits nepueux, se meut differend, sçauoir si les deux enfans d'vn des freres, auront autant que les quatre enfans de l'autre frere ; & si en ce faisant, la succession se partagera *in stirpes aut in capita* ; & si elle se partagera en six, & à chacū baillé vne sixiesme ; ou si elle se partagera seulemēt en deux, & aux deux enfans d'vn des freres baillé vne moitié, & aux quatre enfans de l'autre frere vne autre moitié, pour la subdiuiser entre eux. Les quatre enfans d'vn des freres disoiēt qu'ils deuoiēt succeder *in capita*, puis qu'il n'y auoit point d'oncles, ny de tantes, auec lesquels il fallust partager la succession, & que la representation cessoit ; hors

laquelle succession se doit partager *in capita*, encores qu'ils
soient dans le degré de representation, laquelle a lieu aux enfans des freres & des sœurs par ladite Coustume de Bourbõnois,
art. 306. auquel cas de representation, quand elle est actuelle,
& qu'il y a oncle, ou tante, auec lesquels les nepueux succedent,
la succession se partage auec les nepueux *in stirpes* : mais aussi
cessant ladite representation, & n'y ayant ny oncle, ny tante, les
nepueux succedans de leur chef, & non par representation de
leur pere ou mere, *succeditur in capita*; qui est l'aduis d'Azo, lequel est suiuy en France; ledit aduis fondé sur l'Authent. *cessan-
te*, & l'Authent. *post fratres fratrúmque filios. Cod. de legitimis heredibus*, à quoy est conforme ladite Coustume audit article 306.
& le precedent 305. & a tousiours esté ainsi iugé sur les lieux,
par les Iuges *qui melius scire possunt*, comment se doit entendre
& pratiquer leur Coustume. Au contraire les deux nepueux de
l'autre frere disoient, que par la disposition de droict il y auoit
apparéce de dire, que l'on deust succeder *in capita*, en pareils faits
que celuy qui se presente, suiuant l'aduis d'Azo, auquel neantmoins Bart. est cõtraire. Mais qu'il falloit considerer la Coustume, laquelle ausdits articles, dit que dans les termes de representation en ligne collateralle, qui est des nepueux succedans auec
les freres, ou sœurs d'vn defunct, que l'on succede par souches :
ce qui s'entend, soit qu'il y eust lieu de representer, soit qu'il
n'y en eust point, pourueu que la succession fust deferée à ceux
qui estoient en degré de representer, s'il escheoit representer;
encores que le cas de representation n'eust lieu, pour n'y auoir
ny oncle, ny tante, qui peust succeder auec les nepueux pour
leur faire representer leur pere, ou leur mere. Mais hors ledict
degré de representation, qui est à dire, apres les nepueux, & les
niepces, que l'on succedoit *in capita*; & que du Moulin sur ledit article 306. disoit auoir ainsi esté iugé par Arrest du 18. Iuillet
1551. contre ce qui se iugeoit sur les lieux, & que depuis l'Arrest ils ne laissoient de iuger comme auparauant, à ce qu'il dict.
Par Arrest à la mesme prononciation iugé que les nepueux succederont *in stirpes*, non *in capita*, encores qu'il n'y eust lieu à la
representation.

Ne sont deubs droicts au seigneur, quand l'acquereur faict casser
son contract, pour auoir esté euincé de moitié des
heritages qu'il auoit acheptez.

ARREST L.

MÆVIVS achepte des terres ; Seius pretend que
moitié desdites terres luy appartiennent ; poursuit
Mæuius pour soy desister, & en fin obtient iugement à son profit, par lequel moitié desdits heritages luy sont adiugez. Mæuius a lettres pour faire
casser son contract d'acquisition, fondées sur ce qu'il est euincé
de moitié des heritages qu'il auoit acquis ; qu'il n'a eu volonté
d'acquerir seulement ce qui luy reste, mais toutes les terres ensemble, & non les vnes sans les autres. Que s'il n'eust pensé iouir
de tout, qu'il n'eust iamais achepté lesdites terres, ny partie &
portion d'icelles. Que les vnes sans les autres ne sont à sa commodité. Les lettres sont entherinées, & le contract cassé : le
seigneur demãde ses droicts à l'acquereur pour celle part, de laquelle il n'a esté euincé, & soustient y estre bien fondé, dautant
qu'il falloit faire distinction de ce qui estoit euincé, & de ce qui
ne l'estoit. Pour ce qui estoit euincé, que c'estoit vne resolution
necessaire qui se faisoit *ex antiqua causa*, & precedante le contract d'acquisition ; *quo casu*, il n'est point deub de droicts. *Faber*
in l. 1. Cod. quando liceat ab emptione discedere. Du Moulin sur la
Coustume de Paris, titre Des fiefs. §. 22. *num.* 33. où il dict estre
interuenu Arrest l'an 1538. par lequel il dict auoir esté ainsi iugé,
que quand vn achepteur est euincé *ex antiqua causa*, qu'il n'est
deub aucuns droicts au seigneur, le contract estant resolu : mais
pour la part qui n'a esté euincée, que l'on ne peut dire que *sit*
contractus nullus ex antiqua causa; & que si l'acquereur s'en est departy, que c'est vne resolution volontaire, laquelle ne l'exempte
pas des droicts seigneuriaux, lesquels sont acquis au seigneur
deslors du contract, pourueu qu'il ne soit point nul, & cassé,
comme tel, pour cause precedante le contract. Au contraire
l'acquereur disoit que le contract ne subsistant point, *non entis*
nullæ sunt qualitates; qu'il n'aura pas des droicts pour vn contract
qui n'est point, qui a esté cassé par Iustice : que ce n'est pas de sa

volonté qu'il a esté euincé de la moitié de ce qu'il a acquis; que
ceste euiction a donné cause à la resolution de tout le contract;
Et sic, que l'on peut dire que le contract est entierement nul *ex
antiqua causa*, & que le resiliment qu'il en a faict dudit contract
n'est pas volontaire, estant fondé sur ladite euiction qui n'est
pas volontaire; qu'il n'a pas acquis la moitié, qu'il a acquis le
tout; que ne pouuant iouir de tout, il n'a peu estre contraint de
se contenter de partie; qu'il a esté ainsi iugé, & que c'est en ce cas
que du Moulin au lieu sus allegué, dict ledit Arrest de l'an 1538.
auoir esté donné, quand vn côtract d'acquisition a esté cassé par
Iustice, que l'acquereur n'en a pas esté le Iuge, mais qu'ayât proposé ses moyês en Iustice, & le vendeur les siés, que *contradicto in-
dicio*, il a esté trouué raisônable par le Iuge de declarer le côtract
d'acquisition nul; & par consequent que l'on puisse dire au seigneur, le contract estant iugé nul, qu'il ne luy est point deub de
droicts, *cùm ex contractu nullo nulla laudimia debeantur*, comme le
tiennent Faber & du Moulin, aux lieux sus alleguez. Par Arrest
prononcé à Noel 1587. iugé qu'il n'est deub droicts au seigneur.

---

*Le marchand qui n'est payé du prix de sa marchandise, est preferé
sur sa marchandise aux creanciers de celuy qui l'a acheptée.*

ARREST LI.

Ititvs achepte quelque marchandise de Seius,
non argent comptât, mais le pris payable dans quelque temps; & contractent à Espernon, qui est de la
Coustume de Montfort. Titius a des creanciers
qui veulent faire vendre ceste marchandise qu'ils
trouuent en la possession de leur debteur. Seius soustient qu'il
doit estre preferé à tous autres creanciers de son debteur, sur le
prix de la vente de ceste marchandise, pour estre payé de ce qui
luy est deub pour la vente de ladite marchandise. Les creanciers de Titius disent au contraire, que par la Coustume de
Montfort article 71. meuble n'a suite par hypotheque, sinon au
profit du locateur contre le conducteur sur les meubles qui sont
en la maison qui a esté loüée auant qu'ils soient vendus. Et encores que l'article 181. de ladite Coustume porte que celuy qui
vend sans iour, & sans terme, esperant estre payé promptement,

ii

il peut sa chose poursuiure en quelque lieu qu'elle soit trásportée, pour estre payé du prix qu'il l'a venduë: Que Seius ne s'en peut ayder, par ce qu'il n'est aux termes dudit article, ayant vendu sa marchandise non sans terme, ny sans iour, mais a bailléiour & terme pour estre payé; au moyen dequoy *abijt in creditum, quo casu res sit emptoris, l. quod vendidi. de contrah. empt. §. vendita. de rerum diuis. Inst. & sic fide habita de pretio*, ce qui se faict en donnant mesme delay de payer, *l. ea lege. Cod. de pact. inter empt. & vendit.* sans doute *dominium transfertur in emptorem*; & par ainsi la chose par luy acquise est affectée à ses creanciers; en sorte qu'en meubles vn premier saisissant est preferé au vendeur, puis que la chose n'est plus sienne. Seius respondoit à cela, qu'il y a vn texte remarquable en la loy 2. *de rebus eorum qui sub tut.* qui dict que *inhæret rei vendita pignus* pour le payement du prix; qui fait que *res vendita transit in emptorem*, auec ceste charge, *& cum illo pignore, aut hypotheca*. Et pour cela Maynart en ses Arrests *lib. 2. chap. 95.* dict, que l'on iuge perpetuellement au Parlement de Thoulouze, que le vendeur est preferé sur la chose venduë, pour son prix:& particulierement *in mobili.* Iugé par Arrest de ce Parlement, qu'encores qu'on eust prins cedule, que la cedule fust mesme causée pour prest, *quia omnes contractus possunt transire in causam mutui*, pourueu que la marchandise soit encores en la possession de l'achepteur, que le vēdeur est preferé sur le prix. L'Arrest est du 7. Auril 1595. A quoy est conforme l'article 177. de la Coustume de Paris, qui parle *in mobili* : & par autre Arrest du quinziesme Mars 1605. iugé que le vendeur est preferé au proprietaire, sur la chose *que fuit inuecta, & illata* en la maison du proprietaire. *Idem* iugé contre les Chartreux de ceste ville de Paris. Qu'il faut considerer, que le vendeur est tellement priuilegié en droict, pour estre payé du prix de la chose qu'il a venduë, que *res empta non fit emptoris, nec tenetur venditor eam tradere, nisi soluat emptor pretium integrum, l. procuratoris. §. plane. de tribut. act. & l. Iulianus. §. offerri. de act. empti.* est enim *venditori res vendita quasi pignori*, ce dict ce mesme §. *offerri.* Ce qui s'entend mesme *si sit res tradita, nisi sit fides habita de pretio. l. quod vendidi. de contrah. empt. & §. vendita. Inst. de rerum diuis.* Il y a Arrest du mois d'Aoust 1615. pour la Dame de Sainct George, & vn autre de Feurier 1614. qui ont iugé que le vendeur est preferé à tous creanciers de l'achepteur, pour estre payé de son prix. Lesdits creanciers respondoient,

O

que ladite loy 2. *de rebus eorum*, n'est tant à l'aduantage de Seius, comme il pense, estant bien leuë, par ce que le Iurisconsulte dict en ceste loy, que pour confirmer ceste hypotheque que le vendeur a sur la chose par luy venduë, pour estre payé de son prix, *opus est rescripto principis*. Ce qui faict que l'on ne peut dire que ceste pretenduë hypotheque subsiste de soy mesme, & qu'il la faut stipuler, & la reseruer en contractant, & par le contract de vente : sinon, qu'il faut auoir lettres pour en estre releué. Autrement il a esté iugé par l'Arrest de la Dame de la Trimoüille, que le creancier de l'achepteur est preferé au vendeur. Ledit Arrest confirmé par autre Arrest donné sur la requeste ciuile, qui auoit esté obtenuë contre le premier Arrest. Par Arrest prononcé à Pasques 1588. ordonné que Seius sera preferé aux creanciers de l'achepteur, sur sa marchandise, pour estre payé du prix qu'il l'a venduë.

Quand l'on prend par bail emphyteotique des heritages, pour
en ioüir apres le deceds du preneur par son aisné fils, ou fille,
s'entend de l'aisné, ou des descendans de luy, qui sont
lors du contract, non lors du deceds du preneur.

ARREST LII.

EIVS prend par bail emphyteotique quelques terres, auquel bail y a clause, qui porte, Pour en ioüir par moy, & mes hoirs, & apres mon deceds par mon aisné fils, ou fille, sans que les terres soient diuisées, ny partagées. Ledit Seius auoit plusieurs enfans, lors de ladite prinse; l'aisné estoit Nicolas, lequel decede du viuant de son pere, & laisse des enfans. Le pere venant à deceder, Iean se trouue son aisné, lequel veut ioüir de ceste emphyteose, en vertu de la clause apposee audict bail, qu'apres le deceds du preneur, le fils aisné en ioüiroit, qu'il estoit l'aisné lors que le deceds est aduenu de son pere preneur dudit bail emphyteotique : par consequent que ledit bail luy appartenoit, selon qu'il est decidé en la loy *quod principi. de leg.* 2. & d'ailleurs que le pere ayant declaré celuy de ses enfans à qui appartiendroit ledit bail apres son deceds, & ayant voulu

que ce fust à son aisné, que cela s'entendoit de celuy qui se
trouueroit aisné lors dudit deceds, auquel temps la iouïssance
deuoit escheoir à ses enfans, & non plustost : n'ayant parlé que
de ses enfans *in primo gradu*, & non de ses petits enfans : pour
faire voir qu'il n'auoit entendu, si son aisné qui estoit lors dudit bail, le predecedoit, laissant des enfans, que lesdits enfans
iouïssent dudit bail ; ce qu'il eust faict, si sa volonté eust esté que
ledit bail appartinst à celuy qui estoit lors dudit bail son aisné,
ou à ses enfans, ledit aisné venant à deceder auant luy. Les petits enfans du preneur descendans de l'aisné qui estoit lors dudit bail, disoient au contraire, que ledit bail leur deuoit appartenir, puis que le preneur, leur ayeul, auoit declaré que son intention estoit que son aisné en eust la iouïssance apres son deceds : aisné qui estoit certain, & la personne duquel il consideroit, & par consequent ses descendans, desquels il n'auoit parlé, esperant que sondit aisné le suruiuroit, *nolens male ominari.*
Et n'a pas dict qu'il vouloit que ledit bail appartinst à celuy qui
se trouueroit son aisné, lors de son deceds : mais à son aisné, *qui*
extabat, & qui estoit son aisné lors qu'il parloit, & qu'il dispo-
soit : estant vne reigle de droict, que *qualitas iuncta verbo intelli-*
gitur secundum tempus verbi, l. vxorem. §. testamento. de leg. 3. l.
in delictis. §. 1. de noxal. act. Et quant à la loy *principi*, qui a esté
alleguée, qu'elle s'entend quand la dignité a esté considerée, &
non la personne, comme il appert par la loy *Auguste. de leg. 2.* Par
Arrest prononcé à la Pentecoste 1588. a esté iugé que les enfans
de l'aisné, qui estoient lors du contract, iouïroient de la prinse,
à la charge de communiquer le profict aux autres enfans. Est à
noter que ce droict appartient aux enfans, *tanquam liberis, non*
tanquam heredibus. l. vt iurisiurandi. §. si liberi. de operis libert. vbi
operæ debentur liberis ex æquali portione, licèt sint instituti ex diuer-
sis partibus. Arrest au rapport de Monsieur le Clerc, en la troisiesme Chambre des Enquestes, par lequel il a esté ainsi iugé.

Les creanciers saisissans mesme iour, viennent à contri-
bution au sold la liure.

ARREST LIII.

MARGVERITE Preuosteau, & Claude d'Auuergne, tous deux creanciers de Cornelius font saisir
les meubles dudit Cornelius, leur debteur, vn
mesme iour, sans qu'il parust qui estoit celuy qui
auoit le premier fait saisir; n'ayans les Sergens apposé l'heure de la saisie en leurs exploits, ny le temps du matin
ou apresdisnée; en telle sorte qu'il estoit impossible de sçauoir
qui auoit le premier saisi, demandans d'estre reglez sur la priorité ou posteriorité: d'autant que la Coustume de Paris dit bien
que le premier saisissant en meuble est preferé aux autres, mais
elle ne resould la difficulté qui se presente, qui est en la concurrence de deux creanciers saisissans mesme iour, sans pouuoir
recognoistre lequel a premier saisi, comment lesdits creanciers
seront reglez: *& sic est casus omissus à lege, aut à consuetudine*, lequel depend de l'interpretation de la Cour, laquelle seule peut
interpreter les Coustumes, *cùm eius sit interpretari, cuius est &*
condere. C'est la Cour qui homologue les Coustumes; par consequent, c'est à elle à les interpreter. Et disoient, que si l'on ne
pouuoit rien imputer à l'vn ny à l'autre, *ambo enim sibi vigilaue-*
rant, que l'vn aussi ne pouuoit estre preferé à l'autre, par l'argument de la loy *summa cum ratione. de peculio*; puis qu'il ne paroissoit *quis esset diligentior*. Que la Cour s'estant autresfois trouuee
empesché, sur la preference en hypotheque de deux qui a-
uoient contracté vn mesme iour, sans sçauoir qui estoit celuy
qui auoit le premier contracté, elle ordonna par son Arrest,
que celuy duquel le contract se trouueroit le premier enregi-
stré dans le registre du Notaire, seroit preferé; se trouuans lesdits contracts registrez, l'vn à la suite de l'autre: ne voulant la
Cour, s'il est possible, remettre les parties à recommencer, &
pratiquer ce que l'on dict en droict Canon, que ceux qui sont
pourueus mesme iour, *mutuo concursu se impediunt*, quand ils
sont pourueus par vn mesme Collateur, ou par le Pape, ou par
l'Euesque, *cap. duobus. de rescrip. in 6.* & neantmoins par ce mes-

me chap. il semble que l'on considere celuy qui se presente le premier au Chapitre, & que *est gratificationi locus*, pour celuy qui s'est le premier mis en ce deuoir, *vt actus magis valeat quàm pereat*, & pour ne remettre les parties à recommencer. Aussi se trouuans deux pourueus mesme iour *à diuersis collatoribus*, l'vn par le Pape, l'autre par l'Euesque, *attenditur* la prinse de possession, *vt præferatur* celuy qui a le premier prins possession, *cap. Rodulphus. ext. de rescrip. & cap. sanè. de offic. iud. deleg.* Ioinct que si l'on les remettoit à saisir de nouueau, ce seroit à qui se surprendroit pour estre le premier. Par Arrest prononcé à la Nostre Dame de Septembre 1588. la Cour a ordonné que lesdits creanciers viendroient à contribution sur le prix qui prouiendroit de la vente des choses saisies, au sold la liure : Et en ce faisant la Cour a ordonné que celuy auquel il estoit le plus deu, receuroit plus, celuy auquel il estoit moins deu, receuroit moins, s'il n'y auoit pour les payer tous deux.

L'on ne peut donner par contract de mariage, aux enfans qui viendront du second lict, plus que l'on pouuoit donner à la seconde femme.

ARREST LIIII.

PAR contract de mariage faict entre Caius & Seia, laquelle auoit esté mariée en premieres nopces, il est porté que ladicte Seia fait don aux enfans qui viendront de ce mariage, des acquests & conquests qui seront faits pendant ledit mariage, combien qu'elle eust des enfans de son premier lict. Il suruient des enfans dudit second lict, lesquels apres le deceds de leur mere, veulent iouir desdicts acquests & conquests, à eux donnez, faits pendant ledit second mariage, apres auoir faict partage de la communauté auec leur pere. Les enfans du premier lict l'empeschent, & disent que leur mere ne leur a peu donner dauantage, que ce qu'elle eust peu donner à son second mary, leur pere, suiuant la loy *hac ædictali. Cod. de secundis nup.* & l'Ordonnance des secondes nopces. Qu'elle a voulu donner indirectement à son second mary, contre la prohibition de la loy, & de

O iij

l'Ordonnance. Les enfans du second lict respondent, que cette donation est bien differente de celle qui est faicte à vn second mary, par vne femme qui se remarie en secondes nopces, par ce qu'elle oste à ses enfans pour donner à vn estranger : mais que donnant à ses enfans du second lict, *nihil peccauit*, qu'il n'y a point de prohibition par l'Ordonnance des secondes nopces, ny par la loy. Car au contraire par la Nouelle 22. *de sec. napt.* il est permis à celuy qui se remarie en secondes nopces, donner aux enfans du second lict, encores qu'il ait des enfans du premier lict, la legitime reseruée aux autres enfans ; si ce n'est que les enfans donataires soient heritiers de celuy ou celle qui leur a donné, pere ou mere, quand la Coustume defend d'aduantager plus l'vn que l'autre. Qu'ils n'entendent estre heritiers & donataires de leur mere : que ceste donation n'est point au profict de leur pere, ny directement, ny indirectement, puis qu'ils sont contraincts de renoncer à la succession de leur mere, s'ils veulent iouir de ce qui leur a esté donné; & par consequent que ceste donation leur coustant la renonciation à la succession de leur mere, que l'on ne peut croire que l'on se soit seruy de leur nom, pour faire iouyr leur pere des biens à eux donnez. A cela respondoient les enfans du premier lict, que la renonciation que font leurs freres du second lict à la succession de leur mere, est vne euidente preuue de l'aduantage qu'ils reçoiuent de ladite donation; car il appert par là, que ce qui leur a esté donné excede de beaucoup leur portion hereditaire ; estant le seul moyen que les pere & mere peuuent auoir d'aduantager leurs enfans, contre la prohibition de la Coustume, que pere & mere ne peuuent aduantager l'vn de leurs enfans plus que l'autre, venans à leur succession, que de faire vne donation à celuy de leurs enfans, qu'ils veulent aduantager, par ce que le fils donataire se tenant à sa donation, & ne venant à la succession, il peut iouir dudict aduantage. Et par consequent si c'est vn aduantage ausdits enfans du second lict, l'on ne peut nier que ce ne soit aussi vn aduantage indirect à leur pere, contre l'Edict & Ordonnance des secondes nopces : par ce que par la Coustume de Paris art. 283. le mary & la femme qui ne se peuuent donner l'vn à l'autre, ne peuuent non plus donner aux enfans l'vn de l'autre, *propter coniecturam accommodatæ fidei*; que cela se resoult à vne donation indirecte, faicte par la femme au mary, ou par le mary à la femme, faisant ladite donation aux enfans l'vn de l'autre. Ce qui a esté iugé par huict ou dix Arrests, contraires à celuy qui auoit esté donné au rapport de Monsieur de Heere, lesdicts Arrests rapportez par Maistre Anne Robert *lib. 2. cap. 13. Rerum iudicat.* estant bien certain que *inter tam coniunctas personas*, le pere fera ce qu'il voudra de ce qui a esté donné à ses enfans, & qu'il en iouira tant qu'il voudra, craignans les enfans l'exheredation, & de perdre sa succession s'ils y contreuenoient. Par Arrest prononcé à Noël 1588. la donation est declarée nulle, comme estant faicte (ainsi qu'il fust dict par Monsieur le Premier President de Harlay prononçant l'Arrest) contre la loy, contre l'Ordonnance, & contre la Coustume.

La renonciation à la legitime ne vault au preiudice des creanciers de celuy qui renonce.

ARREST LV.

SEIVS estant debteur de somme notable enuers Mæuius, renonce à la succession de son pere, lequel auoit laissé par testament tous ses biens aux enfans dudit Seius son fils, sans demander par ledit Seius sa legitime sur les biens de son pere, pour accomplir la volonté de sondit pere pleinement au profit de ses enfans. Mæuius le faict appeller, pour voir dire qu'il sera tenu prendre & apprehender ladite succession de son pere, du moins demander sa legitime, sinon qu'il sera subrogé en son lieu pour pouuoir demãder ladite legitime, à fin d'estre payé sur icelle, de ce qui luy est deu: *cùm legitima sit in bonis filiorum, nec pendeat à parentum liberalitate, sed à legis dispositione. l. Papinianus. §. quarta. de inoff. test.* A laquelle legitime *de iure* l'on ne peut renoncer; & quand l'on l'auroit faict, l'on en seroit releué. Bart. le tient *in l. fin. Cod. de pactis*, & est l'opinion commune de tous les Docteurs. Et bien que par les Arrests il ait esté iugé autrement, si est-ce que ce n'est pas au cas qui se presente, quand la renonciation n'est faicte que pour frustrer par vn debteur ses creanciers, & iouit sous le nom de ses enfans, des biens, afin que ses creanciers ne puissent dire qu'ils soient à luy: Mais a esté seulement ladite renonciation receuë, & approuuée par les Arrests, quand il n'y a autre que celuy qui y a renoncé, qui se plaint & qui y a int es

est, & encores qu'il a renonté *aliquo dato*, mais qui n'esgale
pas sa legitime: au lieu qu'au faict dont est question, Seius n'a
rien eu du tout pour sa legitime, par le testament de son pere.
Et sic, il est tout euident que sa renonciation n'est faicte sinon au
preiudice de ses creanciers. Ce qui est reprouué & defendu par
la Loy, en la loy 3. *De his qua in fraudem credit*. La loy 5. du mesme
tiltre, dict bien, que *non videtur facere in fraudem credi. orum qui non
acquirit cùm possit acquirere*: ce qui ne peut estre adapté, ny conuenir au faict qui se presente, la legitime appartenant au fils, sans
que le pere luy puisse oster. Voire il luy doit laisser franche
& deschargée de toutes debtes, legs, vsufruict, fideicommis, &
generallement de toutes charges quelconques, comme il est
dict en la Nouelle 18. *de heredit. part. & collat. dotis*, par ce que *est
natura debitum*, comme il est dict en ceste loy vnique, *Cod. de imponenda lucrat. descript.* Et partant l'on ne peut dire que ce soit vn
acquest au fils, ce luy est vn droict que l'on ne luy peut oster, &
qui ne luy couste rien à acquerir: il l'a par la nature. Si dôcques
il y renonce, ou qu'il ne la vueille demander, *perdit quod suum
est*, il se priue d'vn bien vrayement sien, & partant il fraude ses
creanciers, lesquels ont tous les biens de leur debteur obligez
& affectez au payement de leur deub: par ce que tous les biens
d'vn debteur sont obligez à ses creanciers, tant presens, & qu'il
a lors de l'obligation, mais aussi tous ceux qu'il aura, & qui luy
appartiendront & aduiendront *in posterum*, tant qu'il sera debteur. *l. vlt. Cod. qua res pign* Seius respondoit qu'il ne falloit croire
que son intention ait esté de frustrer ses creanciers, n'estant
cause de la disposition de son pere, qui a faict son testament
comme il luy a pleu, sans qu'il l'ait prouoqué à ce faire; estant
naturel à chacun de desirer d'auoir des commoditez dôt on puisse
disposer, & desquelles l'on soit maistre, sans dependre d'autruy;
voire mesme de ses proptes enfans, lesquels s'oublient bien souuent enuers leurs parens, quand ils ont moyen de s'en passer, &
quand ils se voyent auoir des biens qui leur appartiennent. Au
surplus la loy ne repute illicite au mary qui restitué à sa femme
promptement, ce qu'il n'estoit tenu de rendre qu'apres son deceds, ou bien qu'en retenant quelque portion du bien, encores
qu'il ne retienne rien; & ne tient que cela soit vn aduantage
fait par le mary à sa femme, côtre la prohibition de s'aduantager
l'vn l'autre. C'est la loy *Si sponsus. §. si maritus. de donat. inter virum & vx. Si quis rogatus sit percepta certa quantitate vxori sua hereditatem*

tatem restituere, & is sine deductione restituerit, Celsus scribit, magis ple-
niore officio prestanda fidei functum maritum, quam donasse videri; quia
plerique magis fidem exoluunt in hoc casu, quàm donationem; nec de suo
putant proficisci quod de alieno plenius restituunt, voluntatem defuncti se-
quuti: nec immeritò; sepè enim credimus aliquid defunctum voluisse, &
tamen non rogasse. Et pour le faict particulier, la loy *Patrem. quae in*
fraudem credit. semble estre expresse: *Patrem qui non expectata mor-*
te sua, fideicommissum filio suo restituit, omissa ratione falcidiae, & plenam
fidem & debitam pietatem sequutus, respondi creditores non Fraudasse.
Et la loy suiuante en dict de mesme; *Debitorem qui ex Senatuscon-*
sulto Trebelliano hereditatem restituit, placet non videri in fraudem cre-
ditorum alienasse portionem, quam retinere potuisset, sed magis fideliter
facere. En l'an 1584. enuiron le mois de Iuin ou de Iuillet, il se
presenta vne cause à l'audiéce, semblable au fait qui se presente.
Vn mary legue à sa femme l'vsufruict de tous ses biens, laisse la
proprieté à son fils; les creanciers du fils soustiennent que la
legitime du fils ne peut estre chargée d'vsufruict; que *facit in*
fraudem d'eux, s'il ne demande sa legitime entiere, deschargée
dudit vsufruict. Par sentence du Bailly de Clermont en Auuergne, le legs iugé valable. Appel. Par Arrest la sentence est confirmée. Mæuius repliquoit que tout ce qui a esté allegué de la
disposition de droict ne regarde que ce qui a esté donné au fils,
ou au mary auec charge de restituer; ce qui se peut faire sans
detraction de Falcidie, ou Trebellianique; mais icy la legitime
ne se donne pas par le pere au fils; il la doit, & est obligé de la
laisser à son fils; & partant elle n'est considerable comme la Falcidie, ou Trebellianique, laquelle se prend contre le gré de celuy qui donne: & puis qu'il donne, celuy auquel il donne, est
loué d'accomplir plus fidellement sa volonté. Mais icy ceste
raison cesse, puis que le pere ne donne rien à son fils, auquel
appartient de plein droict la legitime sur les biens de son pere;
& defend la loy au pere d'en disposer au preiudice de ses enfans.
Quant à l'Arrest qui a esté cotté, il y en a vn qui est bien posterieur à celuy-là, qui a iugé le contraire, qui a esté donné au
rapport de Monsieur le Grand, par lequel a esté iugé, que la
mere ayant donné aux enfans de son fils, les creanciers dudict
fils, le pouuoient contraindre de demander sa legitime. Par
Arrest prononcé à Pasques 1589. Seius a esté condamné faire
cession à Mæuius de ses droits, pour se pouruoir contre le testa-

P

ment du pere, pour ce qui concernoit la legitime dudit Scius, à
fin d'estre payé sur icelle, de ce qui luy estoit deu.

---

*La douairiere decedant, les fruicts estans prests à recueillir, ils
n'appartiennent à ses heritiers, mais au proprietaire.*

ARREST LVI.

PAR contract de mariage, vne femme a douaire
coustumier : le mary estant decedé, elle iouist de
son douaire. Elle decede le vingt sixiesme Septembre, les vendanges estant prestes à faire, l'heritier de
la douairiere veut faire les vendanges, & recueillir
les fruicts à son profit ; le proprietaire l'empesche, & soustient
que c'est à luy à recueillir, la douairiere estant decedée auant
qu'ils fussent recueillis, *etiam* qu'ils fussent tous prests à recueillir lors de son deceds, suiuant la loy *defuncta de vsufr.* Et se
fait vne distinction pour sçauoir comment l'on partira les fruits
de l'année en telle occurrence ; qui est, que celuy ou celle qui
sont decedez, iouissoient de l'heritage des fruicts duquel il est
question, *aut ratione oneris, aut ratione iuris.* S'ils iouissoient *ratione oneris*, comme le mary *ad sustinenda onera matrimonij*, & comme le beneficier pour deseruir le benefice, en ce cas l'on pratique la loy *diuortio. sol. matr.* de diuiser les fruicts *pro rata anni*,
dans lequel le deceds est aduenu. Par exemple, si le mary ou le
beneficier decede à la Sainct Iean, qui est la moitié de l'année, l'heritier aura la moitié des fruicts, sans considerer si les
fruicts sont recueillis, ou à recueillir. S'il on iouist *ratione iuris*,
comme vn vsufruictier ou vne douairiere, qui iouissent en vertu de leurs contracts, en ce cas l'on pratique ladite loy *defuncta*,
en sorte que la douairiere ou l'vsufruictier prennent tout ce qui
eschet tant qu'ils viuent, quand ils decederoient incontinent
apres les fruicts recueillis. Aussi s'ils decedent les fruicts estans
tous prests à recueillir, leur heritier n'y a rien. Outre il soustient
qu'il n'est tenu de rembourser les labours & semences : d'autant que quand la douairiere est entrée en iouissance, elle n'a
rien remboursé desdits labours & semences. Au contraire les

heritiers de la douairiere souftiennent que la defuncte eftant
decedée les fruicts eftans prefts à recueillir, qui font prouenus
de fes labours, & de fes façons, qu'ils les doiuent recueillir, du
moins qu'ils y doiuent auoir part *pro rata anni* ; qui eft la reigle
la plus iufte, laquelle Monfieur Cuias en fon liure des Fiefs, eft
d'aduis deuoir eftre obferuée par tout, tant à l'vfufruictier, que
au mary. Et quant aux labours, & impenfes, qu'il n'y a rien de
plus iufte que de les rembourfer ; *fructus enim dicuntur deductis*
impenfis factis gratia fructuum quæ eorum, colligendorum, & con-
feruandorum. l. fi à domino. §. fructus. l. plane. de petit. hered. l. in
fundo. de rei vindicat. Ce qui s'entend mefme *in mala fidei poffeffo-*
re, pourueu que *fint impenfa neceffaria & vtiles. l. domum. Cod. de*
rei vindic. Le proprietaire replique, que la maxime alleguée par
les heritiers de la douairiere, *pro rata anni*, ne doit eftre prinfe,
& entëdue felon la diftinction qui a efté faite cy deffus, & qu'en
plufieurs occurrences l'on fçait auoir efté iugé, qu'elle ne fe
garde pas. Il a efté iugé par Arreft au rapport de Monfieur de
Fleury, que le vendeur retirant en vertu d'vne faculté de reemeré, qu'il aura tous les fruicts, encores qu'ils fuffent tous
prefts à recueillir. Il a efté pareillement iugé, qu'au retraict lignager l'on ne garde *pro rata anni*. L'Arreft a efté donné à l'Audience l'onziefme Ianuier 1610. encotes que le retraict fe fift au
mois de Iuillet, les bleds eftans tous prefts à recueillir, & que
l'acquereur euft acquis dés le mois d'Octobre precedent ; il y
auoit neuf mois qu'il eftoit en iouïffance. A cela mefme va ce
qui a efté iugé par les Arrefts, que la douairiere, ou l'vfufruitier, ayant faict vn bail, il eft refolu dés le iour de leur deceds,
fans partager les fruicts de l'année, & n'a l'heritier que ce qui eft
efcheu lors du deceds de ladite douairiere, ou dudit vfufruitier,
l'Arreft a efté donné par le Prefident Mefnard au profit du fieur
Dormy, & fut le dernier Arreft que ledit fieur Prefident prononça, par ce qu'il fuft tué retournant du Palais de tenir l'Audience de l'apresdifnée en hyuer. Pour ce qui eft du rembour-
fement des labours, & femences *hoc eft fpeciale*, que le proprietaire ne les rembourfe, l'vfufruitier, ou douairiere eftans decedez, par ce qu'ils ont commencé à iouïr fans aucun rembour-
fement des labours, & femences faicts par le proprietaire. *Et ea-*
dem debet effe ratio, quand ils decedent, que l'heritier du proprietaire ne les rembourfe. Par Arreft prononcé à la Pentecofte
mil cinq cens quatre vingts neuf, iugé que les fruicts appar-

tiendront au proprietaire, sans estre tenu de rembourser les labours & façons.

Conuention faicte pendant le mariage pour rappeller la femme à la communauté, ne vaut.

ARREST LVII.

ONSIEVR le Coigneux Maistre des Comptes, espouse Damoiselle Marie Bailly. Par leur contract de mariage y a clause, qui porte que ladite Damoiselle aura pour son droict de communauté, aduenât la dissolution du mariage, deux mil liures. Ils sont long temps en mariage, sans auoir enfans, & font grandement profiter leur communauté : pendant lequel mariage ladite Bailly se plaint à son mary de ceste clause de son contract de mariage, qu'elle ne deuoit auoir que deux mil liures pour tout droict de cõmunauté : que cela estoit contre les cõuentions ordinaires : qu'ils n'auoient point d'enfans ; & partant que cest aduãtage qu'il receuoit par ceste clause, n'alloit qu'au profit de ses heritiers collateraux, estant desia en aage assez prouect pour ne se remarier si elle venoit à deceder. Sur cela se faict vne conuention, par laquelle le dit sieur le Coigneux accorde à sa féme, qu'elle & les siens puissent prendre moitié en la communauté, aduenant la dissolution de leur mariage. Aduient le deceds de ladite Bailly sans enfans, à laquelle succede aux meubles & acquests sa mere Damoiselle Marie Tiersault veufue du sieur de Sainct-Germain, laquelle voulant partager ladite communauté auec ledit sieur de Coigneux son gendre ; il a lettres pour faire casser ladite conuention faicte auec ladite defuncte sa femme, pour la rappeller à la communauté contre la clause de son contract de mariage, comme estant nulle, à cause de la prohibition de la Coustume de Paris, de s'aduantager par mary, & femme pendant le mariage ; Que les Coustumes sont *iuris publici*, ausquelles l'on ne peut deroger. Balde sur la loy premiere, *Cod. de summa Trinitate* ; mesmes quand elles sont prohibitiues, & negatiues ; Le mesme Balde *in l. vlt. Cod. de edicto Diui Adriani tollenda*, comme est ladite Coustume de Paris : offrant bailler les deux mil liures à ladite Damoiselle sa belle mere, heritiere des

meubles & acquefts de fa fille. Laquelle defend aufdites lettres,
& fouftient que ladite conuention ne peut eftre pretenduë nulle,comme fi c'eftoit vn aduantage entre mary & femme, prohibé par ladite Couftume, ladite conuention ayant remis les chofes *ad ius commune, quod ius commune* ne peut eftre dict vn aduantage fuiuant la loy *Si vnus. §. pactus ne peteret. de pact. fi pacta mulier
vt præfenti die dos redderetur, dein pacifcatur vt tempore legibus præfti-
tuto reddatur, incipit dos redire ad ius commune, neque dicetur deterior
conditio dotis per pactum: quotiens enim ad ius, quod lex naturæ ei tribuit, de dote actio redit, non fit caufa dotis deterior, fed forma fuæ reddi-
tur.* Qu'il n'y auoit rien de plus formel pour monftrer qu'au fait
dont eft queftion, *non eft facta conditio mariti deterior,* par cefte
conuention, laquelle auoit remis la communauté *ad ius naturæ,*
& à ce que difpofoit la loy, qui eft la Couftume. Que fi la conuention euft porté autre chofe, que ce qu'introduict la Couftume entre les conioints, il y auroit lieu de s'en plaindre; mais n'e-
ftant rien conuenu, que pour ce qui concerne la communauté,
laquelle de fa nature fe doit partager efgallement, comme toute focieté, qu'il n'y auoit apparence de pretendre ladite conuention nulle. Que les conuentions qui fe font par vn contract de
mariage pour regler la communauté, quelque difpofition qui
fe face au profit l'vn de l'autre, ne font reputez aduantages, ny
donations; mefme, quand l'on feroit don au furuiuant des meubles & acquefts. Et a efté iugé par les Arrefts que telles conuentions n'eftoient fubiectes à infinuation. Au contraire difoit
ledit fieur de Coigneux, que cefte conuention eftoit faicte pendant le mariage contre ce qui eftoit conuenu par fon contract
de mariage, à fon defaduantage, & au profit de fa femme; partant que c'eftoit vne vraye donation qu'il auoit faicte à fa femme, *tempore prohibito.* Qu'il pourroit auoir des enfans d'vne fe-
conde femme fe remariant: que l'affection qu'il portoit à fa
femme luy auoit faict faire cefte conuention, laquelle n'en pouuoit plus profiter, eftant decedée la premiere; que s'il fuft predecedé fans enfans, fes heritiers n'euffent eu pareille raifon que
luy. Par Arreft en la mefme prononciation, ladite conuention
a efté declarée nulle, & ordonné qu'en baillant par ledit fieur
le Coigneux à ladite Damoifelle de Sainct-Germain fa belle
mere, ladite fomme de deux mil liures, qu'elle ne pourroit rien
demander en la communauté.

La fille qui a renoncé moyennant son dot, faict part, & est consi-
derée pour regler la legitime, encores qu'elle ne prenne rien; &
les enfans exheredez, qui ne sont iustement exheredez, font
aussi part en la supputation de la legitime.

ARREST LVIII.

ITIVS ayant plusieurs enfans, marie l'vne de ses filles, laquelle renonce à sa succession, moyennant son dot. Il exherede aussi quelques vns de ses autres enfans, institue son aisné heritier en tous ses biens: à ses autres enfans qui n'estoient exheredez, il leur faict quelque legs qu'ils pretendent ne reuenir à leur legitime, lesquels demandent le supplément de ladite legitime telle qu'elle est deuë en pays de droict escrit, par l'Authent. *nouissima. Cod. de inoff. test.* qui est le tiers, quand il n'y a que quatre enfans; & s'il y en a plus, *semis.* Disent qu'ils sont plus de quatre, partant qu'il leur faut la moitié de ce qu'ils eussent eu *ab intestat,* & non le tiers seulement, comme s'ils n'estoient que quatre, ainsi que la glose sur ladite Authent. interprete le sens de l'Authentique: combien que par le texte il sembleroit que la moitié des biens leur deust appartenir, à diuiser entre eux *qui faciunt partem, & admittuntur ad partem,* estans deux qui n'ont eu leur legitime entiere, leur sœur qui a renoncé, & trois qui ont esté exheredez. Car encores que leur sœur ne puisse rien prendre, ayant renoncé, neantmoins *facit partem, licet non admittatur ad partem.* C'est la commune opinion traictée par Guido Pape en sa decis. 295. & en sa decis. 599. par Benedicti *in cap. Rainutius. in verbo, duas habens, n.* 262. & par Boërius en sa decis. decis. 104. laquelle sœur partant est comptée pour regler la legitime à plus ou à moins. Quant à ceux qui sont exheredez, ils doiuent aussi faire part pour la supputation de la legitime, *quia sperantur admitti ad partem,* se plaignans de leur exheredation, qu'elle n'est faicte *ex iusta causa,* & que l'on ne leur a laissé leur legitime, auquel cas *faciant partem:* & est l'exception qu'apportent tous les Docteurs en la reigle, que *qui non admittitur ad partem, non facit partem, nisi speretur admitti ad partem,* comme en

celuy qui n'eſt exheredé *ex iuſta cauſa*, ou qui n'a eu ſa legiti-
me. *Bart. in l. huiuſmodi. §. ſi Titio & Mauio. de leg. 1. l. vnica: §. in primo. Cod. de cad. toll. l. ſi duobus. §. Titio. de leg. 1. Bald. in d. Authent. nouiſſima. Cod. de inoff. teſt.* L'aiſné reſpondoit, que
ſes freres auoient eu leur legitime entiere, par le moyen des
legs que leur pere leur auoit faits : de laquelle auſſi ils ne ſe
plaindroient pas, ſi ce n'eſtoit qu'ils veulent l'accroiſtre par le
nombre des enfans, pour auoir moitié de leur part hereditaire,
au lieu du tiers; mais qu'ils n'y ſont bien fondez, d'autant que
quant à leur ſœur qui a renoncé, bien qu'il y ait quelques Docteurs qui tiennent que *licèt non admittatur ad partem*, la fille
qui a renoncé, que *tamen facit partem*, pour regler la legitime.
Qu'auſſi y en a pluſieurs qui tiennent que n'eſtant admiſe *ad partem, non facit partem*; du moins pour faire croiſtre la legitime des
autres enfans, comme le tient Guido Pape deciſ. 599. *Boër. in d.
deciſ. 109. & Benedicti in d. cap. Rainutius*, qui ont eſté alleguées
par les freres; & tiennent que *remanebit filia illius portio penes heredem patris, in cuius gratiam videtur facta ea renunciatio*; & que *non
accreſcet alijs fratribus*; & par ainſi il eſt fruſtratoire pour ſes freres de diſputer, ſi leurdite ſœur *faciat partem*, puis que ſa part ne
leur peut accroiſtre, & qu'elle luy doit appartenir. Il paroiſt
auſſi que Guido Pape en la ſuſdite deciſion 295. n'eſt d'aduis
que les enfans qui ont renoncé, & qui ne peuuent plus venir à
la ſucceſſion, *faciant partem*, pour regler la legitime, non plus
que *filius qui pro mortuo haberetur*. Bart. auſſi a eſté de ceſt aduis,
in d. l. huiuſmodi. §. ſi Titio. de leg. 1. & dict que *filius qui non
admittitur ad partem, nec admitti ſperatur aliquo rare actionis, retentio-
nis, vel alterius æquitatis, per ſe, vel per alium, non facit partem.* Quant
à ceux qui ont eſté exheredez, il eſt conſtant en droict, que
*exheredati non faciunt partem. l. 1. §. ſi pater. de coniungend. cum eman-
cip. filijs eius*; non plus que *filius emancipatus, aut filius qui ingreditur
monaſterium, aut deportatus, quia ſunt incapaces. Bald. in d. Authent.
nouiſſima.* Guido Pape *d. deciſ.* 295. N'y faict rien que leſdits freres exheredez ſe ſoient plaints; car ceſte plainte n'eſt encores
decidée, ny iugée, pour ſçauoir ſi elle ſe trouuera iuſte : & partant que l'on ne peut dire que *faciant partem, quia ſperantur admitti ad partem.* Les puiſnez legitimaires repliquoient que la queſtion qui ſe preſentoit à iuger, eſtoit de ſçauoir, ſi pour regler la
legitime des enfans qui n'ont que leur legitime, la fille qui a renoncé, & les enfans qui ſe pretendent mal exheredez, ſerout

comptez au nombre des enfans; si *faciant partem*, encores que *non admittantur ad partem*. Cela est indubitable par les raisons de droict qu'ils ont alleguée, & par l'opinion commune des Docteurs, qu'ils ne repeteront point : encores que Guido Pape n'ait esté de cest aduis; mais il se condamne luy-mesme *in d. decis*. 295. où il tesmoigne qu'il a esté iugé contre son opinion par deux Arrests du Parlement de Grenoble, pour l'opinion commune : Et Boërius en ladite decision 104. en allegue des Arrests du Parlement de Bourdeaux, qui ont iugé pour l'opinion commune. Que s'il s'agissoit de sçauoir si les enfans legitimaires auroient à leur profit la part de ceux qui ont renoncé, ou si elle accroistra à l'heritier institué par le pere, ce seroit vne autre difficulté en laquelle ils n'entreront à present, se reseruant en l'execution de l'Arrest qui interuiendra. Tout ce qu'ils soustiennent, n'est autre chose, sinon que chacun d'eux doit auoir moitié de ce qu'ils eussent eu *ab intestat*, & non seulement le tiers; par ce qu'ils sont plus de quatre enfans, ne s'agissant que de regler la legitime par le nombre des enfans; legitime qui est fauorable, laquelle au pays coustumier, mesme en la Coustume de Paris, qui est compilée des Arrests de la Cour, est de la moitié de ce qu'on auroit *ab intestat*, sans cōsiderer le nombre des enfans. Par Arrest prononcé à la Nostre Dame de la my-Aoust 1589. a esté iugé que la legitime seroit moitié de la portion de ce que chacun des legitimaires eust amendé *ab intestat*.

Pour la difficulté iugée par ledit Arrest, l'on doit considerer que la legitime se reglant selon le nombre des enfans, il n'y a que ceux qui succedent, ou qui ont renoncé *aliquo dato*, ou qui prennent legitime, qui soient comptez, & qui facent nombre : car ceux qui ont renoncé *nullo dato*, ou qui sont exheredez valablement, & qui ne peuuent rien esperer de la succession, *emancipati*, *deportati*, & autres qui sont incapables, *non faciunt partem*; non pas mesme les enfans qui ont faict profession en Religion. Cela se tire des susdites decisions : Mais la question demeure de sçauoir comment ceste legitime se prendra; si ce sera sur la masse de tous les biens en laquelle sont entrées les portions de ceux qui ont renoncé, *dote accepta*, *aut alia re*, *vel legato*, *vel donatione*: ou si ce sera seulement, sur ce qui reste, les portions distraites des renonçans au profit de l'heritier institué. Si ceste question se iugeoit par le droict, les portions de ceux qui ont renoncé *aliquo accepta*, appartiendroient à l'heritier;

soit

soit que la renonciation ait esté faite en sa faueur, soit qu'elle ait esté simplement faite, *quia videtur facta in fauorem heredis*, comme il a esté remarqué cy dessus. Mais les Arrests ont fait vne distinction; que si la renonciation est faicte en faueur de l'aisné, ou des masles, que la legitime ne se prend que sur ce qui reste, les portions des renonçans distinctes entierement; sans desduire sur lesdictes portions, ce que les renonçans ont eu en mariage ou autrement. C'est vn Arrest du 2. Iuin 1607. donné à la Premiere, qui l'a ainsi iugé. Que si la renonciation est faicte simplement sans consideration des masles, l'on a iugé par Arrest du premier Feurier 1600. au rapport de Monsieur de la Nauue, que la legitime se prend sur la masse, sans distraire les portions de ceux qui ont renoncé : & que la legitime est de moitié en pays Coustumier, de ce que l'on eust eu *ab intestat*, sans considerer ceux qui ont renoncé, mais seulement ceux qui prennent la legitime. Et ainsi de trois enfans qui n'ont renoncé, la legitime de chacun sera vn sixiesme.

La femme n'est tenuë qu'à raison de ce qu'elle amende de la communauté, des debtes de ladite communauté.

ARREST LIX.

AIVS ayant la tutele de ses nepueux, se marie. Il est reliquataire par son compte enuers les mineurs. Apres son deceds sa veufue accepte la communauté. Lesdits mineurs, desquels son mary estoit tuteur, s'addressent à elle pour estre payez de leur reliqua de compte, personnellement pour sa part en ladicte communauté, & hypothecairement pour le tout. Elle dit qu'elle n'est tenuë de ceste debte, que *ratione societatis* ; *qua soluta* elle ne peut estre tenuë qu'à proportion de ce qu'elle amende de la communauté. Les Docteurs le traittent *in l.quædam. §. nummularios. de edendo. Aliud durante societate, quia socij tenentur in solidum. l. omne es alienum. pro socio.* Que cela est decidé par la Coustume de Paris en deux articles 221. & 228. qui portent que la femme n'est tenuë des debtes de la communauté, que iusques

Q

à la concurrence de ce qu'elle en amende. Les mineurs au contraire disoient, qu'estant detentrice d'immeubles obligez &
hypothequez à leur deub, qu'elle est tenuë hypothecairement,
suiuant l'article 101. de ladite Coustume. Ce qui s'entend pour
le tout, comme l'heritier qui possede vn heritage obligé & hypothequé à vn creancier par le defunct, est tenu personnellement pour telle part qu'il est heritier, & hypothecairement
pour le tout, suiuant l'art. 333. de ladite Coustume. *Eadem ratio*
de la femme, quand elle detient vn heritage obligé, & hypothequé à la debte d'vn creancier par son mary, qui estoit maistre de
la communauté. Et se doit la femme imputer si ayāt peu renoncer à ladite communauté pour estre exempte des debtes d'icelle, elle l'a voulu accepter. Qu'il n'est raisonnable qu'ils soient
de pire condition, en consideration de ladicte femme qui a
prins la communauté, de laquelle elle detient des immeubles,
qui la rendent par consequent, à cause de l'hypotheque, obligée à toute la debte; qu'ils seroient, si c'estoit vn autre particulier qui detinst lesdits immeubles : lequel sans doute seroit
tenu pour le tout, cela estāt de la nature de l'hypotheque, que la
charge de laquelle l'heritage hypothequé est tenu, ne se diuise
point; & est tenu le detēteur de payer toutes les debtes & charges ausquelles il est hypothequé, & ne s'en peut sauuer que par
le deguerpissemēt, s'il est aux termes d'y pouuoir estre receu: ou
il faut qu'il souffre que l'heritage soit vēdu par decret à faute de
payement. Que la femme n'en doibt auoir meilleur marché,
sauf son recours contre les heritiers du mary pour l'acquitter de
ce qu'elle aura plus payé qu'elle n'a amendé de la communauté : Mais ne se doibt seruir de ceste exception contre le creancier. La femme replique, qu'il doit suffire ausdits mineurs, qu'elle leur abandonne tout ce qu'elle a eu de la communauté, pour
se pouruoir sur ce qu'elle en a amendé, comme ils verront estre
à faire; & c'est tout ce qu'ils pourroient esperer d'vn autre detenteur d'vn heritage, qui leur seroit hypothequé : & s'ils se
contentent de cela, qu'elle est d'accord que leur condition ne
doit estre renduë pire, ny deterieure à son esgard, qu'elle seroit à l'esgard d'vn autre qui detiendroit du bien, & quelque immeuble qui leur seroit obligé. Mais que leur pretension
sembloit passer iusques là, de la vouloir pretendre obligée de
payer leur debte, non seulement sur ce qu'elle amendoit de
ladite communauté, mais aussi sur son bien qui luy appartient

d'ailleurs, que par le moyen de ladite communauté. Que c'est
à cela qu'elle insiste, & soustient n'en pouuoir estre tenuë, ladite communauté estant dissoluë pour les raisons qu'elle a desduites. Lesdits mineurs disent à cela, qu'ils entendent soustenir
qu'elle est tenüe, si les biens de ladite communauté ne suffisent,
de payer leur debte sur tous ses autres biens, puis qu'elle est entrée, & a receu sur elle l'obligation de son mary; acceptant ladite communauté à laquelle elle a peu renoncer, si elle se vouloit exempter & descharger de ladite obligation; car l'acceptât,
c'est demeurer d'accord qu'elle est tenuë des debtes que son
mary a contractées, pour en estre tenuë, comme son dit mary
en pouuoit estre tenu; qui est à dire sur tous ses biens, encores
qu'ils ne fussent de la communauté. Tout ainsi que l'heritier
qui apprehende vne succession à laquelle il pouuoit renoncer,
est tenu de toutes les debtes du defunct, duquel il s'est porté
heritier. Mais qu'il y a vne autre consideration qui la rend
obligée à ceste debte; qui est que la loy veut, que les biens
du mary qui a espouse vne femme qui auoit geré vne tutelle,
soient obligez aux mineurs pour la reddition de leur compte:
c'est la loy *mater. Cod. in quibus causis hypotheca tacitè contrahitur.*
Si cela est au mary, il y a mesme raison à la femme, mesme
quand elle prend communauté, comme a faict la defenderes-
se. Et aussi que l'on a iugé que les dispositions de droict tant de
la loy *hac edictali*, que de la loy *femine*, sont reciproques tant
au mary, qu'à la femme. Par Arrest en la mesme prononciation, iugé que la femme ne sera tenuë que personnellement
pour sa part en la communauté, & iusques à la concurrence
seulement de ce qu'elle en amende.

La veufue, qui iouyst pour son habitation d'vn Chasteau, au-
ra les pigeons du colombier, & les poissons des fossez.

ARREST LX.

PAR contract de mariage il est conuenu que la femme aura pour son habitation vn Chasteau, apres le deceds du mary. Estant aduenu ledit deceds du mary, elle ne se contente pas de la simple habitation dudit Chasteau, mais aussi elle en veut auoir les commoditez, prendre le poisson qui est dans les fossez, & les pigeons du colombier qui est dans l'enclos dudit Chasteau. Les heritiers du mary, disent qu'elle se doibt contenter de ce qui luy est accordé par son contract de mariage; que l'habitation ne va qu'à son logement, & non pas à vser des commoditez qui vont au viure, & alimens, qui ne sont iamais entendus souz le nom d'habitation. Que c'est tout ce que pourroit pretendre celle qui auroit, *aut vsum, aut vsumfructum fundi.* Le §. dernier aux Inst. *de vsu & habitat.* dict : *si cui habitatio aliquo modo constituta sit, neque vsus, neque vsusfructus videtur concessus.* Au contraire la veufue disoit que le colombier, & les fossez faisants partie du Chasteau, & estans enclos en iceluy, qu'elle ne deuoit permettre que l'on vinst dans ledit Chasteau à toutes heures, prendre les pigeons, & le poisson; qu'il faudroit, si cela auoit lieu, qu'elle tinst tousiours sa porte ouuerte: & partát que luy ayant esté laissée l'habitation dudit Chasteau, que l'on auoit entédu qu'elle peust disposer de ce qui estoit dás l'enclos, & l'habiter sans receuoir aucune incommodité par le proprietaire; estans & le colombier, & les fossez pour la commodité de ceux qui habitent le Chasteau. Aussi qu'elle aura le soing de conseruer tout ce qui est dans l'enclos d'iceluy. Que ce seroit trop restraindre vne veufue, que de regarder à chose qui est si peu considerable, & de laquelle d'ordinaire l'on ne retire point de reuenu. Qu'il a esté iugé que l'aisné qui a le Chasteau pour son droit d'aisnesse, prendra tout ce qui est dans l'enclos, pourueu qu'il ne soit *in fructu*, & dont l'on ne retire reuenu. L'Arrest a esté prononcé en robbes rouges, à la Nostre Da-

me de Septembre 1572. Que le colombier, ny le poisson des
fossez n'ont iamais esté *in reditu*, ny affermez. Lesdits heritiers
soustenoient, que ladite veufue ne pouuant dire, que sous le
nom d'habitation, il fust rien autre entendu sinon la seule demeure, estant à elle de le meubler, & rendre logeable de toutes les commoditez necessaires à celle fin d'estre habitable,
qu'elle ne peut dire qu'il luy soit loisible de tirer & prendre à
son profit aucune chose dudit Chasteau, qui ne va à l'habitation & simple demeure; autrement l'on eust specifié qu'auec la
demeure & habitation elle prendroit à son profict ce qui estoit
des commoditez dudit Chasteau, tant à cause du colombier,
qu'à cause des fossez : & qu'on eust parlé *tanquam de fundo instru-*
cto, aut castro instructo, non de simplici & nudo fundo, aut castro, comme l'on a faict, & que pour ceste raison l'on voit en beaucoup
de contracts de mariage, que l'on explique, & estend l'habitation qui est, accordée à la femme d'vn Chasteau, auec les commoditez, & meubles necessaires; parce qu'autrement elle n'auroit que la seule commodité du logis, en estat d'estre habité, &
deuëment reparé, & logeable; rien que cela : parce que l'habitation, comme il a esté dict, ne va que là. Et ne faut douter que
la pesche des fossez, & les pigeons soient *in fructu*, & que les
proprietaires n'en ayent tiré du profict, & du reuenu; estant
certain, & tout clair, que c'est chose qui apporte du profict &
du reuenu. Les pigeons se peuuent vendre, & la pesche auec;
& y en a peu qui n'en vendent : & quand l'on ne considerreoit
que l'vsage que le proprietaire en pourroit auoir, pour sa maison
& famille, ceste commodité luy espargnant ce qu'il achepte-
roit, est-elle pas considerable, pour dire que le colombier est *in*
fructu, & les fossez auec ? auquel cas ladite veufue est d'accord
que l'aisné mesme qui a la proprieté du Chasteau, & non vne
simple habitation, ne peut pretendre ce qui est *in fructu* dans
l'enclos dudit Chasteau, & en a elle mesme cotté l'Arrest qui l'a
ainsi iugé. Par Arrest en la mesme prononciation, iuge que ladite donairiere prendra à son profict les pigeons du colombier,
& le poisson des fossez.

Le retrayant debouté faute d'offres, en l'appointement de con-
clusion, encores que ce fust la faute du Procureur, lequel
estant sommé, a esté mis hors de Cour & de procez.

ARREST LXI.

'ON intente vne action de retraict lignager, pour raison dequoy y a procez; & estant interuenu vn premier iugement, il y en a appel. Le procez estãt vn procez par escrit, l'on conclud au procez, par l'appointement de conclusion le Procureur obmet de faire les offres requises par la Coustume de Paris, lesquelles se doiuent faire en l'appointement de conclusion, comme il est dict expressément par l'article 190. L'acquereur pour ceste obmission demande d'estre absous du retraict, parce que la Coustume dict que celuy qui ne faict les offres, nommément en l'appointement de conclusion, inclusiuement, doit estre debouté du retraict. Le retrayant dict qu'on ne le peut debouter du retraict, pour vne faute qu'il n'a pas faicte; que c'est la faute de son Procureur, lequel il a sommé de faire cesser la demande dudit acquereur pour ce qui est de son faict, à faute qu'il soit condamné en tous ses dommages & interests. Le Procureur sommé dict qu'il est malaisé d'aduertir de quoy il est question au procez; & si c'est vne instance de retraict, quand l'on passe vn appointement de conclusion; parce que ledit appointement ne faict mention que de l'appel, sans dire dequoy il est question. L'acquereur replique contre le retrayant, que *factum procuratoris est factum domini, præterquam in delicto, & tenetur dominus ex facto procuratoris. l. vnica. §. si procurator. si quis ius dicenti. l. quæ omnia. §. planè. de procurat.* Que la raison est pertinente, qui est, qu'il se doit imputer *si minùs diligentem elegerit.* Que les retraicts lignagers *sunt iuris strictissimi*; que l'on peut dire estre particulierement introduicts par nostre droict François, & par nos Coustumes, lesquelles semblent auoir prins quelque chose de la loy *Dudum. Cod. de contrah.empt.* par laquelle l'on void qu'il estoit obserué *iure veteri*, de vendre premierement aux parens, & à leur refus seulement aux estrangers: ce que ceste loy *Dudum* reuoque. Et paroist par la loy premiere, *Cod. communi diuidundo*, & la loy *qui Romæ.* §. *cohe-*

redem. de verb. oblig. que cest ancien droict ne s'obseruoit plus.
L'on ne peut nier neantmoins qu'il ne se soit obserué *in minore*,
quand il auoit affection de conseruer vn heritage de son ancien
lignage, *l. si in emptionem. de minor. & l. lex qua tutores . §. nec verò.
Cod. de administr. tut.* L'on pourroit encores dire y en auoir eu
quelque obseruance en la Palestine, selon la remarque qu'en
faict Iosephe *lib. 3. Antiq. c. 12.* où l'on void que le vendeur en
rendant le prix dans l'an, rentroit en sa terre. Mais c'est en France où l'on peut dire qu'il a esté principallement introduit & pratiqué, & qu'il s'y obserue tout à faict. Lequel aussi a receu par
nos Coustumes qui l'ont introduit, des regles precises & exactes,
& si exactes que ce sont comme scrupules, *quia qui cadit à syllaba,
cadit à toto,* selon les anciennes formules de *plus petitionibus,* introduites par le Preteur. Il ne faut qu'vn escu leger, par maniere de
dire, & qui ne soit au poids du Roy, pour estre descheu du retraict, comme il appert par l'Arrest donné sur le Plaidoyer de
feu Monsieur Marion, le 22. Iuin 1584. lequel il a rapporté entre ses Plaidoyers qu'il a faict imprimer. Et cela à cause que lesdits retraicts empeschent la liberté de vendre incommutablement, & de disposer par chacun, de ce qui est à luy, à telle personne que bon luy semble. Et pour cela l'on les tient odieux, ce
qui garde que l'on en face aucune extension ; *Odia enim restrin-
genda, fauores ampliandi,* comme il est dict *in l. cùm quidam, de lib.
& posth.* Le retrayant respondoit à cela, que la France ayant
principallement introduict ce droict de retraict lignager, combien qu'il y en ait des remarques aux autres nations, comme
l'acquereur en demeure d'accord, que ce n'a esté sans subiect
qu'elle l'a introduit, qui a esté pour conseruer les heritages anciens aux familles, lesquelles se conseruent par ce moyen, &
fournissent, en ce faisant, des personnes dignes & capables de
seruir à l'Estat & au public, qui est vn desir qui a grandement
touché les nations les mieux policées, comme entre toutes les
autres, a esté celle des Romains, lesquels pour cela ont introduit
par leur droict, les substitutions, lesquelles seruent entierement
à cest effect, preferant tousiours les masles aux femelles, pour
venir à bout de leur dessein, qui estoit de côseruer les biens aux
familles, par le plus long temps qu'il seroit possible. Que ceste
raison de conseruer les maisons & familles, ayant esté cause d'introduire les retraicts lignagers en France, est vne raison assez
puissante, pour tenir la main à ce qu'ils sortent leur effect, sans

les abandonner par la moindre formalité, & par des fcrupules, comme il a efté dict ; eftant cefte confideration de conferuer les familles preferable à celle qu'on allegue au contraire de laiffer la liberté à chacun de vendre fon bien à qui bon luy femblera ; d'autant mefme que l'on n'en a iamais moins vendu, pour la confideration de ce que le retraict a lieu en la véte des heritages propres ; & pour eftre contraint l'acquereur de laiffer l'heritage au retrayant lignager, par ce que l'acquereur n'y perd rien, & eft rembourfé de tout ce qu'il a desbourfé. Et encores plus y a de confideration de ne tenir rigueur contre vn retrayant, quand le manque ne vient de luy, & qu'il feroit contraint de porter la faute d'autruy, contre lequel il a peu d'efperance d'eftre desdommagé, ayant affaire à vn Procureur, qui a toufiours affez de pretextes pour retenir les Iuges de le condamner fi facilement aux dommages & interefts. Combien qu'il n'y ait aucune apparence à la defenfe de laquelle fon Procureur fe veut feruir en la prefente inftance, de dire qu'il n'a peu fçauoir lors qu'il a conclud au procez s'il s'agiffoit d'vn retraict lignager ; d'autant que l'on ne conclud iamais fans voir la fentence de laquelle eft appel, par laquelle l'on eft pleinement inftruit de ce dont il eft queftion au procez. Et ainfi fondit Procureur n'a peu ignorer qu'il eftoit queftion d'vne demande en retraict faicte par fa partie, & a deub fçauoir que la Couftume de Paris, qui eft le lieu où il demeure, luy enioinct de faire offres de bourfe, deniers à defcouuert, & à parfaire. Par Arreft prononcé à Noël 1589. le retrayant eft debouté du retraict, & fur la fommation, les parties hors de Cour & de procez : Enioinct la Cour aux Procureurs de fe rendre dorefnauant foigneux de faire lefdites offres à peine des defpens, dommages & interefts des parties.

Sont deubs droicts seigneuriaux à cause du champart,
en la Coustume de Chartres.

ARREST LXII.

L se vend vn heritage assis en la Coustume de
Chartres, qui est chargé de champart enuers le
Seigneur, sans aucun autre droict enuers luy, soit
cens ou autre. Le Seigneur demande pour la vente dudict heritage d'estre payé des lots & ventes.
L'acqueteur dict que le Seigneur peut demander lots & ventes,
pour vn heritage qui est vendu en sa censiue, & sur lequel il luy
est deub du cens, qui est vn droict seigneurial ; mais que le
champart qui luy est deu sur l'heritage dont est question, ne
le fonde en ce droict de lots & ventes, par ce que le champart *non infert*, que celuy auquel il est deub, soit Seigneur,
mais bien proprietaire de l'heritage : par ce que le champart est
vne redeuance, qui s'appelle *campi pars*, laquelle se prend sur
l'heritage à proportion des fruicts qui se recueillent, desquels
fruicts, moitié est deuë au proprietaire par le bail qu'il en a fait;
lesquels estans incertains, & pouuant aduenir qu'il ne s'en re-
cueillera point pendant les années que l'heritage demeurera
sans estre cultiué & ensemencé, l'on ne peut dire que ce soit
vne remarque de Seigneurie, que ceste redeuance, laquelle
peut cesser : & ainsi le Seigneur ne seroit Seigneur, que lors &
quand l'heritage seroit labouré. Ce qui n'adnient au cens, lequel est tousiours deub, soit que l'heritage soit cultiué & ensemencé, & que l'on en recueille des fruicts, soit qu'il soit en fri-
che. Que si le champart estoit vn droict seigneurial, il adurn-
droit qu'il y auroit plusieurs Seigneurs d'vne mesme piece de
terre qui seroit chargée de cens, & de champart, comme il s'en
trouue beaucoup ; & que ceux qui prennent le champart,
n'ont iamais pretendu estre Seigneurs *ratione* de ce droict, &
n'ont iamais contesté la Seigneurie contre ceux qui prennent
le cens. Autrement tout heritage qui seroit chargé de rente en
grain, ou en argent, enuers quelque personne que ce soit, celuy
auquel la rête seroit deuë se pourroit preté dre Seigneur de l'heritage, sur lequel il prédroit telle rente ou redeuance; ce qui n'a

R

iamais esté veu. Le Seigneur au contraire, disoit qu'il demeuroit d'accord que quand vn mesme heritage estoit chargé de
cens, & de champart, que le vray & seul Seigneur estoit celuy
auquel le cens estoit deub : mais quand l'heritage n'estoit chargé que de champart, pour tout droict, & qu'aucun que celuy
auquel ledit champart est deub, ne pretend aucun droict seigneurial, cens, ou autre, sur l'heritage, qu'en ce cas ledit champart tient lieu de cens, & qu'aduenant que l'heritage se vende,
qu'il est deub droicts de lots & ventes à celuy qui prend le
champart, tout ainsi qu'à celuy qui prend le cens sur vn heritage qui est chargé de cens. Qu'au dedans de ladite Coustume de
Chartres la plus part des heritages, sont chargez de champart,
au lieu de cens, & que c'est la recognoissance que les Seigneurs
se sont reseruées, quand ils ont baillé leurs heritages aux proprietaires & detenteurs. Que c'est vne maxime presque generale en toute la France, du moins en pays coustumier, que nulle terre sans Seigneur, si la Coustume ne reçoit le franc-aleu; ce
que ne fait la Coustume de Chartres, en laquelle il y a amende
enuers le Seigneur auquel est deub le champart, si l'on enleue
les fruicts de la terre chargée de champart, sans le faire sçauoir
au Seigneur, auquel ledit droict est deub, qui est l'article 113.
qui monstre que ledit droict est seigneurial. Repliquoit l'acquereur, qu'il falloit remarquer que par ladicte Coustume de
Chartres, il n'est parlé qu'il soit deub lots & ventes que pour le
cens, comme il appert par le titre du Cens & du Censier, où il
n'est aucunement parlé du champart, qu'il porte lots & ventes,
comme fait le cens, non plus qu'au chapitre 21. qui parle de l'a-
mende qui est deuë, pour auoir enleué les fruicts sans aduertir
le Seigneur, auquel le champart est deub. Arrest à la mesme
prononciation, par lequel il a esté iugé, qu'il estoit deub droicts
de lots & ventes, pour la terre tenuë en champart, n'y ayant autre droict Seigneurial, duquel l'heritage se trouue chargé. *Vide*
l'Arrest dans Monsieur Loüet f. 75. qu'il ne se faut opposer pour
le champart, non plus que pour le cens, quand l'on vend par decret vn heritage chargé de champart; & f. 76. la question est
amplement traictée si ledit droict se peut prescrire.

La femme est preferée tant pour sa dot, que augment de dot,
en pays de droict escrit, le mary ayant faict cession, aux
autres creanciers premiers saisissans sur les meubles.

ARREST LXIII.

V N mary ayant contracté plusieurs debtes, faict cession; sa femme qui a de luy des enfans, se fait separer de biens. Il y a des creanciers qui font saisir quelques deniers appartenans au mary, la femme s'oppose, tāt pour ses conuentions matrimoniales, que pour son doüaire, ou augment de dot, comme il est pratiqué de droict escrit. La question du procez, estant au pays de Lyonnois, dict que les creanciers ne sont priuilegiez, comme elle, n'estans creanciers que pour prest, ou marchandise. Que l'hypotheque qu'elle a, tant expresse, par ce qui luy est deub par son contract de mariage, que tacite, pour ce qui est dudit augment de dot, suiuant la loy *Assiduis. Cod. qui potiores in pign.* va aussi bien sur le meuble que sur l'immeuble; par ce que de droict il y a hypotheque sur le meuble. *l. ex facto. de peculio:* en laquelle il est dict expressément, que *causa dotis habet priuilegium in mobili.* Au contraire, les creanciers disent qu'elle n'a action pour sa pretenduë dot, parce qu'elle n'a esté payée au mary, mais seulement promise à sondit mary. Qu'outre cela, elle a interuerty des biens appartenās à son mary, pour raison dequoy, ils pourroient en tous cas, auoir retention sur sa dot. Quant à l'augment, qu'il n'est encores deub, estant le mary viuant; que iamais il ne fut deub du viuant du mary. La femme repliquoit que sa dot auoit esté receuë par son mary, comme il paroissoit par quittance; quand il ne l'auroit receu qu'apres dix ans, elle estoit tenuë pour receuë, *l. si extraneus. de iure dot.* Pour le regard de ce que l'on dict qu'elle a interuerty, qu'il ne s'en trouuera rien; en tout cas qu'il y faudroit venir par l'action *rerum amotarum,* & non par retention: laquelle cesse par les Authentiques. Quant à l'augment, que *vergente marito ad inopiam,* elle se peut demander, estans alimens pour elle, & pour ses enfans, *l. quamuis. & l. si constante. soluto matr.* Que par Arrest prononcé en robbe rouge à

Noël 1585. rapporté cy deſſus ; il paroiſt que la Cour a ordonné que la femme viendroit à contribution, ſur le meuble, auec les autres creanciers, pour ſes conuentions matrimonialles ; à cauſe que la queſtion eſtoit en la Couſtume de Paris, par laquelle tous les creanciers doiuent venir à contribution, ſur le meuble. Mais il eſt noté ſur ledit Arreſt, que la Cour a iugé le contraire, en pays de droict eſcrit, que la femme ſeroit preferée ſur le meuble pour ſes conuentions matrimonialles, aux autres creanciers, par ce que le droict eſcrit luy donne ce priuilege, lequel s'obſeruant pour Couſtume en pays de droict eſcrit, l'on ne peut autrement iuger audit pays, que ſuiuant le droict eſcrit, non plus qu'en pays Couſtumier, l'on ne iuge iamais, contre la diſpoſition expreſſe de la Couſtume, & non ſelon la diſpoſition du droict eſcrit. Les creanciers reſpondoient à cela, qu'en France il y a des regles, & des maximes, leſquelles eſtans reglées pour la France, elles doiuent eſtre obſeruées par toute la France, ſans diſtinction des pays qui ſont regis par le droict eſcrit, ou par les Couſtumes, puis que tout cela eſt en France. Comme entre autres regles, & maximes, qui s'obſeruent en France, celle-là en eſt vne, que meuble n'a point de ſuite par hypotheque, & que le premier ſaiſiſſant y eſt preferé, comme le tient du Moulin ſur la Couſtume de Berry, art. 4. du titre 9. La femme ſatisfaiſoit à cela en vn mot, & diſoit, que ſi leſdits creaciers diſoient qu'en France l'on n'a pas receu les mœurs des Romains pour viure en leur forme & maniere, comme pour la puiſſance qu'ils auoient ſur leurs enfans, & ſur leurs ſeruiteurs, ſur leſquels *habebant vitæ & necis poteſtatem*, & autres choſes ſemblables ; qu'ils diſoient vray, qu'en France, meſme en pays de droict eſcrit cela ne s'obſeruoit pas : mais que l'on ne garde en pays de droict eſcrit, les deciſions & reſolutions de droict, il n'en faut de meilleur interprete, & de plus ſeure regle, que celle que nous apprenons des Arreſts de la Cour, leſquels ayans eſté cottez cy deſſus, pour la deciſion de la queſtion qui ſe preſente, il n'en faut plus douter. Eſtant encores conſiderable, que par tranſaction faicte entre les Roys de France, & l'Eueſque de Lyon, il a eſté accordé que ceux du pays de Lyonnois vſeroient du droict eſcrit, pour Couſtume. L'on peut voir ſur ce ſubiect le ſixieſme Plaidoyer de Maiſtre Sebaſtien Roüillard, qui eſt ſi ample que l'on n'y peut rien adiouſter. Par ſentence du Seneſchal de Lyon, il eſt ordonné que les creanciers ſeront preferez à la femme. Appel

Par Arrest prononcé à la Pentecoste 1590. l'appellation & ce dont est appellé au neant; en emendant il est ordonné que la femme sera preferée, tant pour sa dot, que pour son augment, qui estoit quatre-vingts liures, lesquelles la Cour ordonne estre mises entre les mains d'vn marchãd ou bourgeois de Lyon, pour les faire profiter tant que le mary viura, & en payer l'interest à la femme, tant pour son entretenement, que celuy de ses enfans. En quoy l'Arrest est conforme a la loy *Vbi adhuc. Cod. de iure dot. qua lege inhibetur mulieri alienatio* de cest augment, tant que le mary est viuant.

Le proprietaire n'est priuilegié, ny preferé aux autres creanciers du locataire, sur les meubles qui se trouuent en la maison qui a esté loüée.

ARREST LXIIII.

SE I vs baille à loüage vne maison à luy appartenante. Le locataire meuble ceste maison de plusieurs meubles. Les creanciers dudit locataire font saisir lesdits meubles. Seius proprietaire s'oppose pour estre le premier payé des loyers qui luy sont deubs, fonde son opposition sur ce qu'il soustient qu'il a vn priuilege de droict, *super inuecta, & illata in fundo suo vrbano*, suiuant la loy *Item quia conuentiones. de pact.* & la loy *est differentia. In quibus causf. pignus vel hyp. tac. contr.* par lesquelles le proprietaire *habet tacitam hypothecam super inuecta & illata in domum suam à conductore*, & que par l'art. 171. de la Coustume de Paris, il est porté que le proprietaire peut saire les biens meubles de son locataire, ou fermier executez, encores qu'ils soient transportez, pour estre premier payé de ses loyers ou maisons, & y a Arrest dans Monsieur Loüet du dernier Decembre 1594. par lequel il a esté iugé que le proprietaire est preferé aux creanciers du fermier, mesme pour le passé. Les creanciers disoient qu'il ne se trouuoit point en droict que *locator habeat priuilegium super inuecta & illata à conductore in domum suam*, pour estre preferé aux creanciers du locataire. Cela paroist par l'enumeration qui est faicte dans le titre *de priuilegijs creditorum*, de ceux qui sont priuilegiez *inter personales creditores*, entre lesquels le proprietaire

n'est point nommé. Il est bien vray, que par les loix qui ont esté
alleguées *locator habet tacitam hypothecam super inuectis & illatis in
domum suam à conductore*. Mais telle hypotheque tacite n'est receuë en France, ny sur le meuble, ny sur l'immeuble. Pour l'immeuble, il faut auoir hypotheque expresse: pour le meuble, il
faut auoir priuilege pour estre preferé aux autres creanciers
premiers saisissans, par ce que l'hypotheque n'a lieu en meubles. De droict l'on fait distinction entre les creanciers personnels qui n'ont point hypotheque, & les creanciers hypothecai-
res. *In personalibus qui est potior causa, potior est iure. Potior causa*,
c'est celuy qui a quelque priuilege, qui sont ceux qui sont specifiez au titre *de priuilegijs creditorum*, entre lesquels n'est point,
côme il a esté dict, le proprietaire. *In creditoribus hypothecarijs, qui
prior est tempore, potior est iure, l. priuilegia. de priuil. cred.* Ceste hypotheque doncques tacite n'estoit bonne en droict que pour venir
en ordre d'hypotheque, auant les creanciers personnels, tant
sur le meuble que sur l'immeuble: par ce que celuy qui a hypotheque est preferé à celuy qui n'en a point, *l. quod quis. de priuil.
cred.* encores que ledit creancier fust priuilegié, *l. eos qui. Cod. qui
poti. in pig. & l. non dubito. Cod. de bon. auth. iud. possid.* Or en France au pays coustumier, le meuble n'est point susceptible d'hypotheque: c'est ce que disent nos Coustumes, qu'il n'a point
de suite par hypotheque, mais le premier saisissant l'emporte:
sur lequel meuble il est iugé que la femme qui a hypotheque de
droict pour son dot, suiuant la loy *assiduis*, n'est preferée en pays
coustumier, sur le meuble. L'Arrest prononcé en robbe rouge
à Noël 1585. cy dessus rapporté, l'a ainsi iugé, & qu'elle vient à
desconfiture, auec les autres creanciers, sur ledit meuble. Par
là il paroist, que ce qui est de ladite Coustume de Paris audict
article 171. est vn priuilege introduit par ladite Coustume *iure
speciali*, qui est donné au proprietaire, pour auoir lieu seulement
dans le destroit de ladite Coustume, & non ailleurs. Par Arrest
prononcé à Noël 1590. iugé que le premier saisissant estoit preferable. Est à noter qu'entre lesdits creanciers saisissans, estoit
celuy qui auoit fait les menuës reparations, desquelles le locataire est tenu, qui a esté preferé au proprietaire.

Ce qui est entendu par ces mots apposez à vn legs,
De meubles qui seront en euidence.

ARREST LXV.

V N mary faict son testament, par lequel il legue à sa
femme, tous ses meubles estans en vne sienne maison, qui seroient en euidence. Apres son deceds,
se meut differend entre la femme, & les heritiers
du mary, pour sçauoir si elle auroit en vertu de ce
legs l'argent monnoyé, qui s'estoit trouué dans ladite maison,
ensemble les cedules, promesses, & obligations, & autres debtes actiues du defunct, duquel les papiers & titres s'estoient
trouuez en ladite maison. La femme disoit que tout cela luy deuoit appartenir par les termes du legs, par ce qu'il estoit vray de
dire, que tout cela estoit en euidence. Que ce n'est de mesme
aux testamens, qu'aux contracts, parce que les contracts sont
prins plus estroitement, mais les testamens sont interpretez lar-
gement. C'est ce qui est dict au chap. *cùm dilecti. ext. de donat. in*
contractibus plena, in testamentu plenior est adhibenda interpretatio.
Que l'argent monnoyé est notoirement entre les meubles, &
en euidence, aussi bien que les autres meubles qui sont enfer-
mez dans les coffres, comme le linge, bagues, pierreries, & autres meubles precieux; & qu'il n'y a plus de raison de faire difficulté que l'argent monnoyé ne soit comprins audit legs, que
l'argenterie du defunct, soit vaisselle ou autre, n'ayant faict distinction par son legs de l'argent monnoyé, & non monnoyé,
comme il eust faict, pour pretendre, qu'il y ait lieu d'en faire
difficulté; comme il est remarqué en la loy *Quintus Mutius. S. ar-*
gento. de auro & argent. leg. où il est dict qu'il faut considerer si le
testateur a parlé *de auro facto, aut infecto,* pour en faire difference. Quant aux debtes actiues, dont les cedules, promesses, &
obligations ont esté trouuées en ladite maison, que l'on ne peut
doubter aussi que l'intention du defunct n'ait esté de luy laisser,
par les termes dudict legs, puis que tout cela est en euidence, &
qu'il a sceu que tout cela y estoit; & est presumé qu'il les y a mis
exprez; du moins s'il n'eust voulu qu'ils y fussent comprins, il
les eust exceptez expressément. Et ne faut estimer que ces mots,

qui *seront en euidence*, soient apposez audit legs, pour restraindre; car au contraire c'est pour amplifier, & comme s'il eust voulu dire, *quidquid est in domo*, tout ce qui s'y trouuera, tout ce que i'y ay mis, apporté, & delaisse. Au contraire les heritiers disoient, que l'argent monnoyé n'a iamais esté reputé entre des meubles d'vne maison; & partant le testateur n'ayant legué que les meubles de ladicte maison, sans auoir parlé de l'argent monnoyé qui estoit en ladite maison, que la veufue ne le peut pretendre: La loy *si chorus.* §. 1. *de leg.* 3. dict, si le testateur a legué en ceste sorte, *qua ibi, mobilia erunt do lego, nummi ibi repositi non sunt legati, nisi præsidij causa ibi sint repositi.* Quant aux debtes actiues, cedules, & obligations, que cela est trop constant en droict, que telles debtes ne sont iamais comprinses *in legato mobilium.* La loy *Caius Seius. de leg.* 2. le dict expressément, voire mesme, *argento omni legato non debetur id quod in credito est.l. scribit. de auro & arg. leg.* Et tant s'en faut que telles debtes soient comprinses *in legato mobilium*, que la loy *generali.* §. *vxori. de vsufr. leg.* dict que *in generali legato non comprehenduntur merces & venalia*, combien que notoirement cela soit entre les meubles. Bien plus, *domo instructa legata, nomina & instrumenta*, qui sont les papiers, *non continentur, l. cum de lanionis.* §. *vlt.l. vxorem.* §. *legauerat. de leg.* 3. Par Arrest en la mesme prononciation, iugé que la femme n'aura l'argent monnoyé, ny les cedules, promesses, obligations, & autres debtes actiues qui se sont trouuées en ladite maison.

Les enfans ne se peuuent aider de la conuention, par laquelle il est permis à la femme de reprendre tout ce qu'elle a apporté renonçant à la communauté.

ARREST LXVI.

P AR contract de mariage il est porté que la femme pourra reprendre tout ce qu'elle aura apporté, si elle veut renoncer à la communauté. De ce mariage il y a des enfans. La femme decede la premiere; le mary decede quelque temps apres; les enfans se portent heritiers de leur mere, purement & simplement, & heritiers par benefice d'inuentaire de leur pere. Les

biens

biens du pere sont mis en criées à la poursuitte d'vn creancier.
Les enfans, ou leur tuteur, s'opposent pour les biens dotaux de
leur mere, lesquels ils pretendent leur appartenir, en renonçant
par eux à la communauté, (comme ils ont fait,) en consequence
de la clause apposée audit contract de mariage, par laquelle il
est permis à la mere de reprendre ce qu'elle a apporté en renonçant à ladite communauté: De laquelle clause ils pretendent
se pouuoir aider, comme euст faict leur mere, suiuant vn Arrest
du 23. Nouembre 1600. donné à l'audience. Aussi la loy *Filios*
heredes. de vsufr. leg. dict, que *sit extensio* de la mere aux enfans, &
des enfans à la mere; & que ce qui est dict pour les vns sert aux
autres; & qu'on regle l'vn comme l'autre. S'opposent aussi pour
le remploy des propres de leur mere, qui ont esté vendus, &
pour le douaire à elle accordé prefix ou coustumier, à son
choix, & lequel ils choisissent coustumier, le choix estant passé
à leur personne, apres le deceds de leur mere. Le creancier saisissant soustient que quant aux deniers dotaux de leur mere,
qu'ils sont confondus dans la communauté, à laquelle ils ont
renoncé: & que c'estoient deniers & choses mobiliaires, & qu'il
n'y a stipulation d'employ en propres par le contract de mariage. Que de pretendre par eux qu'ils se puissent aider de la clause de reprendre ce que leur mere a apporté, en renonçant à la
communauté, *hoc personale* pour la mere, *non transmissibile ad libe-*
ros; par ce que ce seroit *in præiudicium mariti*, lequel l'on ne presume auoir voulu d'auantage fauoriser ses enfans, que soy-mes-
me; & que quand il a accordé cela à sa femme, que ç'a esté en
cas qu'il decedast le premier. Ce qui monstre, que *predilexit* sa
femme à l'esgard de ses enfans & de ses heritiers, mais non à l'esgard de luy-mesme; n'ayant rien accordé en cas qu'il surues-
quist sa femme. Que ceste difficulté a esté iugée par Arrest du
15. Feurier 1605. & par vn autre du 7. Feurier 1611. tous deux
donnez à l'audience. Et quant à l'Arrest du 23. Nouembre 1600.
allegué par les enfans, il porte, sans tirer à consequence. Quant
au réploy, qu'il ne peut estre demandé, par ce que la Coustume
de Paris n'auoit encores esté reformée, laquelle a introduict le
réploy, & n'en aussi estant rien porté par le contract de mariage.
Pour le douaire, qu'estans heritiers du pere, *licèt* par benefice
d'inuentaire, qu'ils ne le peuuent demander, ne pouuans estre
heritiers & douairiers ensemble: & n'importe s'ils ne sont heritiers que par benefice d'inuentaire, ayant esté iugé par les Ar-

S

rests, qu'il suffist d'estre heritier par benefice d'inuentaire du
pere, pour perdre le douaire. Les enfans repliquent qu'aux trois
chefs de leurs demandes ils sont bien fondez. Pour le premier,
qui est de reprendre ce que leur mere a apporté en renonçant
à la communauté, que de droict en la Nouelle 91. *de duarum
dotium debito.* l'enfant a le mesme priuilege *in exigenda dote*, que
la mere, quand il en est heritier, *secus in herede extraneo* : & qu'il
ne faut dire, que *alia ratio* de la mere à laquelle leur pere a accordé la reprinse de ce qu'elle a apporté, en cas qu'elle le suruef-
quist, & des enfans, le pere suruiuant; pour le preiudice qu'il en
resentiroit, si ceste clause estoit estenduë aux enfans lesquels
s'en seruiroient contre leur pere, ce que n'eust peu faire leur
mere. Par ce qu'estant vn priuilege de droict qui est transmis
aux enfans, leur pere qui ne l'a ignoré, l'a voulu, & a sceu que ce
qu'il accordoit à leur mere, il l'accordoit aussi à ses enfans, ausquels l'on peut croire qu'il ne l'a enuié, *ex voto parentum erga liberos : paterna enim pietas consilium capit pro liberis. l. cum pater. §. pater.
& §. mando filiis. de leg. 2.* *Tum* ils ne plaident contre leur pere,
lequel s'il viuoit, ils seroient obligez de nourrir s'il estoit en necessité : mais il est decedé peu apres leur mere, & par consequent
la consideration que ledit creancier met en auant, qui regarde
la seule personne du pere, cesse, & n'est pas transmise à ses creanciers, lesquels se doiuent tenir à ce qui est reglé par la disposition de droict, n'estant question que de sçauoir si les enfans representans leur mere, de laquelle ils sont heritiers, iouyront
pas du droict qui luy estoit acquis : ce qui ne reçoit difficulté,
puis que le fils succede en tous droicts à sa mere, de laquelle il
est heritier, comme il a esté dict. Quant au second point, qui est
pour le remploy, que ledit creancier dit n'auoir esté stipulé par
le contract de mariage, & que la Coustume de Paris n'auoit
encores esté reformée, laquelle introduit le remploy : *Primo*, la
Coustume n'estant introductiue d'vn nouueau drbict, mais
d'vn droict qui s'obseruoit auparauant, estant tout ordinaire de
stipuler tels remplois, auant ladite Coustume reformée, elle
doit auoir vn effect retroactif : Mais qu'il estoit considerable,
que si la Coustume n'estoit reformée lors dudit contract de mariage, que l'estant lors du deceds du mary, qui est le temps que
le remploy se deuoit faire, qu'elle doit auoir lieu au faict qui se
presente, par ce que quand vn acte, ou vne disposition *trahitur ad
tempus mortis*, & qu'elle a son effect au temps de la mort, l'on

confidere la loy qui eſt lors de la mort, ſuiuant le chapitre fin.
ext. de conſtitut. Quant au dernier point, qui eſt pour le doüaire,
qu'ayant lettres à preſent pour renoncer entierement à la ſucceſſion de leur pere, que leur demande pour ce regard, ne peut
plus receuoir de difficulté. Le creancier reſpondoit à tout cela,
que quant au premier point, il n'eſtoit queſtion du priuilege
de la dot, *pro exigendæ dote*, qui eſtoit donné à la femme pour
eſtre preferée aux creanciers; mais de ſçauoir ſi vne conuention perſonnelle, faicte au profict de la femme, & encores
ſouz condition, que le mary predecede; ſi telle conuention
aura lieu, la condition n'eſtant aduenuë, le mary ayant ſurueſ-
cu ſa femme : ce qui ne reçoit aucune difficulté, par ce qu'en
toutes diſpoſitions ſuſpendues & dependantes d'vne condition, l'on conſidere l'euenement de la condition, *l. ſiluef. §.*
cum quis. de leg. 1. Le ſecond point qui concerne le remploy ne reçoit non plus de difficulté, d'autant que la Couſtume introduit
nouum ius, & par conſequent *non retrotrahitur*, ſuiuant la loy fin.
Cod. de vſuris ; eſtant tout certain qu'auparauant la reformation de la Couſtume, l'on tenoit que le mary ne ſe pourroit le-
uer aſſez matin pour vendre le bien de ſa femme; par ce qu'il
n'eſtoit tenu d'en faire remploy. De dire que la Couſtume eſtoit
reformée lors du deceds, Reſpód qu'il ne faut conſiderer le téps
du deceds, mais le temps des alienations, en cas que l'on ne conſidere le temps du contract de mariage, comme il y a tres-grande raiſon de le conſiderer; par ce que c'eſt le contract qui regle
la ſocieté, & communauté d'entre le mary & la femme; lequel
contract ne portant rien du remploy, la Couſtume ſuruenuë
apres le contract, ne le peut reformer. Et ne faut douter que le
remploy ſe conſidere ſelon la communauté, d'autant que les
remplois ſe prennent ſur la communauté; laquelle ayant lieu
par tout où les conjoincts ont des biens, ſi elle eſt ſtipulée par le
contract de mariage, ou ſi la Couſtume de la demeurance des
parties, *maxime* du mary, l'introduict, *etiam* pour les acquiſitions
qui ſe font és lieux où il n'y a cómunauté par les Couſtumes deſdits lieux. Auſſi s'il ſe véd quelque terre appartenante à la féme
en vne Couſtume où il n'y a réploy, neantmoins le remploy ſe
fera ſur la cómunauté, ſuiuát la Couſtume du lieu où le mariage
a eſté contracté, ou en vertu de la ſtipulation de ladite communauté par le contract de mariage des contractans. Pour ce qui eſt
du troiſieſme point, qui eſt le doüaire, les lettres viénent à tard,

quia non licet variare, l. cùm non solùm. §. non autem filio. Cod. de bon. quæ liberis. Sentence du Preuoft de Paris, par laquelle eft ordonné que les enfans auront le dot, le douaire, & le remploy. Appel. En caufe d'appel les enfans obtiennent lettres pour eftre receus à renoncer entierement à la fucceffion de leur pere, & en ce faifant à demander le douaire, qui leur eft propre par ladite Couftume. Par Arreft prononcé à Pafques 1591. la Cour met la fentence au neant; en emendant, deboute les enfans du dot, & remploy, & ayant efgard aux lettres, leur adiuge le douaire de leur mere.

La femme n'eft tenuë, à caufe de la communauté, des debtes que le mary deuoit auant le mariage, mais le douaire couftumier diminuë, à caufe des rentes deuës par le mary auant le mariage.

ARREST LXVII.

EIVS & Titia contractent mariage enfemble. Par le contract de mariage, Titia eft douée de douaire couftumier, & eft conuenu qu'ils feront communs en meubles & acquefts faicts pendant leur communauté. Seius decede le premier, lequel deuoit vne rente de cent liures auant le dit mariage, & pendant iceluy en auoit paffé titre nouuel, & obligé tous fes biens, par ce qu'il ne l'auoit creée, mais la deuoit comme heritier de fes pere & mere. Titia prend la communauté. Le creancier de ladicte rente, s'addreffe à elle pour le payement de ladicte rente, tant à caufe de ladicte communauté, que comme detentrice de partie des propres de fon mary, defquels elle iouïffoit à caufe de fon douaire couftumier; & demande qu'en l'vne & l'autre qualité, elle luy paffe titre nouuel. Elle fouftient qu'elle n'y peut eftre contrainte, ny en l'vne, ny en l'autre defdites qualitez. Que pour ce qui concerne la communauté, la rente eftant creée auant le mariage, que ce n'eft vne debte de la communauté, fi ce n'eft pour les arrerages qui ont couru pendant le mariage, qui font debte de communauté. Quant au douaire, que fi ladite rente fe prenoit fur fon douaire, qu'elle ne l'auroit entier, & qu'elle ne iouïroit de la moitié des propres de fon mary pour fondit douaire couftumier, comme elle le doibt

auoir suiuant la Couſtume, qui porte, que le douaire couſtumier eſt de la moitié des propres du mary, & heritages qu'il poſſedoit auant le mariage. Le creancier reſpond, que Seius luy
ayant paſſé titre nouuel de ladite rente pendant ſon mariage, &
obligé à ladite rente tous ſes biens, qu'il a par conſequent obligé les biens de la communauté, deſquels il eſtoit le maiſtre : en
telle ſorte qu'il les pouuoit vendre, obliger, & engager, comme la Couſtume le porte. Quant au douaire, que les rentes paſ-
ſiues le diminuent, tout ainſi que les rentes actiues l'augmen-
tent, comme il a eſté iugé par Arreſt au rapport de Monſieur
Fayet, l'an 1595. ainſi que le remarque Maiſtre René Chopin
ſur la Couſtume : & s'eſt touſiours ainſi iugé depuis. La femme
replique que la meſme Couſtume, qui dit que le mary eſt maiſtre de la communauté & en peut diſpoſer comme bon luy ſemble, reigle en l'article 221. les debtes deſquelles la femme eſt tenuë apres le deceds de ſon mary, qui ſont les debtes mobiliaires. Que la rente dont eſt queſtion, eſt vne debte reelle, non
mobiliaire, ny perſonnelle, contractée auparauant le mariage,
de laquelle partant elle n'eſt tenuë, quelque titre nouuel que
ſon mary ait paſſé pendant le mariage, & qu'il ait obligé tous
ſes biens ; car les biens de la communauté ſont ſiens tant qu'elle dure, mais *ſoluta ſocietate* la femme prend ſa part, laquelle
n'eſt chargée des debtes du mary contractées auant le mariage,
ſi ce ne ſont debtes mobiliaires, comme il eſt dict audict article
221. Que ſi la rente auoit eſté conſtituée pendant le mariage, ce
ſeroit vne debte de communauté, de laquelle elle ſeroit tenuë
ſans doubte iuſques à la concurrence de ce qu'elle amenderoit
de ladite communauté, comme il eſt dit au ſuſdit article ; eſtant
certain que la communauté ne ſe peut entendre que de ce qui
reſte les debtes payées. *Nihil eſt enim in bonis, niſi quod ſupereſt de-*
ducto ære alieno. l. 1. Cod. communia de leg. Pour ce qui eſt de ſon
douaire couſtumier, qu'elle le doibt auoir ſans diminution, encores que la debte du creancier ſoit contractée auparauant ſon
contract de mariage ; pourueu qu'il reſte des biens ſuffiſam-
ment pour le payement de ſa debte : ſans luy enuier qu'elle
iouyſſe de ce qui luy appartient, ne luy deperiſſant rien : comme
le ſubſtitué qui ſouſtiendroit que le debteur ayant des biens, ſur
leſquels le creancier ſe pourroit faire payer autres que les ſubſti-
tuez, auroit grande raiſon de le ſouſtenir, cela eſtant equita-
ble, le creancier ne perdant rien : car de ſe tenir à la rigueur,

summum ius, *summa iniquitas*. Et pour garder ce qui est de l'e-
quité, l'on voit que la plus part des constitutions de Iustinian
ont esté faictes à ceste fin là, comme entre autres il a reduit les
donations *propter nuptias ad æqualitatem dotis*; & en la loy *lege
Leonis. Cod. de pact. conuent.* il est porté que *mutuæ donationes* doiuent estre esgales. Il y en a plusieurs autres remarques en droit,
*in l. iam hæc iure. de vulg. & pupil. subst. l. illud. Cod. de collat. l. 1. §.
si filius. de coniungendis cum emancipato liberis eius.* Et encores en la
loy *si filij. de vsufr. leg.* & en la loy *si tibi. de vsufr. earum rerum*; il
est dict notablement que *fundo vni legato & alteri vsufructu, inter eos communicabitur vsusfructus*: ce qui ne se faict que par equi-
té, laquelle si en chose quelconque, elle doit auoir lieu au fait
qui se presente. Le creancier respondoit que tous les biens de
son debteur presens & à venir luy sont obligez, entre lesquels
l'on ne peut desnier, que ceux de la communauté n'ayent esté:
& suffit qu'vn debteur *momento temporis* ait esté proprietaire de
quelque immeuble pour auoir son creancier hypotheque dessus, *l. vlt. Cod. qua res pign. & l. vlt. Cod. de remiss. pign.* Qu'il y
a des immeubles en ladite communauté, & ne s'entend ledict
article 221. quand le mary a obligé speciallement les biens de la
communauté, du moins pour ce qui est des immeubles, lesquels n'ont peu passer à la femme que *cum onere*; car elle n'y reçoit aucun preiudice y ayant peu renoncer: & ne se peut dire
qu'elle y ait aucune chose, sinon lors qu'elle l'accepte, & que
le deceds du mary est aduenu; & partant le mary a droict d'en
disposer, estant toute à luy, n'y pouuant renoncer. Ce qui
monstre que ladite communauté est proprement sienne, de laquelle la femme ne doit profiter au preiudice des creanciers de
son mary, qui en estoit le maistre, & qui partant l'a peu obliger.
Ne faut doubter qu'elle ne profite de ladite communauté, puis
qu'elle l'a acceptée; & neantmoins elle ne veut estre tenuë des
debtes, combien qu'il soit naturel, *vt eum sequantur incommoda
quem sequuntur commoda.* Quant aux lettres, qu'elles ne viennent
à tard, *cum omnia sint integra*, estant permis de droict de repudier
vne succession, encores que l'on l'eust acceptée, *modò res sint
integra*, en la loy finale, *Cod. de repud. hered.* Par Arrest en la mesme prononciation iugé que la femme n'estoit tenuë à cause de
la communauté, du principal de ladite rente, mais seulement
des arrerages qui auoient couru pendant ledit mariage; & à l'esgard du douaire coustumier qu'elle passeroit titre nouuel de la-

dicerente, laquelle elle seroit tenuë de continuer, tant qu'elle
seroit detentrice des propres de son mary.

---

*La substitution compendieuse exclud la mere de la
succession du fils, & de la legitime.*

ARREST LXVIII.

AIVS faict son testament, par lequel il instituë
son fils qui estoit en pupillarité, son heritier ; & s'il
decede, il substituë son nepueu. Caius estant decedé, le pupil decede pareillement, *viua matre*, en
pupillarité. Le nepueu en vertu de ladite substitution veut iouïr de tous les biens du testateur son oncle. La veu-
ue mere de cest enfant decedé en pupillarité, l'empesche, &
soustient qu'ayant suruescu son fils, & ne s'estant remariée,
qu'elle doit succeder à son fils, suiuant le Senatusconsulte Tertullian, & que sondit fils ayant suruescu son pere, il luy a succedé, & a esté son heritier en vertu dudit testament, par lequel
son pere l'a instituté son heritier en tous ses biens. Que la substitution n'a peu auoir lieu sinon en cas que l'instituté ne soit heritier, *quia substitutio est secunda institutio*, laquelle est faicte *sub
conditione, si prima institutio deficiat*, & que le premier instituté *non
sit, aut non possit esse heres*. En tout euenement qu'elle deuoit
auoir sa legitime sur les biens qu'a laissez son fils, qui sont les
biens paternels ausquels il a succedé, suiuant la loy *nam & si parentibus, de inoff. test. Cod. Authent. vt cum de appellat. §. sine igitur.*
Et a esté ainsi iugé par Arrest au rapport de Monsieur Lallemant en la seconde Chambre. Le substitué disoit au contraire
qu'elle ne pouuoit pretendre la succession de son fils, ny mesme
la legitime, par ce qu'il falloit considerer deux sortes de substitutions, l'vne que l'on appelloit directe & vulgaire, l'autre indirecte & fideicommissaire. La vulgaire & directe operoit de
verité, que si l'instituté auoit vne fois esté heritier, & que *adiuis-
set hereditatem, substitutio euanescebat*, comme, l'instituë vn tel
mon heritier, & luy substituë Mænius ; si l'instituté est vne fois
heritier, le substitué ne peut plus rien pretendre aux biens, &
à la succession, quand l'instituté viendra à deceder. Quant à la
substitution indirecte, qui se faict en ceste sorte, l'instituë vn

tel mon heritier, & s'il decede fans enfans, ie fubftitue vn tel : elle s'oblique en vne fubftitutiõ fideicõmiffaire, qui opere que le fubftitué n'eft excluds par l'adition de l'inftitué ; par ce que le teftateur a entendu, que quand il decedera fans enfans, le fubftitué fuccede, tout ainfi que s'il auoit prié l'inftitué de reftituer au fubftitué fes biens s'il decede fans enfans, ou fouz quelque autre condition que le teftateur auroit appofee à fon teftament : & en ce cas l'heritier inftitué ou fes heritiers, *detrahunt quartam Trebellianicam*, & la legitime, fi elle eftoit deuë à l'inftitué. Cela prefupofé, il falloit confiderer qu'entre les fubftitutiõs vulgaires il y a celle que l'on appelle pupillaire : qui eft quand le pere inftitue fon fils qui eft au deffouz de l'aage de quatorze ans, fon heritier, & luy fubftitue, s'il decede en pupillarité, c'eft à dire auant qu'il foit maieur de quatorze ans, tel que bon luy femble : & cefte fubftitution là eft vne fubftitution pupillaire expreffe. Ou biẽ il luy fubftitue, s'il decede, fans dire, en pupillarité, & cefte fubftitution eft vne fubftitutiõ pupillaire tacite, & compédieufe, laquelle cõprend la pupillaire expreffe. Et en tel cas, que la fubftitution foit compendieufe, ou il aduiẽt que le fils decede en pupillarité, ou apres la pupillarité finie. S'il decede en pupillarité, le fubftitué fuccede sãs aucune detractiõ de quarte, foit legitime ou Trebellianique par l'heritier *ab inteftat* du fils ; par ce que le pere eft prefumé auoir faict teftament pour le fils, par la fubftitution qu'il luy a faicte : *Et fic* eftant vn teftament que le pere a faict de fes biens, comme fi fon fils l'euft faict, il n'eft point doub de legitime, ny de Trebellianique, par ce que le fils eft prefumé en auoir difpofé au profict du fubftitué : & n'eft confiderable que le fils eft decede apres auoir efté heritier, pour dire qu'il ait exclud le fubftitué, comme l'on faict en la fubftitution vulgaire directe, par ce que le fils decedant en pupillarité, le pere a pouuoir de tefter pour fon fils. Et cela eft conftant en la fubftitution pupillaire expreffe, *l. Papinianus. §. 1. de inoff. teft. l. qui plures de vulg. & pupill. fubft.* En la compendieufe il y auoit plus de difficulté, n'eftant vne pupillaire expreffe, mais par ce qu'elle la cõprend, tous les Docteurs tiennent qu'elle a le mefme effect que la pupillaire expreffe. *Bart. l. precibus. Cod. de impub. & alijs fubftit. l. centurio. de vulg. & pupill. fubft. Benedicti in cap. Rainutius. ext. de teft.* Et pour vn texte decifif, & lequel feul fuffiroit pour refoudre cefte difficulté eft le chap. *fi pater. de teft. in 6.* où il eft expreffément decidé, que

maict

*mater excluditur per substitutioné compendiosam, non solùm à successione
filij, sed etiam à legitima*, quand le fils est decedé en pupillarité: car
s'il decedoit apres la pupillarité, elle pourroit cõme heritiere de
son fils prédre la Trebellianique, & la legitime, cõme la gl. dudit
chap. le traicte amplemét, par ce que le pere ne peut faire de testament à son fils qui a excedé la pupillarité; & ainsi le fils ayant
esté institué heritier par son pere, & apprehendé la succession,
venant à deceder apres la pupillarité, il transmet à ses heritiers
ab intestat ce qu'il pouuoit demander de son chef, & le substitué
ne le peut empescher. Mais quand le fils est decedé en pupillarité, il ne transmet rien à ses heritiers, par ce que le pere a
faict vn testament qui a pareille force, comme si le fils l'eust
faict: lequel n'ayant par ce moyen rien laissé à ses heritiers, la
mere ne peut demander, ny la succession, ny la legitime.
La mere repliquoit, que le pere, bien qu'il soit receu en droict,
qu'il peut par vne substitution pupillaire expresse, faire testament pour son fils; que neantmoins il n'y auoit pareille raison
en la substitution compendieuse, le pere n'ayant vsé expressément de la substitution pupillaire, qui luy est permise de droict,
comme le tient *Mattheus de Afflictis* en sa decision 38. & en tout
cas supposant que par ceste substitution ce soit le fils qui a disposé de tout ce qui luy eust peu appartenir en la succession de
son pere, mesme de sa legitime & Trebellianique, que cela l'a
fondé de demander sa legitime sur celle de son fils, de laquelle
l'on suppose qu'il a disposé, aussi bien que de sa Trebellianique;
car le fils ne peut priuer sa mere, par quelque disposition testamentaire qu'il face, de sa legitime. La response du substitué à
cela estoit, qu'encores que par ceste substitution, l'on presume
que ce soit comme vn testament du fils, que le pere faict pour
luy, que neantmoins estant le pere qui le faict de ses biens, que
res eò redit, comme si iamais les biens n'auoient passé en la personne du fils decedant en ce bas aage. Le droict ayant donné ce
priuilege au pere, de disposer de son bien, si son enfant ne vient
iamais en aage d'estre capable d'en disposer, comme il seroit à
quatorze ans: & par ainsi estant le bien du pere, duquel il dispose selon la liberté que le droict luy donne, qu'il ne faict point de
tort à l'enfant, par ce qu'il luy laisse tout son bien au lieu d'vne
legitime: & s'il decede auant l'aage de pouuoir disposer de ceste
legitime, que l'on ne doit enuier au pere qu'il en dispose, non
comme de la legitime de ses enfans, mais comme de son bien,

T

fur lequel la mere ne luy peut demander de legitime. La mere
infifte, & dit que le droict ne reçoit tant de fictions, mefme pour
deftruire vn droict de nature, comme eft la legitime deuë à vne
mere par fon fils. L'on fçait, par exemple, que la reprefentation
eft introduicte de droict aux enfans des freres, pour reprefenter
leur pere, ou leur mere en la fucceffion d'vn oncle ou d'vne tante. L'on a demandé fi le neueu reprefentant fon pere peut exclure fa tante fœur de fon pere, aux fiefs, comme euft faict fon
pere. L'on a fouftenu que non, par ce, dict-on, que *effet duplex
fictio*, l'vne de la reprefentation, l'autre de l'exclufion; ce qui n'eft
receu de droict d'admettre deux fictions, mefme *in præiudicium
tertij. l. 1. Cod. de dot. promiffione*. Icy l'on feint premierement,
que le fils n'ait efté heritier de fon pere; *Secundo*, que fon fils ait
faict vn teftament de fon bien, comme s'il n'euft iamais appartenu à fon fils; & cela pour ofter à la mere fa legitime. Cela fe
peut-il fouftenir, la legitime receuant toutes fortes de faueurs?
Nos Docteurs François, entre autres Ferronus fur la Couftume de Bordeaux, tient que la legitime de la mere eft fi fauorable
qu'elle la peut prendre fur les biens venus de l'ayeul paternel
de fon fils, ledit ayeul viuant, auquel de droict ils deuroient retourner. Et par l'Authent. *Vt cùm. de appellat*. §. *aliud quoque capitulum*; la legitime fe doit laiffer *iure inftitutionis, non alio quonis titulo*; tant elle eft precifément, & neceffairement deüe. Et en fin
l'on n'y peut renoncer *de iure*, ainfi que tient Bart. fur la loy fin.
Cod. de pact. & eft l'opinion commune des Docteurs. Par Arreft
prononcé à la Pentecofte 1591. a efté iugé que la mere eftoit ex-
clufe, *& à fucceffione, & à legitima* par ladite fubftitution compendieufe.

Autre Arrest donné sur la mesme difficulté, que le precedent.

ARREST LXIX.

EST Arrest a esté prononcé à la Pentecoste 1588, mais il a esté reserué en ce lieu pour le ioindre auec le precedent, ayant l'vn & l'autre iugé la mesme question. Vray est qu'en celuy-cy il y a quelques particularitez au faict, qui font recognoistre que la question n'y a pas esté si absolument iugée qu'elle a esté au precedent. Le faict estoit, que le testateur institué son posthume, & s'il decede, il luy substitué son frere, pour iouir plainement, & en tout droict, des biens dudit testateur. Ceste substitution estoit compendieuse, car le testateur n'auoit pas dit, Si mon posthume est mon heritier, & qu'il decede en pupillarité, ie luy substitué mon frere : mais il a dict simplement, S'il decede. Ledit posthume decede en pupillarité, *viua matre*, laquelle faict les mesmes demandes que celles qui ont esté representées en l'Arrest precedent, & pour les mesmes raisons y desduictes. Luy estoit aussi respondu par le substitué, par les mesmes moyens qui y ont esté desduicts, mais adioustoit ce qui est de particulier en la disposition du testateur au faict dont est question, qui est qu'il auoit dict expressément, Pour iouir des biens par le substitué, *pleno iure*, & en tout droict, qui s'entendoit sans aucune detraction, ny de quarte, ny de legitime, suiuant l'aduis de Bart. en son conf.15. Ioinct aussi que les Docteurs qui resoluent que *mater excluditur à successione filij, & à legitima per substitutionem pupillarem & compendiosam*, adioustent, *nisi aliter ex coniecturis appareat, sensisse testatorem*. Et au faict qui se presente, il appert bien que le testateur n'a eu intention, que la mere peust rien pretendre en ses biens, ayant adiousté ceste clause, *pleno iure*, & en tout droict. Par cest Arrest iugé, que la mere estoit excluse par ladite substitution, *& à successione, & à legitima*. Autre chose seroit s'il auoit esté faict quelques acquests par le tuteur du mineur, pour sondit mineur pendant sa pupillarité : car il fut remarqué par Monsieur le President Brisson en prononçant l'Arrest, qu'il n'y auoit point d'acquests, & que c'estoit tout le bien du pere : car audit cas qu'il y eust des acquests, la difficulté seroit *maioris indaginis*.

Promesse de mariage non suiuie d'espousailles, sinon peu auant
le deceds de celuy qui l'auoit faicte, & lors qu'il estoit
griefuement malade, n'est valable.

ARREST LXX.

CAIVS auoit entretenu long temps vne femme; luy ayant baillé promesse signée de luy & non d'elle, qu'il la prenoit à femme, *per verba de præsenti*, & promettoit de l'espouser. Estoit ceste promesse encores signée de deux tesmoins. Il tombe malade: pendant ceste maladie, le iour mesme qu'il eut l'Extreme onction, il fut marié auec ceste femme. Cinq ou six iours auparauant il auoit fait son testament, par lequel il luy auoit fait quelque legs de deux cens escus, & de quelques meubles, ne l'appellant sa femme, mais simplement par son nom. Deceda cinq iours apres auoir esté marié. Il n'auoit eu aucuns enfans de ceste femme. Apres son deceds elle demande contre les heritiers du defunct, partage de la communauté du defunct & d'elle, se disant sa femme au moyen de ladite promesse, & de ce qu'elle l'auoit espousé. Les heritiers remonstrent que pour ce qui estoit de la promesse, qu'elle estoit nulle, & par les Arrests l'on auoit declaré telles & semblables promesses nulles, suiuant l'Ordonnance de Blois conforme au Concile de Trente, qui auoit esté receu & publié en France pour ce qui est des mariages clandestins. Aussi que le defunct n'auoit creu qu'elle se peust ayder de ceste promesse, luy ayant faict vn legs : ce qu'il n'eust peu faire si elle eust esté sa femme, la Coustume de Paris estant prohibitiue de tous aduantages entre mary & femme, sinon par donation mutuelle. Et, d'ailleurs, que ceste promesse n'estoit reciproque. Quant aux espousailles, qu'estans faictes dans le lict, le defunct estant griefuement malade, que c'est le cas de la loy *filia meæ agra & emancipata. sol. matr.* que c'estoit contre l'honnesteté publique : qu'il en aduiendroit de grands inconueniens s'il estoit permis de faire des mariages comme cela : que le Sacremet seroit mesprisé. Quand l'on contracte mariage, il faut estre capable de le consommer, par ce qu'au Sacrement de mariage

l'on y considere *bonum sacramenti*, qui est le consentement , &
les solemnitez; *bonum fidei*, qui est la mutuelle fidelité des conjoincts; *& bonum prolis*. Ce qui ne pouuoit estre en ce mariage au
temps qu'il a esté contracté. Ioinct qu'il n'y auoit aucune publication de bancs, comme il est requis par ledit Concile de Trente , & par ladite Ordonnance. La femme repliquoit , qu'il falloit considerer sa bonne foy, par la promesse qu'elle auoit du
defunct , laquelle par la constitution Canonique eust peu seruir aux enfans, si elle en eust eu , pour les rendre legitimes , au
chap. *referente* , & au chap. *ex tenore. ext. qui filij sint legit*. Mais
qu'outre cela *matrimonium erat subsequutum* , qui est vn autre
moyen de rendre des enfans legitimes; lequel encores qu'il ait
esté contracté par le defunct auec elle, peu de temps auant son
deceds; qu'il ne faut considerer ceste solemnité de mariage, &
ces espousailles, comme si le defunct eust espousé en l'estat auquel il estoit, vne femme, laquelle ne luy eust point auparauant appartenu, & qui n'eust point esté sa femme; car en ce cas
il y auroit lieu d'entrer en toutes les considerations qui ont esté
remarquées par les heritiers du defunct. Mais au faict qui se presente , le defunct non seulement a peu, mais il a deub solemni-
ser le mariage , qu'il auoit contracté auec elle, pour descharger
sa conscience; ayant esté, comme l'on peut croire, conseillé de
ce faire par ceux qui l'assistoient pour l'asseurer en ce qui concernoit le repos de sa conscience; En telle sorte que s'il eust vescu,
& qu'il fust reuenu en conualescence, l'on ne pourroit pas dire,
qu'il en eust peu espouser vne autre, ayant contracté vn vray
mariage auec elle , qui l'obligeoit de luy garder la foy. Estant
considerable, que tels mariages *que subsequuntur* apres vne habitation illicite entre deux personnes, ont vn effect retroactif
pour rendre ceste conjonction, d'illicite qu'elle estoit, legitime : *cap tanja est vis matrimonij. ext. qui filij sint legit. Bart. l. bonorum. rem ratam hab*. Que si cela est entre des personnes de ceste
qualité, & qui ont vescu impudiquement; *quanto magis*, ayant
le defunct & elle vescu *affectu maritali?* puis que les Canonistes
disent, que la constitution Canonique, qui porte que *liberi sunt
legitimi per subsequens matrimonium* , a principallement lieu ,
quand ceux qui solemnisent le mariage, ont vescu, comme
mary & femme. Et de faict l'on a tenu au Palais, auant que les
Arrests ayent esté si precis, que le Concile de Trente, qui declare le mariage clandestin, nul, ne s'entendoit pas *pro dissolu-*

tione matrimony, mais qu'il le falloit solemnifer de nouueau, par ce que le Concile frape d'anatheme, ceux qui difent que le mariage clandeftin n'eft vray mariage ; mais pour les abus & inconueniens, qui tournent *in difpendium animæ*, à caufe des adulteres qui fe commettent, il veut eftre obferué des formes, fans lefquelles lefdits mariages ne peuuent mefme eftre dicts mariages clandeftins, ains *præfumpta matrimonia*, & habitations illicites. Par Arreft en la mefme prononciation de la Pentecofte 1591. la femme eft priuée de ladite communauté, & à elle deliurance faicte de fes legs.

La mere fuccede aux deniers prouenus du rachapt d'vne ren-
te appartenante à fon mary, d'acqueft faict auant le
mariage, quand l'enfant decede apres le pere,
auant le remploy.

ARREST LXXI.

PAR contract de mariage, il eft conuenu entre les conioincts, que fi aucune rente appartenante à l'vn ou à l'autre des conioincts, eft racheptée pendant le mariage, les deniers du rachapt feront reprins, aduenant la diffolution du mariage, fur la communauté, au profict de celuy, auquel la rente racheptée appartenoit. Comme auffi aduenant qu'il ait efté vendu quelques heritages propres à eux appartenans, que fi le remploy n'en eft faict, qu'il fera reprins fur ladicte communauté, fuiuant la Couftume de Paris. De ce mariage y a vn enfant. Eft aduenu que l'on a rachepté vne rente appartenante au mary pendant ledict mariage ; lequel mary decede, laiffant fa veufue, & ledict enfant, lequel decede quelque temps apres, n'ayant efté lors de fon deceds ladicte rente remployée. Il laiffe fa mere heritiere des meubles & acquefts, & fes parens collateraux heritiers de fes propres. Lefdits heritiers collateraux font appeller la mere, pour voir dire qu'ils reprendront fur la communauté le fort principal de ladite rente, fuiuant la conuention portée par ledit contract de mariage conforme à ladite Couftume. La mere fe defend, & dict, que lors du deceds de fon fils, le remploy de la-

dite rente ne s'eſtant trouué faict, qu'ils n'en peuuent demander le principal, par ce qu'ils demandent des deniers, leſquels
eſtans meubles, ils luy doiuent appartenir, puis qu'elle eſt heritiere des meubles de ſon fils; eſtant certain que la ſtipulation
du remploy, n'eſt qu'vne ſimple deſtination, laquelle ne change la nature du meuble en immeuble, *l. vnica. S. accedit. Cod. de*
rei vxoriæ act. & l. mouentium. de verb. ſignif. pour faire que *ſi pro-*
miſſum aux heritiers des propres, au preiudice des heritiers des
meubles; s'il n'eſt ſtipulé expreſſément, que l'employ ſe fera
pour ſortir nature de propre à ceux qui ſont du coſté & ligne:
car en ce cas l'on a par les Arreſts affecté l'employ au profict des
heritiers des propres, *quia illis fuit ſtipulatum*: & faut qu'auec la
deſtination, il y ait ſtipulation au profit des heritiers des propres
pour faire tenir lieu de propre à vn meuble, ou bien qu'il y ait
realiſation, & ſpecialle aſſignation ſur le bien de celuy qui eſt
tenu de faire le remploy. *Tum* qu'il eſtoit côſiderable que la rente racheptée eſtoit acqueſt au pere, & non de ſon propre. Et
d'ailleurs, qu'il n'y a plus d'intereſt pour le mineur, à l'eſgard
duquel le remploy pourroit eſtre fauorable: mais eſtant decedé, ſa faueur ceſſe, ſuiuant la loy *per procuratorem. de acquir. he-*
red. vbi bona mutatione perſōe caſtrenſia eſſe deſinunt. Les heritiers
repliquoient, que ſi ce que pretendoit la mere du defunct mineur auoit lieu, ce ſeroit vne ouuerture à ceux qui pourroient
ſucceder à des mineurs, de ne point faire de remploy, combien
qu'ils y fuſſent obligez, eſtans leurs tuteurs; comme au fait qui
ſe preſente, la mere eſtoit tutrice de ſon fils, laquelle partant
deuoit faire le remploy, lequel elle debat elle meſme. Que fru-
ſtratoirement le remploy ſeroit ſtipulé, s'il ne ſe faiſoit par effect. De dire que ladite rente n'eſtoit propre au pere du mineur,
ains acqueſt, (qui eſtoit vne conſideration de laquelle la mere
faiſoit grand eſtat,) que c'eſtoit choſe peu conſiderable, par ce
que ledit acqueſt eſtoit faict par le pere auant ſon mariage, &
par conſequent qu'il eſt tenu comme propre à l'eſgard de l'enfant: car l'on ne peut deſnier qu'il ne ſoit touſiours vray que ledict acqueſt a eſté faict propre à l'enfant, auquel en tout euenement la mere ne ſuccederoit que par vſufruict, ſuiuant l'article 314. de la Couſtume de Paris; & la proprieté en appartient
aux heritiers des propres. Qu'il y auoit vne queſtiõ dans *Ioan-*
nes Galli, qui eſt la premiere, laquelle faict voir, que par de
grandes raiſons de droict ledit Galli a eſté induit au faict de ſa

queſtiõ qui approche fort de celle-cy, d'eſtre d'aduis, que les deniers prouenās d'vn heritage deuoient appartenir aux heritiers des immeubles, & non aux heritiers des meubles. La mere reſpondoit à cela en vn mot, que la Couſtume parle des rentes ou heritages qui ſont en nature, & non de l'employ de deniers en rentes ou heritages : car pour ce regard il faut ſuiure vn autre article de ladite Couſtume, qui porte que les pere & mere ſuccedent à leurs enfans, aux meubles & acqueſts : partant que leſdicts deniers eſtans meubles, luy doiuent appartenir. Par Arreſt prononcé à la Noſtre Dame d'Aouſt 1591. la mere eſt abſoute de la demande des heritiers.

Le contraire a eſté iugé par ceſt Arreſt, de ce qui a eſté iugé par le precedent Arreſt, à cauſe que la rente racheptée eſtoit propre au mary au faict du preſent Arreſt.

ARREST LXXII.

LA meſme prononciation, il a eſté prononcé vn Arreſt, auquel les meſmes moyens eſtoient deſduicts qu'au precedent, le faict eſtant pareil, fors en vne particularité, qui eſtoit que la rente qui auoit eſté racheptée, eſtoit propre au pere, & au precedent elle eſtoit acqueſt. Et pour faire ceſte diſtinction, & entendre ſurquoy l'vn & l'autre Arreſt auoit eſté donné, & qu'ils n'eſtoient contraires, ils ont eſté prononcez enſemble, ainſi qu'aduertit Monſieur le Preſident Briſſon, qui a prononcé l'vn & l'autre, parce que par ceſtuy-cy, l'on a iugé tout le contraire de l'autre : que les deniers du ſort principal & rachapt de la rente appartiendroient aux heritiers, & qu'ils ſeroient par eux prins ſur la communauté. *Nota* que ces deux Arreſts ſont notables pour les remplois de ce qui a eſté vendu ou rachepté pendant le mariage, des biens des conioincts. Car quant aux employs de deniers en heritages, ou rentes qui ſe ſtipulent en contracts, il y aura des Arreſts qui ſeront inſerez cy apres, qui reglent leſdits employs, & ceux-cy reglent les remplois. Il faut encores noter que ce dernier Arreſt n'eſt contraire à celuy qui
a eſté

a esté inseré cy dessus , prononcé à la Pentecoste 1581 par lequel il a esté iugé que la mere succederoit au rachapt d'vne rente propre au pere, son fils estant decedé auant le remploy, parce qu'au faict dudit Arrest, le rachapt estoit faict apres la dissolution du mariage, & sic hors le temps de la stipulation du remploy; & celuy-cy est donné pour vn rachapt faict pendant le mariage, conformément à la stipulation du remploy.

La femme succede en proprieté à ce qui est venu d'elle à son enfant, encores que le pere en eust eu don de sa femme.

ARREST LXXIII.

PAR contract de mariage est conuenu, que les propres & acquests de la femme entreront en communauté : & que si elle predecede, qu'vne partie appartiendroit à son mary : & si elle suruiuoit , & qu'il y eust enfans, que les enfans succederoient à ceste moitié à leur pere : & où il n'y auroit enfans, qu'elle iouïroit par vsufruict de ceste moitié. Le mary estant decedé auant la femme , laisse vn enfant qui decede aussi auant la mere, laquelle veut succeder à son fils , à ceste moitié , par ce qu'elle vient d'elle , & que *iure reuersionis* elle y doit succeder par la Coustume article 313. lequel est conforme à la disposition de droict *in l. constitutionis noua capitulum , & l. quod scitis. Cod. de bon. qua lib.* Les heritiers collateraux disent qu'elle a donné elle-mesme la loy à sa disposition par son contract de mariage , & qu'elle a voulu, s'il n'y auoit enfans, qu'elle ne iouïroit de ce qu'elle auoit donné que par vsufruict. Que son fils estant decedé , elle viuante, qu'elle ne peut auoir que l'vsufruict , estant vray de dire qu'il n'y auoit plus d'enfans. Elle replique que le cas n'est aduenu , auquel elle ne s'est reserué que l'vsufruict ; qu'il y a eu des enfans, que *suffcit semel extitisse* , pour luy auoir faict ouuerture à la succession de son fils , suiuant la loy *filiusf. §. cùm quis. de leg. 1.* Qu'il est vray de dire que ceste moitié a appartenu à sondict fils , suiuant sa disposition ; & ne se peut dire que *deficientibus liberis, res eò redierit* , comme s'il n'y en auoit iamais eu , ainsi qu'il appert par la loy *posthumus. de iniuste, rupto,*

V

& irrito test. Car cela s'entend quand l'on n'a consideré que la faueur des enfans, comme en la loy *si vnquam. Cod. de renoc. donat.* Bartole & les Docteurs sur icelle : mais au fait particulier la clause des enfans se doit interpreter auoir esté aussi bien apposée en sa faueur d'elle donatrice, le cas suruenant tel qu'il est suruenu, comme en la faueur des enfans, ainsi qu'il est dict en cas pareil *in l. cùm vxori. Cod. quando dies legati cedit :* & que c'est à elle à interpreter son intention, suiuant la loy *si quis ambigua. de iudic. Tum casus omissus remanet in dispositione iuris. l. commodissimè. de lib. & posth.* Atqui de iure elle doit succeder à son fils aux biens qui sont venus d'elle, comme il a esté dict cy dessus. Et pour vray il ne seroit pas seulement iniuste, mais il seroit cruel, d'interpreter contre elle sa disposition, & la tirer en vn cas auquel elle n'a iamais pensé. Elle a exprimé le cas auquel elle entendoit se retenir seulement l'vsufruict de ce qu'elle donnoit; il n'est pas aduenu, & l'on le veut tirer en vn cas auquel l'on luy veut faire croire, qu'elle doibt estre priuée de la succession de son enfant, à laquelle elle n'a iamais entendu renoncer, & ainsi faire operer vn acte *contra mentem agentis*, contre la disposition de droict, qui dict, que *actus agentium non debent operari contra mentem eorum, l. non omnis. si certum pet.* Elle a bien dict que s'il n'y auoit enfans quand son mary decederoit, qu'elle ne se retenoit que l'vsufruict. Atqui il y auoit eu vn enfant lors dudit deceds ; à la succession duquel elle n'a renoncé : comment doncques luy peut-on oster ladite succession ? Car il est question de cela, de sçauoir si elle a renoncé à la succession de son fils : ce que l'on ne peut dire auoir iamais faict. En vne substitution qui est faicte, *si sine liberis*, l'institué ayant laissé des enfans lors de son deceds, si par apres ils decedent, le substitué sera-il receuable à pretendre les biens en vertu de la substitution ? Cela ne fut iamais dict ; car l'existence des enfans lors du deceds a faict cesser la substitution en ceste loy *filiusfam. §. eùm quis. de leg.* 1. Les heritiers respondent à cela, qu'il ne faut trouuer si estrange leur demande, puis qu'il paroist qu'elle a voulu par ledict contract de mariage que les heritiers collateraux de son mary eussent la proprieté de la moitié de son bien, si elle n'auoit point d'enfans. Ce qu'elle pourroit doncques pretendre, ce seroit de iouir pendant sa vie de l'vsufruict de ladicte moitié, & non de la proprieté. Car il faut bien prendre garde que ce n'est pas le temps du deceds du mary, qu'il faut considerer, pour

sçauoir si elle se doibt contenter de l'vsufruict ; mais son deceds
d'elle, s'il se trouue que lors de son deceds, elle n'ait point d'enfans, par ce qu'elle dispose de moitié de ses biens par ledit contract, & s'en reserue l'vsufruict, si elle n'a enfans. Ce qui s'entend pour en ioüir iusques à son deceds, la proprieté appartenant aux heritiers de son mary. Tant y a, elle a donné à son mary la moitié de ses biens. Voila doncques le mary proprietaire
de ceste moitié, laquelle partant il eust transmise à ses heritiers
dès lors de son deceds, si ce n'est qu'elle fait par sa donation la
distinction des heritiers de son mary, à sçauoir que ses enfans,
s'il y en auoit de ce mariage, succederoient en plaine proprieté
à sondit mary en ladite moitié : que s'il n'y en auoit, ou qu'ils
vinssent à deceder, que la proprieté seroit transmise aux heritiers, tant dudit mary, que des enfans qui seroient decedez, l'v-
sufruict luy demeurant. Tout ce qu'elle dict, c'est qu'elle a succedé à son fils, qui est issu dudit mariage, & qui a suruescu son
pere ; que c'est vn droict qui luy est suruenu, auquel elle n'a pensé, quand elle a faict sa disposition, & qu'elle n'a partant entendu y renoncer. Pour resoudre ceste difficulté, qu'il ne falloit
que voir l'article 314. de la Coustume de Paris, qui porte par exprés, que les pere & mere succedent seulement par vsufruict,
aux biens delaissez par leurs enfans, qui leur estoient aduenus
par le deceds de l'vn d'eux ; & apres le deceds desdits enfans y
succedent les plus proches parens desdits enfans. La mere respondoit que la mesme Coustume satisfaisoit à l'objection desdits heritiers en l'art. precedant celuy duquel ils se vouloient
seruir ; par ce que l'article 313. porte que les pere & mere succedent à leurs enfans aux biens qui sont venus d'eux. Qu'on ne
peut desnier que ce dont est question ne soit venu d'elle, l'ayant
non seulement donné à son mary, mais aussi à ses enfans ; ayant
declaré qu'elle vouloit que ses enfäs l'eussët apres le deceds du
pere : & en quelque sorte que ce soit, qu'estant venu d'elle, & par
elle, tät au pere qu'à l'enfant, qu'il ne falloit considerer s'il auoit
esté premierement donné au pere pour le presumer tenir lieu
de bien paternel à l'enfant, mais qu'il falloit considerer *vnde pro-*
fectum, qui est d'elle, pour le reputer maternel à l'enfant ; & par
consequent pour y pouuoir succeder par elle à son fils, suiuant
ledit article 313. C'est ce qui est dict en la loy *etiam. Cod. de donat.*
inter virum & vx. & en la loy *Quintus. Dig. eodem,* que *donatum à*
marito vxori, videtur profectum à patre, si filij succedant matri : nec

mutant data à patre matri naturam profectitiorum. l. cùm aljs. Cod. de nupt. & l. si liqueat. Cod. de inoff. donat. Et si l'on le vouloit retirer par retraict lignager, il faudroit estre parent du pere, comme il a esté iugé par les Arrests de la Cour, pour les sieurs de la Benestaye & de Malicorne. Par Arrest à la mesme prononciation iugé que la mere succedera en proprieté à ceste moitié qui estoit venuë par sa liberalité à son fils.

Ce qui est acquis par l'vn des enfans de son coheritier, apres partage, est acquest, auquel la mere succede: mais la rente que deuoit celuy qui a acquis pour le prix de l'acquisition est propre, & n'y succede la mere.

ARREST LXXIIII.

LE sieur de Mailly delaisse cinq enfans apres son deceds, & sa femme suruiuante. Partage se faict entre lesdits enfans; la terre d'Autueil escher à deux desdits enfans masles, à l'aisné, & à vn autre des puisnez. L'aisné pour auoir toute la terre baille en eschange à son frere pour sa part, cent escus de rente. Depuis il rachepte partie de ladite rente, & n'en reste que deux cens cinquante liures qu'il constituë sur luy. Aduient que l'vn & l'autre decedent. La mere pretend qu'elle doit succeder à l'aisné, en la part de ceste terre qu'il auoit acquise de son puisné, & au puisné en la rente qui luy estoit deuë par son aisné. Les freres des defuncts soustiennent qu'elle n'y peut succeder, par ce que tout cela estoit propre aux defuncts, lequel propre ne remonte point; car pour la part en ladite terre, que l'aisné auoit euë par eschāge de son frere, ledit aisné iouissoit de l'autre moitié de son chef, & estoit ladite terre en commun, non diuisée: & partant c'estoit autāt que si ledit aisné eut succedé à toute ladite terre, en dōnant recompense à son frere; Qui est la raison pourquoy l'on a iugé par Arrest, que quand apres partage faict, les enfans eschangent les parts qui leur estoient aduenuës l'vn contre l'autre, auant que d'estre entrez en possession de leurs parts, qu'il n'est deub droicts au seigneur de fief, pour ledit eschange, comme si chacun eust succedé au pere en la part qu'il a eschan-

gée : & neantmoins le partage estoit desia faict , apres lequel il
sembloit que ceste disposition faicte entre les enfans , ne fust
plus considerable, comme vn droict successif , mais comme vn
eschange, pour lequel il est deub droicts au seigneur. En ce faict
à plus forte raison, peut-on dire , que ladite terre n'a changé de
qualité de propre, n'ayant esté diuisée entre les enfans , & auant
la diuision, ayans faict ledit eschange entre eux. Quant à la rente, qu'il n'y auoit point de difficulté , qu'estant subrogée sa la
portion hereditaire du puisné, qu'elle ne luy ait esté propre ; car
vn supplément qui se faict en argent, est reputé immeuble à celuy à qui il est faict , combien que ce ne soit que de l'argent : &
icy c'est vne rente, laquelle de sa nature est immeuble ; & peut
estre de qualité de propre, tout ainsi qu'vn heritage. La mere
repliquoit, que pour la terre l'on ne pouuoit dire qu'elle ne fust
acquest à l'aisné de ses enfans , la terre ayant esté en effect partagée , puis qu'elle auoit esté baillée par moitié aux deux freres.
Que c'est vn vray partage, quand chacun sçait ce dont il doit
iouïr , & quelle part il a en vne terre , de laquelle peuuent
dependre beaucoup de droicts qui ne se peuuent diuiser ; &
que ceste terre n'estoit propre à son mary, mais que c'estoit vn
acquest qu'il auoit faict pendant leur mariage : d'où l'on pouuoit aussi inferer que ladite rente qui auoit esté baillée au puisné, ne luy tenoit lieu de propre, n'estant subrogée à vn propre
ancien qui n'auoit faict souche, comme il appert par la Coustume de Paris, & plusieurs autres. En tout cas qu'elle en deuoit
iouïr par vsufruict suiuant l'art. 314. de ladite Coustume. A cela
respondoient en vn mot, les enfans , pour ce qui estoit de l'vsufruict, ayant desia satisfaict au reste, qu'il y auoit l'art. 230. qui
faisoit voir que les ascendans ne succedoient par vsufruict,
quand il y auoit des descendans de l'acquereur, comme au faict
qui se presente. Par Arrest prononcé à Pasques 1592. la terre
acquise par l'aisné est adiugée à la mere , à la charge qu'elle
payera à ses enfans , la rente que deuoit l'aisné à son frere.

Les ascendans succedent aux descendans à l'exclusion des
collateraux en la Coustume de Montargis, si les biens
ne sont anciens, & qu'ils ayent faict souche.

ARREST LXXV.

MARY & femme par leur contract de mariage
ameublissent tous leurs biens pour entrer en communauté. De ce mariage y a vn fils: la femme decede la premiere; partage est faict esgallement
apres son deceds, de tous les biens paternels & maternels entre le pere & le fils; lequel fils vient à deceder. Le pere pretend que tous les biens de son fils luy appartiennent, & que les oncles maternels ne peuuent rien pretendre à ce qui auoit esté propre desdits biens à leur sœur, par ce
qu'ils ont esté ameublis par le contract de mariage. Et de dire
qu'ils ont esté propres à son fils decedé, respond que par la Coustume de Montargis en laquelle les parties estoient demeurantes, & les biens assis, art. 7. du titre Des droicts de successions,
pour succeder par les collateraux, il faut estre de souche, & propre retrayable; autrement succedent les plus prochains, soit
ascendans ou autres. Que les oncles ne sont de la souche du fils
decedé, & que les biens n'ont esté faicts propres qu'en la personne du fils. Les oncles au contraire, que l'on doit considerer
en la succession du fils les lieux tels qu'ils estoient de leur premiere nature, & qualité, qui estoient anciens propres, par ce que
la conuention de l'ameublissement n'a pas peu changer la
qualité des biens pour les affecter à d'autres heritiers qu'à ceux
à qui ils doiuent appartenir selon la vraye & premiere qualité
des biens. Mais cest ameublissement a esté fait, pour faire parti-
ciper esgallement l'vn l'autre à tous les biens qu'ils auoient, en
telle sorte que les heritiers n'y perdroient rien, par ce que ce
que le mary auroit des biens de sa femme, il seroit recompensé
par subrogation par les biens qu'elle auroit de luy. Par Arrest
les biens sont adiugez au pere, sauf les droicts des enfans naiz
en secondes nopces du pere, qui s'estoit remarié, & auoit trois
enfans lors du deceds de son fils du premier lict, qui partant
estoient freres consanguins dudict fils decedé: & seroit encores

aduenu que le pere se seroit remarié en troisiesmes nopces , &
auroit en enfant, lequel apres le deceds de son pere vouloit a-
uoir part aux biens qui auoient esté adiugez à sondit pere par
ledit Arrest, estant aussi bien heritier de son pere , que les enfans du second lict. Les enfans du second lict , disent qu'ils les
pretendent, non comme estans de la succession de leur pere,
duquel ils sont heritiers, mais comme ayans deub succeder à
leur frere du premier lict esdits biens, leurs droicts leur estans
reseruez par ledit Arrest. Le fils du dernier lict , dict que ceste
reserue portée par ledict Arrest , *non tribuit illis ius*, mais que
c'est conseruer seulement leurs actions, si aucunes ils auoient ;
qu'ils ne peuuent autre chose dire que ce qu'ont dict, lors dudit
Arrest, les collateraux qui plaidoient contre leur pere, lesquels
ont esté deboutez au moyen de l'article 7. de ladite Coustume,
lequel appelle les ascendans à la succession des biens de leurs
enfans, qui ne leur estoient propres anciens & venus de souche ;
comme ceux dont est question, ne pouuoient estre dits tels, e-
stans faicts acquests à leur pere , par le moyen de ladite conuention d'ameublement. Les enfans du second lict repliquent, que *nemo sibi causam possessionis potest mutare. l. ad proba-*
tionem. Cod. de loc. & que leur pere possedant des heritages qui
luy estoient anciens propres, ne les a peu posseder comme acquest , pour aduantager ses enfans au preiudice l'vn de l'autre : cessant lequel changement de qualité de biens leur frere
du troisiesme lict, n'y pouuoit rien pretendre, ains ils leur appartiennent entierement. Et n'est raisonnable qu'on leur oste
ce qui leur doibt appartenir pour aduantager vn enfant d'vn
troisiesme lict : qui est la cause pour laquelle la Cour a faict cette reserue par son Arrest, qui n'est vne reserue d'actions , mais
vne declaration de leur droict, afin que les enfans d'vn autre lict
ne fussent aduantagez par le pere à leur preiudice. A cela le fils
du dernier lict, respond qu'il n'est nouueau, que chacun dispose de ce qui est à luy , comme bon luy semble, auec telles
clauses & conuentions qu'il luy plaist ; & que par le moyen de
telles dispositions il ne puisse aduenir que ce qui estoit de nature de propre , puisse tenir nature d'acquest. Il s'en est preseu-
té vne difficulté à l'Audience, le douziesme Mars mil six cens
douze, sur ce qu'vn pere delaissant ses biens à ses enfans, veut
que ce soit pour leur sortir nature de propre, & à leurs hoirs
de leur costé & ligne. Deux desdicts enfans se donnent par

apres les biens qu'ils auoient eu de leur pere , par donation
mutuelle, pour fortir entre eux nature d'acqueft. Vne niepce apres le deceds du dernier defdicts freres qui ioüiffoit de
tout le bien à caufe de ladite donation , pretend que les biens
du defunct luy eftoient propres ; partant qu'il n'en auoit
peu difpofer par teftament, finon iufques à la concurrence
de ce que la Couftume permettoit de difpofer des propres;
& que la conuention d'acqueft n'auoit peu changer la qualité du bien ; & partant qu'elle y deuoit auoir fa part. Iugé
par Arreft dudict iour , qu'en confequence de ladicte conuention, la difpofition faicte par le defunct tiendroit. Il y a
encores l'Arreft des Anjorants qui a iugé le mefme, que *do-
nata in linea collaterali* ; eftoient acquefts. C'eftoit l'aifné An-
jorant qui auoit donné à fon frere Prefident aux Requeftes,
vne terre qui luy eftoit propre. Le donataire en difpofe comme d'vn acqueft. Iugé que c'eftoit acqueft, & qu'il en auoit
peu difpofer. *Idem* iugé pour les Chaftillons , par Arreft du
neufiefme Feurier mil fix cens dix. Partant qu'il n'y a point
d'inconuenient, que lefdicts biens adjugez à leur pere par Arreft de la Cour , ayent tenu nature d'acqueft au fils du premier lict , à caufe de la conuention portée par ledict contract
de mariage , que les propres du mary & de la femme entreroient en communauté ; fans que les enfans du fecond lict
foient receuables , ny bien fondez de pretendre qu'ils fuffent
propres audict fils , leur frere du premier lict ; comme eftans
venus d'vn propre ancien paternel, & maternel. Par Arreft prononcé à la Pentecofte mil cinq cens quatre-vingts douze ; il eft
ordonné que les enfans tant du fecond , que troifiefme lict ,
fuccederont efgallement à leur pere efdicts biens .

Teftament

Testament confirmé , auquel n'y auoit que six tes-
moins, & vn Notaire, faict à Auignon , en-
cores qu'il fust faict par vn mineur,
au profit de son tuteur.

ARREST LXXVI.

'A N 1532. vne femme nommée Seruier faict son
testament, par lequel elle institué Laurent du Mas,
& Magdelaine Seruier sa niepce, & chacun d'eux
solidairement : & en cas qu'ils, ou l'vn d'eux decede sans enfans en loyal mariage, veut que les biens
appartiennent moitié à ses parens, moitié à ceux de son mary:
prohibe d'aliener. Deux iours apres ce testament lesdits du Mas
& Seruier sont mariez. Ladite Seruier vient à deceder sans enfans : ledit du Mas se remarie ; a vn fils nommé Pierre , auquel
apres le deceds du pere est esleu tuteur Iean Pierret. En l'an
1559. ledit Pierre du Mas faict vne donation à cause de mort, de
tous ses biens à Pierre le Maistre, veut qu'elle sorte son effect,
s'il ne la reuoque expressément. L'an 1577. estant allé à la guerre, il fait son testament à Auignon en la presence de six tesmoins
& d'vn Notaire ; institue ledit Pierret son tuteur, & qui estoit
son cousin, ensemble l'Hospital de Saincte Marthe d'Auignon,
chacun pour moitié , & reuoque toutes autres dispositions par
luy faictes. Le Maistre se met en possession des biens dudit du
Mas, apres son deceds. Ledit Pierret le faict appeller pardeuant
le Seneschal de Lyon pour se voir condamner à luy en laisser la
possession vuide, & vacué, attendu qu'ils luy appartiennent, au
moyen dudit testament, qui reuoque la donation à cause de
mort dudit le Maistre. De la part dudit le Maistre il est soustenu
que ledit testament est nul en la forme, n'y a que six tesmoins :
Bald. in l. filius, Cod. de suis & legit. dict que *nihil addi , aut de-*
trahi potest forma essentiali testamenti. Bart. l. nemo, de leg. 1. *forma*
quædam est probatoria , quæ remitti potest ; alia essentialis , quæ non
potest. Au fonds, ledit du Mas estoit mineur, en puissance dudit
Pierret, & que le testament est contre l'Ordonnance. *Secundò,*

X

dict qu'il est en possession, en vertu d'vne donation à cause de mort, non reuoquée specialement. *Tertiò*, ledit du Mas n'auoit rien aux biens de ladite Seruier, parce qu'il n'estoit institué par elle, & n'estoit issu du mariage de ladite Seruier: que luy il estoit parent de ladite Seruier testatrice, laquelle auoit voulu, que si ledit Laurens du Mas & ladite Seruier sa niepce decedoient sans enfans, que ses parens, & ceux de son mary iouïssent de ses biens. *Quarto*, quand ledict Pierre du Mas eust peu pretendre quelque chose esdits biens, il en seroit priuable pour auoir alièné contre la volonté de ladite testatrice. Pierret au contraire disoit que le testament estoit bon en la forme, par ce que le Notaire faisoit le septiesme tesmoin, *l. Domitius. de test. Tum* la constitution Canonique du chap. *cum esset. de test.* a lieu à Auignon; qui veut qu'en tous actes, deux ou trois tesmoins suffisent. Au fonds l'Ordonnance qui defend de donner aux tuteurs par les mineurs, s'entend s'ils ne sont parens, & capables d'estre heritiers *ab intestat. Tum* l'Ordonnance est faicte contre la suggestion des tuteurs : ce qui ne peut estre au faict qui se presente, par ce que ledict tuteur estoit à Lyon lors dudict testament. *Ad secundum*, la reuocation estant faicte generallement par ledit testament de toutes dispositions, suffit ; *quia quod in genere reuocatur, speciem comprehendit. l. 2. de lib. & posth. maximè*, quand il n'y a qu'vne disposition seule. *Ad tertiam*, que ledit Pierre du Mas *erat in conditione, & in dispositione* audit testament, par ce qu'il y a difference, *inter mentionem factam à viro & vxore, liberorum, & inter mentionem factam ab extraneo; quia mentione facta à viro & vxore, tantùm intelligitur de liberis illius matrimonij. l. cùm vir. l. si vir. l. sed si. de condit. & dem. Si ab extraneo*, les enfans des autres mariages y sont comprins, *l. si mihi. de leg. 1. l. placet. cum sequentibus. de lib. & posth. Tum* elle auoit dict, s'ils decedent sans enfans, ou l'vn d'eux : ce qui n'estoit aduenu, ledit Laurens ayant eu des enfans. *Ad quartum*, la prohibition d'aliener ne s'estend qu'aux instituez, & non aux heritiers des instituez. *l. Lucius. de leg. 3. l. qui liberis. §. hæc verba. de vulg. Bald. cons. 272.* Le Maistre replique que le nombre des tesmoins est de la forme essentielle, *& sic* que le Notaire ne la peut suppleer. Que la reuocation generale *est generaliter interpretanda. l. 1. §. generaliter. de legat. præst.* Guido Pape decis. 11. Iugé par Arrest pour Damoiselle Ieanne Regnier le vingtiesme May mil cinq cens quatre vingts vn, qu'il faut derogation

expreſſe : & bien que ledict tuteur fuſt heritier *ab inteſtat*, ſi
eſt-ce que l'Ordonnance rend ladicte diſpoſition nulle, *l. non
dubium. Cod. de legibus. l. vnica. Cod. ne fideiuſſores dotium dentur* : car l'acte reſiſte à la loy. Il eſt tellement nul, que *nulla
obligatio ex eo oritur. l. penult. de inuſto, rupto, & irrito teſt.* Que
ledict Pierre du Mas n'eſt aucunement comprins audit teſtament, par ce que la teſtatrice a entendu parler des enfans iſſus
du mariage de ſa mere, par la preſomption de la loy *cùm pater.
de leg.* 2. & non *de alio matrimonio. l. nec auus. de condit. & dem.
l. cùm acutiſſimi. Cod. de fideic.* Que ſi la prohibition ne s'eſten-
doit au ſubſtitué, il s'enſuiuroit vne abſurdité, que ceux qui
ſont inſtituez, & qui ſont *predilecti*, ſeroient de pire condition
que ceux qui ſont *minùs dilecti*, contre la diſpoſition de la loy
viua matre. Cod. de bonis mater. Charles Papon interuient au
procez, comme ayant les droicts de l'Hoſpital de Saincte Marthe, & pretend qu'il doibt auoir tous les biens, par ce que le
Maiſtre n'y a rien par les raiſons deſduites contre luy. Et quant
au tuteur, que n'y ayant auſſi rien par les moyens deſduits contre luy, que ſa part luy doit accroiſtre, *quia emptori hereditatis
eadem iura competunt, quæ heredi. l. 1. de reſcind. vend. quia in iure accreſcendo res, non perſona ſpectatur. l. interdum. de vſufr. accreſc.
l. ſi totam. de acq. hered.* Par ſentence du Seneſchal de Lyon tous
les biens ſont adiugez audit le Maiſtre, auec reſtitution de
fruicts depuis conteſtation en cauſe. Appel par Pierret. Par Arreſt prononcé à la Noſtre Dame d'Aouſt mil cinq cens quatre
vingts douze, l'appellation & ce au neant ; en emendant, leſdits biens ſont adiugez audit Pierret & au ceſſionnaire dudict
Hoſpital.

La lesion de moitié de iuste prix, en vente, n'a lieu à l'esgard
de l'achepteur.

ARREST LXXVII.

S E I vs vend à Titius vne maison vingt mil liures,
Titius pretendoit qu'il auoit esté deceu d'outre
moitié de iuste prix, & qu'il auoit achepté ladite
maison plus de moitié qu'elle ne valoit; fait appeller le vendeur pour voir casser le contract de vente
à cause de ladite lesion, si mieux il n'aime luy rendre neuf mil liures, ne vallant la maison huit mil liures, & il l'a achptée dixsept
mil liures. Seius dit qu'il n'est receuable en ceste actió; que la loy
2. Cod. de rescind. vendit. ne parle que *in venditore,* lequel pour auoir
vendu son heritage, *rem immobilem,* la moitié moins, qu'elle vaut,
& propter dolum re ipsa, qui est vne lesion meslée de deception, est
receu a faire casser le contract, si mieux l'achepteur n'aime suppléer le iuste prix. Car encores que la loy *Si voluntate. Cod. de*
rescind. vend. & la loy *In causa. §. vlt. de min.* disent, que *licet in*
emptione se inuicem decipere; neantmoins quand le vendeur reçoit
vne telle lesion en la vente de son heritage, qu'il l'ait vendu la
moitié moins qu'il ne vault, la loy presume que ceste lesion a du
dol, estant enorme, & qu'il ne faut tolerer en Iustice vne telle
deception, quand il y va de l'immeuble qui est precieux, & lequel a son iuste prix, & reçoit vne estimation raisonnable : à laquelle bien que les patties ne soiét si particulieremét astraintes,
qu'ils ne puissent, le vendeur vendre à bonne condition, & plus
que la chose ne vault en son prix ordinaire, & l'achepteur aussi
achepter moins que l'ordinaire prix : si est-ce que cela ne doit
auoir vn tel excés pour le regard du vendeur, qu'il reçoiue de la
lesion si enorme, en son immeuble, qu'il soit contraint de le
perdre à si vil prix, qu'il n'ait pas la moitié de ce qu'il vaut. Mais
quand il n'y va d'vn fonds, ains seulement de deniers, & que
agitur de re mobili, l'on ne faict estat de la lesion pour casser vn
contract de vente; la loy ne parlant que *in venditore,* pour ceste
consideration, qu'il y a bien de la difference entre vn heritage,
& vn meuble, comme est de l'argent que baille l'achepteur. Le
mineur mesme n'est restitué *in mobili,* en la loy *Et si sine dolo. de*

min. Et dict la loy, *Districtè tenendum est, in rebus quæ fortuitis casibus subiecta sunt, non esse minori succurrendum aduersus emptorem, nisi aut sordes, aut euidens gratia tutorum doceatur.* Les Docteurs mesme sont en grande doute *si dicta lex 2. habere locum in emphyteosi. Paulus de Castro in cons. 385.* Bald. sur ladite loy, Salicete & Specule. Et la raison pourquoy l'on faict difficulté d'estendre ceste loy en vn contract emphyteotique, c'est par ce que le bailleur de l'heritage n'est priué pour tousiours de son heritage; tant la consideration est grande de ne perdre vn heritage; & c'est ce qui meut la Cour de ne casser si aisément les emphyteoses des biens des Ecclesiastiques, comme les ventes, à cause du retour à l'Eglise, de son fonds. L'achepteur disoit au contraire, que l'argent *fungitur vice rerum omnium*; par ce que par l'argét l'on peut auoir des heritages: & que ce n'est *ad instar* des autres meubles, desquels l'on dict, que *rei mobilis vilis est æstimatio.* Aussi *in legato rei mobilis,* l'argent monnoyé n'est pas comprins, *l. Caius Seius, de leg. 2. l. Quintus Mutius. §. argento. l. scribit. de auro & arg. leg.* Et Iason en son cons. 65. Cela a esté iugé par l'Arrest prononcé en robbe rouge à Noël 1590. rapporté cy dessus. Si doncques l'argent achepte tout, il est en aussi grand prix & valeur que chose que ce soit, mobiliaire ou immobiliaire; & par consequent il y a pareille raison, de pratiquer ladicte loy aussi bien *in emptore,* que *in venditore*; car encores qu'elle ne parle que *in venditore,* ce n'est pas qu'elle soit faicte pour exclure l'achepteur, mais elle resoult la question qui se presentoit au faict proposé d'vne lesion de laquelle se plaignoit le vendeur: & eust respondu l'Empereur le mesme, vray-semblablement, si la question eust esté proposée *in emptore*; *quia vbi par ratio, ibi idem ius esse debet. l. licet orationis. de excusat. tut.* estant notoire en droict que tout est esgal en vn contract de vente pour l'achepteur, aussi bien que pour le vendeur: ce qui est conuenu pour l'vn, a lieu en l'autre. Et c'est ce que dict la loy *si tibi. §. pactum conuentum. de pact.* que *pactum cum venditore est validum in emptore, etiam si in personam venditoris sit conceptum.* Si doncques le vendeur dict, qu'en vne telle lesion d'outre moitié de iuste prix, il y a du dol, l'achepteur le peut dire aussi pour luy; & par consequent qu'il y a lieu de rescinder le contract, par ce que la loy *Iulianus. §. si venditor. de act. empti,* passe plus auant, & dict que *si dolus dederit causam contractus bonæ fidei,* qu'il est nul *ipso iure*; & ce dol doit operer vn pareil effect pour l'vn, que pour l'autre des contractans, n'estant non plus permis au vendeur de trôper, qu'à l'achepteur, encores que le dol ne fust *ex proposito*, mais vn dol *re ipsa*, à cause de la lesió enorme, comme au fait qui se presente, cóbien que l'achepteur auroit occasion de pretédre que le vēdeur *non longè abesses* du dol personnel, luy qui sçait la vraye valeurde la chose qu'il vend son reuenu à quoy elle est subjecte, & quelle charge & hypotheque il y a ce que l'achepteur ne peut sçauoir, & neantmoins l'a vēduë deux fois plus qu'elle ne vaut, & pardelà; lequel dol ne peut tó-ber en l'achepteur, lequel acheptant vn heritage moitié moins qu'il ne vaut, ne peut iamais estre argué de dol personnel, n'ayant cognoissance de la chose venduë, comme a le vendeur de sa valeur, de sa bonté, de son vray reuenu, des commoditez qu'elle peut auoir. C'est pourquoy l'on dict en commun pro-uerbe, qu'il y a plus de fols acquereurs que de fols vendeurs. Les Canonistes en matiere de ventes disent qu'il faut conside-rer en chaque chose trois prix, le plus haut, le mediocre, & le plus bas; qu'il est loisible d'achepter, ou de vendre à ces trois prix : mais si l'on vend ou que l'on achepte *citra rei pretium*, ou par dessus le plus haut prix, ou que l'on vēde au dessous du plus bas prix, la vente ne peut tenir, estant le contract vsuraire. Qui est vne autre raison de la rescision du contract, auquel il y a lesion d'outre moitié de iuste prix, qui est qu'il y a de l'vsure. Arrest en la mesme prononciation, par lequel le vendeur a esté absoult de la demande de l'achepteur. La datte de cest Arrest est mal cottée dans Chenu qui le rapporte en sa question 75. il le datte de la Nostre Dame de Septembre, il est de la Nostre Dame d'Aoust.

Vn testateur malade de peste, ne peut reuoquer vn testament
solemnel, par vn testament non solemnel.

ARREST LXXVIII.

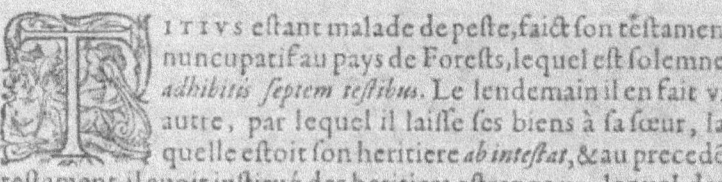 ITIVS estant malade de peste, faict son testament nuncupatif au pays de Forests, lequel est solemnel *adhibitis septem testibus*. Le lendemain il en fait vn autre, par lequel il laisse ses biens à sa sœur, la-quelle estoit son heritiere *ab intestat*, & au precedēt testament il auoit institué des heritiers estrangers : lequel der-

nier teſtament n'eſtoit ſolemnel, d'autant que des ſept teſmoins il y en auoit deux qui ne parloient de l'inſtitution; & ſi entre leſdits ſept teſmoins, il y auoit vne fille. Apres le deceds du teſtateur, ſe meut differend entre les heritiers inſtituez par l'vn & l'autre deſdits teſtamens. Les heritiers inſtituez par le premier teſtament diſoient, que le teſtament faict à leur profict, eſtoit ſolemnel; que le ſecond par lequel il eſtoit reuoqué, eſtoit nul, defectueux, & imparfaict, le nombre des teſmoins requis par le droict eſcrit, n'y eſtant pas Qu'encores que le teſtateur fuſt decedé de peſte, que neantmoins il eſtoit requis le nombre entier des teſmoins, ſuiuant la loy *caſus. de teſt.* laquelle dict bien, que le teſtateur eſtant malade de peſte, l'on relaſche quelque choſe de l'eſtroitte obſeruance de ce qui eſt requis de droict pour la ſolemnité d'vn teſtament, comme de changer de teſmoins, mais non pour diminuer le nombre; lequel bien qu'il fuſt entier au ſecond teſtament, ſi eſt-ce qu'y en ayant deux qui ne parlent de l'inſtitution, c'eſtoit tout ainſi que s'il n'y en euſt eu que cinq; car tout le reſte en vn teſtament n'eſt rien, ſi l'inſtitution n'eſt certaine, *quia inſtitutio heredis eſt fundamentum teſtamenti* en droict eſcrit. *Tum* y ayant des ſept teſmoins vne fille, elle ne doit eſtre comptée, par ce que les femmes ne ſont receuës de droict pour teſmoins en vn teſtament. Que tout cela eſtoit vulgaire en droict, *& ſic* que ce teſtament eſtant imparfaict, il n'a peu reuoquer vn teſtament parfaict & accomply de toutes ſes formes, auquel l'on a bien trouué le nombre de teſmoins requis de droict & qui ſont de la qualité requiſe, encores que le teſtateur fuſt auſſi bien lors malade de peſte quand il l'a faict, que quand il a faict le ſecond. Que la raiſon pourquoy l'on remet quelque choſe des ſolemnitez en vn teſtament de celuy qui eſt malade de peſte; c'eſt pour ce que l'on ne peut trouuer aiſément des teſmoins qui ſe mettent au hazard de telle maladie, mais au fait qui ſe preſente, que ceſte conſideration ceſſe. Au contraire les heritiers inſtituez par le ſecond teſtament, diſoient qu'il eſtoit auſſi bien permis à vn homme malade de peſte, de changer ſon teſtament iuſques à la mort; qu'à vn autre, *vt maximè eſt liberum, quod nunquam redit arbitrium.* Que le teſtateur pour rappeller ſes heritiers *ab inteſtat*, auoit voulu reuoquer ſon premier teſtament; qu'il eſtoit loiſible à vn teſtateur par vn teſtament imparfaict d'inſtituer ceux qui ſont ſes heritiers *ab inteſtat*, ſuiuant la loy *hac con-*

sultissima. §. *si quis autem. Cod. de test.* qui y est expresse, & dict
que en ce cas suffisent cinq tesmoins. *Tum in rustico* suffist qu'il
y ait cinq tesmoins. *l. vlt. Cod. de test.* Que le testateur estoit de
ceste qualité, & le testament faict aux champs. D'ailleurs, que
la maladie du testateur, *potuit deterrere testes propter iustum metum
mortis*, encotes qu'il s'en soit trouué nombre suffisant au premier; car ceux-là ne pouuoiét estre prins en ce second testamét,
& n'eussent voulu y assister; de sorte qu'il a esté mal-aisé d'en
trouuer tant d'autres qui ayent eu la mesme resolution. Qu'il
y a des cas en droict, ausquels pour la consideration de la crainte de la mort en vne telle maladie, *receditur* des reigles estroites.
Bart. in l. de etate. ad Treb. dict que *pestis est iusta causa non com-
parendi in iudicio*, & Panor. *in cap. propter. de loc.* dict que *propter pestem superuenientem potest inquilinus dimittere domum condu-
ctam.* Et en la Clem. premiere *de Simonia*, il est dict que *pestis
est morbus acutissimus qui alios morbos magnitudine superat :* & pour
cela les Docteurs disent que *argumentum de bello ad pestem*, *valet. gl. in pragmat. sanct.* §. 1. *in verbo, hostilitatis. de pacif. possess.*
Par sentence du Seneschal, & depuis des Presidiaux de Lyon
le testament premier est confirmé. Appel. Par Arrest prononcé
à la Pentecoste mil cinq cens quatre vingts treize, la sentence
est confirmée.

---

*Les enfans de la fille qui a renoncé, ne peuuent venir à
la succession de l'ayeul, encores qu'ils ne soient
heritiers de leur mere.*

ARREST LXXIX.

VNE fille renonce par son contract de mariage aux
droicts successifs qui luy pouuoient appartenir en la
succession de son pere, & aux droicts de legitime,
& supplément d'icelle, tant pour elle, que pour les
siens, moyennant le dot qui luy a esté constitué par
son pere. Elle decede, laissant des enfans de ce mariage, son
pere suruiuant: lequel venant par apres à deceder, les enfans de
ceste fille veulent venir à la succession de leur ayeul, ayans renoncé à la succession de leur mere, & offrans de rapporter ce
que

que leur mere a eu en mariage. Les enfans de l'ayeul l'empeſchent , & diſent que leur ſœur a renoncé , tant pour elle ,
que pour ſes enfans. Que de droict par la loy *qui ſuperſtitis. de
acquir. hered.* & Bartole là , ils y euſſent peu eſtre receuz ; mais
qu'il a eſté iugé par les Arreſts , que ſoit en ligne directe , ſoit
en ligne collateralle , les enfans ne ſont non plus receuz contre la renonciation de la mere , qu'euſt eſté la mere ; Il y a
eu Arreſt le cinquieſme Mars mil cinq cens ſoixante neuf ;
etiam qu'ils ne fuſſent heritiers de celle qui a renoncé , meſme en pays de droict eſcrit. Au contraire les enfans de la fille , diſent que de droict la renonciation *pro ſe & ſuis heredibus
nocet etiam in ſucceſsione quæ heredibus ex propria perſona , & iure
ſuo contingeret. l. ſtipulatio. §. quæſitum. de verb. oblig. Bald. l. qui
ſe. Cod. vnde lib.* Mais ſi les enfans ne ſont heritiers , qu'ils
ne ſont excluds *dicta l. qui ſuperſtitis.* Ainſi iugé par Arreſt au
profict des filles de Sainct Valier contre le ſieur du Buchet
le quinzieſme Octobre mil cinq cens quatre vingts dix, *Idem*
iugé par Arreſt prononcé à la Pentecoſte mil cinq cens quatre vingts deux, cy deſſus rapporté , & depuis par autre Arreſt
du quinzieſme Octobre mil cinq cens quatre vingts dix ; & qu'il
y a grande apparence , que ledit Arreſt , qui a eſté allegué
du cinquieſme Auril mil cinq cens ſoixante neuf, eſt en vn cas
auquel le fils eſtoit heritier de ſa mere. Mais au faict qui ſe
preſente , ayans renoncé à la ſucceſsion de leur mere , & offert de rapporter ce qu'elle a eu en mariage , qu'il n'y a apparence de les exclure de la ſucceſsion , à laquelle ils viennent de leur chef. Par Arreſt prononcé à la Noſtre Dame
d'Aouſt 1593. les enfans de la fille ont eſté deboutez de leur
demande. *Vide amplius* cy deſſus en l'Arreſt prononcé à la Pentecoſte 1582.

Y

*Vn contraɛt de mariage n'eſtant inſinué, portant donation
à la femme, vn creancier ſubſequent eſt preferé à
la femme, ſur la choſe donnée.*

ARREST LXXX.

AR contraɛt de mariage don eſt faiɛt par le mary à la femme de l'vſufruiɛt d'vne maiſon à luy appartenante, en cas de predeceds dudit mary, ladiɛte maiſon ſize en la ville de Paris, où pend l'enſeigne des trois Mores. Du depuis le mary conſtitué ſur luy vne rente à vn qui auoit eſté preſent au contraɛt de mariage, & oblige ſpecialement ladite maiſon, de laquelle il auoit donné l'vſufruiɛt à ſa femme. Le mary eſtant decedé, & eſtans deuës quelques années d'arrerages de ladite rente audit creancier, à faute de payement par les heritiers, il faiɛt ſaiſir ladiɛte maiſon. La veufue s'oppoſe à cauſe de ſa donation; diɛt pour cauſe d'oppoſition, qu'elle a don de l'vſufruiɛt de ladite maiſon par ſon contraɛt de mariage, qui eſt precedant le contraɛt de conſtitution dudit creancier, lequel a ſceu ladiɛte donation, ayant eſté preſent audit contraɛt de mariage. Pour defenſes auſdites cauſes d'oppoſition, le creancier diɛt qu'il n'a eſté preſent au contraɛt de mariage, que comme voiſin, ſans auoir prins garde aux conuentions portées par ledit contraɛt: que *ſola præſentia & ſcientia nemini præiudicat. l. ſicut. §. non videtur. quibus modis pignus ſoluitur. Tum* que ladite donation n'a eſté inſinuée que depuis ſon contraɛt, & que par l'Ordonnance la donation ne vaut que du iour de l'inſinuation, & n'a effeɛt retroaɛtif *in præiudicium* d'vn creancier. Que les inſinuations ſont introduites pour cela, à fin que les creanciers ſçachent ſi ceux qui ſe veulent obliger à eux, ont donné leurs biens. La veufue replique, que l'inſinuation n'eſtoit requiſe à ſon eſgard, de luy qui a ſceu la donation; en tout cas que l'inſinuation qui a eſté faiɛte depuis ſon contraɛt, *retrotrahitur*, ſuiuant la loy *potior. §. videamus.* & la loy *qui balneum, qui pot. in pig. hab.* par leſquelles les aɛtes ont leurs effeɛts du iour du contraɛt, quãd ce qui les ſuſpendoit, ceſſe. Et pour cela vn contraɛt eſtant ratifié, il a ſon

effect du iour du contract, & non du iour de la ratification,
ainſi qu'il a eſté iugé par Arreſt, la cauſe ayant eſté appointée
au Conſeil à l'Audience, plaidant Maiſtre René Chopin. Et
pour la reſolution de telle difficulté, l'on fait vne diſtinction. Si
c'eſt celuy qui a vendu mineur qui ratifie maieur, le retraict
court du iour du contract, par ce que *eſt eadem perſona*. Que ſi
c'eſt vn mary ou autre qui ſe face fort, le retraict n'a lieu que
du iour de la ratification. Ceſte diſtinction eſt priſe de Tiraqueau en ſon traicté *de retractu*. De meſme quand l'on vend à
la charge d'vn reemeré conuentionnel, le retraict court du iour
du contract, non du decret. Et pour cela l'on allegue la
loy *Stichus.* §. *Titus. de condict. ind.* la loy fin. *Cod. de iure domi-*
ny impetr. la loy *patior.* §. *videamus. qui pottores in pig.* Guido Pape
decil. 254. le tient ainſi, & Faber §. 1. *Iuſt. de empt. & vendit.* Le
creancier reſpondoit que ce que ladite veufue tenoit bien aſſeuré pour les actes retroactifs, receuoit beaucoup de difficulté. Que Paul de Caſtre conſ. 74. & Faber *l. vlt. Cod. communia*
de leg. tiennent que le retraict court du iour de la ratification,
& non du iour de la vente, & Tiraqueau de meſme : & la raiſon qu'il en rend, c'eſt par ce que *ab eo die* de la ratification de
celuy auquel l'heritage appartient, ledit heritage ſort de la famille. Et quant à ce qui eſt du decret conuentionnel, s'il le faut
conſiderer, & non le contract de vente, cela ſe peut ſouſtenir
par la loy *bonum.* §. *ſi ſub conditione. de ædilitio edicto* ; n'eſtant à
propos la loy *potior.* §. *videamus*, & la loy *qui balneum* ; par ce
qu'elles parlent en vn fait tout autre, qui eſt *in conditione poteſta-*
tiua, quæ impleta retrotrahitur ad tempus contractus. Ce n'eſt pas la
queſtion qui ſe preſente, en laquelle il vaut mieux faire vne autre diſtinction plus aſſeurée, qui eſt, que ce qui eſt introduit &
reiglé par vn droict public, apres que le droict eſt acquis à vn
tiers, il n'y a iamais d'effect retroactif ſi l'on n'y a ſatisfait dans
le temps. Pour ce qui eſt des conuentions des particuliers, *a-*
liud ſtatui poteſt. Mais ce qui eſt conſiderable, c'eſt que l'Ordonnance qui a limité le temps de quatre mois empeſche l'effect retroactif d'vne inſinuation faite apres ledit temps, declarant la
donation nulle, le temps eſtant paſſé. De ſorte qu'elle diſpoſe
expreſſément contre ce que l'on allegue de l'effect retroactif.
Sentence du Preuoſt de Paris, par laquelle il eſt ordonné que
la ſaiſie tiendra pour eſtre le creancier payé de ſes arrerages ſur
les loüages de la maiſon. Appel par la veufue qui a lettres en

cause d'appel pour estre releuée de ceste omission d'insinuation, auant ledit contract de constitution, fondée sur ce que
c'estoit la faute du mary, laquelle ne luy deuoit preiudicier.
Par Arrest, sans auoir esgard ausdites lettres ladite sentence est
confirmée. Ledit Arrest prononcé à Pasques mil cinq cens quatre vingts quinze. *Vide* ce que Monsieur Loüet rapporte pour
l'effect retroactif de l'insinuation, quand elle est faite dans les
quatre mois, f. 374. qui est contraire à l'Ordonnance de l'an mil
cinq cens trente neuf. Faut aussi voir Chenu qui rapporte cest
Arrest en sa question 31. & remarque comme il a extraict des
Greffes cest Arrest & d'autres qu'il rapporte.

Le contract de mariage ne peut deroger à la realité des
Coustumes, & ne vault que pour disposer de ce
qui est de la communauté.

ARREST LXXXI.

E sieur de Larchant Capitaine des Gardes, contracte
mariage à Paris. Par le contract il est conuenu que les
futurs conioints seront communs en biens meubles,
acquests & conquests immeubles, lesquels ledit sieur
de Larchant donne à sa femme par ledit contract, ensemble ses
acquests immeubles qu'il auoit auant le mariage, s'il decedoit
sans enfans auant sadite femme; la doüe de douaire prefix de
mil liures. La dissolution du mariage estant aduenuë par le predeceds dudit sieur de Larchant sans enfans, sa veufue demande
deliurance à l'heritier de ses conuentions matrimonialles, telles
qu'elles sont conuenuës par ledit contract de mariage, lequel
est faict conformément à la Coustume de Paris, à laquelle par
ledit contract, son defunct mary & elle s'estoient soubmis & de-
rogé à toutes autres. Ce qu'elle dict estre licite, ainsi que le tient
Bart. sur la loy *Cunctos populos. Cod. de summa Trinitate*, pourueu
qu'il n'y ait rien contre le public, & les bonnes mœurs. Et n'y a
doute particulierement, pour ce qui est de la communauté,
qu'estant accordée par le contract de mariage, elle a lieu par
tout où il se faict des acquests, si ce n'estoit que les parties fussent demeurantes en vne Coustume qui fust prohibitiue de la

communauté entre mary & femme, comme celle de Normandie. Ce qui s'entend quand le mary & la femme sont demeu-
rans en Normandie lors du contract de mariage, & qu'ils y ont
leur domicile, ainsi qu'il a esté iugé par Arrest. Ce qui n'est au
faict qui se presente, ainsi qu'il paroist par ledit contract de mariage, ayant esté faict à Paris où les parties estoient demeurantes. Les heritiers empeschent ladite déliurance; disent que ledit sieur de Larchant auoit tous ses biens assis en Normandie
au dedans du Bailliage d'Eureux; que les Coustumes sont lo-
calles & reelles, & partant qu'il les faut obseruer pour les biens
qui sont au dedans de leur territoire. Que la Coustume de Normandie qui a lieu à Eureux, n'admet point de communauté entre mary & femme, voire la prohibe; que partant l'on n'a peu y
deroger, se soubmettant à autre Coustume. C'est ce qui est dict
par Balde notablement sur ceste loy premiere, *Cod. de summa Trinitate, num. 88. est statutum*, dict-il, *quòd mulier non possit legare viro: si
legauit rem quae est in alio territorio, legatum non valet propter defectum
in consensu, qui est reprobatus per statutum*. Partant que nonobstant
ladite submission à la Coustume de Paris, & derogation à toutes autres Coustumes, tout ce qui a esté conuenu ou donné par
ledit contract de mariage, doit estre reglé suiuant la Coustume
de Normandie, où les biens du defunct sont assis, comme il a
esté iugé par Arrest pour le Vidame de Chartres, par lequel
contre la conuention, fut suiuie la Coustume de Chartres. De
mesme par l'Arrest des Poyets, où la Coustume de Bourbonnois fut suiuie, où les biens estoient assis; nonobstant que le mariage fust faict en Anjou où les parties estoient demeurantes.
Idem iugé au procez des sieurs de Langues, au profit de Monsieur de Neuers, par Arrest du Parlement de Roüen, donné sur
vne requeste ciuile obtenuë contre vn Arrest prononcé en robbe rouge en l'an 1550. donné au Parlement de Paris: Laquelle
requeste ciuile fut euoquée audit Parlement de Roüen, & iugé
vne donation bonne de terres assises en vne Coustume, où il
estoit permis aux conioints de se donner, nonobstant la prohibition de la Coustume à laquelle les conioints s'estoient soubmis par leur contract de mariage. La veufue repliquoit, qu'estât
permis de se soubmettre à telle Coustume que l'on veut, ainsi
qu'elle a dict cy dessus, que la Coustume de Paris à laquelle son
mary & elle se sont soubmis, doit estre suiuie pour ses conuentions matrimonialles; nonobstant que l'on dise que les Coustu-

mes font reelles, & qu'elles difposent feulement au dedans de
leur territoire. Car cela est vray quand il s'agist d'vn acte dependant entierement de la Coustume, *Secus*, s'il depend du
faict & ministere de l'homme. Mafuer au titre Des fuccessions
ab intestat. Iacobus de Sancto Georgio in inuestitura feudali, in verbo,
Marchio. Et ne fert aussi de dire que *non potest esse plus efficacia in*
causato, quam in causa. l. 1. §. Iulianus. de itinere actúque priuato, par ce
qu'en ce cas, auquel il y a conuention entre les parties, *effectus*
non pendet à fola consuetudine, sed à consensu partium. Itaque tunc ori-
tur actio ex contractu, non ex lege municipali. l. exceptio. Cod. de locato.
Præterea communicando videntur focietatem contrahere, comme il fut
iugé par l'Arrest en Iuillet 1527. pour Maistre Iean Brinon contre les Petits, touchant les terres acquises par le Chancelier
Chanay en Bourgongne, durant la communauté de luy, & de
Dame Ieanne de Boilene fa femme. Par Arrest prononcé à la
Pentecoste 1595. la donation des meubles, & acquests faits pendant le mariage fut confirmée, fuiuant la conuention dudit
contract de mariage, & la difpofition de la Couftume de Paris,
en quelque part que lefdits acquests fuffent affis; & quant à la
donation des acquests faicts auant le mariage, la reduction en
est faicte au tiers, comme aussi du douaire, fuiuant la Couftume
de Normandie, laquelle reduict l'vn & l'autre au tiers.

Vn debteur, contraint d'apprehender vne fucceffion à luy escheuë,
à la charge de le descharger par les creanciers de tout l'e-
uenement, & de la perte, & preiudice qu'il
en pourroit encourir.

ARREST LXXXII.

ÆVIVS ayant creé plufieurs debtes, il luy ef-
chet vne fucceffion, laquelle il veut repudier pour
n'estre tenu des debtes paffiues de ladite fucce-
fion, & chargé de beaucoup de procez & affaires.
Les creanciers fouftiennent que cefte fucceffion
luy eftant escheuë, *facit in fraudem, & in necem*
d'eux, de la vouloir repudier, par ce que lors qu'il a contracté
auec eux, il a obligé fes biens prefens & à venir : *& fic* les biens

de ceste succession qui luy est aduenuë, leur sont hypothequez, & n'en peut par consequent disposer à leur preiudice, n'ayant rien en tous ses biens, sinon ce qui restera ses debtes payées, *cum nihil sit in bonis debitoris, nisi quod superest, deducto ere alieno. l. 1. Cod. si certum petatur.* Que pour ces considerations il y a eu Arrest pour le Comté de Dampmartin, par lequel il a esté iugé que Monsieur le Connestable de Montmorency pouuoit contraindre pour la garendie dudit Comté, le Comte qui luy auoit vendu, se porter heritier du donateur, combien qu'il remonstrast que lors de la vente, il estoit donataire seulement de ce Comté, partant qu'il n'estoit garend que de ce titre; & que se portant heritier ils impliquoit à de grandes debtes. Par Arrest la part de la succession escheuë à son vendeur fut adiugée audit sieur Connestable. Mæuius respondoit, que *non facit in fraudem nisi qui desinit possidere quod habuit, non etiam is qui non acquirit. l. 3. & l. qui autem. de his quæ in fraudem creditorum. Tum* que pour dire qu'il y ait fraude, il faut qu'elle soit *consilio & euentu. §. in fraudem. qui & ex quibus causis manumittere.* Que cela ne se peut dire en ce faict, la succession luy pouuant estre plus onereuse que profitable, & si l'vn & l'autre manque en ce faict: car comment peut-on dire que *sit consilium* de frauder ses creanciers, ayant plustost opinion qu'il se chargeroit d'vn autre grand nombre de creanciers qui pourroient absorber non seulement le bien de ladite succession, mais aussi celuy qu'il a de son chef? en quoy lesdits creanciers ont eux mesme grand interest. *Tum* lesdits creanciers le peuuent-ils obliger à entreprendre de grands procez, & de grandes affaires, par ce qu'il est leur debteur? Souz correction il n'est pas leur debteur pour cela, & ne s'est obligé enuers eux qu'il entreprendra & soustiendra des procez, n'estant son intention d'abhorrer les procez, illicite; qu'au contraire elle est loüée par la loy, qui dit que *verecunda est cogitatio eius qui lites execratur.* Et est fort notable à ce subiect la loy *quia poterat. ad Senatusc. Trebell.* qui dict en ces mots: *Non debet præscribi heredi instituto, cur metuat hereditatem adire, vel cur nolit, cùm varia sint hominum voluntates, quorundam negotia timentium, quorundam vexationem, quorundam æris alieni cumulum, tametsi locuples videatur hereditas, quorundam offensas, vel inuidiam, quorundam gratificari volentium ijs quibus hereditas relicta est, sine onere tamen suo.* Quant à l'euenement, il y est encores moins, par ce que l'on ne peut dire à present, si ladite

succession peut estre plus profitable, qu'onereuse, les debtes passiues se descouuran, de iour à autre. Qui est la cause pourquoy
l'on a iugé, par les Arrests de la Cour, que la loy seconde, *Cod.*
de rescind. vendit. n'a lieu *in hereditate vendita*, à cause de l'incertitude de la valeur d'vne succession, par la consideration des
debtes passiues, *quæ quotidie possunt emergere*, & lesquelles se
descouurent quelquefois lõg temps apres la succession deferée.
Par Arrest prononcé à Pasques 1596. est ordonné que Mæuius
sera tenu apprehender ladite succession aux perils & fortunes
desdits creanciers, en luy baillant prealablement caution de le
desdommager de l'euenement, & de tous despens, dommages,
& interests qu'il pourroit souffrir à cause de ladite succession,
& de defendre & soustenir toutes les actions tant intentées
qu'à intenter, à leurs propres cousts & despens, à cause de ladite succession.

Une fille n'est tenuë faire rapport de ce qui a esté donné
à sa fille par son pere, quand la donation est faite
ob bene merita *de la petite fille.*

ARREST LXXXIII.

MÆVIVS a plusieurs enfans, entre autres vne fille
nõmée Marie, laquelle a aussi des enfans tant masles que filles: à l'vne desquelles filles, l'ayeul faict
don de mil escus pour l'ayder à marier, & pour les
bons offices qu'il a receuz de ladite donataire, ain-
si qu'il declare. Ledit ayeul vient à deceder, la fille mere de celle à laquelle a esté faict ce don, veut succeder auec ses freres &
sœurs, sans rapporter les mil escus donnez à sa fille, par ce que
la donation estoit faicte *ob bene merita* de celle à laquelle ladicte donation auoit esté faicte. Que pour cela en la loy *dotem de-*
dit auus. de collat. bon. & en la loy *Titio centum. §. Titio genero. de*
condit. & dem. si le mary a donné aux enfans de sa femme, à laquelle sa femme il ne pouuoit donner, *non videtur fecisse in frau-*
dem, si les enfans *potuerunt mereri*, & que ce soit pour la consideration de leurs merites que la donation leur ait esté faicte. La
loy *nihil interest*, en est fort expresse, & la loy *qui tutelam. de*
test. tut. du Moulin sur la Coustume de Blois. C'est l'Arrest, que
l'on

l'on appelle l'Arrest de Monsieur Musnier, qui estoit Lieute-
nant ciuil. Et encores que les enfans n'ayent peu prouoquer
le donateur à leur faire la donation, l'on a iugé par Arrest donné au rapport de Monsieur le Grand, que la donation estoit
bonne, en cas que celuy auquel l'on ne peut donner, eust declaré à l'instant, qu'il n'en voulbit receuoir profit. *Tum* que la Coustume de Senlis prohiboit bien au pere & à la mere de n'aduāta-
ger l'vn de leurs enfãs plus que l'autre, mais ne le defendoit aux
ayeuls, & ayeulles, & que les Coustumes & statuts *non trahun-
tur de casu ad casum*, comme estans de droict estroit. *l. viro. S. de
viro. sol. matr.* Et pour cela qu'il auoit esté iugé par Arrest en la
Coustume de Paris, que l'ayeul & l'ayeulle ne pouuoient prendre la garde bourgeoise, par ce que l'article ne parle que des pere & mere. Et en la Coustume de Chartres iugé que la legitime
n'estoit deuë aux ayeuls & ayeulles par la mesme raison; qui est
que la Coustume ne parle que des pere & mere. Les autres enfans disoient au contraire, que c'estoit donner indirectement à
la mere, donnant à la fille; & que les donations qui ne se peuuent faire à la fille ne se peuuent faire à ses enfans, comme e-
stant vne donation indirectement faicte à la mere, par ce que
c'est faire fraude à la loy, *& committere in legem*. Pour cela la
loy *Seius & Agerius. ad leg. Falcid.* dit que *conditio adiecta in fraudem legis pro non adiecta habetur*; & partant qu'il ne se faut arrester à la distinction du pere & de l'ayeul, puis que la donation
est presumée faicte par le pere à sa fille, (qui est le cas de la Coustume,) estant faite à l'enfant de la fille, *cùm eadem persona cen-
seantur* la mere & la fille: & que ce qu'on dict que c'est *ob bene
merita* de la donataire, *est color quæsitus* pour faire fraude à la
loy, & à la Coustume, laquelle Coustume estant prohibitiue
& negatiue, l'on n'y peut contreuenir *nullo casu; toto titulo, Ne
fideiussores dotium dentur*. Par Arrest prononcé à la Pentecoste
1596 iugé que ledit don n'estoit subiect à rapport. *Nota* qu'il y a
cy apres Arrest prononcé à Noël 1606. sur vne pareille difficulté, & en mesme Coustume, qu'il faut voir pour recognoistre
qu'il n'est contraire à celuy cy.

Que le fideicommiffaire n'eftant nay, lors que la reftitution
luy doit eftre faicte, ne peut apres fa naiffance,
faire demande dudit fideicommis.

ARREST LXXXIIII.

V N pere ayant deux baftards, fils & fille, l'vn natu-
ralifé, qui eftoit le fils; l'autre, qui eftoit la fille, non
naturalifée, mariant fon fils, luy faict don de tous fes
biens, à luy referué l'vfufruict; Veut s'il decede fans
enfans, qu'il reftituë lefdits biens aux enfans de fa
fœur, fi aucuns elle a, par ce qu'elle n'eftoit lors mariée. Le fils
decede fans enfans, bien toft apres le teftateur, fa fœur n'ayant
encores lors dudit deceds aucuns enfans, mais depuis elle en a
eu plufieurs, lefquels ayant fceu ledit fideicommis faict à leur
profit, entrerent en procez auec les heritiers de leur oncle, qui
eftoient des coufins, lefquels iouïffoient de tous lefdits biens;
fouftiennent que lefdits biens leur appartiennent, leur oncle
ayant efté chargé de leur reftituer, s'il decedoit fans enfans,
comme il eft decedé, fans en auoir eu aucuns : & partant que fes
heritiers font tenus de rendre ce que ledit defunct n'auoit qu'à
la charge de ladite reftitution : *Bona enim tranfeunt cum onere, l.*
fundi partem. de contr. empt. Et l'obligation d'vn defunct paffe à
fes heritiers, *l. ftipulationes. l. in executione. §. fecunda. de verb. oblig.*
l. fin. Cod. fi vnus ex plur. hered. Et pour le faict particulier, que
l'heritier de celuy qui eft chargé d'vn fideicommis, eft tenu de
le rédre. C'eft la loy *Licet de leg.* 1 où il eft remarqué que l'ancien
droict eft changé, qui eft en la loy premiere, §. *vlt. de leg. 3. idque*
ex refcripto Imperatoris Seueri. Que fi l'on vouloit dire qu'ils n'e-
ftoient nais lors du teftament, ny mefme lors de la mort du teftateur; ny qui plus eft, lors que leur oncle chargé de leur reftituer
ledit fideicommis, eft decedé : Qu'il falloit demeurer d'accord,
qu'il n'eftoit aucunement confiderable, s'ils n'eftoient nais lors
du teftament, ny lors de la mort du teftateur, parce qu'il ne s'a-
giffoit d'vne fucceffion qui leur fuft deferée, lors du deceds de
leur ayeul, n'ayans efté inftituez par luy heritiers; qui eft le cas
auquel il eft dict en droict, que celuy *qui eft inftitutus heres, debet*

esse natus, lors de la mort du testateur, *l. si quis filio exheredato. de in-iust. rupt. & trrit. test. l. Titius. de suis & legit. l. 1. §. si quis proximior. vnde cogn.* n'y ayant que l'institution contractuelle, laquelle se peut faire *in contractu matrimonij* des enfans qui naistront du mariage. Guido Pape decis. 267. & Boërius decis. 172. Icy il est question d'vne substitution fideicommissaire, sous condition, si l'institué decede sans enfans, laquelle se peut faire au profit de ceux qui ne sont encores nais, comme il appert par la grande dispute qui est en droict, sur ceste loy *Lucius. de hered. inst.* sçauoir si les enfans de l'heritier *sunt in dispositione, aut in conditione*, quand l'on luy substitué, *si sine liberis decesserit.* Car encores qu'il n'ait point d'enfans lors du testament, ny lors de la mort du testateur, l'on faict la question, si les enfans qui seront nais depuis la mort du testateur, & que l'institué aura lors de son deceds, *sunt in dispositione*, & si l'institué sera tenu de leur restituer les biens, comme estans substituez; Et partant il appert que sans doute l'on peut substituer ceux qui ne sont encores *in rerum natura*, quand le testateur dispose. Autrement la question seroit frustratoire, de sçauoir si les enfans de l'institué, qu'il aura lors de son deceds, ores qu'il n'en ait aucuns lors du testament, sont substituez par ces mots, *si sine liberis.* Et cela estant clair, il faut passer à la difficulté plus grande, de sçauoir s'ils deuoient estre nais lors que leur oncle est decedé sans enfans; estant lors le temps que la restitution se deuoit faire: *quo tempore* n'estans nais, il a esté deschargé, ce voudroit-on dire, de ladite restitution; Et que les biens ont passé aux heritiers de leur oncle *sine onere, ne bona essent in suspenso*, sçauoir à qui ils appartiendroient. A cela ils disent que par la loy *In conditionibus. de cond. & dem. attenditur voluntas testatoris, non tempus mortis*, quand il est question de regler les conditions apposées en vn testament. Et pour cela, il est dict *in l. si vir. de cond. & dem.* que *si sit legatum relictum, si filios procreauerit, nati post mortem liberi proficiunt. Et sic aequum est* au faict qui se presente, *voluntate testatoris patrocinante, fideicommissum tardius produci*, comme dit ladite loy. Que tout ce que pourroit dire l'heritier de celuy qui est chargé de la restitution, seroit de pretendre n'estre tenu de rendre les fruicts escheuz auant la naissance des enfans, restituant les biens aussi-tost qu'il a eu cognoissance, qu'il seroit nay quelque enfant; comme *in legato aut fideicommisso conditionali*, l'heritier faict les fruicts siens *donec existat conditio, l. 5. quando dies leg. cedit*: Laquelle venant à defaillir, l'heritier est deschargé du legs & du fideicommis, encores que ce ſoit tenir des biens *in ſuſpenſo, l. vnica. §. ſin autem. Cod. de cad. toll. & §. ſi eadem res. Inſt. de leg.* & en la loy *1. de cond. & dem.* il eſt dict: *ſi ita legatur; Heres cùm morietur, Titio centum dato; mortuo legatario, viuo herede, legatum non tranſmittitur ad heredem legatary.* De meſme en vn fideicommis, *quia ex æquata ſunt legata per omnia fideicommiſsis, l. 1. de leg. 1.* Et ainſi, il n'eſt pas nouueau en droict, que *bona ſint in ſuſpēſo,* par le moyen des conditions que les teſtateurs appoſent à leurs teſtamens; leſquelles meſme ſe peuuent appoſer *in inſtitutione,* comme il paroiſt par tout le titre *de condit. inſert.* Les heritiers ſouſtenoient au contraire, que toutes diſpoſitions teſtamentaires ſe deuoient faire au profit de ceux qui eſtoient *aut nati, aut concepti* lors de la diſpoſition, quand le deceds du teſtateur aduenoit bien-toſt apres le teſtament, *l. ſi alienum. de hered. inſtit.* & pour vn texte deciſif, c'eſt le §. *planè. 1 nſt. de hered. quæ ab inteſt.* Ce qui n'a pas ſeulement lieu quand il s'agiſt *de heredibus,* mais auſſi pour les legs, & pour les fideicommis. *L. liber homo. §. ſi heres. de hered. inſt. l. 2. § quōd ſi. de iure codic.* Mais particulierement, & pour le faict qui ſe preſente, il eſt dit en la loy *interuenit. de leg. præſt.* que *debet eſſe in rerum natura,* le fideicommiſſaire, *quo tempore dies, aut tempus, aut conditio exiſtunt,* appoſées *in legato, aut fideicommiſſo:* car *trahitur adfideicom.* ce qui eſt dict *de legato,* en ladite loy *interuenit,* ſuiuant la loy premiere du meſme titre. Le meſme eſt dict *l. 4. Cod. de leg.* encores qu'il fuſt queſtion d'vne cauſe fauorable, qui eſt la liberté. Que ſi le teſtateur auoit expreſſement pourueu à ladite reſtitution, *quandocunque exiſterent liberi* de ſa fille, leſdits enfans ſe pourroient defendre de la loy *ſi ita quis. de leg.* 2. mais le teſtateur ne l'ayant exprimé, ils ne ſont receuables en leur demande. Et ſe voit en la loy *eum qui. de cond. & dem.* que *ſi deportato aliquid ſit relictum,* il faut que *ciuitatem recaperet, antequam conditio exiſtat.* De parler de la reſtitution des fruicts, ce ſeroit à eux à les demander, par ce que leur mere a iouy des biens, combien que par la Couſtume generale de la France, ils fuſſent ſaiſis deſlors du deceds de celuy qui auoit eſté chargé de ladicte reſtitution. Il n'eſt beſoing de reſpondre à la loy *de iih. & poſth.* & à la loy *ſubſtitui. de vulg. & pup. ſubſt.* que leſdits enfans euſſent peu alleguer, qui diſent que *non natus poteſt inſtitui, & ſubſtitui;* parce qu'elles parlent *de poſthumo, qui iam conceptus erat,* comme Cuias l'nterprete ſur la loy *ſi duobus. §. ſi Titio. de leg.* 1. Sentence par laquelle les heritiers ont eſté maintenus en tous les biens delaissez par le deceds dudit defunct, sans auoir esgard audit fideicommis, duquel ils demeurent deschargez, & defenses ausdits enfans de les y troubler. Appel par lesdits enfans. Par Arrest prononcé en la mesme prononciation, ladite sentence est confirmée.

Decret des biens du tuteur confirmé, encores qu'il n'y eust eu opposition pour ce qui pouuoit estre deu par ledit tuteur aux mineurs.

ARREST LXXXV.

V N Gentil-homme estant en la tutele de sa mere, trouue qu'elle luy estoit redeuable par le reliqua du compte de ladite tutele, & que pendant ceste tutele l'on a adjugé par decret, quelques heritages appartenans à sa mere & tutrice, laquelle ne s'estoit opposée pour l'administration de ladite tutele, & pour ce qu'elle deuoit à son fils. Ne trouuant apres le deceds de ladite tutrice, qu'elle eust aucuns biens, que ceux qui auoient esté vendus par decret, se porte pour appellant dudit decret, environ huit ou neuf ans apres qu'il auoit esté interposé, faict intimer les creanciers posterieurs à sa tutele qui s'estoient opposez, & qui auoient esté mis en ordre. Pour ses moyens d'appel, disoit que les mineurs ne peuuent receuoir aucun preiudice par quelque acte que ce soit qui ait esté faict par eux, ou par leurs tuteurs, & qu'ils en sont tousiours releuez : beaucoup moins luy pouuoit nuire la negligence de s'estre opposée par sa tutrice audit decret, pour luy conseruer sa debte ; si ce n'estoit qu'il restast des biens appartenans à ladite tutrice, sur lesquels il se peust venger. Qu'il estoit notoire que sa mere & tutrice n'auoit laissé aucuns biens. Que l'Eglise estoit restituée quand elle receuoit preiudice par la faute du superieur, côme d'vn Abbé ou Prieur regulier ; par ce qu'en n'ayans rien, l'Eglise n'a point recours sur eux : & est tout commun & triuial, que *Ecclesia, & m nor part passu ambulant.* Qu'vn decret ne doibt auoir plus de force, pour preiudicier au mineur, que la disposition d'vne loy, d'vn statut, d'vne Ordonnance, qui ne comprennent iamais le mineur, s'il n'y a expression que le mineur y soit comprins, *l. fin. Cod. ex qui*

Z. iij

bus cauf. maiores: du moins quand il y va *de damno vitando*; combien qu'il ne puisse estre autrement, *in lucro captando*, *aut in iu-*
re quærendo; mesme pour ce qui est des formes introduites par
les Ordonnances ou par les Coustumes, comme de faire inuentaire, de faire ce que doit vn vassal, faire des offres, intenter vn
retraict feodal ou lignager, empescher la peremption; tout cela court contre le mineur. Au contraire disoient les creanciers
qu'vn decret ne pouuoit estre cassé faute de s'estre opposé par
le tuteur du mineur, ainsi qu'il auoit esté iugé par Arrest aux
Grands Iours de Clermont le 23. Octobre 1582. encores que le
mineur perdist ses hypotheques sur les terres decretées. Le mesme iugé contre les Chartreux de Paris, encores que le decret
eust esté faict pendant la peste, par Arrest du 4. Decembre 1597.
Que cela estoit particulier aux decrets, la faueur desquels estoit
plus grande, que celle des mineurs, pour le bien public; & par
ce qu'autrement les decrets ne seroient iamais asseurez. Que les
decrets purgeoient toutes hypotheques, comme il a esté iugé
par l'Arrest de Montrichard rapporté par le President Magistri
en son traicté des Criées. Il n'y a que les doüaires, substitutions,
& droicts de reuersions par emphyteoses, desquels l'on face
doubte si les decrets les purgent, quand l'on ne s'y est opposé.
La distinction que l'on y faict ordinairement, est que *si ius sit*
iam quæsitum, qu'il se faut opposer: *Si non sit quæsitum*, c'est ce
qui n'a encores esté iugé, & qui reçoit beaucoup de difficulté;
d'autant que l'euenement du doüaire, & d'vne substitution est
incertain, & escherra quelquesfois par l'incertitude dudit eue-
nemẽt, que la substitution arriuera à celuy qui n'y pensa iamais,
& qui ne la pouuoit esperer, selon que les choses estoient dispo-
sées lors du decret. Voire elle peut arriuer au profict de ceux qui
n'estoient encores naiz, quand l'on a decreté; & neantmoins si
les decrets purgroient les substitutions, il aduiendroit que l'on
auroit vendu l'heritage de celuy qui ne deuoit rien, pour la debte de celuy qui n'en estoit proprietaire incommutable. C'est
pourquoy l'on peut dire que le decret doibt estre entendu n'a-
uoir esté faict, que du droict qui appartenoit à celuy qui ioüissoit de l'heritage, lors du decret, qui n'estoit en effect qu'vn v-
sufruict, ou vne ioüissance de quelques années, comme aux
baux emphyteotiques. Mais au faict qui se presente, il n'y a rien
de semblable, par ce que l'appellant se plaint de ce que sa mere
ne s'est opposée audict decret, estant sa tutrice, pour ce qui luy

pourroit eſtre deub pour l'adminiſtration de ſa tutele. Si ceſte
ouuerture eſtoit receuë, de faire caſſer des decrets, pour les
debtes que feroient ceux qui ſont tuteurs pour ſe rendre reli-
quataires à leurs mineurs, il n'y auroit iamais decret qui tinſt;
par ce qu'eſtant au pouuoir d'vn tuteur de ſe rendre reliquataire enuers ſes mineurs, iamais cela ne manqueroit, & par ainſi
quelque decret que ſes creanciers peuſſent faire faire de ſes
biens, ils ſeroient tous caſſez, ſe trouuant qu'à dix ans de là
ayant rendu ſon compte, il deuoit à ſes mineurs, encores qu'il
ne deuſt rien lors du decret interpoſé. Et ſuffit qu'vn mineur
euſt vn tuteur pour s'oppoſer à vn decret qui preiudicieroit au
mineur, encores qu'il ne l'ait faict; ſans conſiderer ſi le tuteur a
des biens, ou ſi le recours du mineur eſt bon; car autrement ce
ne ſeroit iamais faict. De verité quand vn mineur qui n'auoit
point de tuteur perd ſon hypotheque, ou quelque droict, à faute de s'eſtre oppoſé au decret; en ce cas il eſt receu, eſtant maieur, à appeller du decret, par ce qu'il n'auoit point de tuteur,
& quant à luy ſon aage ne luy permettoit de veiller à ſes affaires,
ny d'exercer aucune action, ou intenter aucun procez. Par Arreſt prononcé à Paſques 1598. le decret a eſté confirmé.

Vn teſtament, non ſolemnel, declaré nul, encores que
la teſtatrice fuſt malade de peſte.

ARREST LXXXVI.

VNE femme malade de peſte, faict ſon teſtament qui
eſt receu par vn Preſtre, qui portoit le Sainct Sacrement aux malades de peſte, en preſence de trois teſmoins, deux hommes, & vne femme. Les heritiers
ab inteſtat de la teſtatrice debatent le teſtament, diſent que la Couſtume des lieux où a eſté faict ledit teſtament,
requiert pour faire vn teſtament valable, qu'il ſoit faict pardeuant le Curé, ou ſon Vicaire, & trois teſmoins maſles: que le
Preſtre qui a receu le teſtament dont eſt queſtion, n'eſtoit ny
Curé, ny Vicaire, & qu'il n'y a que deux teſmoins maſles. Que
la maladie de peſte de laquelle la teſtatrice eſtoit malade, quãd
elle a faict ſon teſtament, n'eſt conſiderable, pour ce qui eſt de
l'obſeruance du nombre, & qualité des teſmoins, & de ce qui

est de la forme essentielle du testament, mais seulement pour ce qui est de la maniere en laquelle les tesmoins ont sceu la volonté & disposition du testateur, encores qu'ils n'ayent esté presens lors que le testament a esté dicté, & redigé par escrit, pourueu que le testateur leur ait declaré que c'estoit son testament, ou pour ce qui est de relire le testament, comme il est dict en la loy *casus. Cod. de testam.* & la glose là, qui explique ce qui se peut remettre de la rigueur, & estroite obseruance requise en vn testament de celuy qui decede de peste. Au contraire les heritiers testamentaires disent, que tout ce qui manque audict testament, ce ne sont que les rigueurs & estroites obseruances : car celuy qui a receu le testament estoit vn Prestre deputé par le Curé pour porter le Sainct Sacrement aux malades de peste ; *Et sic* l'on ne peut douter qu'il ne fust Vicaire, *fungendo vicibus* du Curé, lequel ne voulant exercer ce ministere, le plus necessaire au dedans de la paroisse, & pour le bien des paroissiens, ce Prestre en effect estoit le vray Curé assistant les paroissiens en ce qui est principallement, & plus speciallement de la charge du Curé. Quant aux tesmoins, que le nombre y estoit, mais qu'au lieu d'vn homme qui deuoit faire le troisiesme tesmoin, n'en ayant peu trouuer auec les deux autres hommes qui ont esté presens au testament, l'on a prins vne femme. Que tout cela n'est auoir peché en la substance du testament, mais seulement en ce qui est d'vne rigoureuse obseruance. Les heritiers *ab intestat* repliquoient que iamais l'on n'auoit receu les femmes pour tesmoins aux testamens, soit en pays de droict escrit, soit en pays coustumier, *l. qui testamento. §. mulier. de test.* mais que l'on auoit perpetuellement requis que ce fussent masles. En quoy l'on void, que par les mœurs de toutes les nations, & principallement de la France, l'on a faict distinction des testamens, de tous autres actes, pour ce qui est de la qualité des tesmoins, non pour discerner les plus aagez, les plus riches, les personnes de plus eminente condition, les maistres, ceux qui sont en estats, les citoyens, d'auec les plus ieunes, les plus paures, les plus raualez en condition, seruiteurs, païsans, rustiques, estrangers, mais pour le sexe : qui est vn discernement, qui a esté obserué aux choses les plus importantes, comme à ce qui est des charges publiques, lesquelles n'ont iamais esté commises aux femmes. Bref *est virile munus* que de porter tesmoignage en vn testament, aussi bien que d'exercer vne charge publique : duquel

quel partant la femme ne pouuant estre capable, non plus que d'exercer vn office, la nullité est toute euidente en ce testament. Et cela, par ce qu'il n'y a piece plus importante en tout ce qui est des actions des hommes, que la confection d'vn testament, comme chose qui va & a traict du particulier, au public : car par la seureté & validité de tels actes, qui est à dire des testamens, toutes les familles sont conseruées ou ruinées. Ce qui faict voir, que la qualité des tesmoins, pour ce qui est du sexe, est de la substance, & de la forme la plus essentielle des testamens, qui se puisse desirer : laquelle manquant au testament dont est question, elle le rend du tout nul, par ce qu'elle ne se remet iamais; C'est ce que dict Bart. *in l. nemo. de leg.* 1. où il dict que ce qui est *de forma essentialis* en vn testament, *nunquam remittitur, sed tantùm quod est de forma probatoria.* Et ce par vne raison euidente, qui est, que l'on ne peut dire que c'est qu'vn testament, sinon quand l'on y void les formes lesquelles la loy ou la Coustume ont prescript pour faire vn testament. Si elles y sont, l'on peut dire, C'est acte est vn testament; si elles n'y sont, l'on peut dire que l'acte ne peut estre dict & nommé testament. Par sentence du premier Iuge le testament est declaré nul. Appel. Par Arrest prononcé à la Pentecoste 1598. la sentence est confirmée.

Vne fondation de Chappelle, & dotation, se peut reuoquer auant qu'elle soit fulminée, decretée & acceptée.

ARREST LXXXVII.

ITIVS faict vne fondation, & dotation d'vne Chappelle en vne Eglise, ne la faict decreter par l'Euesque diocesain, encores qu'il la fist deseruir par vn Chappelain qui disoit les Messes de la fondation. S'aduise de reuoquer ladite fondation. Le Chappelain qui iouissoit du reuenu d'icelle, & qui la deseruoit, soustient qu'ayant ceste fondation desia esté executée, qu'elle n'estoit plus volontaire, & que le bien & le reuenu qui y auoit esté affecté & assigné, *erat res Deo dicata,* laquelle ne pouuoit plus passer en vsage profane, *l. legatum. de vsufr. leg.* & que le fondateur n'auoit plus la liberté d'en disposer au preiudice de ladite

A a

fondation, & dotation. §. *sacre*. *Inst. de rerum diuis. l. æde sacra. de contrah: empt. l. sancimus. Cod. de sacros. Ecclef.* par ce que telles choses dediées à Dieu, ne sont plus au commerce des hommes. Qu'il y auoit bien differêce de sçauoir, si ceste Chappelle estoit vn benefice qui fust à la collation de l'Euesque, ou de sçauoir si le bien qui y estoit affecté, pouuoit estre conuerty en autre vsage, & si l'on en pouuoit disposer, comme si iamais il n'eust esté dedié & consacré à Dieu. Que l'on estoit d'accord qu'vne Chappelle n'estoit benefice qui fust à la collation de l'Euesque, si elle n'estoit decretée & fulminée, & qu'elle ne fust sur le poullier de l'Euesque, suiuant la decision 187. de Guido Pape, & le conseil 199. de Decius. Mais de dire que pour cela ce qui estoit affecté à la deserte de ceste Chappelle, & le reuenu qui y auoit esté dedié, peust changer de nature, & retourner au commerce des hommes, que cela ne se pouuoit, ny deuoit dire. Au contraire disoit le fondateur, que la fondation n'estant acceptée par l'Euesque, ny fulminée ou decretée selon la forme obseruée en l'Eglise, *& secundum veterem vsum sacrandæ ædis*, qui est rapporté par *Alexander Neapolitanus lib. 2. cap. 8. & lib. 6. cap. 14.* qu'on ne pouuoit dire que luy fondateur ne fust en liberté de la reuoquer, ne s'estant voulu priuer de ceste liberté, puis qu'il n'auoit faict passer ladite fondation par la forme de la consecration, qui rendist le reuenu d'icelle incommutablement acquis à l'Eglise, & que pour dire vne chose consacrée à Dieu, pour ne la pouuoir plus reuoquer, qu'il falloit que *per Pontifices fuisset consecrata*, comme il est dict expressément *dicto §. sacre res*, & en la Nouelle 131. de Iustinian, & remarqué en l'histoire Tripartite *lib. 5. cap. 37. tunc nullius in bonis sunt res sacræ religiosæ, & sanctæ, quod enim diuini iuris est, id nullius in bonis est.* Par Arrest à Noël 1598. ladite reuocation a esté iugée valable, & par consequent la fondation nulle, & de nul effect. Aduertit Monsieur le Premier President de Harlay apres auoir prononcé l'Arrest, que ce qu'on deuoit retenir dudit Arrest, estoit que la Cour auoit iugé qu'vne fondation & dotation de Chapelle se pouuoit reuoquer auant qu'elle fust fulminée, decretée, & acceptée. C'est pourquoy sçachant la difficulté qui a esté iugée, n'importe si aucuns rapportent quelque diuersité au faict.

*Vn estranger non naturalisé, n'est capable d'vn fideicommis
dont son pere estoit chargé enuers luy, & qu'il y a ouuerture aux substituez apres luy.*

ARREST LXXXVIII.

AR testament l'on institué heritier vn parent auec
substitution, au profict des enfans de l'institué, &
s'il decede sans enfans, l'on substituë l'Eglise, &
semble que c'estoit le Chapitre de Thoulouze.
L'institué voyage hors le Royaume, & a des en-
fans naiz hors le Royaume. L'institué estant decedé, les enfans
pretendent les biens leur appartenir, estans regnicoles lors du
deceds de leur pere : disent qu'il a esté perpetuellement iugé,
que les enfans d'vn estranger, & lesdicts enfans estans mesme
estrangers, estoient capables de recueillir la succession de leur
pere, pourueu qu'ils fussent regnicoles lors du deceds de leur
pere, & au temps que la succession estoit deferée, & qu'ils excluoient le fisque, & tous autres parens, qui seroient naturels
François. Au contraire le Chapitre disoit, que s'il s'agissoit simplement de sçauoir si le fils estranger estant regnicole peut succeder à son pere, que lesdits enfans auroient raison, mais qu'il
s'agist d'vne substitution faicte au profict de l'Eglise, non par le
pere des parties aduerses, mais par celuy qui l'a institué, & substitué lesdits enfans auant ledit Chapitre, Que la question donques est, non pas pour la succession de leur pere, laquelle l'on
ne leur debat point, mais d'vne substitution laquelle ledit Chapitre soustient luy estre acquise, & non ausdits enfans, n'estans
capables *suapte* de recueillir ladicte succession estans estrangers, & partant non capables dans le Royaume de recueillir aucuns biens, par substitution ou succession, assis au dedans du
Royaume, venans d'ailleurs que de leur pere, n'estans natura-
lisez, & ne le pouuans estre au preiudice du droict acquis à
l'Eglise, & qui auroit mesme lieu, à l'esgard de tout autre, qui
n'auroit la faueur de l'Eglise ; par ce qu'vn estranger *pro non nato
habetur*, & est consideré dans le Royaume, comme s'il n'estoit
point au monde ; *pro nullo habetur*, n'ayant les qualitez requi-

fes pour luy donner lieu & rang entre les subjects du Roy. *Et sic* l'on peut dire que la condition, *si sine liberis*, apposee audit testament, est escheuë, & par consequent qu'il ne faut considerer que la substitution faicte au profict dudit Chapitre. Qu'il a esté iugé par Arrest en robbes rouges à Pasques 1587. rapporté cydessus, que les enfans qui sont heritiers de leur pere, & par consequent incapables de prendre le douaire, sont reputez comme s'ils n'estoient point du tout : le cas de non existence estant tiré à celuy de l'impuissance, & incapacité. C'est ce qui est dict expressément en la loy *Gallus.* §. *& quid si tantum. de lib. & posth.* que *casus vnus expressus trahitur ad omnes similes.* Il est icy question de sçauoir si vn estranger peut prendre vn fideicommis fait par testament. Qui ne sçait que les testamens *sunt iuris ciuilis*, & par consequent que *ciuem esse oportet*, pour auoir *testamenti factionem & actiuam, & passiuam* ; & pour pouuoir prendre dans le Royaume vn legs, vn fideicommis, *aut quid aliud*, en vertu d'vn testament? C'est ce qui est dict en la loy premiere, *Cod. de hered. instit. qui deportantur, si heredes scribuntur, tanquam peregrini, capere nonpossunt, sed hereditas in ea causa est, in qua fuisset si heredes scripti non essent. Benedicti in cap. Rainutius*, le traitte aussi, & par Arrest du 10. Iuillet 1600. vn testament a esté cassé à l'Audience d'vn qui auoit institué vn estranger. Il y en a vn autre donné, Maistre Louys Buisson plaidant, par lequel vn mary, François naturel, ayant institué sa femme heritiere, qui estoit de Sauoye, le testament fut cassé : & fut dict en plaidant, qu'il y auoit vn statut en Sauoye, que l'on ne peut instituer vn François heritier : de façon que si la femme eust institué son mary heritier, il n'eust peu iouir des biens qu'elle auoit en Sauoye. *Accedit fauor Ecclesiae*, laquelle le testateur eust vray-semblablement instituée, s'il eust creu, que ceux qu'il instituoit, ou substituoit les premiers se fussent retirez du Royaume, & n'eust tant differé l'effect de sa pieté, paroissant qu'il n'y auoit aucun autre de ses parens, en quelque degré qu'ils luy fussent parens, qu'il ait voulu preferer à l'Eglise : la faueur de laquelle faict que *ex testamenta imperfecta pia legata debentur*. Tous les Cismontains & la glose l'ont ainsi resolu, *in l. in testamento. de fideicommiss. libert.* & en la loy *sancimus. Cod. de donat.* Par la glose vne donation non insinuee, *fauore pia causa*, est valable. La loy *captatoria. de hered. instit.* dict que l'on ne peut dire *captatoriam institutionem, quae facta est Ecclesiae, quia maxima ratio quae pro religione facit.* Les enfans

difent, qu'encores que la faueur de l'Eglife foit tres-grande,
que celle des enfans eft grandement confiderable, par le iugement mefme qu'en faict l'Eglife. Sainct Augustin ne vouloit
point que l'Eglife fuft preferée à des enfans : & paroift cefte
faueur par le droict Canon, telle que les peres mefmes ne peuuent rien faire qui leur preiudicie. Au contraire ce qu'ils font
en leur faueur, tout cela eft bien receu, au can. *quicunque. 1.quaʃt.*
5. Le fils ne reçoit preiudice fi le pere a delinqué par fimonie
pour obtenir vn benefice à fon fils ; car fi le fils le remet, il en
peut par apres eftre canoniquement pourueu. Ce qui n'eft en
tout autre, qui a efté pourueu par fimonie, lequel eft priué du
benefice fans le pouuoir iamais obtenir. Cela eft ainfi refolu au
can. *tua fanctitas*, & le fuiuant 31. queft. 2. Quant au droict Ciuil, il eft tout plein auffi de la faueur des enfans ; fpecialement
cela eft remarquable en ce que le defadueu du pere, *profeʃʃio patris dicentis filium ʃuum non eʃʃe, ʃed ʃpurium, nihil obeʃt filio, & ʃi ʃit
ab eo exheredatus, ʃupereʃt ei contra teʃtamentum querela inofficioʃi.
l. ʃi inʃtituta. de inoʃʃ. teʃt. idem de matris profeʃʃione, que nihil obeʃt
filio. l. Imperatores. §. mulier. de probat.* Contrà ʃi profeʃʃi ʃint filios
ʃuos eʃʃe, filiis talis profeʃʃio proderit. l. filium. de his qui ʃunt ʃui ;quis,*
ce dict Bartole ʃur cefte loy, *debet patris aʃʃertio filio prodeʃʃe, non
autem obeʃʃe.* La loy premiere §. *Iulianus. de lib. agn.* dict, *Quandocunque cœperit cauʃa agi, aʃʃert grande præiudicium pro filio, confeʃ-
ʃio patris.* Mais pour ce qui eft des biens qui doiuent eftre con-
feruez aux enfans par le chap. *referente, ext. qui filii ʃint legit, bona fides vnius ex coniugibus*, les rend legitimes, & par confequent
capables de la fucceffion, *& ʃemper præʃumitur pro matrimonio*,
en leur faueur. *cap. præterea. de teʃt. ext.* Il eft encores remarquable, que la faueur des enfans eft telle en droict qu'ils ont le mefme priuilege qu'a leur mere *in exigenda dote. Nou. 92. de duarum dotium debito, & l. vnica. Cod. de prior. dotis.* Ce qui n'eft accordé
aux autres heritiers de la femme. Ce qui paroift encores en ce
qui eft de la legitime, laquelle leur eft deuë ʃur le bien du pere,
& de la mere, franche de toutes charges, debtes, legs, fideicommis, & d'vfufruict, *l. Papinianus. §. quarta. de inoʃʃ. teʃt.* Et
pour ce qui regarde de plus prés le faict dont eft queftion, l'on
ʃçait qu'en toutes difpofitions portans charges de fideicommis,
& reftitution de biens en la perfonne du pere, la claufe, & la
condition, *ʃi ʃine liberis*, eft toufiours fousentenduë, *l. cùm
virum, l. cùm acutiʃʃimi. Cod. de fideic.* de forte que quand les

enfans de l'institué n'auroient esté expressément comprins en la disposition du testateur, ils y sont souz-entendus taisiblement, & l'Eglise ny autres substituez ne leur sont preferez. Est'ât grandement à remarquer, que ce qui leur est objecté, qu'ils sont estrangers, n'est considerable, par ce que *sunt nati in transitu*, leur pere voyageant en pays estrange, lequel n'estoit estranger; & a esté perpetuellement iugé que ceux *qui sunt nati in transitu* en pays estrange, ne sont reputez estrangers, par ce que l'on considere si le pere *habuit animum reuertendi*. C'est pourquoy les marchands, & autres estrangers qui ne sont en France, *perpetuæ moræ causâ*, ne sont subiects au droict d'Aubaine, comme il a esté iugé par Arrest du 19. Auril 1589. à l'Audience. Et fut allegué en plaidant pareil Arrest de l'an 1579. pour vn qui estoit de Namur. Par Arrest prononcé à Pasques 1599. les biens sont adiugez audit Chapitre de Thoulouze.

La puissance paternelle ne se garde en France, & peut vne fille viuant son pere disposer de son bien.

ARREST LXXXIX.

 NE veufue aagée de dix-sept ans seulement, demeurant à Lyon, faict son testament, son pere suruiuant, auquel elle fait quelque legs, institué son frere heritier en tous biens. Le pere debat le testament, & soustient que sa fille par la disposition de droict escrit, qui se garde à Lyon, n'a peu faire testament estant en sa puissance. *l. 6. de test.* Cuias au tit. *de curatoribus*, aux Inst. d'Vlpian. Faber au tit. *de acquisit. per arrogationem*, aux Inst. *l. vellet, nec ne. Cod. de reuocand. donat.* que *matrimonium non soluit à patria potestate. l. filia mea. sol. matr.* Tum que *solutum erat matrimonium*, & estoit la defuncte sa fille, quand elle est decédée, veufue. Au contraire disoit le frere de la defuncte, qui estoit par elle institué heritier, que les mœurs du peuple Romain ne se pratiquoient en France: qu'autre chose est d'vser de la disposition du droict escrit en France, pour Coustume; autre chose de vouloir viure en France, comme à Rome, en ce qui est des mœurs, vouloir exercer par les peres, ceste puissance paternelle; laquelle se pratique entre les Romains, sur les enfans,

& d'auoir par les peres sur eux *vitæ & necis potestatem* ; à quoy
s'estend la puissance paternelle, selon qu'elle a lieu & qu'elle se
pratiquoit entre les Romains, encores que l'on vse à Lyon de
la disposition du droict escrit pour loy, & pour Coustume. Il y
a bien quelque Coustume, comme celle de Poictou, qui a
receu quelque chose de la puissance paternelle ; mais ce n'est
que pour ce qui est des fruicts acquis au pere, sur les biens de
de ses enfans; non pour auoir par le pere droict de disposer de la
vie de ses enfans, ny mesmes de leurs biens, comme il se pratique entre les Romains, que *quidquid acquirit filius, acquirit patri*, n'ayant le pere en France liberté de disposer de l'vn & de
l'autre à sa volonté. De mesme *obsoleuit* la puissance du mary
sur la femme, si ce n'est pour la seule authorité, comme le remarque Iean Fabre sur le §. 1. *Inst. ad Senatusc. Tertull.* & sur la
loy premiere, *Cod. de bon. mater.* Que n'estant doncques considerée la puissance paternelle, la defuncte a peu disposer de ses
biens, & faire testament à l'aage de dix-sept ans, estant permis
par le droict escrit à vne fille de faire testament à douze ans, *l. 5.
de test.* Que l'on peut bien remarquer, comme en France l'on
ne pratique nullement, mesme és pays qui vsent du droict escript, ces submissions introduites de droict souz la puissance ou
du pere, ou des parens, ou du mary : car l'on sçait que par le
droict des douze tables *fœminæ erant in perpetua tutela agnatorum.*
Cela ne se pratique point à Lyon, combien qu'il vse du droict
escrit. De mesme *vxor erat in potestate viri* selon les mœurs
des Romains : en France cela ne se pratique, que pour la seule
authorité, comme il a esté dict. Le pere repliquoit, qu'il n'estoit
question de disputer de la puissance paternelle pour sçauoir si
elle se pratique en France, comme l'on faisoit à Rome : mais de
sçauoir si l'on pratique pas à Lyon la disposition du droict escrit, qui dict que le fils ou fille de famille ne peuuent faire testament *etiam permittente patre.* Ce qui monstre bien, qu'il n'est
question en cela de la puissance paternelle, puis que le pere est
prohibé d'vser sur ses enfans d'aucune puissance à cest esgard,
luy estant au contraire ostée toute puissance, qu'il eust peu a-
uoir sur eux à l'effect de s'en pouuoir seruir pour leur permettre
de faire testament; cela ne va point aux mœurs des Romains
pour exercer quelque puissance par les peres sur leurs enfans :
voire plustost iroit à dire que les peres ont esté priuez de leur
puissance paternelle en ce qui concerne la liberté & le pouuoir

de les auctoriser pour pouuoir faire testament. C'est doneques
vne disposition de la loy, qui defend aux enfans de famille de
faire testament: c'est la disposition du droict escrit; ce n'est pas
vne puissance paternelle: laquelle disposition de droict escrit,
& loy des Romains, personne ne doubte estre obseruée à Lyon.
Il est doneques indubitable, que ledit testament est nul, ayant
esté faict par vne fille de famille : qui est vrayement la question
qui se presente à iuger, sans entrer en la question si elle luy a deu
laisser la legitime *iure institutionis*, *non alio quouis titulo* : par ce
qu'il soustient le testament nul, la validité duquel estant iugée,
il pourra tousiours entrer en la question de la legitime, suiuant
la loy *contra maiores. Cod. de inoff. test.* Par Arrest à la mesme prononciation le testament a esté iugé bon & valable.

L'heritier par benefice d'inuentaire est tenu de rapporter ce
qu'il a eu, pour succeder auec ceux qui sont heritiers par
benefice d'inuentaire, aussi bien que luy.

ARREST XC.

ITIVS decede ayant nombre d'enfans ; lesquels
apres son deceds se portent heritiers de luy par benefice d'inuentaire. Aucuns d'eux auoient eu quelques aduantages de leur pere de son viuant ; les autres qui n'ont point esté aduantagez, demandent
que ceux qui ont eu des aduantages les rapportent. A cela ils
respondoiēt pour defenses, que n'estans heritiers que par benefice d'inuentaire ils ne sont tenus de ce faire, & que les articles
304. & 308 de la Coustume de Paris, où la succession est deferée,
qui portent que les enfans, ou petits enfans qui viennēt à la succession des pere & mere, ayeuls & ayeules, sont tenus de rapporter ne s'entendent que des heritiers simples, & non des heritiers
par benefice d'inuentaire, y ayāt grande difference entre les vns,
& les autres. *Primò*, en ce que l'heritier par benefice d'inuentaire
ne confond point ce qui luy est deu par le defunct: *secus* en l'heritier simple. *Secundo*, il a esté iugé par Arrest du vnziesme May
1596. que l'heritier par benefice d'inuentaire ne peut coucher
les nourritures & entretenemens au compte qu'il rend de la
succession

succession aux creanciers. *Tertiò*, il ne peut confisquer les biens de la succession, n'estant seigneur incommutable, comme est l'heritier simple. *Quartò*, il ne peut ceder le droict qu'il a en la succession, *quia est tantùm curator bonis*. *Quintò*, il a esté iugé par quelques Arrests, qu'il peut renoncer à la succession en rendant compte de ce qu'il a receu & amendé de ladite succession. Au contraire, les autres enfans disoient qu'estans tous heritiers par benefice d'inuentaire, que la difficulté qui se presente cesseroit si les creanciers absorboient tous les biens de la succession, mais que n'estant encores apparu des creanciers pour grandes sommes eu esgard aux biens de la succession, qu'il estoit raisonnable de faire rapport, & mettre en la masse les aduantages receuz par leurs coheritiers, auant que rien prendre de la succession, laquelle ils vouloient partager, & y prendre part; qui est en effect vouloir venir à la succession : qui est ce que dit la Coustume ausdits articles, qui portent que ceux qui viennent à la succession, sont tenus de rapporter: ce qui s'entend de verité seulement en ligne directe, parce qu'il a esté iugé par Arrest, que *in collaterali* vn heritier par benefice d'inuentaire n'est tenu de mettre en recepte, au compte qu'il rend aux creanciers des biens de la succession du defunct, ce qui luy a esté donné entre vifs suiuant, par l'article 301. de ladicte Coustume; mais *in directa*, en laquelle l'on ne peut estre aduantagé en quelque sorte que ce soit, il faut mettre tout au compte : & s'il reste quelque chose, il se partagera entre tous les heritiers. Que les rapports autresfois en droit, *ex iure veteri* ont receu beaucoup de difficulté, pour sçauoir *si sui conferrent emancipatis, si emancipati suis*; si le rapport se feroit *tam ex testamento quam ab intestato; si filij primi gradus conferrent nepotibus; si conferretur dos & donatio propter nuptias*; comme il se voit du droict des Digestes en la loy premiere, *de collat. bon.* & encores pour la difference des masles, & des filles, & des descendans d'eux. Mais il a tousiours esté de droict constant que *sui qui eodem modo & iure succedebant*, estoient tenus de rapporter, *argumento legis Nec ipsa. de collat. dotis.* En France nous sommes *omnes sui heredes, nec opus est institutione*, combien qu'il ne soit heritier qui ne veut, *sed est opus renuntiatione*. Estans doncques les vns & les autres heritiers par benefice d'inuentaire, & succedans, *eodem modo, & eodem iure*; sans doubte il est necessaire que chacun rapporte ce qu'il a eu, soit dot, soit donation entre vifs, soit donation faicte en contract de mariage, ou en quelque autre sorte que ce soit. *In linea directa*, la Coustume se dict, & le droict y est *in Authent. ex testamento. Cod. de collat.* Par Arrest à la Nostre Dame de Septembre 1599. il est ordonné que rapport se fera par ceux qui ont esté aduantagez.

L'on est receu à prendre le nom & armes de la mere noble,
le pere estant roturier.

ARREST XCI.

V N nommé du Val estant issu de parens de diuerse qualité & condition, le pere estant roturier, & la mere de noble extraction, il obtient Lettres du Roy pour luy estre permis de changer son nom paternel, & prendre celuy de sa mere, & les armes de la maison de sadite mere, laquelle luy auoit faict vn legs à la charge de porter son nom & ses armes. A la verification de ces Lettres, qui se poursuiuoient pardeuers le Iuge de Langres, s'opposent les parens qui estoient issus des masles du nom de la mere, & disent que la mutation de nom a esté generallement prohibée de droict *in l. falsi nominis. ad l. Corn. de falsi.* S. *nos verò. in Proœmio Digestorum*, & Bart. là : Qu'il importe grandement aux opposans, que le demandeur ne prenne leur nom, parce que c'est vn changement en leur famille, en laquelle il n'est expedient *adsciscere* des estrangers pour l'inconuenient qui peut aduenir, qu'vne famille soit deshonorée, par les actions indignes, deportemens mauuais & honteux, notes & taches de ceux qui en vsurpent & prennent le nom : Que quelquesfois aussi il y a des maladies hereditaires qui peuuent estre cause de diffamer toute vne famille, importer aux alliances, & à estre rendu inhabile & incapable des estats & charges, par ce que les vns font tort aux autres en telles occurrences. *Tum*, que le demandeur estant notoirement recogneu par tout, mesme au pays, pour n'estre de condition & de qualité de noble, que ayant le nom de leur famille, l'on pensera auoir subiect de croire que ceux de ce nom sont aussi peu nobles que luy, & au lieu de releuer le demandeur à cause de son nom, il seruira de subiect d'abaisser la reputation & la dignité de l'extraction des opposans, & de les faire croire roturiers, & non nobles. Au contraire le deman-

deur difoit, que le Roy ne luy auoit rien accordé par lefdites
Lettres, que ce qui fe faict ordinairement entre les particuliers
en contracts de mariage, eftant affez ordinaire de conuenir qu'
aucuns des enfans porteront le nom de la mere. Que fi les defendeurs & oppofans remarquoient quelque chofe en particulier au demandeur ou aux fiens portans le nom de fon pere, qui
leur importaft, & qui le rendift indigne de porter leur nom,
qu'il y auroit quelque raifon d'empefcher l'entherinement defdites Lettres; mais tout ce qu'ils difent eft general, & qui ne
tombe aucunement en la perfonne du demandeur; eftant fort
confiderable, que fon pere ayant efté marié auec leur parente,
cefte alliance a faict entrer ledit demandeur en leur famille,
fans qu'elle en ait receu aucune tache, dont ils fe foient iamais
plaints, ny peu plaindre. Ce feroit autre chofe, fi eftant entierement eftranger de leur famille, il s'aduifoit d'y vouloir entrer,
leur eftant du tout incogneu. Mais ce qui luy eft accordé par
lefdites Lettres, il l'a defia par effect, fors la Nobleffe, laquelle le
Roy peut accorder à qui il luy plaift : & n'ont à cela les oppofans aucun intereft. Il eft à remarquer, que de droict *qui nafce-*
batur ex matre ingenua & libera, & patre feruo, ingenuus & liber nafce-
batur, l.5. de ftatu hominum : & en France mefme nous auons quelques Couftumes qui difent que le ventre anoblit, comme entre
autres celle de Troyes. Les oppofans repliquent que leur intereft eft double de debatre lefdites Lettres. Le premier eft
celuy du changement de nom pour prendre celuy de leur famille : ce que Benedicti fur le chap. *ramutius*, remarque n'eftre
permis, & qu'on ne peut prendre le nom de la mere, & que le
Prince ne le peut permettre, par ce que l'on doit retenir le nom
du pere, fuiuant la loy *lex nature. de ftat. hom.* Le fecond eft, que
outre le nom ledit demandeur veut en vertu defdites Lettres,
prendre les armes de la maifon de laquelle fa mere eft iffue, qui
eft celle de leur famille : ce qui importe grandement entre ceux
qui font profeffion de Nobleffe, par ce que c'eft à ceux-là proprement qu'il eft permis d'auoir des armoiries ou armes, l'vn
eftant prins pour l'autre; ce qui monftre la profeffion de ceux
qui ont des armes, *& eiufmodi infignia*, comme fi elles n'appartenoient qu'à ceux qui font profeffion des armes. Et eft remarqué
par ceux qui en ont traicté, que les armoiries ont fuccedé *loco*
imaginum, & des ftatuës qui eftoient erigées anciennement à
ceux qui l'auoient merité par quelque action heroïque, & fous

faicts d'armes, ou par quelque digné entreprise pour le public,
& qui auoit reüssi au bien de l'Estat ; ou pour auoir courageuse-
ment & auec vne insigne valeur repoussé les ennemis, & encore
quelquesfois pour ce qui estoit du conseil, & grande experien-
ce, tant au faict de la Iustice qu'aux autres charges. C'est pourquoy chacun est grandement ialoux & desireux de conseruer
ses armes ou armoiries : lesquelles aussi seruent pour recognoistre les aisnez & chefs des maisons & familles d'auec les puisnez ; aussi pour remarquer les alliances des maisons. Si donques
ledit demandeur les vouloit prendre pleines pour se faire paroi-
stre chef de leur maison, leur interest croistroit grandement, &
seroit beaucoup plus grand que s'il les meslangeoit en sorte que
l'on les peust recognoistre n'estre que par alliance ; & que l'on
peust discerner qu'il ne porte les pleines armes de leur maison.
L'on sçait qu'en chose qui n'est de telle estime, qui sont les en-
seignes & marques de chaque mestier, combien l'on est exact
pour empescher que les vns ne les entreprennent sur les autres,
par ce que tout leur credit depend de là. Aussi il y a prohibition
expresse de les vsurper entre eux en la loy *stemmata. Cod. de fabri-
censibus, lib. 10. Codicis.* Pour ces considerations disoient les
opposans, qu'il ne falloit trouuer estrange, s'ils insistoient
auec toute instance pour maintenir ce qui conserue leur honneur, & qui maintient les personnes signalées entre les hommes. Les armoiries *sunt ruta cæsa* des familles ; c'est ce que l'on
a de plus cher. *Quidni* les dira-on estre *ad instar* de ce que la fol-
le Gentilité faisoit tant de cas, qu'ils appelloient *deos penates*,
qu'ils portoient par tout, *quando migrabant*, qu'ils exceptoient
tousiours en la vente de leurs maisons ; cela n'y estoit iamais
comprins, il leur estoit trop precieux. Ledit demandeur respondoit à cela qu'il auoit desia moitié de leurs armes par l'alliance
que son pere auoit prins en leur maison, qu'il ne leur seroit ho-
norable, qu'il les fist effigier en telle sorte que la principalle
moitié fust des armes de son pere, & la moindre prinse de leur
maison ; comme l'on sçait que la femme a la moitié des armes
du mary. Le Iuge de Langres deboute le demandeur de l'effect
de ses lettres. Appel. Par Arrest l'appellation & ce au neant, en
emendant les Lettres sont entherinées. L'Arrest prononcé à
Noël 1599. par Monsieur le Premier President de Harlay.

La femme succede à son mary faute d'heritiers du mary, &
non le seigneur; & se garde la disposition du droict
escrit au titre Vnde vir & vxor.

ARREST XCII.

EIVS n'ayant aucuns enfans de sa femme, decede delaissant des biens au pays de Berry. Il se
trouue apres son deceds qu'il n'a pareillement aucun parent habile à luy succeder. Sa veufue s'em-
pare des biens, & se remarie. Le Comte de San-
cerre pretend les biens du defunct, lesquels estoient assis dans
son Comté; faict appeller la veufue pour voir dire que lesdicts
biens luy seront adiugez. Elle soustient qu'à defaut de parens
de defunct son mary qui luy puissent succeder, les biens qu'il
a laissez lors de son deceds, luy doiuent appartenir, & que l'on
garde en France ce qui est du droict escrit, que la femme succede au mary, & le mary à la femme, s'il n'y a aucun parent de
l'vn ou de l'autre qui soit capable de recueillir leurs successions,
suiuant le titre *vnde vir & vxor*, & particulierement en la Coustume de Berry, sous laquelle les parties sont demeurantes, &
où le defunct auoit tous ses biens; Laquelle Coustume porte en
l'article huictiesme du titre des successions *ab intestat*, que le
mary & la femme succedent l'vn à l'autre, quand ils decedent
sans heritiers; si ce n'estoit que le mary ou la femme eust faict
testament; ce qui n'est au fait qui se presente. Et note du Moulin
sur ledit article, que *idem esset*, quand il y auroit des parens, s'ils
renonçoient; & qu'en ce cas le mary & la femme excluroit le
fisque, par ce que par le mariage & l'alliance qui a esté contra-
ctee entre eux, ils sont entrez en la famille l'vn de l'autre. Qu'en
France l'on garde la loy *vacantia. Cod. de bon. vacant.* par laquelle defaillans les parens d'vn costé, les parens de l'autre costé succedent *ad exclusionem fisci*; si ce n'est que les Coustumes le defendent, comme le Mayne, Poictou, & quelques autres. Ledit
sieur Comte de Sancerre disoit, que le defunct estant decedé
sans parens habiles à luy succeder, que ses biens luy deuoient
appartenir par droict de deherence, qui est vn droict vniuersel

en toute la France, & qui ne peut estre controuersé au Seigneur.
Mais qu'il est encores fort considerable, que par ladite Coustume de Berry, le mary & femme ne se peuuent en quelque sorte que ce soit faire don ny aduantage, soit par donation entre
vifs, soit par testament, comme il appert par l'article premier
du titre huictiesme de ladicte Coustume; & ce ne directement
ne indirectement, ainsi qu'il est porté par ledit article; Et neantmoins si la femme succedoit à son mary, ce seroit vne contrauention expresse audit article, & vn aduantage indirect que la
femme receuroit de son mary, iouïssant de tous ses biens apres
son deceds, & pourtant qu'en la contrarieté de ces deux articles,
qu'il falloit demeurer au droict commun, qui est qu'en pareil
faict que celuy qui se presente, le seigneur succede à celuy qui
est decedé sans hoirs, par droict de desherence, qui est vn droit
qui a lieu par toute la France; & considerer que si en droict escrit l'on pratique *vnde vir & vxor*, que c'est parce que le mary
& la femme se peuuent donner par testament l'vn à l'autre : ce
qui n'est en ladicte Coustume de Berry. Mais qu'il y auoit vn
poinct grandement considerable, qui est, que la veufue s'est remariée, estant par ce moyen passée en vne autre famille, elle
s'est retirée de celle de son premier mary, elle s'est mise en la
puissance d'vn second mary, & soubmise à son authorité : ce qui
est non seulement en pays de droict escrit, mais aussi en pays
coustumier, comme le remarque Iean Fabre sur le §. *1. Inst. ad
Senatusconsultum Tertull.* & sur la loy premiere, *Cod. de bon. mater.
& per nuptias mutauit forum*, comme il est dict *in l. penult. de iu-
risd. omnium iudicum*, & le traicte Cuias *in l. vlt. de veteranis. lib.
12. Codicis.* Ainsi elle a perdu tout ce qui la rendoit de la famille
de son premier mary, parce que les veufues, tant qu'elles demeurent veufues, *radijs dignitatis mariti coruscant.* Et c'est ce qui
a donné cause à l'Edict *vnde vir & vxor*, que l'alliance, & que
la femme est comme de la maison & famille du mary, par vn
vray & solemnel mariage tel qu'il est requis par la loy vnique
du titre, *vnde vir & vxor*, & que *non diuerterit vxor* : ce qui monstre bien que le benefice de succeder ne luy est donné que tant
qu'elle se conserue en la maison & famille de son mary, & qu'elle ne passe à vne autre, par le moyen de quoy elle se priue de la
succession de son mary, laquelle autrement luy eust appartenu.
Et en cela est de differente condition des autres parens, qui sont
d'vne famille, lesquels y estans naiz, ne peuuent qu'ils n'en

foient toufiours. Voila pourquoy ils ne peuuent perdre la fucceffion, quelque alliance qu'ils prennent. Mais la femme n'y
eftant entrée que par le mariage, elle en peut fortir par vn autre
mariage, & ainfi en eftant fortie perdre la fucceffion de fon mary : n'eftant lors plus fauorable que le Seigneur, lequel par les
Couftumes eft recogneu feul capable de fucceder à ceux qui
decedent fans heritiers dans fa terre, par droict de desherence.
L'on fçait que par le droict & par nos Couftumes les femmes
perdent les aduantages qu'elles auoient de leurs maris, & au
plus n'en iouïffent que par vfufruict. Comment doncques pour-
roit-elle eftre receuable à pretendre ce que fon mary ne luy a
iamais donné, n'ayant faict aucune difpofition à fon profict,
encores qu'il fceuft bien qu'il n'auoit aucuns heritiers capables
de recueillir fa fucceffion : & partant a entendu laiffer fes biens
à celuy à qui ils deuoient appartenir par la Couftume, qui eft le
demandeur. La femme repliquoit que le demandeur n'a prins
garde, que le titre *vnde vir & vxor*, ne parle pas feulement de
la femme, qui fuccede à fon mary, faute d'heritiers du fang, ny
la Couftume de Berry, par laquelle les parties doiuent eftre
reiglées ; mais l'vn & l'autre, le droict & la Couftume, parlent
auffi bien du mary, qui fuccede à fa femme, comme de la femme qui fuccede au mary. Et neantmoins toutes les confiderations que ledit demandeur a remarqué en la femme, pourquoy
elle eft appellée à la fucceffion de fon mary par cefte difpofition
vnde vir & vxor, n'ont point de lieu au mary, lequel ceffantes
toutes lefdites confiderations, ne laiffe de fucceder à l'exclufion du Seigneur à fa femme, fi elle decede fans heritiers. C'eft
pourquoy tout ce difcours auquel le demandeur s'eft eftendu,
eft inutil, & n'y a lieu de reftraindre cefte difpofition de droict,
& de la Couftume, à vne veufue, ne l'vn, ne l'autre ne l'ayant
dict : ce qu'ont faict les loix qui ont voulu que les femmes qui fe
remarient, perdiffent les aduantages qu'elles auoient eus de
leurs premiers maris. Et y a plus, c'eft qu'il eft prohibé de droict,
d'adjoufter des claufes prohibitiues du mariage, dans les difpofitions que l'on faict au profict des femmes. Voire mefme
pour ce qui eft de la viduité, elle ne peut eftre enjoincte : le titre y eft exprés au Code, *de indicta viduitate tollenda*. Et encores
que l'Authentique *cui relictum*, de ce titre, femble receuoir cette condition, *modò permaneat vidua*, neantmoins la loy finale du
mefme titre n'approuue pas que *fit perpetua conditio viduitatis*, mais

seulement pour vn temps, d'vn ou de deux ans : & a esté abro-
gée la loy *Miscella*, & le serment *cum cautione Mutiana*, pour
pouuoir receuoir par la veufue son legs, qui luy a esté faict *sub*
conditione viduitatis, ainsi qu'il appert par la loy seconde de ce
titre. Le Iuge de Sancerre auoit adiugé les biens au Comte de
Sanserre. Appel à Bourges, où par sentence celle de Sanserre
est infirmée, en emendant, les biens adiugez à la veufue. Appel.
Par Arrest prononcé à la Nostre Dame de Septembre 1600. la
derniere sentence est confirmée. Chenu rapporte l'Arrest en
sa question 79.

La stipulation d'employ pour la femme & les siens, de son co-
sté & ligne, faict que les heritiers des propres de la femme
succedent audit employ, encores qu'il ne soit faict
lors du deceds de la femme.

ARREST XCIII.

P AR contract de mariage la femme apporte à son
mary trente mil liures en dot : il est stipulé que de
ladite somme, il en sera employé vingt mil liures
en heritages, qui sortiront nature de propre à la
future espouse, & aux siens de son costé & ligne.
Il y a vne fille de ce mariage. La femme decede, & apres elle la
fille, laquelle auoit vn frere de pere, & des oncles maternels.
Le pere estant decedé apres s'estre remarié en secondes nopces,
le frere consanguin pretend les vingt mil liures luy appartenir,
qui estoient en banque à Lyon, d'où estoient les patries, & y
demeuroient ; & n'estoient encores lesdits vingt mil liures employez en heritages ; de sorte que n'estans que des deniers qui
sont meubles, & luy plus proche parent de la fille decedée, qui
estoit sa sœur, il les deuoit auoir, suiuant l'Authentique *Itaque.*
Cod. communia de sucess. & l'Authentique, *de successionibus ab in-*
testato. Que s'ils eussent esté employez en heritages, suiuant la
clause du contract de mariage, que lesdits heritages eussent appartenu aux oncles heritiers des propres maternels, cumme
estans du costé & ligne de la defuncte. Les oncles disent au contraire, qu'ils sont de l'estoc & ligne, & non ledit frere consanguin ;

guin; & partant qu'ils l'excluent suiuant la stipulation portée
par ledit contract; qui n'est vne simple destination, mais que
prouisum expressement aux heritiers des propres, lesquels ont
esté appellez & considerez pour succeder a ceste somme, fust-
elle employée, ou non; par ce que l'execution de ce qui a esté
stipulé, ne change rien de la stipulation. Autrement il aduiendroit qu'vn pere pour succeder aux meubles de ses enfans, ne
feroit point l'employ, & profiteroit par ce moyen de sa negligence, contre ce qu'il a promis de faire; ou feroit que ses enfans d'vn autre lict en profiteroient, se remariant en secondes
nopces: à quoy l'on a voulu obuier par ladicte stipulation. Et
neantmoins l'on voudroit faire operer ladite stipulation, & conuention, vn effect tout contraire à l'intention des parties, contre la reigle de droict, qui dict que *actus agentium non debent ope-*
rari contra eorum mentem, l. non omnis, si certum petatur. Le procés parti à la grand Chambre, departi à la premiere, & iugé
que les oncles maternels auroient les vingt mil liures, l'Arrest
prononcé à Noël 1600. Apres la prononciation Monsieur le
Premier President de Harlay, aduertit que la Cour auoit iugé
par cest Arrest vne difficulté qui auoit esté fort controuersée en
droict, si la destination pouuoit rendre immeuble ce qui estoit
meuble; & *è contrario* meuble, ce qui estoit immeuble. Ce qui
est traicté *in l. finali, de pactis, l. si constante. sol. matr.* par Cynus
l. 2. Cod. de iure emphyt. par Bartole sur ceste loy *si constante,* par
Monsieur le Maistre en son traicté des Criées, par Gallien sa
premiere question, sur ce qu'on dict en droict, que *prouisio ho-*
minis facit cessare prouisionem legis, & que ceste question a esté
resolué par cest Arrest, par la distinction qu'a faict la Cour, que
quand il n'y a qu'vne simple destination, elle ne suffit pour affecter aux heritiers des immeubles, & des propres, ce qui est
meuble, encoresqu'il ait esté destiné en employ d'immeuble.
Mais quand auec la destination, il y a stipulation au profict des
heritiers du costé & ligne de celle qui apporte les deniers en
mariage, & qu'il est conuenu qu'ils luy sortiront nature de propre, ou l'employ qui en sera faict en heritages, & aux siens de
son costé & ligne, *quibus verbis designantur* les heritiers des propres: qu'en ce cas, la stipulation a cest effect, que ce qui estoit
meuble, doit estre reputé immeuble, & y succedent les heritiers des immeubles, par ce que *prouisum fuit illis heredibus,* sui-

Cc

uant la loy *cum quo. §. vlt. in verbis, vinus videtur heredi futuro præ-*
uidere, ad leg. Falcid. Auſſi que *mutatione perſonæ, bonorum quali-*
tas poteſt mutari: ce qui eſt dict en droict, *mutatione perſonæ, pecu-*
lium deſinit eſſe caſtrenſe, l. per procuratorem. de acquir. hered. Pour
ceſte matiere d'emplois, & remplois, pour ſçauoir qui y doit ſucceder, il faut remarquer, que s'il eſt ſimplement conuenu par
contract de mariage, qu'vne ſomme ſera employée en heritages, ou rentes qui ſortiront nature de propre à l'vn des conioints; ce qui eſt ſtipulé ordinairement pour les deniers dotaux
qu'apporte la femme; en ce cas, la conuention ne paſſant point
plus auant, l'on a iugé qu'elle n'eſt appoſée que *ad excluſionē ma-*
riti, & pour faire que leſdits deniers n'entrent en communauté:
mais l'heritier des meubles y ſuccedera, ſi l'employ n'eſt fait lors
de la diſſolution du mariage; ſi l'employ eſt faict, l'heritier des
propres ſuccede: c'eſt l'Arreſt des Graſſius. Que ſi la ſtipulation
porte que l'employ ſera propre à la femme, & aux enfans iſſus
du mariage, les heritiers des meubles y ſuccedér, ſi l'employ n'eſt
faict lors de la diſſolution du mariage: de ſorte que s'il y auoit
des enfans lors du deceds de la femme, qui decedent auant
que l'employ ſoit fait; le pere, ou autre aſcendant y ſuccedera
comme heritier des meubles. C'eſt l'Arreſt de le Cointe du 30.
May 1606. Comme auſſi quand il eſt dict, pour elle, & les ſiens,
l'heritier des meubles y ſuccede, ſi l'on ne paſſe outre, & que
l'on ne diſe, de ſon coſté & ligne. Cela a eſté iugé par vn Arreſt
prononcé en robbe rouge à Noël 1609. qui ſera rapporté cy a-
pres. Quand il y a ſtipulation pour elle & les ſiens de ſon coſté
& ligne, en ce cas, ce ſont les heritiers des propres qui ſuccedent aux deniers, l'employ n'en eſtant faict. Que ſi l'on a vendu
quelque heritage, ou rachepté quelque rente pendant le mariage, depuis la Couſtume reformée, qui veut que remploy en
ſoit faict, ſi ledit remploy n'eſt faict, ſi l'heritage ou la rente e-
ſtoit propre, c'eſt l'heritier des propres qui ſuccede aux deniers,
s'il eſtoit acqueſt, c'eſt l'heritier mobilier, ainſi qu'il a eſté iugé
par les Arreſts cy-deſſus rapportez, prononcez en robbe rouge
à la my-Aouſt 1591.

L'heritier par benefice d'inuentaire n'est exclus par
l'heritier simple, in directa.

ARREST XCIV.

ITIVS decede laiſſant pluſieurs enfans, dont
les vns ſe portent heritiers ſimples, les autres par
benefice d'inuentaire. Les enfans qui s'eſtoient
portez heritiers ſimples, vouloient exclure leurs
freres quis'eſtoient portez heritiers par benefice
d'inuentaire : & diſoient que les lettres de Chancellerie que
prenoient ceux qui vouloient eſtre heritiers par benefice d'inuentaire, iugeoient la difficulté, par ce qu'elles portent vne
clauſe, Pourueu qu'il n'y ait heritier ſimple. Que pour ceſte
conſideration les Arreſts auoient iugé, que les heritiers ſimples
excluoient les heritiers beneficiaires, s'ils ne ſe vouloient porter heritiers ſimples, par l'Arreſt des Auberts du 3. Iuillet 1571.
& celuy des Rapins du 12. Septembre 1587. Au contraire les
heritiers par benefice d'inuentaire diſoient, que ceſte clauſe de
Chancellerie n'eſt neceſſaire, & qu'il s'en expedie ſans ceſte
clauſe. Auſſi que c'eſt à la Cour à faire iugement de telles difficultez; & que de droict le ſimple n'exclud l'heritier par benefice
d'inuentaire; par ce que c'eſt vn priuilege de droict, lequel autrement n'auroit entierement ſon effect, ne portant aucune reſtriction. Et doiuent eſtre tous priuileges aduantageuſement
& fauorablement interpretez, meſmes ceux qui ſont *in corpore
iuris*, comme celuy-cy, *in l. ſancimus. Cod. de iure delib.* & qu'il auoit
ainſi eſté iugé par Arreſt pour Monſieur Senneton Conſeiller
en la Cour, *in patria iuris ſcripti*. Que la Couſtume de Paris qui
eſt compilée des Arreſts de la Cour, article 242. faict voir que
idem iudicatum pour le pays couſtumier. Ce qui eſt fondé en
grande raiſon; car puis que l'on a receu le priuilege introduict
par le droict eſcrit en France, en prenant lettres du Prince, il
eſt raiſonnable qu'il ſoit receu ſelon qu'il eſt pratiqué de droict.
Qu'il eſt bien vray que les Arreſts ont fait diſtinction de la ligne
directe, & de la collateralle, & a eſté iugé perpetuellement
que *in directa* l'heritier ſimple n'exclud celuy qui eſt heritier par
benefice d'inuentaire *in eadem linea*. C'eſt l'Arreſt que l'on allegue des Charlets : & la raiſon eſt; par ce que *legitima debetur in*

directa ; & pour cela aussi il a esté iugé au rapport de feu Monsieur de Helin, qu'vn pere qui se portoit heritier beneficiaire de son fils, n'estoit excluds par celuy qui se portoit heritier simple, *in collaterali*. Mais quand la question est entre les collateraux, l'on a tousiours tenu que l'heritier simple exclud le beneficiaire, si mieux n'aime le beneficiaire se porter heritier simple. On l'a iugé par Arrest pour la succession du sieur de Machicault, Chantre de Nostre Dame de Paris. Par Arrest prononcé à Pasques 1601. iugé que l'heritier par benefice d'inuentaire n'est exclud par l'heritier simple, *in directa*, la Coustume où estoit la difficulté n'en portant rien. Monsieur Loüet qui cotte l'Arrest, f. 331. dict que la question sur laquelle a esté donné cest Arrest, estoit en la Coustume d'Orleans, mes Collections portent que c'estoit celle de Poictou.

Pour bail à rente rachetable sont deubs lods & ventes,
en la Coustume d'Anjou.

ARREST XCV.

'O N fait bail à rente de soixante escus par an d'vne maison, ladite rente rachetable de douze cens escus. Le seigneur demande les lods & ventes. L'acquereur soustient qu'il n'en est deub par l'art. 127. de la Coustume d'Anjou, qui porte, En baillée à rente faicte sans fraude, où il n'y a argent baillé, n'y a vente ny rachapt. Que au bail dont est question il n'y a point d'argent baillé, par consequent que le seigneur ne peut rien demander. Le seigneur respond, qu'il faut distinguer entre vn bail à rente non racheptable, & celle qui est racheptable. Que la Coustume parle de la rente non racheptable, où il n'y a argent baillé, *neque de præsenti, neque in futurum*. Mais quand la rente est racheptable, comme est celle-cy, laquelle l'acquereur a constitué sur luy, & conuenu qu'elle seroit racheptable de douze cens escus, que le rachapt se pouuant faire toutesfois & quantes, & dés le iour mesme ; que c'est tout ainsi que s'il y auoit argent baillé. Aussi il a esté iugé qu'il est deub droicts au seigneur en bail à rente racheptable, par Arrest rapporté par du Moulin sur la

Couſtume de Paris art. 58. & par Maiſtre René Chopin en la
Preface ſur ladite Couſtume, donné le 10. May 1557. L'acquereur repliquoit qu'il falloit conſiderer que la defenſe eſtoit
fondée ſur le texte exprés d'vne Couſtume, laquelle eſt de
droict eſtroit, à laquelle il ne faut rien adiouſter ne diminuer,
l. ſi verò. §. de vno. ſol. matr. Et en laquelle l'on ne doit point faire d'argument de ce qui ſe iuge ailleurs, ou de ce qui eſt de diſpoſition d'vne autre Couſtume; par ce que toutes Couſtumes
ſont reſtraintes en ce qui eſt de leur deſtroit & territoire, comme il a eſté iugé par l'Arreſt que Monſieur Marion rapporte
dans ſes Plaidoyers, qui eſt le huictieſme Plaidoyer, auquel il
diſcourt ſi amplement de ceſte matiere, ſi doctement, & elegamment, comme il a eſté admirable pour cela, que l'on en peut
tirer vne grande inſtruction pour le Palais. La loy *Scire oportet §.*
aliud. de excuſat. tut. dict que l'on ne ſe doit departir des mots du
Statut, ou Couſtume, ſinon quand il reſulteroit quelque choſe
d'inique, ſi l'on ſe tenoit preciſément aux termes dudit Statut,
ou de la loy. Au faict qui ſe preſente, il ne ſe peut dire que ladite Couſtume eſtant entenduë ſelon ſes propres mots, qu'il y
ait rien d'inique. Elle dict qu'en bail d'heritage à rente, il n'eſt
deub droicts au ſeigneur, s'il n'y a argent baillé. Eſt-il neceſſaire que le ſeigneur ait des droicts, ſi la rente eſt racheptable; &
s'il n'en a, *eſt-ne quid* en cela *de genere malorum?* Eſt-ce pas vne
doctrine certaine que nos Couſtumes ſont *loco* des infeodations,
ſi leſdites infeodations ne paroiſſent, & qu'elles reglent les
droicts deubs aux ſeigneurs? leſquels droicts partant dependent
de chacune Couſtume, & ne les peut pretendre le ſeigneur, que
tels qu'elle les luy baille & accorde. En quoy les Couſtumes
ſont fort differentes ſelon les diuerſes mœurs des peuples, auſquels elles s'accommodent; ces Couſtumes eſtans redigées par
des perſonnes ſelectes, les premiers de chacune Prouince, ou
Bailliage, prins de chacuns des trois Eſtats les plus experimen-
tez, qui compoſent les Couſtumes le plus proportionnément à
leurs mœurs qu'il leur eſt poſſible; leſquelles mœurs ſont dou-
ces & agreables à chacun, ce dict Dion Chryſoſtome, au lieu
que la loy eſt ſeuere & rude, faiſant tout eſgal ſans diſcerner les
vns d'auec les autres. En quoy nos Couſtumes ſont grandemét
differentes de ceſte loy ſeuere, de ces Ordonnances rigoureu-
ſes; car elles ſont accommodées aux mœurs receuz & prati-
quez au pays; & ne paſſent en obſeruance qu'apres que chacun

par l'entremise des Deputez des trois Estats de la Prouince, ou
du Bailliage, les ont accordées. De sorte que c'est en effect le
peuple luy-mesme, qui s'est faict la loy conforme à ses mœurs.
Qui est la raison pourquoy l'on void les Coustumes aussi differentes, comme sont les mœurs de chacune Prouince. Tant y a,
les seigneurs ne sont fondez de pretendre autres droicts sur
leurs vassaux & tenanciers que ceux que la Coustume leur donne. En ceste Coustume ils n'en ont point en vn bail à rente, s'il
n'y a argent desboursé. Ils n'en peuuent doncques pretendre
au bail à rente dont est question, n'y ayant point d'argent desboursé, encores que la rente soit racheptable; car le rachapt de
la rente *nihil mutat* du bail à rente, & la Coustume ne distingue
point si la rente est racheptable, ou si elle ne l'est pas, comme
elle eust faict si elle eust voulu donner des droicts au seigneur
en cas que la rente fust racheptable. Et pour faire voir comme
les Coustumes sont differentes en ce particulier, la Coustume
de Paris en l'art. 70. au titre des Censiues & droicts seigneuriaux, donne des droicts au seigneur en bail à rente d'heritage, si
la rente est racheptable. Si celle-cy en eust voulu donner au
seigneur en rente racheptable, elle en eust dict de mesme. Ne
l'ayant dict, il se faut tenir à la disposition generalle de la Coustume, qu'en bail à rente il n'en est point deub, puis que la Coustume l'a dict ainsi, soit que la rente soit racheptable, soit qu'elle ne le soit point; estant aussi bien de la nature d'vn bail d'heritage que la rente soit racheptable, côme de ne l'estre pas: pouuant estre conuenu l'vn ou l'autre en bail d'heritage, que la rente sera racheptable, ou qu'elle ne le sera pas: ce qui n'est pas en la
rente constituée, laquelle ne peut estre conuenuë non racheptable, estant l'vne des conditions de la rente constituée qu'elle soit tousiours racheptable, suiuant l'Extrauagante *regimini*.
Respondoit le Seigneur en vn mot, que celuy qui prend vn heritage à rente racheptable, en effect il achepte l'heritage, & n'est
qu'vn bail à rente desguisé pour frustrer le Seigneur de ses
droicts, & les lignagers du retraict lignager: & dict la loy *Ari-
sto. de rerum permut.* que le contract est estimé de la nature de celuy qu'il approche le plus. C'est pourquoy la Iustice ne pouuant tolerer les fraudes lesquelles se pratiquent ordinairement
pour frustrer les Seigneurs de leurs droicts, l'on interprete tellement les actes qui contiennent lesdictes fraudes implicite-
ment, que l'on face cesser lesdites fraudes; & en ce faisant l'on

n'interprete pas tant les Coustumes , comme l'on discerne la
fraude qui est aux contracts, leur donnant leur vray nom , &
leur ostant celuy qui est simulé. Le vray nom d'vn bail à rente
racheptable c'est vn contract de vente , pour lequel il est deu
droicts ; le nom simple , c'est de bail d'heritage. Et ainsi veut la
loy que l'on interprete les contracts par leurs vrays effects, &
qu'on les nomme tels qu'ils sont en effect , & non selon le nom
desguisé qu'ils portent; ainsi qu'il est dit disertement en la loy *si
insulam. de præscr. verbis* : & pour cela est elegante la loy *si forte. de
castr. peculio*, qui dict, *si sit donatum vt esset castrense, & non si cost. en-
se, præualebit veritas , non quod voluit fingi*. Par Arrest à la mesme
prononciation , iugé qu'il estoit deu droicts au Seigneur.

Le mary est tenu d'entretenir les maisons subjectes à douaire
coustumier , & partant les enfans ne sont tenus de rem-
bourser les creanciers , qui ont baillé les de-
niers pour les reparer.

ARREST XCVI.

N Bourgeois de Paris prend de l'argent à rente
pour rebastir quelques maisons qu'il auoit en ladite ville, ausquelles rentes sa femme estoit pareillement obligée. Il decede ; apres son deceds sa veu-
ue prend lettres pour se faire releuer de ce qu'elle a
parlé aux contracts de constitutions desdictes rentes, fondées
sur force & contraincte. Ceste instance de lettres estant indeci-
se, elle decede ; delaisse des enfans du defunct & d'elle, lesquels auoient renoncé à la succession de leur pere lors de son
deceds , & s'estoient tenus au douaire de leur mere ; lequel
douaire estoit coustumier, & consistoit en la moitié desdictes
maisons qui auoient esté rebasties , lesquelles auoient esté mises
en criées par les creanciers desdites rentes. S'opposent lesdicts
enfans ausdictes criées, à fin de distraire la moitié desdictes maisons , comme à eux appartenante à cause dudict douaire , disent qu'ils ne doiuent rien n'estans heritiers de leur pere ny de
leur mere; & partant qu'il leur en falloit faire distraction. Les
creanciers empeschent ladite distraction, & disent que lesdites

maifons ont efté rebafties depuis le mariage de leurs deniers, comme ils pretendoient *ex proximitate actuum*, fuiuant la loy premiere, § *qui onerande. quarum rerum actio non datur. l. fi præ-dium. Cod. de prædijs min.* partant que *faluam fecerunt totius pignoris caufam*, comme il eft dict en la loy *interdum*, & la fuiuante, *qui pot. in pign.* du creancier qui a baillé fes deniers *ad rem reficiendam & conferuandam*, qu'il eft preferé aux autres creanciers, fur la chofe en laquelle fes deniers ont efté employez; fi mieux lefdits enfans n'aymoient rembourfer lefdictes reparations & meliorations. Les enfans difoient que le mary eft obligé deflors du contract de mariage de conferuer les lieux fubjects à doüaire, pour en pouuoir ioüir par la femme, & les enfans qui fe tiennent au doüaire de leur mere : *& fic* que l'hypotheque qui vient *ex contractu matrimonij* pour conferuer les lieux fubjects à doüaire, qui eft propre aux enfans, precede l'hypotheque des creanciers qui ont contracté depuis le mariage, & qu'ils doiuent auoir lefdits lieux en l'eftat qu'ils font lors qu'ils doiuent ioüir du doüaire, qui eft à dire, deüement reparez & entretenus ; & que ce que leur pere a faict, n'a efté que ce qu'il eftoit tenu de faire. Si l'on a iugé qu'vn beneficier eft tenu des reparations qui font à faire en fon benefice, du iour qu'il a prins poffeffion du-dict benefice, & que fes biens font hypothequez de ce iour-là, pour la refection & reparation des lieux qu'il a laiffé tomber en decadence, comme il a efté iugé par Arreft du 24. Mars 1603. au rapport de Monfieur le Roüllier, entre Meffire René de Beaune, Archeuefque de Sens, & les heritiers de feu Monfieur le Cardinal de Pelué, precedent Archeuefque ; combien plus y-a il de raifon qu'vn mary foit tenu de conferuer ce que la Couftume affecte de fes biens au doüaire couftumier de la femme & de fes enfans, deflors du contract de mariage, n'en iouif-fant, qu'à la charge du douaire ? lequel partant il doit conferuer, & ne le peut conferuer qu'en conferuant les baftimens & maifons qui y font fubjectes ; tout ainfi que la femme eft tenuë d'entretenir lefdits baftimens luy ayans efté baillez en bon eftat, quand elle y eft entrée, & l'emphyteote ceux qu'il a prins en emphyteofe, pendant que le bail dure. Et d'autant plus que le mary eft tenu d'entretenir les maifons & baftimens de fa femme pendant le mariage, par ce qu'il en prend les fruicts, *l. doce. Cod. de rei vindic. l. fructus. & l. diuortio. §. impendia. & §. planè. fol. matr. l. 1. §. neceffaria. de imp. in reb. dot. facta.* Ce qui reçoit

moins

moins de difficulté de ce qu'il prend les deniers dans la communauté, à laquelle la femme a part, & desquelles reparations
partant elle en porte vne partie. Vray est que si le mary a esté
mauuais mesnager, & qu'il ait faict des debtes qui absorbent la
communauté, la femme y peut renoncer, n'estant raisonnable
qu'elle porte la faute du mary, lequel estant maistre de la communauté, l'aura dissipée, & reduite à rien par son mauuais mesnage. Estant fort considerable que lesdits creanciers ne iusti-
fient que par coniecture, que leurs deniers ayent esté employez
en la reparation desdits bastimens : ce qui ne suffist pour a-
uoir hypotheque sur lesdits bastimens preferable aux autres
creanciers; mais il faut qu'expressément *pecunia sit data in refe-*
ctionem & conseruationem domus. l. interdum. & seq. qui pot. in
pign. & encores ceste hypotheque qui estoit donnée de droict,
quando in refectionem pecunia data erat, elle n'estoit que tacite :
lesquelles hypotheques tacites ne sont considerées, ny receuës
en France, que pour estre preferé le creancier, *inter creditores*
personales, & non pour preceder ceux *qui habent expressam hy-*
pothecam, comme il a esté iugé par Arrest en robbe rouge à
Noël mil cinq cens quatre vingts dix, rapporté cy-dessus.
Les creanciers disoient, qu'ils iustifioient que le mary n'eust
peu faire rebastir les maisons dont est question, sinon de leurs
deniers : outre que les bastimens ont esté faicts au mesme
temps qu'ils ont baillé leurs deniers audict mary; partant que
iniquum esset, que lesdicts enfans voulussent auoir, & iouïr desdicts bastimens, *cum eorum dispendio ; nemo enim cum alterius ta-*
ctura debet fieri locupletior. Tum res transit cum opere ; ces bastimens
sont chargez de leurs rentes, ils les doiuent doncques payer.
Sit ita que le mary fust tenu d'entretenir lesdicts lieux subs-
jects à leur douaire ; c'est vn bon recours qu'ils ont contre
ceux qui sont heritiers de leur pere, trouuans ceste charge
lors que le douaire a lieu ; charge sans laquelle ils ne peuuent iouïr desdictes maisons, par ce qu'il est question d'vne
hypotheque plus priuilegiée, que ne seroit celle d'vn qui auroit presté pour achepter lesdictes maisons, & qui ne seroit
encores payé. Car celuy *qui dedit pecuniam in emptionem*, n'a
point d'hypotheque priuilegiée, comme a celuy *qui dedit pe-*
cuniam in refectionem, comme il paroist par la loy *quamuis. Cod.*
de pign. où on voit que *non habet tacitam hypothecam super re ven-*
dita & empta ex pecunia sua ; & qu'il faut que *sit expressa*, s'il veut

D d

estre preferé *super re vendita* ; & celuy *qui dedit in refectionem*, *habet tacitam hypothecam super re quæ est refecta*, encores qu'il n'en eut point d'expresse, par ladite loy *interdum*. Par Arrest pronocé à la Nostre Dame de Septembre mil six cens vn, ordonné que distraction sera faicte au profict des enfans de moitié desdictes maisons, sans estre tenus de rembourser les fraiz, & deniers employez aux bastimens, reparations, & meliorations. Chenu rapporte l'Arrest en sa question 96.

Le Seigneur est preferé au fisque pour ses droicts, mesme en crime de faulse monnoye.

ARREST XCVII.

E sieur de Vernaucour fut condamné aux Grands Iours de Troyes en de grosses amendes enuers le Roy, pour crime de faulse monnoye. Le Receueur des amendes faict mettre vne terre en criées appartenante audict de Vernaucour, pour estre payé desdictes amendes. S'oppose le Seigneur pour estre payé d'vn droict de rachapt qui luy estoit deub, & la veufue pareillement pour auoir distraction de la moitié pour son doüaire coustumier. Le 21. Nouembre 1601. la cause fut plaidée, en laquelle Messieurs les Gens du Roy plaiderent pour le Receueur des amendes ; & soustindrent que le Roy deuoit estre preferé au Seigneur, la condemnation estant interuenuë pour crime de leze Majesté, & que *à die delicti* l'amende luy estoit deuë, *l. post contractum crimen capitale. de donat.* & que pour le Seigneur, son droict ne luy estoit deub que du iour de la condemnation, ou de la mort, cessant lors d'auoir vn vassal. Alleguoient pour cela vn Arrest donné contre vn Euesque de Beauuais qui estoit Seigneur de fief du condamné. Le Roy fut preferé pour son amende. Vn autre en la maison de la Chesnaye, que du Moulin a annoté sur les Arrests de Galli, qu'il y en auoit encores deux autres qui auoient esté donnez contre le sieur de Crouy, par lesquels il auoit esté iugé qu'en vne condemnation pour hostilité le Roy seroit preferé. Au contraire le Seigneur de fief disoit que son vassal n'auoit peu delinquer à son preiudice, suiuant la loy

libertinum. de bon. libert. & que son droict luy estoit deub *ex lege
dicta feodo.* Qu'il y auoit Arrest rapporté par Galli *in simili. Tum
pœnis fiscalibus creditores anteferri.* Qu'il auoit esté iugé que l'hypotheque pour la reparation ne va que du iour dē la condemnation, non du iour du delict, en faisant l'ordre de la Mothe
Serrant; que le mesme doibt auoir lieu pour les amendes, encores qu'elles soient adiugées au Roy, si ce n'est *ex causa hostilitatis. Hoc speciale* en ce cas, parce que c'est rebellion de porter
les armes contre le Roy. Que la loy *quotiens,* qui est la premiere, *de pœnis,* distingue, pour sçauoir *si in delictis,* l'on considere le temps du delict, ou le temps de la sentence : & dict que si la
peine est certaine par la loy, que l'on considere le temps du delict, si elle est arbitraire, que l'on considere le temps de la sentence. Qu'en France les peines sont toutes arbitraires : par consequent que le temps du iugement doibt estre considéré. Ioint
que si le vassal ne peut aliener, ny confisquer *in praiudicium* du
Seigneur, il ne peut aussi créer d'hypotheques, lesquelles ont
traict à vne alienation ; parce que par le moyen de l'hypotheque l'on paruient à l'alienation, *l. si finita. §. de vectigalibus. de
damno infecto.* La cause fut appointée au Conseil à l'Audience,
& ordonné que la Cour verroit les Arrests. Depuis l'Arrest fut
prononcé par Monsieur le Premier President de Harlay à Noël
1601. & iugé que le Seigneur seroit preferé au fisque, & que la
veufue auroit distraction de ce qui estoit subiect à douaire. Cest
Arrest est rapporté pour partie seulement, par Monsieur Loüet
f. 309. & ne parle que de ce qui est de la veufue, & des moyens
alleguez par elle, & contre elle, qui est cause qu'ils ne sont icy
repetez ; mais pour la preference entre le Roy & le Seigneur, il
n'en parle aucunement ; c'est pourquoy il a fallu desduire icy
ce qui concerne ceste question. Dict seulement que le Receueur des amendes y estoit partie, sans faire mention du Seigneur. Chenu le rapporte au long en la question 97.

En cession de rente auec clause de Fournir & faire valoir, faut faire discussion de tous les biens du debteur, & s'opposer par le cessionnaire, s'il se faict quelque decret, par le moyen duquel il eust peu estre payé, encores que le cedant eust promis payer, à faute de payement par le debteur de la rente.

ARREST XCVIII.

ÆVIVS cede vne rente à Seius, sur particuliers, auec promesse de garentir, fournir, & faire valoir, & de payer faute de payement par le debteur de la rente. Seius n'estant payé, il s'addresse à Mæuius son cedant pour estre payé. Mæuius luy dict, qu'il doit faire discussion, par ce que la clause, Fournir & faire valoir, veut à dire, *bonum nomen esse;* & qu'il ne peut apparoir, *si non sit bonum nomen,* qu'apres la discussion. Et quand du Moulin en son traicté des contracts vsuraires, question 8. §. 135. dict qu'vne cession de rente emporte constitution sur soy, il adiouste, si la rente n'est bien asseurée. Il faut doncques qu'il paroisse auant que de s'addresser à luy, qu'elle ne soit bien asseurée, & que le debteur soit insoluable, *l. 116. §. decem. de verb. oblig.* Adiouste qu'il a promis payer si le debteur n'estoit soluable, parce que la cession de la debte est vne delegation, en telle sorte qu'il demeureroit deschargé de la debte, s'il n'auoit promis de la faire valoir, suiuant la loy *Inter causas §. abesse. mand.* & que ceste clause, Fournir & faire valoir, n'a lieu qu'apres la discussion, *vt appareat non esse bonum nomen.* Outre qu'il faut que la descheance & insoluabilité du debteur soit arriuée auparauant la cession, suiuant la loy *Pupilli. §. soror. de solut.* par laquelle la descheance du debteur qui est aduenue depuis la cession, est imputée au cessionnaire, en telle sorte que si le debteur auoit vendu ses biens depuis la cession, ou qu'on les eust faict vendre par decret, & que le cessionnaire ne se fust pourueu contre les acquereurs, ou opposé au decret, il n'auroit plus de recours contre le cedant, *l. necessario. de peric. & commoda rei vend.* Qu'il auoit ainsi esté iugé par Arrest du 16. Ianuier 1602. Seius respond que la

discuſſion ſeroit neceſſaire, ſi Mæuius auoit ſeulement promis
garentir, fournir & faire valoir; mais qu'ayant promis de payer
à faute de payement par le debteur de la rente, & par offect conſtitué ſur luy ladite rente à faute de payement; que c'eſt à luy à
payer, ſauf à ſe pouruoir contre le debteur de ladite rente, ainſi
qu'il verra par diſcuſſion ou autrement. Qu'il faut que toutes
les clauſes d'vn contract ayent leur effect, & qu'elles operent
quelque choſe, comme le tient Balde ſur la rubrique *de contr.*
empt. Qu'il n'y a doute que ladite clauſe de payer par Mæuius, à
faute de payement par le debteur, ne peut auoir eſté appoſée
audit contract, que pour ſe deſcharger de ladite diſcuſſion, & la
reietter ſur ledit Mæuius; ayant voulu auoir Mæuius pour debteur de ladite rente, auec garentie de faict & de droict; ear la
garentie de droict c'eſt que *nomen ſubſit*, ſuiuant la loy *Si nomen.*
de hered. vel act. vend. l. ſi plus. de euict. La garentie de faict, c'eſt
bonum nomen ſubeſſe, & debitorem eſſe locupletem; ce qui requiert diſcuſſion par le ceſſionnaire auant que de s'addreſſer au cedant,
vt appareat debitorem non eſſe locupletem. Mais outre tout cela, Mæuius ayant promis de payer faute de payement par le debteur,
c'eſt auoir voulu que le cedant fuſt debteur de la rente, ſans
qu'il fuſt beſoin de diſcuſſion ſur celuy qui doit la rente. Outre
que le debteur n'a plus aucuns biens de tous ceux qui ſont ſpe-
cifiez par le contract de conſtitution, & n'eſt tenu d'en recher-
cher d'autres, n'ayant cognoiſſance que de ceux qui ſont portez
par le contract, que ledit cedant luy a baillé, qui eſt le contract
de conſtitution de ladite rente. Mæuius replique, que quand
il a promis de payer à faute de payement, ce n'eſt autre choſe
que ce qu'il a promis par la clauſe precedente, quand il a promis fournir & faire valoir; car fournir & faire valoir la rente,
c'eſt la payer, auec condition toutesfois, ſi le debteur n'eſtoit
ſoluable lors de la ceſſion. De meſme quand il a adiouſté qu'il
promettoit payer à faute de payement, c'eſt *pluries loqui*, & ne
rien dire d'auantage, que ce qui auoit eſté dict; qui eſt de payer
ſi le debteur eſtoit inſoluable lors de la ceſſion. Ce qui ne peut
apparoir que par la diſcuſſion; laquelle diſcuſſion doit eſtre generalle, & de tous biens, tant ceux qui ſont exprimez par le contract, que tous autres que peut auoir le debteur, & qu'il auoit
lors de la ceſſion, & qu'il a acquis, ou qui luy ſont aduenus, &
eſcheus depuis en quelque ſorte & maniere que ce ſoit. Et doit
ledit ceſſionnaire iuſtifier, qu'il n'ait peu venir en ordre ſur les

heritages dudit debteur, qui ont esté vendus par decret ou autrement: par ce que s'il se trouue qu'il ne se soit opposé, & qu'il
eust peu estre payé, s'il eust interrompu les acquereurs, il ne seroit plus receuable de s'addresser à luy cedant. Seius respond à
cela, qu'il faut bien entendre & expliquer toutes les clauses du
contract de cession, il y en a trois, il y a la garentie, il y a la promesse de fournir & faire valoir, & si il y a promesse de payer par
le cedant, à faute de payement par le debteur de la rente. La
premiere va à la garentie de droict, c'est à dire, qu'il soit vray
que ladite rente appartienne au cedant, & qu'elle luy soit deuë.
La seconde, qui est fournir & faire valoir, va à la garentie de
faict, en cas que la rente fust loyallement deuë, mais que le debteur ne fust soluable, qui est à dire en effect, que le cedant pro-
met que ladite rente est bien asseurée, & le debteur soluable
lors qu'il la cede. Autrement *cùm inanis sit actio quam inopia de-*
bitoris excludit, en effect *non est debitum*: Et pour oster la difficulté de sçauoir si le cedant n'est tenu apres la cession, de la descheance des facultez du debteur, qui est vne euiction de faict,
mais posterieure à la cession; Mæuius a promis la garentir par
ceste troisiesme clause, de payer à faute de payement par le debteur. Et ainsi il suffit qu'il iustifie que le debteur n'a plus les
biens specifiez par le contract de constitution, & que luy cessionnaire n'ait rien receu des deniers prouenus desdites ventes. Par Arrest prononcé à Pasques 1602. la Cour a iugé trois
choses, que Monsieur le President Seguier aduertit en prononçant l'Arrest. La premiere, Que le cessionnaire d'vne rente auec
promesse de fournir & faire valoir, & de payer par le cedant à
faute de payement par le debteur, doit faire discussion auant
que de s'addresser au cedant. La seconde, Que la discussion se
doit faire non seulement des biens speciallement obligez, mais
aussi de tous les biens du debreur. La troisiesme, Que le cessionnaire est tenu de veiller si l'on vend, ou que l'on face decreter
les biens du debteur; en sorte que iusques à la concurrence de
ce qu'il eust peu estre payé, s'il se fust opposé, ou qu'il eust
interrompu le tiers acquereur, le cedant est deschargé.

La furuenance d'enfans ne rend la donation nulle, quand il
eft faict mention des enfans en la donation, & con-
damné le donateur en confentir l'infinuation.

ARREST XCIX.

A R contract de mariage vn mary efpoufant vne
femme qui auoit des enfans d'vn premier lict, veut
qu'à l'aifné qui furuiendra de leur mariage, appartiennent quelques terres qu'il auoit lors dudict
mariage, & fubftitue les puifnez mafles graduel-
lement: & s'il decede fans mafles, il donne lefdites terres à l'aifné des enfans de fa femme. Il a de ce mariage des filles feulement lors du deceds de fa femme; lequel deceds aduenu, d'autant que ledit contract portant lefdites donations, n'eftoit infi-
nué, le fils aifné du premier lict de la femme fait appeller fon
beau-pere pour paffer procuration pour confentir l'infinuation
dudit contract. Il fe defend, que le temps d'infinuer eftant paffé, il n'eft tenu de confentir ladite infinuation. *Tum* que, par la
furuiuance de fes filles, la donation eft reuoquée, fuiuant la loy
fi vnquam. Cod. de reuoc. donat. Au contraire, ledit fils aifné dit,
que c'eftoit à luy à faire infinuer; autrement que fi le mary ne
vouloit faire infinuer, il feroit à fon pouuoir d'interuertir &
aneantir toutes les conuentions matrimonialles, du moins les
difpofitions faictes au profict de fa femme & des fiens, par le
contract de mariage. Quant aux filles qui font furuenues dudit mariage, qu'il eft vray que la furuenance des enfans fait que
la donation eft reuoquée; mais que cela s'entend, quand le donateur n'a pas preueu, ny penfé pouuoir auoir des enfans; & que
s'il euft penfé en auoir, il n'euft iamais fait la donation. *l. gene-*
raliter. §. cùm autem. Cod. de inft. & fubftit. Mais au faict qui fe prefente, ayant expreffément faict mention des enfans, & penfé
à eux, difcernant les mafles d'auec les filles, & voulu le donateur que s'il n'auoit que des filles, les mafles de fa femme euffent les terres dont eft queftion; l'on ne peut dire que la furue-
uance des filles foit confiderable, par ce qu'il a voulu faire la
donation à leur preiudice, & l'a ainfi dict par la donation. Le

donateur replique, qu'il est bien vray qu'vn mary est tenu de
faire insinuer le contract de mariage, par lequel il y a quelques
donations, soit reciproques, soit au profict de l'vn ou de l'autre
des conjoincts; mais que cela s'entend en ce qui concerne la
femme, sans que ceste obligation se puisse estendre à des enfans d'vn autre lict de la femme, qui sont estrangers au mary,
estant vray qu'il n'estoit leur tuteur; & encores de faire ceste
extension au preiudice des propres enfans du mary, qu'il n'y
auoit apparence. Replique le fils aisné, que s'estant presenté
vne pareille difficulté à l'Audience, le 13. Feurier 1590. vn mary
ayant donné aux enfans de sa femme par son contract de mariage cinq cens liures apres son deceds, le contract n'ayant esté
insinué du viuant du donateur, les heritiers font difficulté de
deliurer lesdites cinq cens liures, d'autant qu'il n'y auoit point
d'insinuation. L'on respond que c'estoit au mary à faire insinuer,
la donation iugée bonne. N'y faict rien en la presente question,
que le donateur a eu des enfans, puis qu'il a voulu donner s'il
n'auoit point de masles, qui est à dire, qu'il entendoit donner
au preiudice des filles. Et est aussi bien loisible de donner *in præ-
dictum* des enfans qui viendront, quand l'on a dict que l'on
vouloit donner à leur preiudice, & que *est facta mentio liberorum*,
comme il est permis a celuy qui a desia des enfans de donner à
leur preiudice: sans auoir mesme esgard à leur legitime, laquelle ne se prend que sur les biens qui se trouuent lors du deceds
du pere, & *non auocantur* les biens donnez, si ce n'estoit qu'ils
fussent donnez à l'vn des enfans; auquel cas l'on prend la legitime des enfans sur le bien qui leur a esté donné, *gl. in l. 1. Cod.
de inoff. test.* qui explique clairement en quelle sorte la legitime est tirée & desduite sur les donations faictes aux enfans *Tum*
la loy *si vnquam*, n'a lieu que quand la donation est de tous biens,
& qu'il ne reste rien aux enfans. Au faict qui se presente la donation n'est de tous biens, mais seulement de quelques terres
que le donateur auoit premierement donné à ses enfans masles, si aucuns il auoit; & à faute de masles, a substitué les masles de sa femme. Ce qui monstre qu'il n'a entendu que ce qu'il
auoit donné vint à des filles, l'ayant tousiours affecté à des masles. Il y auoit eu depuis vne donation des mesmes biens par le
donateur à sa fille aisnée en la mariant: le mary de laquelle estoit
interuenu pour soustenir sa donation: mais ceste interuention
n'auoit esté instruite, ains seulement sa requeste ordonné estre
                                                            mise

mise au sac. Par sentence du Iuge d'Armignac le beau-pere est condamné passer procuration pour insinuer dans huictaine, *a-liàs* la donation reputée pour insinuée, reseruant à l'interuenant ses droicts pour la donation faicte à sa femme. Appel. Le procés est euoqué de Thoulouse en ceste Cour. Par Arrest prononcé à Noël 1602. la sentence est confirmée. Cest Arrest est rapporté par Chenu en sa question 70. au long, auec les moyens des parties: l'on y peut auoir recours.

Les enfans d'vn condamné à mort receus à la succession d'vn oncle, duquel le pere auoit esté heritier, auant la condemnation, mais depuis le crime commis.

C.

VN nommé Vermondet auoit quatre enfans masles, Gaultier l'aisné Maistre des Requestes, & trois autres du nom de Iean, & quatre filles. Le premier de ceux qui portoient le nom de Iean, cõmet vn inceste auec l'vne de ses sœurs; le pere le met en Iustice. Informatiõ, interrogatoire, desnie. Il a la question, en laquelle il confesse le crime, brise les prisons. Pendant qu'il s'estoit euadé, le pere fait son testament, institue son aisné son heritier vniuersel, & les deux puisnez les faict heritiers particuliers; & par acte à part exherede celuy *qui erat in reatu.* L'aisné depuis vient à deceder sans enfans, comme aussi les deux puisnez. Les filles auoient esté mariées, & auoient renoncé. L'vne d'elles en l'an 1585. faict reprendre son frere qui s'estoit euadé des prisons; interuient contre luy Arrest de mort. Il est executé à la Greue. Ses enfans demandent la succession du Maistre des Requestes leur oncle, qui auoit esté institué heritier vniuersel par son pere. La tante qui auoit fait reprendre leur pere, l'empesche, dict que leur ayeul a exheredé leur pere: que s'ils succedoient à leur oncle, qu'ils auroient en effect les biens de leur ayeul, desquels leur pere estoit excluds par ladite exheredation. Ils disent, Les biens ont changé de main, & ne sont plus les biens de l'ayeul, mais ceux de l'oncle. *Tum*, disent-ils, leur oncle est decedé auant qu'il y eust Arrest de condemnation contre leur pere; *& sic*

Ee

il a peu mesme succeder à leur oncle, & eux à leur pere, n'y
ayant confiscation à Limoges où les biens sont assis ; & que l'ab-
dication que l'ayeul auoit faicte de leur pere, n'estoit aucunement considerable, n'estant valable, ny receuë audict pays. Et
d'ailleurs, qu'elle ayant renoncé à la succession de son pere, elle
ne pouuoit rien pretendre aux biens. La tante repliquoit, que la
loy finale, *ad l. 1ul. maiest.* dict bien que *is qui in reatu decedit*,
auant la condemnation, *integro statu decedit* : à laquelle encores
est contraire la loy *Lucius. de iure fisci* : mais qu'il ne se trouue
point en droict que celuy qui est *in reatu*, & a esté execute, fust
capable de succeder, par ce que *post contractum crimen capitale*,
il pert *ea quæ sunt iuris ciuilis*, & la condemnation *retrotrahitur
ad tempus delicti*. Et de faict de droict auquel les peines n'estoient
arbitraires, comme elles sont en France, mais certaines & reiglées, l'on consideroit la peine qui estoit lors du delict, encores
qu'elle fust changée par la loy lors de la condemnation, *l. si seruum. si ex noxali causa agatur.* Ce qui est encores receu par aucunes de nos Coustumes, comme par celle de Bretaigne. Quant
à sa renonciation, elle ne luy pouuoit nuire, n'y ayant plus de
masles capables de pretendre les biens delaissez par son pere,
tous lesdicts masles estans decedez sans enfans. Et quant au condamné, que n'en ayant esté capable *post contractum crimen capitale*, qu'il ne les a peu transmettre à ses heritiers, la condemnation ayant suiuy qui a son effect retroactif au temps du delict.
Que s'il fust decedé auant la condemnation, estant incertain s'il
meritoit d'estre condamné, qu'on eust plustost deub presumer
pour l'innocence, comme il a esté dit. Estant à noter qu'vne fille
qui renonce en faueur mesme des masles, peut succeder au dernier masle *ab intestat*, *Bart. l. vlt. §. quod in pendenti. ad Senatusc.
Tertull. Idem* par la Coustume d'Auuergne, article 26. & 27. &
doibt estre entenduë sa renonciation, tant qu'il y auroit masles :
quo casu Bart. cons. vndecimo & vicesimo, tient que *deficientibus masculis filia quæ ita renunciauit, succedit deficientibus masculis*, nonobstant que le dernier masle eust disposé des biens par testament. N'estant considerable ce que dict Guido Pape decis. 192.
que si la fille renõce sans adjouster, *reseruata legati escheuta*, qu'elle ne peut plus succeder, mesme *ab intestat*, par ce qu'en ladicte
decision il est rapporté des aduis contraires. Par Arrest prononc-
cé à Pasques 1603. les biens ont esté adiugez aux enfans de celuy qui estoit *in reatu*. Et aduertit Monsieur le President Mossé

qui prononça l'Arrest, que la Cour auoit iugé que l'exheredaction du pere n'empeschoit que l'executé à mort, n'ait peu succeder à son frere, auant la condemnation, *quia mutatione persona paterna bona esse desierunt. l. per procuratorem. de acquir. hered.* & que la renonciation de la sœur profitoit aux enfans de l'executé à mort. Contre cest Arrest y a eu Requeste ciuile, sur laquelle les parties ont esté mises hors de Cour & de procés. Cest Arrest est icy rapporté fort sommairement, par ce que Monsieur Seruin l'a rapporté & traicté si amplement par quatre questions en ses Arrests, que l'on n'en a deub parler icy qu'en passant.

Le defaut d'acceptation d'vne donation faicte à vn mineur,
rend la donation nulle.

ARREST CI.

V N nommé Boissesue, faict don entre vifs à vn sien filleul, de cinquante liures de rente, assignée sur certains heritages, & ce pour l'entretenir aux estudes. Ceste donation est insinuée, mais elle n'est valablement acceptée, par ce que la tante dudit mineur que l'on pretend l'auoir acceptée pour ledit mineur, n'a signé le contract de donation. Qui est cause que les heritiers du donateur obtiennent lettres pour faire casser ladite donation, ayant descouuert qu'elle estoit nulle pour le defaut de ladite acceptation non deuement faicte. Contre ces lettres le donataire en obtient d'autres, pour estre releué dudit defaut, fondées sur sa minorité. Que l'Ordonnance de l'an 1539. qui annulle les donations faute d'acceptation, ne comprend les mineurs, ne l'ayant dict expressément, suiuant la loy fin. *Cod. ex quibus caus. maior.* par ce que ce seroit contre toute raison, que l'on fist perdre au mineur, ce qui luy est acquis, par la faute & negligence de son tuteur, luy n'estant en aage de pouuoir accepter vne donation qui luy est faicte ; & partant que l'on ne doit croire que l'intention de l'Ordonnance soit de comprendre les mineurs, par ce qu'elle seroit inique, & la loy *Scire oportet. S. aliud. de excusat. tut.* nous apprend que *quotiens ex verbis statuti, aut legis, intellectus iniquus resultaret,* que *recurrendum est ad mentem legis.* Vnde l'Ordonnance qui a osté la discussion pour les decrets, ne

court contre les mineurs. De mesme iugé que le mineur estoit
releué du defaut d'insinuation, par Arrest du 13. Feurier 1590.
De mesme il est releué de la peremption, quand elle emporte-
roit prescription de l'action, ou que le tuteur n'auroit moyen de
le desinteresser & desdommager, *l. properandum. §. vlt. Cod. de
indic.* Que si en chose quelconque il y a lieu de releuer & assister
le mineur, c'est au faict qui se presente; qui est vne simple obmission d'acceptation d'vne donation. *Qui vnquam* s'est trouué
auoir refusé des donations, mesmes quand elles sont sans charges ny conditions aucunes, comme celles-cy? Et auant l'Ordōnance l'acceptation n'estoit requise par le donataire, & suffisoit
que le Notaire acceptast pour ledit donataire. Aussi il faudroit plustost attendre, s'il y auroit refus, pour tenir vne donation nulle, & sans effect, que de la dire nulle, faute d'acceptation. C'est ce qui est exprés *in cap. si tibi absenti. de prob. in 6.* où il
est dict qu'il faut attendre que celuy auquel l'on a conferé vn
benefice, estant absent, le refuse auant que d'en pouuoir pouruoir vn autre. Et de faict la loy *Absenti. de donat.* ne dict pas que
la donation faicte à vn absent, soit nulle; elle dict bien qu'elle
est imparfaicte, iusques à ce qu'il paroisse si le donataire l'aura
agreable. C'est doncques contre le droict commun que ladicte
Ordonnance requiert vne acceptation en vne donation, sans
laquelle elle soit nulle: auquel cas, qui est quand le statut est
contre le droict commun, le mineur n'y est iamais comprins, *d.
l. fin. ex quib. cauf. mai.* Quand est-ce que l'on a veu refuser des
donations aussi gratuites, & si fauorables pour le donataire,
comme est celle dont est question, qui est faicte pour l'entretenir aux estudes? desquelles la faueur est si grande, que l'enfant
n'est tenu de rapporter ce que son pere *expendu* pour luy *in eam
caufam, l. quæ pater. fam. ercisc.* Et c'est ce qui a osté la liberté aux
collateurs de conferer les benefices, pendant quatre mois de
l'année, sinon aux estudians & graduez, tant par la Pragmati-
que, que par le Concordat. Les heritiers defendoient à ces
moyens, & disoient, que *nitebantur* sur vne Ordonnance precise,
& formelle, qui est celle de l'an 1539. aux art. 132. & 133. Que
d'estre releué contre l'obseruation d'vne Ordonnance, *inuisum*,
par ce qu'elle est *iuris publici*, auquel personne ne peut contreuenir, mesme quand elle porte decret irritant, & sa peine auec
soy, qui est la nullité. Et ne faut dire que les mineurs en soient
exceptez, car *est statutum prohibitorium quod extenditur contra omnes,*

& comprend les mineurs, aussi bien que les maieurs. C'est pour
cela que l'Ordonnance des cinq ans, pour les arrerages d'vne
rente, a lieu contre le mineur. Il n'y a que le recours reserué
contre le tuteur. Le mesme iugé, que le mineur n'estoit releué
propter omissam insinuationem, par Arrest du 30. Iuin 1608. & que
la loy *Minoribus ætate fœminis. Cod. de donat. ante nuptias*, n'auoit
lieu aux mineurs, mais seulement aux femmes mineures *propter
potestatem mariti: quia eadem ratio minoris, & maioris in quærendo. l. in
summa. §. si seruum. de condict. ind.* Pour ceste mesme raison la
peremption court contre le mineur, suiuant l'Ordonnance de
Roussillon, conforme au droict, en la loy *Properandum. Cod. de iudic. saluo recursu* contre le tuteur, comme il est dict au §. fin. *dictæ
legis.* Voire mesme tout ce qui est requis par les statuts ou Coustumes pour formes, ou pour s'acquerir quelque droict, tout cela court contre le mineur, comme de faire inuentaire, de faire
ce que doit vn vassal, faire des offres, intenter vn retraict lignager ou feodal. Et est alleguée pour cela *d.l. fin. ex quib. cauf. mai.*
Bien plus, l'on a iugé, que le temps d'vne faculté de reemeré cō-
uentionnelle, couroit contre le mineur. L'Arrest a esté donné
entre le Comte de Dreux, sieur de Boullinuilliers, contre vn
nommé Aleaume; combien que le contraire soit decidé par la
loy *Æmilius Largianus. de min.* par la loy *Filiusf. §. aut facta. de
verb. oblig.* & au chap. *constitutus. ext. de in int. restit.* L'on sçait
aussi que le temps prescript pour les actions *in quibus est pœnæ
persequutio propter delictum*, court contre les mineurs, en la loy
auxilium. de min. Et a esté iugé que la prescription des vingt
ans de la loy *querela falsi. Cod. ad leg. Corn. de falsis*, couroit contre
le mineur, *sine spe restitutionis.* L'Arrest a esté donné au rapport
de Monsieur Angenoust, lequel disoit la Cour auoir consideré
qu'il seroit mal aisé à l'accusé apres ce temps-là de trouuer des
tesmoins qui peussent parler de son innocence. Et ne faut dire
que ceste Ordonnance soit contre le droict commun, & introductiue d'vn nouueau droict, laquelle partant ne doiue auoir
lieu contre le mineur. Car le droict n'a iamais dict qu'vne donation fust entiere, & parfaicte, sans acceptation, ayant dict
tout le contraire, par la loy *absenti. de donat.* qui a esté alleguée.
Et en tout cas, ceste consideration, quand il seroit vray que
l'Ordonnance fust introductiue d'vn nouueau droict, ne seroit
bonne, que pour pouuoir dire qu'elle n'auroit vn effect retroactif, pour ce qui seroit aduenu auant l'Ordonnance, *l. iubemus,*

Cod. de teſt. l. vnica. Cod. de rei vx. act. l. vlt. Cod. de curat. furioſ.
Et neantmoins l'on donne vne limitation à cela ; que ſi la loy
interprete la precedente, qu'elle a vn effect retroactif, *l. vlt.*
Cod. de vſur. Mais l'on n'eſt pas en ceſte difficulté, n'eſtant queſtion d'vne donation faicte auāt l'Ordonnance. Que ſi l'on a
donné quelque Arreſt, parlequel le mineur ait eſté releué du
defaut de l'inſinuation, il s'en trouuera d'aduantage de contraires, & poſterieurs, comme il en a eſté cotté quelques-vns
cy-deſſus. Par Arreſt prononcé à la Noſtre Dame de Septembre 1603. la Cour a debouté le mineur de ſes lettres, & ayant
eſgard à celles des heritiers, a declaré ladicte donation nulle,
comme contraire à l'Ordonnance. Apres la prononciation dudit Arreſt, Monſieur le Premier Preſident de Harlay, aduertit
les Aduocats, qu'ils apprendroient dudict Arreſt, que l'acceptation en vne donation, eſt tellement neceſſaire à cauſe de
l'Ordonnance, que les mineurs n'en peuuent eſtre releuez ; &
que nonobſtant les Arreſts precedens qui pourroient eſtre contraires, que celuy-cy ſeruiroit de loy à l'aduenir, pour auoir la
Cour conſideré, & deliberé meurement, apres auoir veu les Arreſts, les raiſons de part & d'autre.

La femme ayant receu aſſignat de ſon douaire, apres le deceds
de ſon mary, en rentes, auant la reduction des rentes au
denier ſeize, n'a recours, aduenant le rachapt,
pour le parfourniſſement.

ARREST CII.

MONSIEVR Chauuelain Conſeiller en la Cour,
eſpouſe la fille de Maiſtre Louys Buiſſon Aduocat
en ladite Cour, luy conſtitue huict cens liures de
douaire. Il y a des enfans du mariage lors du deceds
dudict ſieur Chauuelain, auſquels Maiſtre François Chauuelain Aduocat en la Cour, ayeul, eſt creé tuteur.
Sa belle fille s'eſtant remariée, il conuient auec elle pour ſon
douaire, & luy baille huict cens liures de rente en diuerſes parties, qui eſtoient de la ſucceſſion du defunct. Aduient l'Edict par
lequel les rentes ne peuuent plus eſtre conſtituées qu'au denier

feize. Se fait rachapt de l'vne des rentes cedées à ladite veufue
pour le payement & affignat de fon douaire, lefquelles eftoient
en diuerfes parties : ladite veufue fomme ledit Chauuelain fon
beaupere, tuteur de fes enfans, de receuoir le rachapt, & luy
fournir vne autre rente au denier douze, pour auoir par elle
toufiours huict cens liures de douaire ; par ce que fi elle euft remis les deniers du rachapt de ladite rente, qui eftoit au denier
douze, en conftitution d'vne autre rente au denier feize, comme elle ne pouuoit autrement à caufe de l'Edict, elle n'euft eu
par an huict cens liures de rente, comme elle deuoit auoir pour
fon douaire. Le beaupere fe defend, & dit que lors qu'il luy a-
uoit cedé lefdits huict cens liures de rente pour le payement de
fon douaire, les rentes eftans au denier douze, elle auoit efté
payée de huict cens liures de douaire : que fi l'Edict eft furuenu,
c'eft vn hazard qui ne doit tomber fur les enfans, & encores le
douaire leur eftant propre, ce feront eux qui porteront la perte.
La veufue replique, que ladite ceffion de huict cens liures de
rente n'eftoit qu'vn affignat du douaire, lequel manquant, il
falloit fournir les huict cens liures de rente par an, le douaire ne
pouuant eftre de moins. Car de dire que *fuit datio in folutum* en
vn vfufruict auquel tout le bien eft obligé, & que *ea fuerit mens*
de defcharger le refte du bien, qu'il n'y auoit apparence. Ioint
qu'en tel affignat d'vn douaire, & d'vn vfufruict, *nulla fit tranflatio*
dominy, & de la propriete ou du fonds, pour dire que *periculum*
tranfeat in vfufructuarium. Refpond à cela le tuteur, qu'il eft neceffaire par la loy *pupilli. §. foror. de folut.* qu'en vne ceffion, *pericu-*
lum & cafus tombent fur le ceffionnaire, quand ils aduiennent
poft ceffionem. Que s'il y euft eu quelqu'vn des debiteurs des rentes qui fe fuffent trouuez infoluables lors de la ceffion, qu'il
euft fallu faire valoir la rente, par ce que c'euft efté vne euiction
de faict, laquelle fe doit auffi bien garentir que l'euiction de
droict, quand elle eft lors de la ceffion ; par ce que *idem eft* que
la rente ne foit pas deuë, qui eft l'euiction de droict ; ou que le
debiteur ne foit foluable, qui eft l'euiction de faict : car *vtroque*
cafu la rente en effect n'eft plus. Mais l'Edict du Prince eftant
furuenu depuis la ceffion, c'eft au ceffionnaire à le porter. *Eft*
vis maior que le faict du Prince duquel perfonne n'eft tenu, il n'y
a point de garantie pour cela, fuiuant la loy *Lucius. de euict.* Et ne
faut point dire que ce n'eft icy qu'vn vfufruict, qu'il n'y a point
de tranflation de proprieté de la rente, laquelle demeure aux

enfans heritiers de leur pere ; & partant qu'ils en doiuent porter
le hazard, *cùm res sua pereat domino.* L'on demeure d'accord,
comme il a esté dict, que si la rente n'estoit deuë, & qu'il y eust
euiction de droict ou de faict lors de la cession, que tout cela fust
tombé *periculo* des enfans. Mais la rente n'est point debatuë, elle
est bien deuë, & le debteur bien soluable : ce qu'il y a à dire, c'est
que le Roy diminuë la rente ; c'est vn hazard, c'est vn cas suruen-
nu depuis la cession, c'est *periculum quod à nemine præstatur* ; &
doibt la veufue porter ce cas fortuit là, tant que son vsufruict
durera, parce qu'il est tombé sur la chose de laquelle elle iouïst
par vsufruict : Car pendant ce temps là, ladite rente est à elle, le
cas fortuit est tombé sur elle à cest esgard, estant suruenu depuis
la cession ; & depuis, le douaire estant finy, ce sera sur les enfans
que le mal & la diminution tombera ; chacun la doibt porter
pendant son temps. Par Arrest, la cause ayant esté appoinctée
au Conseil à l'audience, le procés ayant esté party à la grand'
Chambre, & depuis departy à la seconde, le tuteur est absoult
de la demande de la veufue : ledict Arrest prononcé à Noël
1603.

La femme n'est receuë à reprendre ce qu'elle a apporté,
en renonçant à la communauté, s'il ne luy est permis
par son contract de mariage.

ARREST CIII.

V N pere marie sa fille, luy baille dix mil liures tant
sur la succession de la mere escheuë, qu'en auancement de sa succession à eschoir ; Lesquels dix mil liures estoient prouenus des immeubles de la mere.
Le mary deuient mauuais mesnager, qui est cause
qu'elle se fait separer, & les biens de son mary estans en criées,
s'oppose pour les dix mil liures de son dot, ayant renoncé à la
communauté. Les creanciers disent que par son contract de
mariage il n'est point porté que ladite somme de dix mil liures
ou partie d'icelle luy doiue sortir nature de propre, ny qu'en renonçant à la communauté elle puisse reprendre ce qu'elle a
apporté : par consequent qu'elle est non receuable. Elle a lettres

tres pour estre releuée de l'obmission de ceste clause, fondées
sur ce que ladite somme estoit prouenuë de la succession de sa
mere, que c'estoit son propre, que l'on auoit coustume de conuenir que du moins les deux tiers sortiroient nature de propre,
& qu'vn tiers seulement entreroit en communauté, & que la
femme renonçant à la communauté, elle reprendroit tout ce
qu'elle auoit apporté. Les creanciers empeschent ces lettres, &
soustiennent que l'on ne supplée rien en vn contract de mariage de ce qui est obmis, *neque omissum pro cauto habetur*, quand
la Coustume ne pourroit au cas qui est obmis: du moins quand
il y va du preiudice d'autruy, & des creanciers. Car pour le regard des heritiers, il a esté iugé que la femme qui s'est obligée
auec son mary, a recours contre l'heritier pour estre acquitée,
encores que par le contract de mariage l'on eust obmis en la
conuention, que la femme ne seroit tenue des debtes renonçant à la communauté, ces mots, Encores qu'elle y eust parlé.
Et iugea la Cour que c'estoit vne inaduertance, & supplea ce
qui est tout ordinaire aux contracts de mariage, en telles conuentions. L'on sçait qu'il a esté iugé par Arrest prononcé en robbe rouge à la Pentecoste 1589. l'Arrest rapporté cy dessus, qu'il
n'estoit loisible de faire aucune conuention entre mary & femme contraire à leur contract de mariage, mesme pour receuoir
la femme à prendre part en la communauté, combien qu'il n'y
ait conuention plus ordinaire, & plus accoustumée en tous les
contracts de mariage, comme estant chose conforme à la Coustume, neantmoins estant conuenu par le contract de mariage,
qu'vne femme n'auroit qu'vne certaine somme pour tout droit
de communauté, il a esté iugé par ledit Arrest, que le mary n'a-
uoit peu la rappeller à la communauté au preiudice dudit contract de mariage. Seroit-ce pas contreuenir, au faict qui se presente, au contract de mariage des deux conioincts, si l'on receuoit la femme, en renonçant à la communauté, de reprendre
ce qu'elle a apporté au preiudice des heritiers du mary, ne luy
estant permis par son contract de mariage, & la Coustume aussi
ne permettant de reprendre ce qu'elle a apporté, quand elle renonce à la communauté? De sorte qu'il faut que cela luy soit
permis par vne conuention expresse portée par le contract de
mariage. Ce que n'ayant esté faict, qui doubte que si le mary
l'eust accordé à sa femme de son viuant, pendant le mariage,
que telle conuention eust esté nulle, & qu'elle ne luy eust peu

preiudicier fuiuant ledit Arreſt, ſi ſa femme l'euſt predecedé: ny
par conſequent à ſes heritiers, leſquels le repreſentent. Comme au faict qui ſe preſente, le mary eſtant predecedé ayant
tranſmis à ſes heritiers le meſme droict qu'il auoit, d'equoy ſe
plaint ladite veufue? Elle a apporté dix mil liures en argent à
ſon mary, leſquels de leur nature deuoient entrer en communauté. L'on n'a rien ameubly de ſes immeubles; ce qui neantmoins euſt peu eſtre fait, pour faire entrer ſes heritages en communauté, ſi elle n'euſt eu de l'argent: ce qui eſt ſouuent conuenu en contracts de mariage; & cela eſt de droict en la loy *quero*,
& en la loy *ſiue generalis. de iure dot.* Que ſert doncques de dire
que ladite ſomme de dix mil liures prouenoit de la ſucceſſion
maternelle de ladite veufue? Car quand ainſi ſeroit, l'on ne regarde pas d'où prouiennent les deniers qu'vne femme apporte
en mariage, mais tant y a, ce n'eſt point vn ameubliſſement d'immeuble, lequel neantmoins euſt peu eſtre faict, comme il a eſté
dict. Et faut bien que les parens de ladite veufue, qui n'ont peu
manquer de conſeil à Paris, n'ayent eſtimé raiſonnable, à cauſe de l'alliance qu'elle prenoit, de ſtipuler que des deniers, contre leur nature, ſeroient reputez propres à la femme; telles conuentions dependantes des circonſtances particulieres qui ſont
conſiderées par les parens, quand les mariages ſe font. Qui eſt
vne grande raiſon pour monſtrer que l'on ne doibt iamais rien
changer de ce qui eſt porté & conuenu par les contracts de mariage. La veufue reſpond, que ce n'eſt ſans ſubiect que la Couſtume permet à la femme de renoncer à la communauté, & que
perpetuellement il eſt ainſi conuenu par les contracts de mariage, c'eſt à celle fin que la femme ne reçoiue aucun preiudice,
& qu'on ne ſe puiſſe addreſſer à elle pour le mauuais meſnage;
& debtes contractées par ſon mary: de ſorte que ceſte renonciation qui eſt receuë & introduite à ſon profict, au faict qui ſe
preſente, ſeroit à ſa grande perte, tout ſon bien eſtant entré en
ceſte communauté; laquelle ſi elle accepte, le mary ayant creé
plus de debtes qu'elle ne vaut, elle luy ſera plus onereuſe que
profitable. Que ſi elle y renonce, elle perd tout ſon propre, &
ne luy reſte plus rien: n'eſtant conſiderable ce que l'on dict, que
l'on ne peut faire des conuentions entre mary & femme contraires au contract de mariage; par ce que cela eſt vray, quand
telles conuentions tendent à faire quelque aduantage à l'vn des
conioincts au preiudice de l'autre. Mais au faict qui ſe preſente

la femme demandant d'estre receuë à reprendre son propre, en
renonçant à la communauté, elle ne peut receuoir aucun aduantage au preiudice des heritiers de son mary, mais elle est tirée par ce moyen d'vne grande perte, *certat de damno vitando*, *non
de lucro captando* : ce qui est tousiours fauorable, & n'y a rien de
plus iuste, les mariages ne se faisant pour se despouiller l'vn l'autre de leurs biens, & pour enrichir l'vn au preiudice de l'autre.
C'est pourquoy la loy *si sponsus. §. vlt. de donat. inter virum & vxorem*, dict, que ce n'est donation ny aduantage entre mary &
femme, si par le moyen de la disposition qu'ils font entre eux,
non fit ditior is qui accipit. Ce qu'elle demande au faict qui se presente, ce n'est que de conseruer son propre, & de tascher d'en
euiter la perte : *in quo non fit ditior*, & est chose bien esloignée
de tout aduantage que l'on pourroit pretendre qu'elle receust,
au preiudice de son mary ou de ses heritiers. Par Arrest prononc-
cé à Pasques 1604. confirmant la sentence du premier Iuge, la
femme est deboutée de ses lettres.

---

*En cession de rente la garendie, & promesse de fournir & faire
valoir n'estans stipulées, l'on ne les supplée point.*

ARREST CIIII.

'O N faict cession d'vne rente sans garendie; le debteur se trouue insoluable. Apres discussion faicte,
le cessionnaire s'addresse au cedant, lequel se defend & dict qu'il n'a promis la garendie : & bien
qu'en vente & cession elle soit de la nature du contract, toutesfois qu'elle ne passe plus auant, sinon que la rente
soit deuë, *nomen subesse, non autem debitorem esse locupletem. l. si
nomen. de hered. vel act. vend. l. si plus. de euict*. Le cessionnaire dit
au contraire, qu'estant de la nature du contract que l'on doibt
garentir, il s'ensuit qu'apres discussion l'on est tenu de faire valoir & fournir la rente; par ce que s'il se trouue que le debteur
ne soit soluable, il est vray de dire que *non subest debitum*; n'y
ayant difference si la debte n'est deuë, ou si elle n'est pas exi-
gible par l'insoluabilité du debteur; mesmes si lors de la cession

le debteur estoit insoluable, suiuant la loy *pupilli*. §. *soror. de so-*
lut. par ce que telle euiction, encores qu'elle soit de fait, & non
de droict, la debte estant deuë, c'est tout ainsi en effect que si
l'euiction estoit de droict, & que *debitum non subesset*: & c'est
pour cela que la loy *emptorem.* §. 1. *de act. empti*, dict que l'euiction qui est de faict, *debet præstari*, aussi bien que celle de
droict. *Tum* que la rente estant immeuble, l'on la doibt garentir de tous troubles & empeschemens, comme l'on feroit vn heritage, & vn autre immeuble qui auroit esté cedé
ou vendu. Le cedant replique, que la garendie n'estant stipulée ny promise par le contract, l'intention des parties n'a
esté que l'on se peust addresser au cedant en cas que le debteur ne fust soluable; & que la rente n'est immeuble que par
reputation & fiction, & non comme vn autre immeuble : &
partant que n'estant que fiction, la mesme garendie n'est pas
deuë pour la rente, comme elle seroit pour vn autre immeuble; & que ce n'est sans cause que le cedant ne s'est obligé à
la garendie, puis qu'il n'a pas voulu la promettre; & que si elle estoit suppleée, que ce seroit contre la volonté & l'intention
des contractans. Et n'importe si expressément il est dict, sans garendie, ou si le cedant ne s'y est point obligé; car l'vn reuient
à l'autre; & faut estimer auoir esté faict raisiblement ce qu'il
est permis faire expressément, de n'estre tenu de la garendie.
Que s'il n'estoit permis de stipuler que l'on ne fust tenu de la
garendie, de verité l'obmission d'en parler ne seruiroit de rien
au cedant, & faudroit suppléer la conuention de la garendie.
Mais il est constant que l'on peut conuenir n'estre tenu de la
garendie en vente ou cession, voire mesme de n'estre tenu de
la restitution des deniers, *l. emptorem*. §. *vlt. de act. empti*, où
il paroist que la garandie n'est deuë, si elle n'est promise;
mais que l'on est tenu de rendre les deniers, s'il n'est expressément stipulé le contraire, que l'on ne sera tenu de les rendre. Ce qui a esté iugé pour la Dame de Sourdis conformément à ceste loy. Le cessionnaire respondoit, que la vente ou
cession d'vne rente doit estre distinguée d'vne donation laquelle se faict sans que le donnant reçoiue rien du donataire;
mais en vente l'on dict ordinairement que l'on ne donne rien
pour rien; que le vendeur ne baille sa chose pour n'en auoir
pas le prix; & l'achepteur ne baille pas le prix pour n'auoir

pas la chofe. Le contract de vente fe definit *conuentio in rem
& pretium* ; il faut que de la part du vendeur *interueniat res*,
& de la part de l'achepteur *interueniat pretium*. Si doncques la
rente n'eft deuë, ou que le debteur ne foit foluable, *quod recidit in idem*, comme il a efté dict, le vendeur n'aura rien baillé,
& aura neantmoins le prix de ce dont il ne faict iouïr l'achepteur. Il aura le prix fans caufe, & contre l'intention de l'a-
chepteur, qui n'a iamais creu, que le vendeur fuft defchargé de le faire iouïr de ce qu'il luy a vendu, ou cedé, ou à faute de ce faire, qu'il ne fuft tenu au moins de luy rendre les
deniers qu'il a receus de luy. Que s'il euft efté dict expreffément, que le vendeur ne feroit tenu de la garendie, fans
doubte l'intention des parties paroiftroit auoir efté que la vente fuft faicte *periculo* de l'achepteur, & qu'il iouïft s'il pouuoit :
& encores en ce cas-là il faudroit toufiours reftituer les deniers, s'il n'eftoit conuenu expreffément que le cedant ne
feroit tenu d'aucune reftitution de deniers ; ainfi qu'il appert
par ladicte loy *emptorem* au §. dernier, que le cedant a allegué. Mais n'eftant ledict cedant & vendeur de ladicte rente
defchargé expreffément de ladicte garendie par ledict contract de ceffion, il en eft tenu par la nature du contract ; &
ne s'en peut excufer. Par fentence du Preuoft de Paris le cedant eft enuoyé abfoult. Appel. Par Arreft prononcé à Noël
1604. la fentence a efté confirmée. Et aduertit Monfieur le Premier Prefident de Harlay en prononçant l'Arreft, que l'on deuoit apprendre de l'Arreft, que la garendie, & promeffe de fournir & faire valoir en ceffion de rente, n'eftant ftipulée, que l'on
ne les fupplée point en Iuftice, pour n'induire rien contre la
volonté des contractans.

Ne se peut faire aucune conuention entre les conioincts par
mariage, pendant le mariage, de laquelle l'vn ou
l'autre puisse prendre quelque aduantage.

ARREST CV.

AR contract de mariage les futurs conioints se
donnent mutuellement au suruiuant l'vn de l'autre, leurs meubles, acquests & côquests. Ils auoient
lors peu de biens : pendant le mariage ils font de
grandes acquisitions. Apres plusieurs années
voyans qu'ils n'auoient point d'enfans, ils font vn contract par
lequel ils declarent que leur volonté est, que la proprieté de
leurs acquests passe à leurs heritiers aduenant leur deceds, ou de
l'vn d'eux, reserué seulement l'vsufruict au suruiuant, nonobstant la donation qu'ils s'estoient faicte de la proprieté de leurs
meubles, acquests & conquests. Le mary decede le premier, son
neueu & son heritier faict appeller la veufue pour voir dire que
partage & diuision seront faicts des acquests & conquests, pour
luy en estre delaissé moitié en proprieté, l'vsufruict demeurant
à ladite veufue sa vie durant, suiuant le contract fait entre ledit
defunct & elle. Pour ses defenses elle dict que ledit contract est
nul, parce qu'ayant esté faict pendant le mariage il ne leur a esté
loisible de se faire aucun aduantage, ny à leurs heritiers directement ou indirectement au preiudice l'vn de l'autre, la Coustume estant prohibitiue de tous aduantages l'vn enuers l'autre
pendant le mariage, si ce n'est par don mutuel, par lequel ils se
peuuent donner seulement l'vsufruict de leurs meubles & acquests, suiuant l'art. 280. de ladite Coustume de Paris. Qu'au
fait qui se present, ce ce n'est vn don de l'vsufruict, mais de la proprieté, que le mary & la femme se sont faicts & aux heritiers l'vn
de l'autre : combien que par ladite Coustume art. 283. les conioints ne puissent donner aux enfans l'vn de l'autre, qui est à dire
à leurs heritiers. Mais ce qui est plus considerable, c'est que la
donation n'est pas faicte *certis personis*, qui fussent heritiers pre-
somptifs de l'vn ou de l'autre, mais en effect ils se donnent la
proprieté l'vn à l'autre de ce qui leur deuoit appartenir; par ce

qu'encores qu'il soit parlé des heritiers l'vn de l'autre par la donation qui s'est faicte pendant le mariage, si est-ce qu'en effect
l a conuention est faicte pour & au profit des conioints, par ce
que la donation portant que la proprieté desdits acquests pas-
sera à leurs heritiers, c'est permettre à chacun d'eux de disposer
de la proprieté de moitié desdits acquests au preiudice de celuy
des deux qui suruiuroit, qui est vn vray aduantage. L'Arrest
prononcé à la Pentecoste 1589. ayant iugé ceste question en
faict tout semblable, qu'il ne restoit plus de difficulté au faict
qui se presente, & qu'il estoit superflu de s'estendre d'aduantage à esclaircir vne question, en laquelle il ne pouuoit rester aucune doute, y ayant vn iugement si celebre, comme est vn Arrest prononcé en robbe rouge, qui l'auoit iugée. Le neueu du
mary repliquoit que l'euenement incertain en vne donation
mutuelle rendoit valable ce qui autrement ne l'eust esté, *l. iam
hoc iure. de vulg. subst. l. illud. de coll. l.s.§. si si filius. de contung. cum
emancipato filijs eius, l. lege Leonis. Cod. de pact. conuentis tam super
dot.* La veufue respond que par la Coustume, qui est celle qui
doit regler telles dispositions, il n'est permis de se donner mutuellement que l'vsufruict, & non la proprieté. Sentence par laquelle la veufue est condamnée faire partage desdits acquests
& conquests. Appel. Par Arrest prononcé à Pasques 1605. la
sentence est mise au neant, en emendant la veufue est absoute
dudit partage.

---

*Vn François reuenant dans trente ans en France, peut succeder
aux biens assis en France, & n'est reputé estranger,
encores qu'il se fust marié en pays estrange.*

ARREST CVI.

V N Bourgeois de Paris se retire à Seuille en Espagne, y prend femme, a plusieurs enfans. Il y demeure l'espace de quarante ans; ses pere & mere decedent pendant son absence en la ville de Paris. Apres
leur deceds, vn autre de leurs enfans, frere de l'absent, recueille leur succession. L'absent retourne à Paris dix ans
apres le deceds du père, & trente ans apres celuy de la mere: demande partage à son frere des biens paternels & maternels. Le

frere souftient qu'il n'y eft receuable, que *mutauit incolatum* par dix ans, *l. 2. Cod. de incolis, lib.* 10. a abandonné son pays pour se retirer auec les eftrangers. Qu'il y a eu guerre en France contre l'Efpagnol depuis son absence, qu'il a fallu qu'il ait faict serment de fidelité au Roy d'Efpagne, pour viure en asseurance dans ledit Royaume, pendant lefdites guerres ; que *eft transfuga* ; car encores qu'il n'euft point porté les armes, ce qu'il peut auoir faict, il deuoit reuenir en France quand la guerre a efté declarée entre les deux Royaumes. En tout cas, qu'il y auoit trente ans que leur mere eftoit decedée, & que l'action de partage se prefcript par trente ans, n'ayant efté absent *reipublica causa*, & son absence n'ayant efté aucunement necessaire, mais purement volontaire, pouuant aussi bien viure en France, comme ont faict tous ceux de la famille. Au contraire difoit l'absent, que quand il s'eft retiré en Efpagne, ç'a efté en intétion de voyager, & de voir le pays : Qu'eftant en ce voyage il n'eut commodité de retourner pour le peu de seureté qui eftoit sur les chemins ; que *femper habuit animum reuertendi*. Qu'il a de verité prins femme en Efpagne, mais qu'il n'a iamais faict de serment de fidelité au Roy d'Efpagne, ny exercé aucune charge audict pays, pour laquelle il ait efté tenu de faire serment de fidelité au Roy d'Efpagne. Qu'il y a l'Arreft que l'on appelle de Longueual, par lequel l'on a iugé qu'vn François n'eftoit reputé eftranger pour auoir efté absent par trente ans hors le Royaume. *Adeo* que toutesfois & quantes qu'il retourne en France pour y demeurer, il n'a besoin d'autres lettres pour eftre naturalisé, eftant originaire François, que celles que la nature luy donne. Replique le frere, que s'eftant son frere retiré hors du Royaume pour habiter & faire sa demeure l'espace de quarante ans en Efpagne, Royaume eftranger, il n'a pas seulement mesprisé son Prince naturel, qui eft le Roy de France, se fouftrayãt de son obeissance, & de tout le seruice qu'il euft peu faire à sa Majefté & à la France, ou au public, en quelque charge qu'il euft peu eftre employé, dont il euft efté capable, ayant passé sa ieuneffe & ses meilleures années en l'obeissance & seruice d'vn Roy eftranger & fouuent ennemy puissant de nos Roys ; mais il a aussi mesprisé toute sa famille, pere & mere, ceux qu'il deuoit auoir plus chers que chose du monde ; au lieu de les assifter & de les soulager par toutes sortes de seruices & de bons offices, il s'en eft allé si loing qu'il n'en pouuoit pas mef-

me

uir. N'ayant esté rien declaré au contraire par ledit sieur Euesque, qui fist voir qu'il eust changé de volonté. Par sentence des Requestes du Palais les heritiers dudit sieur Euesque, qui pretendoient que ledit bastiment leur appartenoit, auroient esté maintenus en la ioüissance dudit bastiment. Appel. En cause d'appel, l'vn desdits heritiers auoit faict vne transaction auec les Maire & Escheuins, par laquelle il auoit accordé que ledit bastiment demeurast à la ville pour y fonder vn College, à la charge de faire dire quatre seruices par chacun an en la grande Eglise de ladite ville pour ledit sieur Euesque, & d'entretenir & fonder certain nombre de Regens, & vn Principal audit College, aux despens de la ville. Par Arrest, l'appellation, & ce au neant; en emendant le iugement, ordonné que le bastiment demeurera à la ville comme College, auquel elle sera tenuë d'entretenir des Precepteurs & Regens, & de satisfaire aux charges portées par ladicte transaction. Et de faict lors de l'Arrest il y auoit desia exercice audit College. Ledit Arrest prononcé à Pasques 1607.

L'estat dont le mary est pourueu lors du contract de mariage,
n'entre en communauté, encores qu'il ne soit reserué ex-
pressément par ledit contract de mariage.

ARREST CXI.

MÆVIVS estoit pourueu d'vn estat de Thresorier de France à Orleans. Lors qu'il se marie, par le contract de mariage il n'est point stipulé que ledit estat n'entrera en communauté. La dissolution du mariage estant aduenuë par le deceds du mary, la femme pretend que ledit estat est de la communauté, son mary ne se l'estant reserué par le contract de mariage, selon qu'il a esté iugé & obserué de tout temps. Au contraire les heritiers du mary disent, que ceste Iurisprudence auoit changé, & que depuis l'Arrest de Monsieur de la Proustiere, Maistre des Requestes, du 19. Feurier 1605. donné à l'Audience, plaidans Maistre Denys Boutellier, & Iean Dolé, par lequel il fust iugé que les heritiers de la femme n'auroient part audict estat de Maistre des

Hh

Requeftes, que l'on difoit auoir efté achepté des deniers prouenus d'vn autre eftat, que ledit fieur de la Prouftiere auoit lors qu'il contracta mariage. L'on a iugé que les eftats n'entrent plus en communauté, s'il n'eft autrement conuenu par le contract de mariage, quelques eftats que ce foient, eftans à prefent tous eftats venaux. Et par la Couftume de Paris, les eftats & offices venaux font reputez immeubles, article 95. Que s'il auoit efté achepté des deniers de la communauté, la femme ou fes heritiers pourroient pretendre moitié du prix: ce qui n'eft au faict qui fe prefente. Difoit outre, que la communauté ne fe contracte que des meubles, acquefts, & conquefts, qui font faicts pendant le mariage; que l'eftat duquel le mary eft pourueu, quand il fe marie, eft *ad inftar* d'vn acqueft faict par le mary; lequel acqueft n'entre en communauté, il n'y a que ce qui s'acquiert depuis le mariage, pendant que la communauté a lieu. Et de dire que l'eftat foit meuble, à l'effect que comme les autres meubles, que le mary auoit, quand il s'eft marié, il entre en communauté: comment peut-on dire qu'vn eftat ait rien de commun auec vn meuble, & qu'il puiffe eftre reputé mobilier? il fe peut pluftoft comparer à vne rente, qu'à toute autre chofe, quand il eft venal. Par ce que le pourueu d'vn eftat, a comme l'intereft de fes deniers, par le moyen de fes gaiges, & des emolumens, & profits qui viennent de l'eftat; & tout ce qui apporte profict, & reuenu annuel, eft eftimé immeuble. C'eft ce que nos Docteurs traictent *in l. iubemus. Cod. de facrof. Ecclef.* où ils difent, que *redditus annuus eft immobilis.* Et quand il n'y auroit gaiges, les profits des eftats tiendroient pareil lieu que les gaiges. Outre qu'il eft confiderable, que la plus part des eftats confiftans en induftrie, *videtur electa perfona* pour l'exercice d'iceux; laquelle induftrie eftant perfonnelle, & ne fe pouuant communiquer, il n'eft pas raifonnable, que l'eftat ou la valeur d'iceluy, fe comunique & entre en focieté: & fuffit bien que les profits annuels qui fe perçoiuent, & qui prouiennent de l'eftat, fe communiquent, & entrent en communauté, comme font les fruicts des heritages, les loyers des maifons, & les arrerages des rentes, qui ont appartenu au mary auant le mariage, lefquels entrent en communauté, encores que les fonds, heritages, & rentes, n'y entrent pas. *Tum* la femme peut contribuer par foing, trauail, & mefnage à conferuer, & faire profiter les biens, foit meubles, ou immeubles qui font de la communauté: mais elle

ne peut rien pour conseruer vn estat, & pour le faire profiter,
ou en tirer de plus grands profits ou plus amples emolumens:
le mary peut tout en cela luy seul. La resignation aussi pour vendre l'estat, & pour le conseruer, ne se peut faire que par le mary, la femme n'y peut rien, comme estant chose dont elle est incapable. Les femmes ne sont capables de tenir ou exercer des
estats: elles peuuent apporter en la communauté toute sorte
d'autres biens, mobiliers, ou immobiliers ; mais elles n'y peuuent apporter des estats, puis qu'elles n'en peuuent tenir, &
qu'ils ne se peuuent exercer que par les maris, *est virile manus.*
D'auantage le meuble n'est subject à hypotheque: or il est notoire que les estats sont subjects à hypotheque par ledit article
95. de ladite Coustume de Paris. Et ne faut considerer que les
estats venaux se resoudent en argent par la vente, pour les estimer meubles; car cela se pourroit aussi bien dire aux heritages,
& aux rentes. Aussi de droict *legatum rei immobilis, licèt resoluatur*
en meuble, *semper censetur esse legatum rei immobilis, l. 1. de cond.*
& dem. & l. sin. si ex noxali causa agatur.* Autrement vne rente seroit meuble, par ce qu'elle se peut rachepter; & le domaine en-
gaigé, lequel se peut tousiours retirer, seroit aussi meuble, à
l'esgard de celuy qui le tient en engaigement; par ce qu'on luy
peut tousiours rendre son argent. *Vltimò,* l'estat est subject à rapport par celuy qui est pourueu, quand il l'a eu de son pere; &
par consequent il ne peut entrer en communauté. Cela a esté
iugé par Arrest, que le petit-fils rapporteroit en la succession de
son ayeul, vn estat de Grenetier, qu'il auoit eu dudit ayeul. La
femme repliquoit que l'on ne deuoit s'ayder dudit article 95. de
ladite Coustume, pour pretendre que les estats fussent immeubles; car il paroist par la lecture dudit article, qu'il y a autant de
raison de le tenir pour meuble, comme pour immeuble; par ce
que l'article dict, que l'on vient à contribution sur les deniers
prouenans de l'estat, comme meuble, quand il y a lieu de desconfiture; ce qui ne se faict sur les deniers prouenans d'vn immeuble, lesquels se reçoiuent par les creanciers opposans, selon l'ordre de leur hypotheque, encores qu'il y ait lieu à la desconfiture, par ce que les creanciers ne viennent à contribution
que sur le meuble, suiuant l'article 179. de ladite Coustume.
Et quant à ce qu'on dict, que les estats sont *ad instar* des rentes, lesquelles sont immeubles; cela est en quelques Coustumes, mais il n'est en toutes: car à Troyes, à Vitry, à Blois, à

Loris, & quelques autres, elles sont meuble. Pour ce qui est du rapport qu'il faut faire aux successions des pere & mere, des estats qu'on a eu d'eux, cela n'empesche qu'ils n'entrét en communauté, non plus que les deniers, & autres meubles que l'on a eu des pere & mere en contract de mariage. Et neantmoins les estats par la disposition de droict, ne sont subjects à rapport, *l. vlt. Cod. de collat. l. omnimodo. §. imputari. Cod. de inoff. testam.* & Bartole notablement *in l. 1. §. castrense. de collat. bonorum.* Par Arrest prononcé à la Nostre Dame de Septembre 1607. iugé que la femme ne pourroit rien pretendre audit estat. Il faut noter que la Cour a iugé que c'est l'heritier des meubles qui succede à l'estat, par Arrest du vingt-deuxiesme Decembre 1617. & qu'il n'est reputé immeuble, que *ad exclusionem vxoris*, & s'il est hereditaire, il a suite par hypotheque, & si le debteur l'a vendu, le creancier dudit debteur se peut addresser contre l'achepteur en declaration d'hypotheque. Ainsi le tient le President Magistri en son traicté des Criées chapitre 8. & Maistre René Chopin sur la Coustume de Paris.

L'on n'estend point les clauses d'vn contract de mariage hors leur cas.

ARREST CXII.

PAR vn contract de mariage la femme apporte douze mil liures, dont il est stipulé, que sept entreront en communauté, & le reste sortira nature de propre à la future espouse : & par autre clause il est porté que la femme suruiuante son mary sans enfans, aura tout ce qu'elle a apporté en renonçant à la communauté, auec son douaire, son preciput, & ses gaiges & ioyaux, ou quatre cens escus pour lesdictes bagues & ioyaux; & si elle predecede sans enfans, que le mary sera quitte de ce que dessus, & reprendront les collateraux tout ce qu'elle aura apporté, mesme ce qui est entré en communauté, sans prendre par eux aucune chose en ladicte communauté. La femme decede laissant des enfans; le mary est chargé de debtes, rend compte à ses enfans de leur tutelle, auquel compte il couche en recepte lesdits sept mil liures que leur mere luy auoit apportez en ma-

riage, d'autant qu'il estoit stipulé par le contract qu'elle prede-
cedant sans enfans les collateraux reprendroient ce qu'elle a-
uoit apporté : ce qui deuoit auoir lieu à plus forte raison pour
les enfans ce sembloit. Les biens du pere se mettent en criées ;
les enfans s'opposent pour estre mis en ordre pour ladicte somme de sept mil liures. Les creanciers l'empeschent & soustiennent que la stipulation portée par le contract n'estoit que pour
les collateraux, lesquels se deuoient contenter desdicts sept
mil liures pour tout droict de communauté, si la femme fust
decedée sans enfans ; mais qu'y ayant eu des enfans, ceste
stipulation ne leur peut seruir, n'ayant esté apposée pour eux,
comme aussi ils n'ont esté obligez de se contenter de ce que
leur mere auoit apporté, mais ont eu le choix & pouuoir
de prendre la communauté. Que s'ils ne la veulent prendre, ils
n'auront rien, par ce que n'ayant rien esté stipulé pour eux particulierement, tout est demeuré à leur esgard, à la disposition du
droict commun, qui est la Coustume, par laquelle les enfans &
heritiers peuuent prendre la communauté, ou renoncer. Les
enfans disoient au contraire, qu'il falloit croire que le pere & la
mere auoient eu autant ou plus d'affection de les gratifier que
les collateraux, au cas qu'ils ne prinssent la communauté, &
qu'il ne leur fust vtile de ce faire, comme ils ne l'auoient peu
prendre à cause des debtes, & que par quelques Arrests l'on
auoit iugé que la faculté que la femme auoit de prendre ce
qu'elle auoit apporté en renonçant à la communauté, passoit en
la personne des enfans, combien qu'elle ne passast à la personne
des heritiers collateraux. Que de droict *in dote* les enfans ont
pareil priuilege que la mere *in exigenda dote*, *Nouella* 91. & Cuias
sur ladite Nouelle. Les creanciers respondoient, que ce priuilege ne s'entend que de celuy que la loy donne, ou la Coustume,
à la mere, non d'vne gratification faicte à la femme, par conuention, sans laquelle elle ne pouuoit auoir ce qui luy a esté accordé ; ainsi qu'il a esté iugé pour vn nommé Launay. Et la raison
est que quand par vn contract de mariage l'on accorde à la femme de reprendre ce qu'elle a apporté, renonçant à la communauté, le mary ne ressent point de preiudice ; car cela n'est que
au cas qu'il soit predecedé, *Et sic non miram si prædilexit* sa femme
plus que ses heritiers, fussent-ils ses enfans. Mais quand la femme decede la premiere, si les enfans vouloient vser de la mesme
clause ou gratification accordée à leur mere, ce seroit *in præiu-*

H h iij

dicium de leur pere qui est encores viuant, lequel n'a iamais entendu que ses enfans eussent cest aduantage sur luy, & qu'ils le despoüillassent de son viuant. Par Arrest prononcé à Noël 1607. les enfans sont deboutez de leur demande; ordonné que les creanciers seront payez de leur deub auant lesdits enfans. Et aduertit Monsieur le Premier President de Harlay, ayant prononcé l'Arrest, que la Cour auoit iugé, que quelque interpretation fauorable que les contracts peussent receuoir, l'on ne les estendoit outre ce qui estoit speciallement & particulierement contenu par le contract; par ce que c'est aux parties à expliquer leurs intentions: & a cotté deux Arrests lors qu'il remarqua ce que la Cour auoit iugé, par lesquels il a esté iugé que le choix accordé à la femme de reprendre ce qu'elle a apporté, renonçant à la communauté, ne passoit aux enfans, s'il n'estoit expressément contenu par le contract.

Vn mary mineur peut authoriser sa femme maieure, pour
la vente du bien de ladite femme.

ARREST CXIII.

V N mary mineur authorise sa femme maieure pour transiger de quelques differends & procez qu'elle auoit à cause des biens qui luy appartenoient, & qui estoient de ses propres. La transaction estant faicte, & la femme estant redeuable par icelle de quelque somme de deniers, l'on la poursuit par saisie de ses biens. Elle a lettres pour faire casser ladite transaction, fondées sur ce que son mary estoit mineur, & partant qu'il ne l'auoit peu authoriser; Et telle authorisation estant nulle, par consequent la transaction estoit aussi nulle; la femme mariée ne se pouuant obliger sans l'authorité de son mary; & qu'estant incapable de l'authoriser, qu'il falloit qu'elle fust authorisée par Iustice. Les defendeurs disoient qu'elle n'estoit receuable en ses lettres, le mary ne se plaignant point, en tout cas qu'elle y estoit mal fondée, d'autant qu'il faut distinguer: Ou le mary & la femme sont mineurs; & en ce cas le mary ne peut authoriser sa femme mineu-

se pour vendre son bien, par ce que le mary ne peut donner
pouuoir à la femme de vendre son bien, ne l'ayant pas luy mesme pour vendre le sien: *Qui non potest vendere, non potest vendenti*
consentire, qui non potest manumittere, nec manumitteti consentire. l. 2. de
manumissis vindicta. Ou le mary est mineur & la femme maieure;
& en ce cas s'il s'agist de vendre le bien qui appartient au mary,
l'authorisation ne vault: Que s'il s'agist du bien appartenant à
la femme, l'authorisation est bonne. Car ce qu'on dict, *qui non*
potest vendere, nec vendents consentire, cela s'entend pour vendre le
bien, *in quo quis plenum ius habet*, & qui est vrayement sien. Mais
le mary, bien que mineur, peut mettre en liberté la femme de
disposer de son bien estant maieure, & capable de le vendre, si ce
n'estoit qu'elle est mariée, & qu'elle ne peut, à cause de sa qualité de femme mariée, vendre son bien sans l'authorité de son
mary & sans son consentement: laquelle authorité ne faict pas
la vente, & n'est pas de la substance du contract, mais seulement
de la forme; estant certain que si la femme ne pouuoit vendre
que par l'authorité du mary, & que la vente pour estre valable
dependist de ceste authorité, que iamais la femme ne pourroit
vendre si elle n'estoit authorisee par son mary: ce qui n'est pas,
car à son refus elle peut vendre par authorité de Iustice. Et de
droict mesme *in bonis paraferalibus* la femme n'auoit point besoin de l'authorité de son mary pour en disposer: que si le mary
se plaignoit, il pourroit ayant authorisé sa femme lors qu'il estoit
mineur, estre releué de ladite authorisation, & faire par ce
moyen annuller le contract, lequel l'on ne peut dire de soy nul,
sed viro conquerente esset annullandus. Tout de mesme que la vente
faicte par vn mineur *post pubertatem*, n'est pas nulle de soy, *sed venit*
annullanda, si le mineur se faict restituer dans le temps. *l. si mino-*
rem. Cod. de restit. in int. Ce qui est en plusieurs actes, lesquels ne
sont nuls de soy; mais se plaignant celuy qui y a interest, *annul-*
lantur, comme *in venditione rei aliena, in collatione facta spreto patrono*,
& plusieurs semblables. La femme disoit que l'on ne peut dire
vne femme mariée estre valablement obligée par quelque contract que ce soit, par elle passé pendant son mariage, si elle n'est
authorisee ou par son mary, ou à son refus, ou en cas que le mary
ne fust capable de l'authoriser estant mineur, par Iustice. Que
le defendeur sçachant la minorité de son mary, & que l'authorisation qu'il feroit, seroit inutile & inualable, il auoit deub
requerir qu'elle fust authorisée par Iustice: ce qui n'a esté fait,

& partant ledict contract nul : ce que le defendeur recognoist assez, demeurant d'accord que si le mary s'en plaignoit, qu'il pourroit estre declaré nul ; ce qui ne pourroit estre si vraye-ment ledict contract n'estoit nul. Ayant aussi esté iugé qu'vne femme, ores qu'elle soit separée de biens, que l'authorisation de son mary est requise, bien qu'elle ait l'administration de son bien, si elle veut vendre ou disposer de ce qui luy appar-tient ; & laquelle authorisation est tellement necessaire qu'el-le est mesme requise en pays de droict escrit, aussi bien qu'en pays coustumier, comme le remarque Iean Fabre sur le §. 1. *Inst. ad Senatuse. Tertull.* & sur la loy premiere, *Cod. de bonis mater.* Et que la difference qu'on veut mettre entre le pays de droict escrit, & le pays coustumier, que l'authorisation est seulement requise en pays coustumier a cause de la com-munauté, laquelle n'ayant lieu au pays de droict escrit, la-dite authorisation n'y est requise ; n'a apparence, & ne peut estre considerable. D'autant qu'en plusieurs lieux du pays coustumier il n'y a point de communauté, comme en Bour-gongne, en Auuergne, & autres lieux, où neantmoins il a esté iugé que l'authorisation du mary estoit requise. Il a esté de verité iugé quelquesfois, que la femme se pouuoit obliger sans l'authorité de son mary en pays de droict escrit, sans pre-iudice du mary, & pour estre l'obligation ou contract execu-té apres la mort du mary. Par Arrest prononcé à Pasques mil six cens huict, il a esté iugé que l'authorisation estoit valable. Aduertit toutesfois Monsieur le President Seguier prononç-ant l'Arrest, qu'il y auoit *retentum*, que si le mary se plaignoit, & qu'il se fist releuer, que la Cour en delibereroit sans que l'Ar-rest fist preiudice à la question.

La caution iouïst de la remise accordée au debteur par les creanciers.

ARREST CXIV.

V N marchand de Roüen, nommé Quintinadoine, s'o-blige en la somme de douze mil liures, enuers vn nom-mé le Sueur. A l'obligation interuient le frere du deb-teur qui s'oblige solidairement, & comme principal preneur,

en

me presque auoit de nouuelles. Par ce moyen il leur a desnié
omnia obsequia, qu'vn fils est tenu de rendre à ses patens, ne
pouuans auoir aucune communication les vns auec les autres :
Et s'estant ainsi soubstrait de leur viuant, & tant qu'ils ont vescu, du deuoir qu'il estoit obligé de leur rendre ; il veut apres
leur deceds recueillir leurs biens qui sont deubs à ceux qui se
sont monstrez aux defuncts vrays enfans, & qui ne se sont point
desmentis de l'affection naturelle de fils à l'endroict de leur pere & mere ; & non à celuy qui n'a retenu que le seul nom d'enfant, en ayant faict cesser tous les effects par son absence affectée, n'y ayant ce semble que le bien qui l'ait faict reuenir. Les
biens des peres ne sont deubs aur enfans, quand ils n'ont que
ce nom tout nud ; mais à ceux qui n'ont violé le droict de nature : car s'ils ont despouïllé ce à quoy la nature les obligeoit,
ils ne sont pas mesme receuables à demander la legitime, qui
est *debitum naturale*. Que si la legitime leur peut estre desniée, si
les pere & mere eussent disposé de leurs biens ; à plus forte raison leur succession *ab intestat*, la legitime estant plus priuilegiée que la succession. Estant d'ailleurs fort considerable, que
si le demandeur a des biens en Espagne, il oste l'esperance au
defendeur, & aux siens, d'en pouuoir iamais amender ; & luy il
se veut pretendre capable de succeder à tous ses parens en France. L'absent respondoit à cela, que ses pere & mere ne se sont
offensez de son absence ; que l'on ne peut dire qu'ils s'en soient
plaints. C'est bien souuent le desir des parens que les enfans
s'addressent eux mesmes par leur trauail, & se sentent en cela
soulagez ayans moins de charges, & trouuent bon ce qu'ils ne
voudroient commander à leurs enfans, ny les y forcer ; disant
elegamment vn ancien, *parentibus grauia onera*, parlant des enfans, *quae vt abijcere impium, sic alere arduum*. Et quant à son frere qui se rend si animé contre luy, il ne considere pas qu'il a esté
plus accommodé en la maison paternelle, à cause de son absence, tant que leur pere & mere ont vescu, qu'il n'eust esté,
s'il eust fallu qu'il eust prins part aux commoditez de la maison,
dont toutesfois il ne rapporte rien aux successions de leurs dicts
pere & mere, si ce n'est ce qu'il ne peut cacher, & qui se trouue
luy auoir esté baillé par son contract de mariage. Mais tous les
autres aduantages dont il ne peut auoir cognoissance, & qu'il
n'a garde d'apprendre de sondit frere, tout cela est perdu pour
luy : & quand il n'auroit eu autre chose sinon qu'il a vescu, &

qu'il a esté entretenu aux despens desdits pere & mere, en leur maison, c'est vn grãd aduãtage qu'il a eu, duquel il se deust bien contenter, au lieu que luy demandeur n'a iamais esté à charge à aucun de ses parens, ny à pere, ny à mere; ayant faict sa fortune, & cherche sa vie au peril de sa vie, par son trauail & industrie. Ce soulagement que ses pere & mere ont receu de luy en cela, peut bien recompenser ce peu de contentement qu'ils eussent peu auoir de l'auoir prés d'eux; ce qui n'eust peu estre sans leur apporter d'autre part de la peine, du soing, & de la despence. Quant à ce qui peut estre des biens qu'il peut auoir en Espagne, le droict d'Aubaine n'y ayant lieu, comme en France, les siens les peuuent aussi bien esperer, comme il peut faire de sa part les biens de ses parens qui sont en France, ausquels il est capable de succeder. Par Arrest prononcé à Noël 1605. la Cour a mis au neant la sentence du premier Iuge, par laquelle il auoit absoult le frere du partage; en emendant a ordonné qu'il seroit faict partage des biens paternels, à la charge que l'appellant demeurera actuellement dans le Royaume, & defenses à luy d'aliener lesdits biens directement ou indirectement. Et pour le regard des biens maternels, l'inthimé a esté absoult du partage requis par l'appellant.

Les Nauarrois ne sont tenus pour estrangers, & peuuent tenir benefices en France.

ARREST CVII.

V N Nauarrois ayant esté pourueu d'vne Cure dans le Royaume, se faisant mettre en possession, vn Frãçois naturel qui en estoit pareillement pourueu, s'oppose à ladite prinse de possession, & soustient le Nauarrois incapable, comme estant estranger non naturalisé, la Nauarre n'obeissant de faict, encores que le Roy y ait droict, & qu'elle soit sienne. Au contraire le Nauarrois soustenoit qu'il ne pouuoit & ne deuoit estre reputé estranger, le Roy estant Roy de Nauarre: *Nemo enim falsum dixerit solem,* n'estant le Roy d'Espagne que vsurpateur. Repliquoit le François que par la maxime tenuë au faict d'Aubaine, tous ceux *qui non obediunt de facto*, sont reputez estrangers, *licet de iure obediant*, & que *reuera* ils soient subiects du Roy de France *de iure*. Ainsi encores que la Nauarre *de iure obediat*, & que *reuera* les Nauarrois soiét subiects du Roy; si est-ce que n'obeissans *de facto* lesdits Nauarrois doiuent estre reputez estrangers & subiects au droict d'Aubaine. Que d'en vser autrement, cela tireroit à consequence; par ce que si l'on reputoit les Nauarrois subiects du Roy pour auoir le Roy droict au Royaume de Nauarre, l'on diroit de mesme de tous les autres pays ausquels le Roy a droict, & qui luy sont vsurpez, n'en iouïssant de faict; & qu'il ne faut tenir pour subiects du Roy, que ceux qui le recognoissent le Roy, & obeissent actuellement & par effect. Il est constant pour la Sauoye, que ceux qui y sont nais depuis l'an 1559. que le Roy la perdit, & pour raison dequoy fut faict le traicté de Chastel en Cambresis, en Auril 1559. que l'on les tient pour estrangers; & ceux qui y sont nais depuis l'an 1551. iusques à ladite année 1559. pendant lesquels temps le Roy en a iouy, sont tenus pour sujets du Roy; & y a Arrest prononcé en robbe rouge, l'an 1566. en consequence de certaines Lettres patentes du Roy Henry II. par lequel il fut ordonné que tous ceux qui seroient nais en Sauoye pendant qu'elle auoit esté en l'obeissance actuelle du Roy, n'auoient besoin de Lettres de naturalité. A cela respondoit le Nauarrois, que le Roy Henry II. par Lettres de l'an 1598. declara qu'il n'estoit besoin de Lettres de naturalité pour ceux de la Franche-Comté; lesdites Lettres verifiées en la Chambre des Comptes de Paris; encores qu'ils n'obeissent de faict, mais seulement de droict. De mesme ceux qui sont natifs de Flandres, Arrois, & Tournay, n'ont esté contraints de prendre Lettres de naturalité: voire quand ils les ont voulu prendre, l'on leur en a faict refus, comme portans preiudice aux droicts du Roy, Estat & Couronne de France. Aussi par les traitez faicts en l'an 1529. à Madry, & à Cambray, entre le Roy François premier, & l'Empereur Charles le Quint, il est porté que ceux qui seront nais au pays de Flandres, Arrois, & Brabant, succederont à leurs parens decedez en ce Royaume. A cela sert la loy *Omnibus. ad Senatusc. Treb.* Et y a les Arrests de la Grutture & de Trazel, desquels les testamens furent confirmez. Par Arrest prononcé à Pasques 1606. le Nauarrois est maintenu en la Cure auec restitution de fruicts.

Les enfans font legitimez per fubfequens matrimonium.

ARREST CVIII.

V N nommé Chandon ayant eu des enfans d'vne femme qu'il entretenoit, faict vne donation par vn contract de mariage, au futur espoux, d'vne terre de grande valeur fize au pays de Beaujoulois, à la charge de payer vne somme de trois cens soixante escus à ses enfans naturels; Et outre est porté que ladite donation est faicte pour recompense de seruices du donataire. Depuis le donateur espouse ceste femme qu'il entretenoit, & faict mettre les enfans fous le poisle. Vient ledit donateur à deceder. Ces enfans qui auoient esté legitimez *per subsequens matrimonium,* suiuant le chap. *Tanta est vis matrimonij. ext. qui filij sint legit.* obtiennent Lettres pour faire casser ceste donation, se pretendans legitimes:& soustenoient que l'effect de ladite legitimation estoit tel qu'il les falloit considerer, comme s'ils n'eussent esté nais lors de ladite legitimation, mais qu'ils fussent suruenus depuis, & que par leur suruenance ils ayent peu faire rompre ladite donation. Le donataire disoit à cela, que les Lettres estoient inciuiles par trois moyens. Le premier, que la loy *Si vnquam. Cod. de reuoc. donat.* n'a lieu sinon pour la suruenance des enfans; que lesdits enfans estoient nais lors de la donation, & que la legitimation ne pouuoit faire cesser ceste verité pour les faire presumer nais depuis ladite legitimation : *Et sic* la donation estant faicte depuis leur vraye naissance, elle ne peut estre cassée, quelque legitimation qui ait suiuy de leurs personnes, laquelle n'aura ce pouuoir de faire casser vne donation faicte auant qu'ils fussent legitimez. Que iamais les Lettres du Prince pour legitimer des enfans du consentement du pere naturel, n'ont eu ce pouuoir de faire casser des donations faictes auparauant lesdites Lettres obtenuës. Que ce seroit heresie de dire que par le mariage qui a suiuy depuis la naissance des enfans, il y eut regeneration des enfans desia nais; ce qui n'est qu'en la regeneration spirituelle du Baptesme. Le second moyen estoit, que la donation a esté faicte *fauore matrimony,* que telles donations ne se reuoquent par la loy *Si vnquam;* autrement que ce seroit faire

des mariages par tromperie & illusion, au lieu de bonne foy qui
y est plus requise qu'en tous autres contracts. Le troisiesme, que
la donation est onereuse, à la charge de trois cens soixante escus
enuers eux : ce qui monstre que le donateur a entendu donner
à leur preiudice, puis que *est facta mentio liberorum* par ladite donation, laquelle est aussi remuneratoire & faicte pour recompense de seruices. A cela les enfans legitimez repliquoient, que
la legitimation faicte depuis la donation, faisoit que ceux qui
auoient esté legitimez depuis ladite donation, estoient censez
suruenus depuis ladite legitimation, & que *tum demum* de bastards ils estoient faicts vrais & legitimes enfans. Que les Lettres de legitimation accordées par le Prince, ne rendent les donations qui ont esté faictes au precedent, nulles en faueur des
enfans legitimez par le Prince. *Longè alia ratio* quand la legitimation est faicte *per subsequens matrimonium*, laquelle est fauorable & tend à l'honnesteté des mœurs, pour exciter chacun au
mariage, & a delaisser son incontinence. Voire mesme que par
la disposition canonique, celuy qui a entretenu vne concubine,
est tenu de l'espouser, *can. is qui. dist.* 34. Qu'en beaucoup d'occurrences les actes ont des effects suspendus ou retroactifs; comme au retraict lignager, s'il y a ratification de la vente par le proprietaire, ladite vente qui estoit *in suspenso*, si elle estoit bonne, a
son effect retroactif par le moyen de ladite ratification, *l. fundus.*
§. *si nesciente. de pign.* De mesme au cas de la loy *Potior.* §. *videa-*
mus. de la loy *qui balneum. qui pot. in pign.* il paroist de pareils effects retroactifs, cõme aussi en la loy quatriesme *de fideic. libert. in*
l. vero procuratori. §. *ult. de solut.* Et Bart. sur icelle, Cuias *lib. obser-*
nat. 17. *cap.* 2. *Paul. de Castro conf.* 74. *Faber in l. vlt. Cod. commu-*
nia de leg. traictent les cas esquels il peut y auoir de tels effects. Que si cela a lieu en choses ciuiles qui regardent seulement ce qui est des biens, & du commerce entre les hommes, *quanto magis* en ce qui va aux mœurs & à l'honnesteté publique; voire à l'honneur des Sacremens, qui sont les fon-
demens de la Religion? Le donateur n'eust iamais faict la
donation s'il eust pensé à espouser leur mere, & les faire legitimer. Quant à ce qu'on dict que c'est vne donation faite
en faueur de mariage, laquelle ne se reuoque par la loy *si vn-*
quam : cela est seulement vray, quand la donation est faicte par
vn pere à l'vn de ses enfans; *quia tum fuit cogitatum de alys libe-*
ris, nonobstant lesquels l'on a voulu donner. Mais si elle est fai-

te *extraneû*, elle se reuoque, *quia non fuit cogitatum de liberis*. Et
ne sert de dire que ce seroit faire vn mariage par tromperie; car
l'on doibt recognoistre la qualité & condition de celuy qui
donne, & que n'estant marié il se pourra marier, n'y ayant rien
qui l'empesche de ce faire, & auoir des enfans, par la suruenance desquels, ou faisant mettre souz le poisle ceux qu'il a lors,
nais autrement qu'en loyal mariage, mais de celle qu'il espou-
sera, la donation pourra estre reuoquée. Au dernier moyen,
qui est que la donation est onereuse, estant faicte pour recompense de seruices, & à la charge de trois cens soixante escus;
qu'il n'appert des seruices, & que *fuit color quæsitus* pour penser
affermir d'auantage ladite donation. Quant aux trois cens soixante escus, qu'ils n'ont esté payez, & que s'il apparoissoit du
payement, qu'il les faudroit rendre. Par Arrest à la mesme prononciation, ayant esgard aux lettres la donation a esté cassée. Et a remarqué Monsieur le Président Forget prononçant
l'Arrest, qu'il auoit esté faict vn *retentum* que la donation a-
uoit esté cassée par la legitimation *per subsequens matrimonium*,
& que c'est ce que la Cour auoit iugé.

---

*Ce qui est donné par l'ayeule à l'enfant de sa fille, doit estre
rapporté par la fille, ou ceux qui la representent, en
la succession de ladicte ayeule.*

ARREST CIX.

V NE ayeule donne à sa petite fille, la mere viuante,
quelque somme de deniers; & apres le deceds de la
mere, fille de la donatrice, elle luy faict encores
quelque legs par son testament. L'ayeule decede,
laisse des enfans de deux licts. Du premier lict elle
laisse vn fils, & les enfans de sa fille, mere de celle à laquelle elle auoit faict les dons & legs susdits. Du second lict elle laisse
deux ou trois enfans. Au partage des biens de ladicte succession,
les enfans de la fille du premier lict, autres que la donataire,
soustiennent qu'ils doiuent auoir la part & portion qu'eust eu
leur mere si elle eut suruescu leur ayeule, fors leur sœur qui a-
uoit esté aduantagée, laquelle renonçoit à la succession. L'on

leur dit, Il faut rapporter ce que voftre fœur a eu, encores qu'elle ait renoncé à la fucceſſion, ou moins prendre, fuiuant la Couftume de Senlis. Le Iuge de Senlis auoit ordonné que l'on rapporteroit par les petits enfans ce que leur fœur auoit eu par donation entre vifs, fa mere viuante, comme ayant efté faicte ceſte donation *contemplatione* de la mere, fans eſtre tenus de rapporter le legs. Par Arreſt prononcé à Noël 1606. la fentence a eſté miſe au neant; en emendant, ſont les petits enfans condamnez rapporter tant la donation que le legs. Aduertit Monſieur le Premier Preſident de Harlay prononçant l'Arreſt, que ce qu'on en deuoit apprendre eſtoit, que ce qui eſt donné par les aſcendans aux enfans, ou petits enfans en quelque forte que ce foit, eſt fubiect à rapport. L'Arreſt qui a eſté cy deſſus rapporté, prononcé à la Pentecoſte 1596. a eſté donné ſur vne toute pareille difficulté, & en meſme Couſtume : & neantmoins par ledict Arreſt il a eſté iugé le contraire de ce qui eſt iugé par celuy-cy. Mais il faut aduertir la difference qui eſt audict Arreſt de l'an 1596. en ce que la donation eſtoit faicte *ob bene merita* de la donataire: ce qui n'eſt en celuy-cy. Il eſt encores à noter, qu'en vne autre pareille difficulté, la Cour ſuiuit vne autre ouuerture par vn Arreſt donné à l'Audience, le 21. Mars 1588. Le faict eſtoit que le fieur Charlet Auditeur des Comptes auoit eſpouſé vne Lallemant, de laquelle il auoit cinq enfans, lors du deceds de ladite Lallemant, qui deceda, fa mere eſtant encores viuante; laquelle mere venant depuis à deceder, laiſſant vn fils, & les enfans de fadite fille predecedée, elle fait vn legs de quelques meubles de valeur de ſix cens eſcus à l'vne des filles de ladite defuncte Lallemant fa fille; laquelle legataire renonce à la ſucceſſion de fon ayeule, & fe tient à fon legs, duquel elle demande deliurance. L'oncle fouſtient que fes freres & fœurs eſtans heritiers, elle ne peut eſtre legataire; par ce que tous enſemble repreſentent leur mere, laquelle n'euſt peu eſtre heritiere & legataire : en tout cas qu'il deuoit auoir part à la portion hereditaire de celle qui eſtoit legataire, & qui renonçoit à ladicte ſucceſſion. La Cour par ledit Arreſt fit deliurance à la legataire de fon legs, à la charge que fa part en ladicte ſucceſſion, accroiſtroit à tous les heritiers.

Le baſtiment d'vn College eſtant faict, encores que celuy qui l'auoit faict baſtir ſemblaſt auoir changé de volonté, ne l'ayant fondé, a eſté adiugé à la ville d'Auxerre pour ſeruir de College.

ARREST CX.

ONSIEVR Amiot Eueſque d'Auxerre auoit commencé de faire baſtir vn College en la ville d'Auxerre. Il decede ſans auoir fõdé ledit College d'aucun reuenu, ny faict aucune fondation : il n'y auoit que le baſtiment, & n'auoit declaré ſa volonté par eſcrit ny autrement. Il paroiſſoit ſeulement par les parties des ouuriers, qu'il auoit dict que les ouurages auoient eſté faicts en ſon College de Sainct Xiſte. Il auoit eſté preſſé depuis ce baſtiment, de ſortir de la ville, par les habitans, pendant les troubles de la Ligue : toutesfois il y eſtoit retourné. Et en vn procez qui auoit eſté pourſuiuy contre luy par le Predicateur du Careſme de l'Egliſe cathedralle qui demandoit payement de la penſion que l'Eueſque eſt chargé de payer au Predicateur, il auoit trouué mauuais que les Maire & Eſcheuins s'eſtoient ioincts contre luy auec le Predicateur, & auoit reproché par des defenſes auſdicts habitans ou Eſcheuins qu'ils ne recognoiſſoient pas les bons offices qu'il auoit fait à la ville, meſme de leur auoir baſti vn College ; dont l'on tiroit vne preuue que ſon intention & volonté eſtoit de laiſſer ledict baſtiment à la ville : mais auſſi ne l'ayant fondé, & n'en ayant rien dict par ſon teſtament, ny par aucun contract qu'il euſt faict auec leſdits Eſcheuins, l'on eſtimoit qu'il n'auoit entendu laiſſer ledict baſtiment à ladite ville. Neantmoins l'on diſoit que *fauore* des eſtudes, & de la ieuneſſe, *ſimplex deſtinatio* ſans autre declaration de volonté par eſcrit, & ſans fondation, auoit le meſme effect qu'vne fondation. Car meſme Guido Pape en ſa deciſion 267. tient que l'on peut donner à vn College qui n'eſt encores baſti : & du Moulin ſur la Couſtume de Paris, au titre des fiefs, dict que l'on peut eſtre contraint de vendre, *propter gymnaſia publica extruenda*, vne maiſon ou heritage qui y peut ſeruir.

en ladite somme, le marchand principal obligé faict faillite : ses
creanciers accordent remise d'vn quart de leur debte ; ledict le
Sueur ne veut entrer en l'accord : par Arrest du Parlement de
Roüen, il est ordonné qu'il entrera audict accord. Il faict appeller la caution qui s'estoit obligée solidairement auec son
frere principal debteur, pour se voir condamner à le payer : il
soustient que ladite composition luy doibt profiter, pour estre
deschargé d'autant, aussi bien que le debteur, & que si ledict
debteur est liberé, comme il est par le moyen dudit Arrest, qu'il
le doibt estre pareillement. Au contraire le Sueur dict qu'il l'a
prins pour caution, pour asseurer sa debte, le debteur n'estant
soluable. Replique la caution, que *fideiussor non tenetur in du-
riorem causam* que le debteur ; & que si la debte du debteur
pour lequel il s'est obligé, est reduite à moindre somme, il ne
sera tenu de payer que ce que le debteur se trouuera denoir, *l.
si mulier. §. si ab ea. ad Senatusc. Velle.* & que la remise luy sert,
mesme celle qui est introduite de droict par la loy *maiorem partem. de pact.* qui est la remise dont est question ; encores que la
caution se prenne pour asseurer la debte : ce qui s'entend, telle que le debteur la peut deuoir. Autrement le debteur ne iouïroit de la remise à cause du recours que la caution auroit contre luy. Ce qui n'est contraire à ce que dict la loy *in causa. de minoribus*, que la caution n'est restituée contre son obligation, ny
deschargée de la debte, encores que le mineur le soit ; par ce
qu'en ce cas la caution s'est obligée exprés pour asseurer la debte, à cause de la minorité du debteur, qui ne se pouuoit obliger valablement : Mais en ce faict la caution n'a pensé ny eu intention de renoncer à ladite loy *maiorem* : & ne faut doubter
que si le mineur estoit descharge de partie de la debte à laquelle il seroit obligé par le moyen de la remise introduite par ladite
loy, que la caution le seroit aussi, encores qu'elle fust prinse
pour asseurer la debte : car elle n'a pas renoncé à ladicte remise
introduite par la loy. Le Sueur respond, qu'en droict le fideiuf-
seur n'est iamais deschargé de son obligation, *ettam restituto
debitore*, si ce n'est *quando lege prohibente contrahere*, le mineur, ou
autre s'est obligé, & que l'obligation est illicite & reprouuée
de droict, comme *in l. minor viginti quinque annis. de procur.* & la
glose là, il est dict que *minore restituto quod defensor datus sit pro
alio, fideiussor liberatur quia id lege prohibetur.* Les Docteurs sur la

Ii

loy *cùm lex. de fideiuſſ.* diſtinguent *ſi contractus factus ſit lege prohibente, tunc liberato principali debitore liberatur fideiuſſor.* Autrement ſi le contract n'eſt illicite, *non liberatur fideiuſſor principali debitore liberato.* La loy *u cui bonis. de verb. oblig.* ameine & propoſe l'exemple *in interdicto & furioſo* : ſi ceux-là ſe ſont obligez, le fideiuſſeur eſt liberé, par ce qu'il n'eſt permis à vn prodigue, ny à vn furieux de s'obliger. La loy premiere, *Cod. de fideiuſſ. min.* parle en vn contract faict contre la prohibition de la loy, & dict le meſme, que *debitore liberato fideiuſſor liberatur.* Il y a encores la loy *quod dictum eſt. de pact.* qui dict, *inſpiciendum ſi donandi animo fideiuſſor interuenerit* : & auſſi la loy *Marcellus. de fideiuſſ. quia tunc non iuuatur fideiuſſor debitore liberato.* Ce qui eſt preſumé que *animo donandi fideiuſſit*, quand il ſe rend caution, & qu'il faict ſa propre debte de celle d'autruy ; ou qu'il aſſeure le creancier de ſon deub, lequel autrement n'euſt iamais contracté. *Item ſi dolo interueniente quis contraxerit & ſe obligauerit, & fideiuſſorem dederit, vterque liberatur.* Ou bien ſi le creancier, contre lequel la reſtitution eſt obtenuë par le mineur, ſe peut addreſſer contre quelque autre, lors le fideiuſſeur du mineur eſt auſſi deſchargé, *l. 2. Cod. de fideiuſſ. min.* Autrement l'on ne trouue point en droict que le fideiuſſeur ſoit releué & deſchargé de ſa fideiuſſion. Partant n'y ayant rien de toutes ces particularitez cy deſſus remarquées au faict qui ſe preſente, ny dol, ny fraude, ny prohibition de la loy de contracter, rien d'illicite, ledit fideiuſſeur ne peut eſtre deſchargé. Par Arreſt de ceſte Cour en laquelle le procés auoit eſté euoqué, la caution a eſté deſchargée du quart de la debte auſſi bien que le debteur, ledict Arreſt prononcé à Paſques mil ſix cens neuf.

La mere succede aux deniers en la succession de son enfant;
lesdicts deniers n'ayans esté employez, encores que le pe-
re eust stipulé qu'ils seroient employez en propre, pour
luy, & les siens, par le contract de mariage.

ARREST CXV.

N mary stipule par son contract de mariage, qu'v-
ne somme de six mil liures qu'il auoit lors dudict
mariage luy sera propre & aux siens. Il y a vn enfant du mariage qui decede apres son pere, la femme suruiuante l'vn & l'autre : la somme n'ayant
esté employée en heritages ny en rente, la mere pretend que
ceste somme luy appartient comme meuble : au contraire vn
parent collateral du fils du costé paternel soustient qu'elle
luy doit appartenir à cause de la stipulation du mary, que la
somme luy sera propre & aux siens ; ce qui s'entend, dit-il, de
tous ses heritiers, & non seulement de ses enfans. Que les propres ne remontent point ; au faict particulier que ladite somme
a esté faicte propre au fils, aussi bien qu'elle l'estoit au pere, par
ladite stipulation. La mere soustient que la somme, & les deniers estans vrayemét meubles, luy appartiennét, ayant succedé
à son fils aux meubles. Que la stipulatió du pere en propre, n'est
considerable, au fait qui se presente, par ce qu'elle n'a pas changé la nature du meuble, ny affecté ce qui a esté destiné propre, à
l'heritier des propres : d'autát que pour ce faire il eust fallu que le
pere eust stipulé expressément que les deniers luy sortiroiét nature de propre, & aux siens de só costé & ligne. Ces mots, de son
costé & ligne, eussét de verité affecté lesdits deniers aux heritiers
des propres, comme il a esté iugé par l'Arrest prononcé en robbe
rouge à Noël 1600. cy dessus rapporté. Doneques ces mots, de
son costé & ligne, n'estans à la stipulation de laquelle il s'agist,
qu'il ne se peut dire, qu'elle ne soit capable de pretendre lesdits
deniers en la succession de son fils, comme estans meubles, &
elle heritiere des meubles. A cela respond le parent collateral,
qu'il y a eu Arrest, partie vn nommé le Cointe, du 30. May 1606.
par lequel il a esté iugé de verité, qu'vn ayeul succederoit à son

petit fils, en vne somme de deniers qui luy appartenoit à cause de la succession de sa mere, n'y ayant point encores d'employ en immeuble, comme il auoit esté stipulé par le contract de mariage, que l'employ se feroit de ladicte somme, pour estre propre à la femme & à ses enfans. Que s'il eust esté stipulé que l'employ se feroit pour estre propre à la femme, & aux siens, que le contraire eust esté iugé : y ayant bien de la difference entre vne stipulation qui se faict pour les enfans, & celle qui se faict pour les siens; par ce qu'en la stipulation faicte pour les enfans, s'il n'y a plus d'enfans, l'effect de la stipulation cesse; mais quand la stipulation est, pour les siens, cela passe à tous les heritiers, & *illis prouisum videtur* à l'exclusion des ascendans, si ce n'est en substitution, en laquelle ces mots, & les siens, comme, Ie substitue Titius, & les siens, ils ne s'entendent que des enfans; autrement la substitution s'estendroit infiniment, & celuy qui seroit substitué apres Titius, & les siens, seroit inutilement substitué, & ne viendroit iamais à la substitution; ou que l'on eust dict, à ses hoirs, lesquels s'entendent des enfans. Cela est traitté en la loy *ex facto. §. fin. ad Treb.* & par la glose sur ce §. *Tum* que par les deux Arrests prononcez à la Nostre Dame d'Aoust 1591. cy dessus rapportez, la Cour a faict la distinction des rentes qui auoient appartenu en propre au mary, & celles qui luy appartenoient d'acquest; qui se trouuoient auoir esté racheptées pendant le mariage, & non remployées lors du deceds de l'enfant; par lesquels Arrests elle a iugé que les deniers des rentes qui n'estoient propres, appartiendroient à la mere, & les deniers de celles qui estoient propres, aux heritiers collateraux. Qu'au faict qui se presente il s'agist d'vne somme de six mil liures, qui prouenoit vray-semblablement du propre du mary, & qui luy tenoit lieu de droicts successifs de ses pere & mere; puis qu'en se mariant il auoit stipulé qu'elle luy sortiroit nature de propre, & aux siens. Par Arrest prononcé à Noël 1609. ladite somme est adiugée à la mere. Faut voir les Arrests cy dessus rapportez qui concernent ceste matiere.

Les conioints peuuent donner aux enfans l'vn de l'autre d'vn premier lict, pourueu que le donateur n'ait enfans, en la Coustume de Paris.

ARREST CXVI.

VN mary donne aux enfans de sa femme d'vn premier lict. Depuis ceste donation estant faite il a lettres pour la faire casser, comme estant faicte luy estant malade, par les inductions, impressions, & violentes persuasions de sa femme; & principallement comme estant faicte contre la prohibition de la Coustume de Paris, article 283. qui porte que les conioints ne peuuent donner aux enfans l'vn de l'autre, au cas qu'ils ou l'vn d'eux ayët enfans. Que par dix ou douze Arrests il a esté ainsi iugé, que celuy qui n'auoit enfans ne pouuoit donner aux enfans de l'autre, lesdits Arrests interuenus depuis celuy du quatriesme Iuillet 1587. donné au rapport de Monsieur de Heere, qui auoit esté publié au Chastelet, comme la Cour l'auoit ordonné: lesquels Arrests *proximè accedebant* à l'intention de ceux qui auoient redigé la Coustume; car estant prohibé par le precedent article, qui est le 282. aux conioints de se donner l'vn à l'autre directement ou indirectement, l'on auoit fort doubté si l'vn pouuoit donner aux enfans de l'autre; & auoit esté iugé que si les enfans n'auoient peu meriter eux mesmes, ou qu'il n'y eust declaration par celuy aux enfans duquel l'on a donné, qu'il n'entendoit profiter de la donation, que ladite donation estoit nulle. Et pour oster à l'aduenir toute difficulté, en reformant la Coustume, l'on auoit adiousté ledit article 283. qui porte que les conioints ne peuuent donner aux enfans l'vn de l'autre, au cas qu'ils ou l'vn d'eux ayent enfans; qui est à dire, que *omnino* ils ne peuuent donner aux enfans l'vn de l'autre, soit que celuy qui donne ait enfans, soit qu'il n'en ait point, qui est à dire, que *in omnem casum* la donation est prohibée, *quia pater & filius eadem persona l. fin. Cod. de impub. & alys substit.* Les donatairs disoient au contraire, que l'Arrest donné au rapport de Monsieur de Heere, auoit esté donné solemnellement, ayant assisté à l'Arrest deux de Messieurs de

Ii iij

chacune Chambre , & ayant esté ordonné que l'Arrest seroit publié au Chastelet. Que s'il auoit esté donné nombre d'Arrests au contraire, qu'il se trouueroit apparément que c'estoient Arrests particuliers donnez sur quelques circonstances particulieres qui changeoient la disposition generalle de la Coustume. Aussi que ladite Coustume audit article 283. estant bien consideréce, elle se doit entendre que la donation n'est prohibée, que en cas que celuy qui donne ait enfans. Autrement ces mots, Au cas qu'ils ou l'vn d'eux n'ayent enfans, abonderoient; par ce que si l'on eust voulu prohiber la donation generallement, & sans restriction, il suffisoit de dire, que les conioints ne pouuoient donner aux enfans l'vn de l'autre; & ces mots, Au cas qu'ils ou l'vn d'eux ayent enfans, font vne exception de ceste prohibition generalle de donner, & ont esté adioustez exprés, pour ne demeurer par la Coustume à la prohibition generalle, laquelle il est porté par ledit article, ne s'entendre que au cas qu'ils, ou l'vn d'eux, qui donnoient, n'eussent enfans; mais celuy qui donne n'ayant enfans, que la donation n'estoit prohibée. Ioinct qu'auant la reformation de ladite Coustume, les Arrests n'auoient prohibé generallement la donation aux enfans l'vn de l'autre. Quant à ce qui est des faicts contenus ausdites Lettres, que ce sont faits non veritables, & partát non considerables, mis seulement en auant pour donner couleur ausdites Lettres. Par Arrest prononcé à Pasques 1610. la donation a esté confirmée. Et a aduerty Monsieur le President Iambeuille lors qu'il prononça l'Arrest, que la Cour auoit iugé la question generalle apres en auoir esté communiqué à toutes les Chambres; & apres auoir veu tous les Arrests donnez tant en la Coustume de Paris, que autres, mesme ledit Arrest du quatriesme Iuillet mil cinq cens quatre vingts sept.

Ce qui est dict en la Coustume du Maine article 258.
de l'homme noble, ne s'estend à la femme noble.

ARREST CXVII.

P A R contract de mariage la Dame du Bellay mariant Renée du Bellay sa fille, luy donne beaucoup
plus qu'elle ne pouuoit esperer en sa succession.
Le deceds de laquelle Dame du Bellay mere estãt
aduenu, se meut different entre ses enfans qui
n'auoient eu aucun aduantage d'elle, & ladite donataire; & demandent lesdits enfans à ladite donataire leur sœur, qu'elle rapporte ce qu'elle a eu plus que sa portion hereditaire aux biens
maternels, à cause de la prohibition de la Coustume du Maine.
Ladite Renée du Bellay dict que l'article 258. de ladite Coustume porte par exprés vne exception de ladite prohibition; car il
est conceu en ces termes: L'homme noble peut bien donner à sa
fille plus grand mariage, qu'aduenant; car il luy pourroit bien
donner la tierce partie de sa terre ou choses immeubles, supposé que ordinairement ne luy en appartient par succession que
quart, quint, sixiesme, ou plus, ou moins. Que ladite du Bellay
sa mere qui luy a faict ladite donation, estant notoirement de
qualité & condition noble, l'on ne peut dire qu'elle ne soit com-
prinse en la disposition dudit article, encores qu'il soit dict,
Homme noble, par ce que c'est vne maxime constante en
droict, que *masculinum concipit fæmininum*, & que ce qui se dict de
l'homme, ou du masle, s'entend de la femme & de la femelle, *l.*
qui duos. de leg.3. l. si quis ita. de testam. tut. l. pronuntiatio. de verb. si-
gnif. l. seruis legatis de leg.3. la loy *tres fratres. de pact. & ibi Azo*, qui
dict que *fratris nomine soror continetur.* Et ne remarque Bartole
qu'vne exception sur la loy premiere *de peculio*, qui est quand le
subiect n'est pas adaptable, ny disposé, comme si l'on donne à la
charge de porter le nom & les armes, la fille n'y sera pas com-
prinse. Les autres enfans repliquent que les Coustumes sont
strict iuris, & partant que *verba* d'vne Coustume *non valent nisi*
quantum sonant, suiuant la loy *Si verò. §. de viro. sol. matr.* Qu'elles
ne reçoiuent iamais d'extension, ny d'interpretation plus am-

ple : pour cela qu'il a esté iugé en la Coustume de Paris, que l'ayeul ne peut prendre la garde bourgeoise, parce que ladite Coustume article 266. porte ces mots : Est permis aux pere & mere Bourgeois de Paris, de prendre la garde Bourgeoise ; & ne parle de l'ayeul & ayeulle. De mesme en la Coustume de Chartres iugé que l'ayeul n'aura la legitime, quand il n'y a que meubles & acquests, par ce que ladite Coustume ne parle que du pere, auquel la legitime est deuë audit cas qu'il n'y ait que meubles & acquests. Par Arrest prononcé à la Nostre Dame de Septembre 1611. il a esté iugé que ledit article 258. de ladite Coustume du Maine, ne s'estend à la femme noble, & a esté cassée la clause du contract de mariage de ladite Renée du Bellay, portant donation du tiers, & a esté reduicte ladite donation à la part & portion qu'elle pouuoit auoir en la succession de sa mere.

Le pere succede à son fils aux propres maternels à l'exclusion
du fisque, à faute d'heritiers du costé maternel.

ARREST CXVIII.

MAISTRE Claude le Cart Aduocat au Priué Conseil, a vn fils d'vne femme qui estoit fille d'vn estrãger nommé Merueille, lequel fils decede apres sa mere, n'ayans aucuns parens au Royaume du costé de sa mere, qui luy peust succeder aux propres maternels. Le Procureur du Roy au Thresor faict saisir les biens apres le deceds du fils, comme appartenans au Roy par droict de deherence. Ledit le Cart pere du defunct, s'oppose, pretend qu'il doit succeder à son fils à l'exclusion du fisque ; encores que propre ne remonte point en pays coustumier ; ce qui n'est introduit qu'en faueur des parens, & pour conseruer les biens aux familles, & non pour le fisque : & ce droict, *Paterna paternis, materna maternis*, n'auoit lieu qu'en vn seul cas, quand il y auoit des freres consanguins & vterins, en la loy *De emancipatis. Cod. de suis & legit.* la glos. en l'Authent. *Itaque. Cod. communia de success.* Cuias sur la Nou. 84. Autrement & hors ledit cas, *proximior succedebat, l. maximum vitium, & l. meminimus. Cod. de suis & legit. hered.* Que l'on pratique en France, ce qui est de droict, *vnde vir & vxor,* à l'exclul'exclusion du fisque, ainsi qu'il a esté iugé par Arrest prononcé en robbe rouge à la Nostre Dame de Septembre 1600. rapporté cy dessus. A plus forte raison defaillant la ligne maternelle, les parens paternels doiuent succeder. Que le Roy Charles IX. seant au Parlement de Roüen, prononça vn Arrest contre luy mesme, par lequel il fut iugé qu'vne sœur succederoit à son frere, encores que par la Coustume de Normandie, vne fille ayant receu sa dot, soit excluse de succeder à ses freres, & ce à l'exclusion du fisque, qui pretendoit la succession du frere. Le Procureur du Roy au Thresor disoit au contraire, que par le droict de deherence, la succession estoit acquise au Roy, comme estant Seigneur, & comme elle seroit à tout autre Seigneur en sa terre. Que par ce moyen il est le vray heritier, *nec tantum bonorum possessor*, par ce qu'il paye les legs, & les debtes, comme vn heritier du sang, ou testamentaire. Que ce droict n'est point odieux, estant introduit par les Coustumes, au profit de tous les Seigneurs, *tanquam lege dicta feodo*, que le vassal, ou tenancier, & preneur de l'heritage à cens du Seigneur, venant à deceder sans heritiers du sang, l'heritage luy reuiendroit; ce qui est iuste, n'ayant esté donné l'heritage qu'à ceste charge. Qu'il falloit considerer que les particuliers ne possedoient aucuns heritages, ou biens immeubles assis en quelque terre & seigneurie que ce soit, qui n'eussent appartenu au Seigneur au dedans de la seigneurie duquel ils estoient assis, & qui ne soient venus de luy : & par consequent qu'il doibt estre preferé à tout autre, comme estant le premier, auquel la terre a appartenu; & auquel partant il est plus raisonnable qu'elle retourne, quand le preneur n'a personne qui luy succede; & ne peut estre à autre qu'au Seigneur, duquel l'heritage est tenu, ou roturierement, ou feodalement. Car il est à noter que tout heritage, s'il n'est franc & allodial, appartient à deux Seigneurs, dont l'vn a le domaine direct; qui est le Seigneur censier, ou feodal : l'autre a le domaine vtil, qui est celuy qui iouïst de l'heritage, comme l'ayant prins ou ses predecesseurs, & autheurs, ou en fief, ou en censue. L'vn desquels Seigneurs, qui est le Seigneur vtil, venant à deceder sans auoir aucun heritier ny *ab intestat*, ny testamentaire, il faut que ce domaine vtil retourne au Seigneur direct, comme estant esteint, ou cessant d'estre, & ayant prins fin, & ne pouuant plus subsister : estant naturel que toutes choses retournent à leur source, ou du moins à leur vray autheur, quãd

la terre n'en peut plus recognoistre d'autre. Car l'on sçait que
les Seigneurs directs ne s'addressent pour estre payez de leurs
droicts, qu'à la terre, & non à la personne. Ils vsent d'iniection
de main, & de saisie; *inhærent glebæ*, sans considerer qui la tient
ou possede. La raison que l'on en rend, c'est par ce que c'est leur
chose. Si donecques elle est à eux, & qu'ils s'y puissent prendre,
& la mettre entre leurs mains quand ils ne sont payez de leurs
droicts, qui leur peut oster, sinon celuy qui peut monstrer qu'il
en a faict la prinse, ou ses predecesseurs, ou ceux desquels il a
le droict, à la charge du cens, & d'vne redeuance, laquelle il
fust prest de payer? Mais si celuy qui veut estre preferé au Seigneur, ne iustifie qu'il soit preneur de la terre, ou qu'il ait droit
du preneur, il n'est receuable à debatre la proprieté, & le domaine vtil audit Seigneur censier, ou feodal. C'est pourquoy
le defendeur ne pouuant tirer son droict *ex his fontibus*, & de
ce qui a esté dict cy dessus, il ne peut empescher que les biens
qui ont appartenu à son fils, soient adiugez au Roy, par droit de
deherence. Le defendeur replique qu'il a suffisamment monstré
par les raisons qu'il a desduites, qu'il peut & doit succeder à son
fils à l'exclusion du Roy Seigneur haut-iusticier, encores qu'il
soit question de propres qui ne remontent point: & qu'il reste
de respōdre à ce que le demandeur pretend, que le Seigneur qui
a baillé l'heritage à cens, doibt retourner dans l'heritage, le
preneur estant decedé sans heritiers. Ce qui n'est pas, sous correction, comme le tient Benedicti *in cap. Raïnutius. in verbo, &
vxorem nomine Adelasiam*, & est alleguée pour cela la loy 1.
Cod. de heredit. decurionum, & la loy 2. *in quib. cauf. pig. vel hyp.
Chassaneus* le traicte, titre des cens en la Coustume de Bourgongne, *in verbo*, par faute de tenancier, *Molineus in consuet. Paris.
gl. 1. in verbo*, Arrest ou Brandon, article 3. & 167. *& sequentibus, cap. constitutus. de relig. dom.* Et est bien certain que par nos
Coustumes, *& iure quo vtimur*, l'on l'adiugeroit plustost au Seigneur haut-iusticier, qu'au Seigneur censier: en laquelle
qualité de Seigneur haut-iusticier, le Roy seroit plustost fondé
de pretendre lesdits heritages, que comme Seigneur censier,
ou bailleur de l'heritage à cens. Mais ledit defendeur soustient
qu'il doibt estre preferé en la succession de son fils au Roy,
pour les raisons qu'il a desduites, lesquelles il ne repetera point.
Par Arrest prononcé à Noël 1611. le pere est maintenu aux biens
meubles & immeubles de la succession de son fils, tant propres

qu'acquests, en ce faisant luy est faicte main-leuée de la saisie faicte par ledit Procureur du Roy.

La Prestrise empesche l'execution d'vn Arrest de contraincte par corps, pour debte, quand l'on a prins ledit ordre de Prestrise apres les quatre mois.

ARREST CXIX.

V N Gentil-homme de la maison de Ruffec est condamné par Arrest auec vn autre coobligé auec luy, payer la somme de quinze cens escus au creancier desnommé en ladite obligation, à faute de payement. Il y a autre Arrest par lequel il est dict qu'il sera contrainct par corps les quatre mois passez. Ledit de Ruffec estoit lors marié & suiuoit les armes, comme il les auoit suiuies l'espace de vingt ans : il se faict depuis Prestre, quelque temps apres les quatre mois passez. Le creancier deux ans apres l'Arrest de contraincte par corps apres les quatre mois, presente requeste à la Cour, à ce qu'il luy soit permis faire executer ledict Arrest, & constituer ledict debteur prisonnier : Lequel soustient qu'estant Prestre, son charactere le rend priuilegié contre ladicte contrainte par corps, n'ayant pensé quand il s'est faict Prestre à euiter ladicte contrainte, par ce que les quatre mois estoient passez assez long temps auant qu'il se mist aux ordres ; & que si ledit creancier se fust voulu ayder dudit Arrest portant contrainte par corps apres les quatre mois, il auoit moyen de le faire mettre prisonnier, auant qu'il se fist Prestre : mais que sa femme estant decedée, il auroit prins resolution de changer de condition, & de se mettre à l'Eglise, & prendre les ordres, comme il y estoit à present : & que si ledit creancier auoit negligé en temps & lieu de faire executer son Arrest, il se le deuoit imputer, & n'y estoit plus receuable à present, à cause de son ordre sacerdotal : *sacerdotio enim obueniente*, ceste contrainte cesse : *quod non tantùm honori personarum, sed & maiestati Dei defertur, cuius sacris sacerdotes vacare oportet* : comme dict la loy *non distinguemus*. §. *sacerdotio. de recept. arbit.* Qu'il estoit aussi fort considerable, que la contrainte par corps pour debte

ciuille n'auoit esté receuë en France, *nostris moribus*, que depuis
l'Ordonnance de Moulins qui est de l'an 1566. par l'article 48.
comme estant ceste voye trop rude d'enfermer sans delict des
personnes libres qui ont meilleur moyen de payer estant dehors
que dedans les prisons : mais la peruersité & obstination des
debteurs auoit inuenté ce remede. Le creancier au contraire disoit, qu'ayant en Arrest donné auec ledit debteur portant ladite
condemnation par corps, qu'il n'a peu par son faict rendre l'execution dudit Arrest illusoire, ayant purement dependu de luy
de changer de condition; & auoit deub sçauoir qu'estant ja condamné par corps, il ne pouuoit quelque chose qu'il peust faire,
empescher l'effect d'vn Arrest, lequel ne se peut casser que par
les voyes prescriptes par les Ordonnances, entre lesquelles n'est
celle-ey de laquelle ledit debteur se veut preualoir. Aussi qu'il
auoit esté iugé par les Arrests de la Cour, que le debteur qui s'e-
stoit faict Prestre apres vne condemnation, portant contrainte
par corps, apres les quatre mois, seroit subiect à ladite contrainte. Le debteur repliquoit, que tels Arrests ne se trouueroient
auoir esté donnez que quand le debteur s'estoit mis en l'ordre
de Prestrise dans les quatre mois, *animo fraudandi*, pour pre-
uenir le temps de la contrainte par corps. Que l'on considere
pourquoy les prisons sont instituées dans Tite-Liue *lib. 1. Decad.
prima* : ce n'est que pour les criminels, ou du moins pour ceux
que l'on ne peut retenir à cause de leur audace & trop grande
eschappée & mauuaise habitude à mal faire. *Carcer ad terrorem
increscentis audaciæ media vrbe, imminens foro ædificatur.* Et en vn
autre endroit, *Quis possit pati vinctum in carcere, in tenebris, ob-
noxium carnificis arbitrio, ducere animam :* C'est pourquoy le mesme Tite-Liue, *lib. 8. primæ Decadis*, dispute s'il est loisible *ob æs
alienum mittere in carcerem*, comme estant chose trop rude, & qui
faict paroir des mœurs trop seueres, qui approchent de la cruauté : laquelle si autresfois elle a esté au Paganisme, elle doit auoir
cessé au Christianisme, ayant les creanciers tous les biens des
debteurs obligez pour les faire vendre, meubles & immeubles.
Et de la prison il n'en peut venir de l'argent au creancier, où le
debteur consomme son bien, au lieu de le croistre, & de le faire profiter pour ses creanciers. Que la loy *omnes. Cod. de pœnis*,
fait voir que la prison n'est que pour les criminels, par ce qu'elle
dit que *tępus quoquis est in carcere, debet cōputari pro tempore quo quis
debet esse in exilio.* Respondoit à cela le creacier, qu'il ne tendoit

point à affliger son debteur, ny le retenir prisonnier : ce n'estoit
pas le desir ny l'affectiõ de le voir prisõnier qui le tenoit : c'estoit
qu'il ne pouuoit autrement induire ledit debteur de s'acquiter.
Il a esté secouru quand l'on luy a presté de l'argent, & la somme
que l'on luy demande, il y a desia plusieurs années : & ce pendant il n'y a moyen d'en estre payé. Ce n'est pas vne bonne raison à vn Ecclesiastique, au lieu de s'acquitter plus promptement & soigneusement que les autres, d'opposer qu'il a osté le
moyen à son creancier, de receuoir sa debte. L'on sçait que l'Ordonnance a introduit les doublemens, & tiercemens de ce que
doibt le debteur morose, à fin qu'il fust presque consommé en
ses biens, s'il ne payoit ce qu'il doibt. Le debteur aussi n'ayant
rien à luy qu'il n'ait payé ses debtes, & tout cela n'ayant suffi
pour mettre vn debteur en son deuoir, trouuant assez de moyẽs
pour destourner ses biens, il a fallu inuenter la prison, par ce
qu'estant touché en sa personne cela le peut d'auantage resueil-
ler & mouuoir. Aussi que c'est vne espece de larcin à vn debteur
de retenir ce qu'il a à autruy, & qui appartient à ses creanciers,
lesquels se peuuent mieux dire proprietaires de ses biẽs, que luy,
iusques à ce qu'il les ait payez. Il oste bien souuent la vie à son
creancier, qui l'a secouru en sa necessité, pour viure peut-estre
par ledit debteur en delices ou superfluement ; dont la prison
le peut empescher, laquelle n'est si cruelle qu'est ceste espece de
larcin, qui reduit à mendicité, ou du moins à grande incommodité, celuy à qui est le bien, n'en pouuant vser, estant retenu par celuy auquel l'on l'a confié, pour le rendre quand il en
seroit requis ; & neantmoins il en abuse. Et quand il n'en abuse-
roit, & qu'il seroit en necessité, s'y trouuant pareillement le
creancier, l'on peut dire qu'il seroit plus iuste que le creancier
fust secouru, puis que le bien est à luy, iusques à la concurrence de ce qui luy est deub. Par Arrest prononcé à Pasques 1612,
la Cour a debouté le creancier de sa demande, sauf à luy de se
pouruoir sur les biens de son debteur.

Vn teſtament faict par vn Religieux au profit de l'Ordre
auquel il faict profeſſion, eſt nul.

ARREST CXX.

ANTHOINE Scaron ayant eſté cinq ans Conſeiller au Preſidial de Lyon ſe rend Chartreux à Grenoble ; faict ſon teſtament trois iours auant ſa profeſſion, inſtituë ſes pere & mere ſes heritiers en vne maiſon qui luy auoit eſté donnée par vn ſien oncle, & en vne ſomme de trois mil liures prouenus de la vente de ſon office de Conſeiller audit ſiege de Lyon; les prie de laiſſer tout ce que deſſus apres leur deceds au Conuent des Chartreux de Lyon ; & ſi le pere faict quelques acquiſitions, baſtimens & meliorations en ladite maiſon, le prie auſſi de les laiſſer auſdicts Chartreux. Faict ſa profeſſion. Le teſtament eſt regiſtré & publié à Lyon. Le pere decede ſix mois apres la profeſſion de ſon fils, ayant iouy de ladicte maiſon & receu l'intereſt de ladicte ſomme de trois mil liures. La veufue ratifie le teſtament de ſon fils apres le deceds de ſon mary, tant en ſon nom que comme tutrice de ſes enfans ; iouïſt l'eſpace de huict ans de ladite maiſon & intereſts deſdits trois mil liures. Elle ſe readuiſe ; & obtient lettres pour eſtre releuée de ladite ratification & approbation dudit teſtament, & pour eſtre receuë à le debatre. Leſdites lettres fondées ſur ce que ſondit fils eſtoit lors dudict teſtament fils de famille, en puiſſance de ſon pere, par la diſpoſition du droict eſcrit qui s'obſerue à Lyon, par lequel le fils de famille ne peut faire teſtament, *etiam patre permittente*. Que deux des teſmoins preſens audit teſtament eſtoient eſtrangers : ce qui n'eſt permis de droict, par ce que *debent eſſe ciues Romani, & habere teſtamenti factionem actiuam & paſſiuam.* Qu'il n'a laiſſé la legitime, ny à ſon pere, ny à elle, & outre que par l'Ordonnance, & les Arreſts, les Religieux ne peuuent teſter au profict de l'Ordre, & de la maiſon en laquelle ils font profeſſion : qu'il a eſté ainſi iugé par Arreſt donné à l'Audience le quinzieſme Feurier 1601. A cela reſpondoient les Religieux dudict Conuent ; Que le fils de famille de droict pouuoit diſpoſer & teſter *de aduentitijs*, ſuiuant la loy *cùm oportet. Cod. de bonis quæ liberis* : & la loy *ſi qui.*

§. *fin autem, Cod. ad Tertull.* comme eſtoit ladite maiſon, & que leſdits trois mil liures eſtoient du pecule dudict Religieux, par ce qu'il auoit achepté ſondit eſtat d'vne ſomme que le Roy luy auoit donnée, pour les ſeruices qu'il luy auoit faicts, lors de la reduction de ladite ville de Lyon. Que les teſmoins n'eſtoient eſtrangers, pour eſtre l'vn de Sauoye, l'autre de la Franche Comté de Bourgongne, *quia obediunt de iure*; & quand ils le ſeroient, que pour cela ils ne ſont incapables d'eſtre teſmoins en vn teſtament: car ce que dit la loy, que *debent eſſe ciues Romani*, ce n'eſt à dire autre choſe, ſinon que *debent eſſe liberi*. §. *ſed cùm. Inſt. de teſt. ordin.* Quant à la legitime, que le pere ne s'en eſtoit plaint, lequel eſtant decedé *non praeparata & propoſita querela inoſ-ficioſi teſtamenti*, les heritiers ne la peuuent intenter, *l. ſi pater. Cod. de inoſſ. teſt.* Que ledit defunct a approuué le teſtament par la ioüiſſance qu'il a faite de ce qui luy a eſté laiſſé par ledict teſta-ment, & la demandereſſe de meſme, outre la ratification qu'el-le a faicte dudict teſtament. Pour le regard de l'Ordonnance, qu'elle ne parle des Religieux, mais des mineurs qui diſpoſent au profit de leurs tuteurs & bailliſtres. Que ledit Religieux eſtoit maieur quand il a faict ſon teſtament, ayant auparauant que de ſe rendre Religieux exercé ledict office de Conſeiller. Et pour le regard des Arreſts, qu'ils n'ont eſté donnez, ſinon quand les Religieux donnent au Monaſtere où ils font profeſſion, lors qu'ils ſont mineurs, comme il appert par vn Arreſt du 26. Ian-uier 1602. donné au rapport de Monſieur le Picart pour vne Religieuſe de l'Aue Maria, nommée de Heere, laquelle eſtant maieure, ſon teſtament fut confirmé. De meſme iugé pour le teſtament d'vn nommé Chaillou, qui auoit eſté Chanoine de Noſtre Dame de Paris, & ſe rendit Minime, eſtant aagé de plus de vingt cinq ou trente ans. La mere replique, que quand il n'y auroit que ce ſeul point qui rendiſt le teſtament nul, qui eſt que le teſtateur ſon fils ne luy a laiſſé la legitime ny à ſon pere, il ſuf-firoit; par ce que *per querelam inofficioſi teſtamenti totum teſtamen-tum rumpitur, l. Papinianus. §. ſi ex cauſa. de inoſſ. teſt.* Et ne ſert ce qui a eſté dit, que le pere eſt decedé *non praeparata querela*, par con-ſequent que les heritiers ne la peuuent demander, *dicta lege, Si pater. Cod. de inoſſ. teſt.* car cela n'a lieu aux enfans, *l. ſcimus. §. vlt. eodem tit.* Mais quand cela ceſſeroit, la legitime luy eſtant auſſi bien deuë à elle qui eſt mere, comme au pere, *l. nam & ſi paren-tibus. de inofficioſo teſt. Authent. vt cùm de appellat. §. ſiue igitur.* la-

quelle peut encores demander & faire rescinder ledit testament
faute de luy auoir esté delaissé. Car encores que l'on vueille dire
qu'il faut proposer & intenter *querelam inofficiosi testamenti* dans
cinq ans, & que pour cela l'on allegue la loy *scimus*. §. *vlt. Cod.
inoff*. lequel n'en parle point,& n'est que l'opinion de Bartolle:
mais tous les autres Docteurs ont tenu sur la loy *si quando*. §. *vlt.
Cod. de inoff*. qu'elle se peut demander dans trente ans. Par sentence du Seneschal de Lyon, sans auoir esgard aux lettres, il est
ordonné que le testament sortira son effect. Appel. En cause
d'appel les enfans ont lettres pour estre receus partie au procés, à fin de debatre ledit testament, pour les mesmes moyens
qui ont esté desduits par leur mere, lesquels ils employent. Par
Arrest prononcé à la Nostre Dame de Septembre 1612. la Cour
ayant esgard ausdictes lettres a mis les parties en tel estat
qu'elles estoient auant ladite ratification: a mis la sentence au
neant, & en emendant, declaré le testament nul, & de nul effect: en ce faisant maintenu la veufue & les heritiers en tous les
biens dudit Religieux.

---

*Le pere peut substituer à son fils debile d'esprit, encores
que ledict pere se soit remarié.*

ARREST CXXI.

E A N Pigeart a trois enfans masles & deux filles
d'vn premier lict. Entre les masles estoit vn nommé Abraham. D'vn second lict il a trois filles & vn
fils. Auant son deceds, il faict, son testament par
lequel il donne deux mil liures audit Abraham ; &
d'autant qu'il estoit debile d'esprit, il luy prohibe de les aliener;
veut qu'apres son deceds lesdits deux mil liures appartiennent
à ses enfans du second lict sans detraction de legitime, ny quarte Trebellianique. Apres le deceds dudit Abraham, les enfans
du premier lict demandent part à ceste somme de deux mil liures. Les enfans du second lict disent qu'ils sont substituez par
vne substitution exemplaire faicte par le testament de leur
pere. Ce qu'il a peu faire par la loy *humanitatis. Cod. de impub. &
alys substit*. Les enfans du premier lict disent au contraire, que
c'est vn fideicommis, que le pere n'a peu faire des biens de son
fils.

fils. Que la prohibition d'aliener monstre que c'est vn fideicommis, & non vne substitution, comme il est remarqué par la loy
Titia Seia. §. Seio. de leg. 2. *Tum* par la loy *humanitatis*, il faut laif-
ser la legitime à celuy auquel l'on substitue, & qu'il ait yne demence perpetuelle. Outre que le pere qui conuole en secondes
nopces ne peut faire telle substitution, laquelle se faisant *intui-
ta humanitatis, & pietatis erga liberos*, le pere semble s'en estre en
quelque sorte despouillé par les secondes nopces, & de faict
qu'il paroist ayant donné les biens dont est question aux enfans
du second lict. Repliquent les enfans du second lict, que la prohibition d'aliener ne change pas la nature de la substitution laquelle est permise au pere. Que la legitime est bien deuë au pupil, non au furieux, ou à celuy qui est en demence, comme la
glose le remarque sur ladite loy *humanitatis*. Que la demence est
censée perpetuelle, encores qu'il y ait *dilucida interualla*, si l'on
retombe: & que la loy ne distingue point au pere qui s'est remarié, & celuy qui n'a passé à des secondes nopces. Respondent à
cela les enfans du premier lict, que la substitution qui est permise de droict au pere, quand il a vn fils qui est furieux, ou en
demence, que ce n'est qu'à l'exemple de la substitution pupillaire, & telle qu'il la pourroit faire à son fils pupil, & mourant
en pupillarité. Que ceste substitution là, n'est qu'vne substitution vulgaire & directe, *si filius heres non erit, aut in pupillari etate decesserit*; comme le pere faisant vn testament à son fils: mais
non qu'il face vne substitution fideicommissaire, comme s'il le
chargeoit de restituer ses biens à quelque autre venant à deceder, *l. Papinianus. §. 1. de inoff. test. l. qui plures. de vulg. & pupil.
subst.* Qu'en ce faict l'on ne peut dire si ledit Abraham est decedé en demence, ne qu'il n'eust *dilucida internalla*; ce qu'il faudroit verifier: car *in illis dilucidis internallis*, le cas de la loy *humanitatis* cesse, par ce qu'elle n'est faicte que pour celuy qui est
en perpetuelle demence; *ad exemplar* du pupil, qui est toušiours
pupil iusques à ce qu'il ait atteint l'aage de quatorze ans, dans
lesquels quatorze ans le pere luy peut substituer, & nullement
depuis que cest aage de pupillarité est passé. C'est la loy *cùm alijs,
Cod. de curat. furiosi*, qui dict que celuy *qui habet dilucida interualla, in illis* il peut tester, *adire hereditatem, & alia omnia facere,
etiam si habeat curatorem, quia officium curatoris cessat in illis dilucidis internallis*: estant remarquable que la demence & debilité
d'esprit, qui est principallement ce qui se presente, se reco-

gnoiſt quand celuy qui en eſt detenu, *incongruis vtitur ſermoni-*
bus. l. quidam. de condit. inſtitut. l. idem Iulianus. S. conſtat. de leg. 1.
ou bien par des actions indecentes, *l. diuus. l. furioſum. l. oratio-*
ne. de curat. furioſi, cap. fin. ext. de ſucceſsionibus ab inteſtato : de ſorte que *quando congrue loquitur* il n'eſt reputé pour debile d'eſprit,
ny pour furieux, en la loy *que vitia. de edil. edicto* : par ce que *ſunt*
quædam vitia, qui ſont intermittents, & qui ne tiennent touſiours. De doubter que les ſecondes nopces oſtent au pere ce
que la loy *humanitatis* luy donne, qui eſt le pouuoir de ſubſti-
tuer à ſon fils, qu'il faut pour cela conſiderer s'il y a pas pareille
raiſon qu'en la loy *fœmina*, & en la loy *generaliter. Cod. de ſecundis*
nuptiis, leſquelles oſtent aux femmes qui ſe remarient, la proprieté de ce qu'elles auoient eu de leurs premiers maris, & la
reſeruent aux enfans du premier lict, *Authent. ſed & ſi. Cod. de ſe-*
cundis nup. leſquelles loix ont lieu auſſi *in marito*, comme il a
eſté iugé par les Arreſts de la Cour. *At vbi eadem ratio, ibi idem ius*
eſſe debet. l. licet orationis. de excuſat. tut. c'eſt pour auoir perdu l'affectiõ des premieres nopces, & dés enfans qui en ſont ſuruenus.
En ce faict cela ſe remarque euidemment : car Abraham que
l'on pretend auoir eſté debile d'eſprit, eſtoit du premier lict,
auquel par conſequent ſes freres du meſme lict naturellement,
& par la diſpoſition de la loy deuoient ſucceder plus fauorablement, & ſpeciallement que ceux du ſecond lict : & neantmoins
qu'a faict leur pere ? il a diſpoſé de tout le bien dudict Abraham
au profict de ſes enfans du ſecond lict : du moins pouuoit-il ordonner que tous ſes enfans y ſuccederoient eſgallement, &
tous enſemble, *vt lege æqualiter fit diuiſio inter liberos. l. 2. & Au-*
thent. in ſucceſsione. Cod. de ſuis & legit. tout ainſi que de la loy de
Dieu aux Nombres c. 27. Par ſentence du Seneſchal de Lyon
le teſtament a eſté confirmé. Appel. Par Arreſt prononcé à Noel
1612. la ſentence a eſté confirmée.

Quand il y a vne faulse expression par la collation, le tiltre
de pacificis, *ne peut seruir à celuy qui a esté pourneu.*

ARREST CXXII.

VN Religieux de l'Ordre de S. Augustin se fait pouruoir d'vne Cure à Rome dés l'an 1590. expose qu'il est
Prebstre seculier, iouïst en vertu de ce tiltre dixhuict
ou vingt ans de la Cure. Vn deuolutaire se faict pouruoir de ladicte Cure *per incapacitatem* du Religieux, pour n'a-
uoir exprimé sa qualité, ny exposé qu'il fust Religieux à sa Sain-
cteté, & au contraire supposé qu'il fust Prebstre seculier. Que
s'il eust exprimé au Pape qu'il estoit Religieux, il ne l'eust pout-
ueu, *quia regularia regularibus, secularia secularibus.* Que par le chap.
super literis. ext. de resi. si quis ex malitia, tacita veritate, aut suggesta fal-
sitate, aliquod beneficium impetrat, debet carere impetratis: mesme quand
l'expression de la verité *dimouere posset summum Pontificem,* d'accorder ce que l'on demande *c. cum teneatur. de prab.* Le Religieux
au contraire se defend de son tiltre *de pacificis possessoribus,* par lequel apres trois ans *est tutus in possessorio & in petitorio,* & qu'il suffist
pour cela d'auoir vn tiltre coloré, & n'est le vray tiltre necessaire.
Tum, qu'vn Religieux de Sainct Augustin est capable par la regle de l'Ordre de tenir vne Cure, & que par le Concile de Latran tenu sous Innocent III. que les Religieux qui tenoient
lors presque toutes les Cures, estans contraints de faire choix
ou d'y resider, ou de les quitter & les faire deseruir par des Pre-
stres seculiers, ceux de l'Ordre de Sainct Benoist esleurent de
mettre des Vicaires, *& ministrare mensis,* qui est à dire leur bailler
vn gros, mais ceux de l'Ordre de Sainct Augustin *elegerunt mini-*
strare verbum Dei, de resider, & deseruir leurs Cures. Le deuolutaire respond, que le temps de trois ans, & le tiltre *de pacificis*
ne sert à ceux qui sont de mauuaise foy par quelque temps
qu'ils ayent iouy du benefice, par ce que c'est vne espece de
prescription qui requiert bonne foy, autrement l'on ne peut
acquerir droict par le temps, *cap. 41. Concil. Lateranensis, can. pri-*
ma actione 16. qu. 3. & ibi gl. in verbo, postliminio : car tant plus vn
mal & vne faute est enuieillie, tant pire elle est, tant s'en faut

que le temps la purge, qu'il n'y peut auoir de bonne foy, ayant
exprimé ledit Religieux qu'il estoit Prebstre seculier, & luy a
teu qu'il fust Religieux; que c'est dol d'en auoir ainsi vsé. Et
bien qu'vn Religieux de l'Ordre de Sainct Augustin puisse tenir vne Cure, cela s'entend si elle est dependante de quelque
prioré de l'Ordre de Sainct Augustin: ce qui n'est pas au faict qui
se presente, par ce que ledit Religieux, n'a obtenu ladite Cure
que comme Prebstre seculier, & non comme Religieux dudit
Ordre. Replique ledit Religieux, que si la simonie ne peut-estre
alleguée contre le triennal possesseur sinon dans dix ans, comme il a esté iugé pour l'Ausmonerie de Sainct Denis, moins doit
estre receuable pour vne incapacité apres dixhuict ou vingt ans,
le temps ayant purgé ceste incapacité. Qu'il a deux tiltres pour
ladite Cure, Le premier est celuy qu'il a obtenu du Pape; Le
second est celuy de pacifique possesseur par trois ans. S'il y a
quelque chose à dire au premier, qu'on ne le considere point,
aussi est-il couuert par le dernier, qui est le tiltre *de pacificis*, contre lequel il n'y a rien à dire, lequel seul luy suffist, sans considerer le premier. L'on sçait ce qui a esté iugé, qu'vn resignant à
faute de prendre possession par le resignataire dans trois ans, &
le resignant ayant tousiours iouy du benefice depuis sa resignation, *assumit sibi nouum titulum*, en telle sorte, que venant à
deceder, le benefice vaque *per obitum* dudit resignant, par ce que
depuis sa resignation il s'est acquis vn nouueau tiltre, qui est celuy de pacifique possesseur. Respond à cela le deuolutaire, que
le tiltre *de pacificis* n'est iamais suffisant pour iouir d'vn benefice,
s'il n'est enté sur vn autre; car l'on n'est receu à posseder les benefices sans prouision, *& nisi quis ius habeat à collatore.* Or le tiltre
que ledit Religieux a eu pour colorer son intention, & sur lequel celuy *de pacificis*, duquel il se veut aider, est fondé, est vn tiltre faux, obreptice & subreptice, *tacita veritate, ex malitia, & dolo,
& supposita falsitate*, tout plein de vices, lequel partant ne peut
seruir de base & fondement à celuy *de pacificis*, par ce qu'estant
nul & vicieux, tout ce qui est appuyé dessus, *corruat necesse est.* Par
Arrest confirmatif d'vne sentence de Messieurs des Requestes
du Palais, le deuolutaire est maintenu & gardé, le Religieux
condamné rendre les fruicts. Ledit Arrest prononcé à la Nostre
Dame de Septembre 1613.

Le retraict lignager a lieu en vente par decret, d'vn heritage qui
a appartenu à vn ceſsionnaire de biens.

ARREST CXXIII.

MÆVIVS faict ceſsion de biens : il ſe vend par decret
vne maiſon ſur vn curateur aux biens vacans, qui
auoit appartenu audit ceſsionnaire, & quelques autres heritages tous aſsis à Angouleſme. Le frere de
Mæuius les veut retirer par retraict lignager, ſuiuant l'art. 76. de la Couſtume d'Angouleſme, qui porte que le
lignager peut auoir par retraict la choſe adiugée par decret dans
l'an & iour de l'adiudication. L'adiudicataire l'empeſche, d'autant que les choſes venduës & adiugées par decret n'ont eſté
venduës par le frere du retrayant, lequel n'y auoit plus rien au
moyen de ſa ceſsion & abandonnement de ſes biens : & de faict
ladite adiudication s'eſt faicte ſur vn curateur aux biens vacans,
à la pourſuite des creanciers dudit ceſsionnaire. Le frere retrayant reſpond que la Couſtume d'Angouleſme au premier
article du tiltre De retraict lignager, porte que le lignager eſt
receu au retraict quand il y a vente d'immeubles, ou de choſes
cenſées immeubles : Que ladite maiſon & heritages ayant eſté
vendus comme appartenans à ſondit frere, ainſi qu'il appert,
puis que ce ſont ſes creanciers qui les ont fait vendre, qu'il eſt
aux termes de ladite Couſtume, ſans qu'il ſe puiſſe dire qu'il y
ait aucun article en ladite Couſtume qui exclude le lignager
du retraict, quand l'immeuble ſe vend ſur le curateur aux biens
vacans. Mais que par la Couſtume de Paris, article 151. ceſte
difficulté eſt vuidée, qui porte qu'vn heritage propre adiugé par
decret ſur vn curateur aux biens vacans eſt ſubiect à retraict, par
ce que le retraict eſtant introduict pour conſeruer les biens aux
familles, il y a pareille raiſon de receuoir le lignager au retraict,
quand les heritages de celuy qui a faict ceſsion, ſe vendent ſur
vn curateur aux biens abandonnez, comme ſi celuy qui a faict
ceſsion les euſt vendus auant que de faire ceſsion, par ce qu'en
l'vn & en l'autre cas ce ſont touſiours les biens d'vn parent qui
ſont alienez hors de la famille. Mais la grande raiſon pourquoy
le retraict a lieu ſur tels biens vacans, c'eſt que celuy qui a faict

ceſſion demeure proprietaire : & de faict s'il y a quelque choſe
du prix de reſte, les creanciers payez, ce reſte reuient au ceſſionnaire: ce qui n'eſt pas en la choſe deſguerpie ou abandonnée par
l'acquereur à cauſe des debtes de ſon vendeur, lequel acquereur apres qu'il a deſguerpi n'a plus rien à la choſe deſguerpie, &
s'il y a quelque reſte du prix qui reuienne bon, il ne luy appartient pas. Auſſi elle ne ſe vend comme ſienne, ny pour ſes debtes, & ne faict autre, ſinon s'oppoſer comme creancier : ce qui
monſtre qu'il ne peut eſtre reputé proprietaire, perſonne n'ayãt
droict d'hypotheque ſur ſa choſe, *res enim ſua nemini ſeruit.* C'eſt
pourquoy la meſme Couſtume de Paris, en l'article 153. porte
que l'heritage adiugé ſur vn curateur à la choſe abandonnée
n'eſt ſubiect à retraict : ce que la Cour a iugé par Arreſt du 22.
Iuin 1606. s'entendre de la choſe deſguerpie. L'acquereur replique, que les Couſtumes ſont de droict eſtroit, & encores plus en
retraict lignager, ſi en choſe quelconque; auquel il faut garder
ſcrupuleuſement toutes les formes requiſes, par ce qu'il eſt contre la liberté, & contre la reigle qui porte, que *quiſque eſt arbiter & moderator rei ſuæ* : empeſchant le retraict, qu'il ſoit au pouuoir d'vn particulier de vendre ſon bien à vne certaine perſonne incommutablement, s'il a des parens. Mais ce qui eſt bien
conſiderable, c'eſt que ladite Couſtume d'Angouleſine le dit en
termes exprés, & y en a vn article, qui eſt le 75. qui porte en ces
mots : Les retraicts ſont tellement de droict eſtroit, que l'an à y
eſtre receu, court contre maieurs, mineurs, preſens, abſens,
ſçachans, ou ignorans. Comment doncques peut-on eſtendre
le retraict en ladite Couſtume, pour le faire auoir lieu en la choſe abandonnée, la Couſtume ne l'introduiſant point en ce cas
la, comme il ſeroit neceſſaire qu'elle le diſt expreſſément, pour
y auoir lieu, puis que ladicte Couſtume dict, que les retraicts
ſont de droict eſtroit, qui eſt à dire, qu'ils ne reçoiuent point
d'extenſion de cas à autre? Qui eſt cauſe, que pour introduire
le retraict audit cas de ceſſion en la Couſtume de Paris, il a fallu vne diſpoſition particuliere par article exprez audit cas en ladite Couſtume. Ce qui fait que tant s'en faut que ledit retravãt
ſe puiſſe ayder de ladicte Couſtume, qu'elle faict contre luy;
puis qu'il paroiſt par icelle, qu'il a eſté beſoin d'vne diſpoſition
expreſſe de ladite Couſtume, pour eſtendre le retraict audit
cas de la choſe abandonnée par ceſſion de biens. Car de tirer ladite Couſtume de Paris, pour la faire operer hors ſon deſtroit

& territoire, cela ne se peut, comme la Cour l'a iugé par ses
Arrests, que les Coustumes n'ont lieu que dans leur territoire,
mesme ladite Coustume de Paris, quoy que l'on dict qu'elle est
compilée des Arrests de la Cour, par ce que les Coustumes sont
mores cuiusque populi & prouincia. Par Arrest prononcé à Noël
1613. le retraict a esté adiugé au frere.

N E femme, son mary ayant esté trois ou quatre ans
absent, estant party d'auec elle, pour aller à la guerre en l'an 1572. habite auec vn autre homme duquel elle a des enfans sous promesse de mariage
de futuro : viuant ensemble sept ou huict ans. Le mary reuient en l'an 1585. Il est seulement huict iours auec sa femme, & meurt. La femme & celuy qui l'auoit entretenue font
vn contract de mariage, s'estans espousez, par lequel ils in-
stituent leurs enfans naiz, & à naistre, leurs heritiers : lequel
contract estoit vehementement suspect d'estre supposé, &
faux : tant y a, ils viuent ensemble comme mary & femme iusques en l'an 1612. ont des enfans tant deuant que depuis le retour du mary. La femme meurt : vn sien nepueu apres son deceds pretend que tous les biens qu'elle auoit luy appartiennent,
n'ayant esté le second mariage pretendu qu'vn concubinage ; la
femme n'ayant attendu que trois ans apres l'absence de son mary, au lieu qu'elle deuoit attendre iusques à ce qu'elle eust asseurance de sa mort, *& certum nuntium,* suiuant la Constitution
canonique, *in cap. in præsentia. de sponsal. & Authent. hodie. Cod.
de repud.* Et quand l'on ne considereroit que l'ancien droict des
Digestes, il falloit tousiours que la femme attendist cinq ans, *l.
vxores.de diuortijs & repudijs : & Nouella* 22. laquelle a confirmé le
quinquennium de ladite loy *vxores* : mais ladite Authent. *hodie* est
venuë depuis, qui est tirée de l'Authent. *Vt liceat matri & auiæ.
S. quod autem nobis,* & de la Nouelle 33. Tant y a, *sola mors naturalis, non etiam ciuilis dirimit matrimonium. can. licit. 32. quæst. 7.
iuxta illud Apostoli, Mulier mortuo marito soluta est à lege viri.*

Qu'elle a supposé vn pretendu contract de mariage plein de faulsetez, comme il en apparoissoit par la lecture, & auoit espousé celuy qui l'auoit entretenuë du viuant de son mary. En tout cas, que ce pretendu second mariage ayant esté precedé d'vn concubinage, ou d'vn adultere, que ny le pretendu second mary, ny la femme ne pouuoient estre de bonne foy pour rendre les enfans legitimes, par ce qu'il faut par le chapitre *ex tenore. qui filij sint legit.* du moins la bonne foy de l'vn des mariez, pour faire que les enfans puissent estre reputez legitimes; Et ce qu'on dict que *præsumitur, pro matrimonio,* s'entend s'il n'apparoist euidemment du contraire. Que par la loy *si is qui adulterij. Cod. ad l. Iul. de adult. si is cum quo mulier dicitur commississe adulterium eam ducat mortuo marito*, c'est vne conuiction de l'adultere. Aussi en ce faict le mary estant mort presque aussi tost qu'il a esté de retour, c'est vne violente presomption qu'on l'a faict mourir pour se marier l'vn auec l'autre. Au contraire, disoient les enfans, que leur mere auoit attendu vn espace de temps, tel qu'il la mettoit en bonne foy; y ayant eu grande variation sur le temps que la femme doibt attendre son mary qui s'est absenté. Qu'estant en vn village, elle ne pouuoit sçauoir ce qui estoit resolu, & determiné par les Constitutions ciuiles, & Canoniques pour le temps qu'elle deuoit attendre son mary. Qu'elle auoit vescu trente ans auec le dernier mary; qu'ils ne pouuoient apres vn si long temps estre declarez illegitimes. Que par deux Arrests celebres, l'vn donné au Parlement de Thoulouse, l'autre donné en ce Parlement à la Tournelle, le 30. Aoust 1607. rapporté par Monsieur Loüet, encores qu'en pareil cas l'on eust condamné le second mary aux galeres, comme adultere, neantmoins l'on auoit declaré les enfans legitimes, & capables de succeder. Par sentence des Presidiaux de Rion le neueu auoit esté debouté de sa demande. Appel. Par Arrest prononcé à la Nostre Dame de Septembre 1614. la sentence a esté mise au neant; en emendant les biens ont esté adiugez au neueu auec restitution de fruicts, & le mariage declaré illicite, & contre les bonnes mœurs.

*Rappel iugé valable en la Couſtume de Senlis, encores qu'il n'y
ait repreſentation en ligne collateralle.*

ARREST CXXV.

V N oncle faict ſon teſtament, par lequel il veut que
ſes neueux, enfans d'vne ſienne ſœur decedée, luy
ſuccedent pour moitié, auec vn autre ſien frere, lequel deuoit eſtre heritier pour le tout à cauſe de la
Couſtume de Senlis, en laquelle les biens eſtoient
aſſis, & le teſtateur demeurant, par laquelle il n'y a repreſentation en ligne collateralle. Ledit frere eſtoit preſent au teſtamēt,
qui ne ſe plaint point; & apres le deceds de ſon frere execute
ledit teſtament, & faict partage auec ſes neueux des biens dudit teſtateur, & leur en laiſſe la moitié. Par apres il ſe readuiſe,
fait appeller ſes neueux pardeuant le Bailly de Beauuaïs, pour
voir dire que tous les biens de ſon frere defunct luy ſeront declarez appartenir, & que le rappel faict à leur profit, par ledict
teſtament, ſera declaré nul, de nul effect & valeur, comme e-
ſtant fait contre la diſpoſition de ladite Couſtume, qui n'admet
la repreſentation en ligne collateralle, & ne permet le rappel,
comme font quelques autres Couſtumes, leſquelles ſont pareilles à ladite Couſtume de Senlis, en ce qu'elles n'admettent la
repreſentation en ligne collateralle; & neantmoins offre que
ledit rappel ait lieu iuſques à la concurrence de ce que ladicte
Couſtume permet de diſpoſer, qui eſt des meubles, acqueſts,
& conqueſts, & quint des propres, ſuiuant ce que la Cour a iugé par ſes Arreſts, que le rappel ſe pouuoit faire, iuſques à la
concurrence de ce que l'on peut diſpoſer par les Couſtumes:
Mais d'auoir rappellé ſes neueux en la moitié de ſes biens, que
c'eſt directement contre ladite Couſtume. Les neueux diſent
au contraire, que ladite Couſtume de Senlis, en ce qu'elle ne
reçoit la repreſentation en ligne collateralle, eſt contraire à la
diſpoſition du droict commun, aux Authentiques, & à la plus
part des Couſtumes, leſquelles quãd elles ont eſté reformées,
l'on a receu ladite repreſentation. En quoy l'on a remarqué l'i-
niquité des Couſtumes contraires qui ne l'admettent pas; eſtãt
raiſonnable de garder l'egalité entre ceux qui ſont ſi proches,

& qui font de mefme fang , & ne leur faire porter auec perte
l'euenement finiftre de la mort de leur pere ou mere. Qu'il y
auoit foixante ans que ladicte Couftume de Senlis n'auoit efté
reformée ; que fi l'on la reformoit , comme les autres , que ceft
article qui ne reçoit la reprefentation en ligne collateralle,
n'auroit lieu. Quant eft de l'offre faicte par leur oncle , que
c'eft leur accorder ce qu'il ne leur peut ofter , & qui ne
leur peut eftre reuoqué en doute , non plus qu'au plus e-
ftrange : & qu'on doibt faire diftinction du rappel qui fe faict
au profict de ceux qui font capables d'eftre heritiers, fi n'eftoit
l'iniquité de la Couftume ; & d'vn eftranger, auquel le teftateur
a legué ce que la Couftume permet de leguer & donner. Que
la Couftume n'eft prohibitiue de rappeller ; elle dict feulement
que la reprefentation en collateral n'a lieu ; qui eft, à dire que
par la Couftume les neueux ne font fondez *ab inteftat* de pretendre part en la fucceffion de l'oncle : mais fi l'oncle les appelle à fa fucceffion, il n'y a point de prohibition de ce faire ; *diffo-*
fitio hominis facit ceffare difpofitionem legis , quand la Couftume
n'eft prohibitiue. Par fentence du Bailly de Beauuais, il eft iugé fuiuant les offres. Appel. En caufe d'appel l'inthimé a lettres
pour eftre releué du confentement qu'il auoit presté audit teftament, & à l'execution d'iceluy , fondées fur ce que l'on ne
peut contreuenir à ce qui eft de la difpofition des Couftumes,
qu'elles font *iuris publici.* Alleguoit pour le fouftenement de fes
lettres vn Arreft du 12. Auril 1616. par lequel vn aifné ayant par-
tagé efgallement , ne penfant au droict d'aifneffe qui luy appartenoit, a efté releué du partage qu'il auoit fait efgallement auec
fes freres, des biens de la fucceffion de fon pere , & a efté receu
à prendre fur lefdits biens fon droict d'aifneffe, fuiuant les Couftumes, encores qu'il fuft Preftre. Les neueux contre ces lettres difent que *non licet ius ignorare* , & que l'inthimé eftoit maieur lors dudict confentement ; partant non receuable : ioinct
que le confentement qu'il a donné n'eft contraire à ladite Couftume de Senlis, comme il a efté reprefenté cy deffus. Par Arreft prononcé à Noël 1614. fans auoir efgard aufdictes lettres,
ladite fentence eft mife au neant ; en emendant, lefdicts appel-
lans font maintenus en la moitié des biens de leur oncle. Eft ordonné que ledit Arreft fera leu & publié au fiege de Senlis &
de Clermont en Beauuoifis, à ce que les Iuges ayent à fe regler
fuiuant iceluy ; quand il furuiendra pareille difficulté. Il eft à

noter, qu'au faict de cest Arrest le testateur laissoit à son frere
des biens desquels il pouuoit disposer, comme meubles & acquests, en quoy il estoit recompensé de ce que le testateur luy
ostoit par ledit rappel; du moins de partie.

Vn testament iugé valable, encores que la mere fust preterite,
luy laissant neantmoins par l'institué ce qui estoit
venu d'elle.

ARREST CXXVI.

E I V S natif du pays de Lyon, & qui y auoit tous ses
biens, faict son testament en la ville de Paris, selon
la forme requise par la Coustume de ladite ville
de Paris, sa mere encores viuante, à laquelle il ne
laisse rien, & donne tous ses biens à vn sien amy.
Apres le deceds du testateur la mere debat le testament de nullité, pour n'auoir esté faict selon les solennitez requises en pays
de droict escrit, où le defunct auoit ses biens; n'y ayant point
aussi audit testament d'institution d'heritier, laquelle est necessairement requise par le droict escrit, où les biens sont assis. *Tum,*
que le testament estoit inofficieux, ne luy ayant son fils rien laisse-
sé: de sorte que quand ledit testament eust esté solennellement
faict, que *proposita querela inofficiosi, irritum fieret,* & qu'elle deuoit
succeder *ab intestat, irrito facto testamento,* en tous les biens de son fils,
tãt paternels que maternels suiuãt le Senatusconsulte Tertullian.
Estoit pareillemẽt ce testamẽt debatu par vn parent paternel du
defunct, plus proche & plus habile à luy succeder; & disoit quo
le testamẽt estãt nul, tant par le defaut des solennitez, que *propter*
querelam inofficiosi testamẽti, proposée par la mere, que *erat locus suc-*
cessioni ab intestato. Que la mere ne pouuoit en Frãce succeder au
defunct son fils, aux biens paternels à cause de l'Edict des meres;
mais seulement aux biens maternels & qui estoiẽt venusd'elle,
ou de son costé, à son fils. Le legataire vniuersel soustenoit que
ledit testament ne pouuoit estre debatu comme defectueux
des formes & solennitez requises de droict escript, puis que
le testament estant faict en ceste ville de Paris, l'on y auoit obser-
né les solennitez requises par ladite Coustume de Paris; estant

certain, & constant que pour les solennitez d'vn testament, l'on
doit garder celles qui sont requises par la Coustume du lieu où
il est faict, suiuant la loy *Cunctos populos*, qui est la premiere, *Cod.*
de summa Trinitate, l. vxorem. §. legaueras. de leg. 3. cap. de Francia. ext.
de spons. & matrim. encores que les biens soient assis en pays de
droict escrit; comme il a esté iugé par l'Arrest de Monsieur de
Mombrun; ou qu'ils soient assis en autres Coustumes. Quant
à l'inofficiosité, qu'il demeuroit d'accord que la legitime estoit
deüe par les enfans aux peres & meres par l'Authent. *Vt cùm de*
appellat. §. *siue igitur.* & en la loy *Nam & si parentibus. de inoff. test.*
Mais du droict Canon elle n'est pas deüe, *c. causam. de re iudic.*
L'on a long temps douté si l'on garderoit en France le droict
Ciuil ou le droict Canon, & y a diuersité d'Arrests; mais il y en a
vn qui est remarqué par Monsieur Loüet, par lequel il a esté iugé
qu'elle n'estoit deüe, par ce que les Coustumes reglent la legitime, & ne la baillent qu'aux enfans. Neantmoins pour faire cesser
l'interest de la mere, qu'il offroit luy laisser les biés maternels; qui
estoit tout ce qu'elle pouuoit demáder à cause de l'Edict des meres, qui la priue des biés paternels; & que ceste offre faisant cesser
querelam inofficiosi, l'heritier des biens paternels ne pouuoit plus
estre receuable à debatre ledit testament, puis qu'il estoit solennel, & que la mere estant satisfaicte ne pouuoit plus le faire
rópre. *Et sic* l'on luy pouuoit dire ce qui est de la regle de droict,
que *quotiens est locus testamento, non succeditur ab intestato.* La mere
repliquoit, que quand il seroit vray, que le testament fust solennel pour auoir esté faict selon la Coustume de Paris, qui est le
lieu où il a esté faict, qu'il estoit tousiours vray qu'il ne pouuoit
subsister, ayant esté preterite *in testamento filij*, & ne luy ayant laissé sa legitime, laquelle estant deüe à la mere aussi bien qu'au
pere, de droict escrit, comme ledit legataire vniuersel en estoit
d'accord, il falloit suiure le droict escrit, estant question de biens
assis en pays de droict escrit, & non en pays Coustumier, pour lequel a esté donné l'Arrest, qui est remarqué par Monsieur Loüet,
cy dessus recité; par lequel droict escrit, n'y ayant point de doute que la legitime soit deüe à la mere, ledit Arrest ne peut seruir,
y en ayant d'autres, mesmes vn donné au rapport de Monsieur
Lallemant en la seconde Chambre, & vn autre à la quatriesme;
par lesquels il a esté iugé que la legitime estoit deüe au pere &
à la mere. Et quant à l'offre dudit legataire, de luy laisser les
biens qui sont venus d'elle, que son fils n'en pouuoit auoir, puis

qu'elle l'a furuefcu ; & quand il en auroit, que la legitime luy
eftoit deüe fur les biens paternels. C'eft l'aduis entre autres de
Ferronus qui a efcrit fur la Couftume de Bourdeaux, lequel
tient que la legitime eft deüe à la mere en pays de droict efcrit,
& qu'elle la doit auoir fur les biens paternels, *etiam viuo auo pater-
no*, duquel lefdits biens font venus, & qui y deuoit fucceder fuiuant la difpofition de la loy *Conftitutionis noua capitulum*. L'heritier paternel fouftenoit que la mere eftoit excluse par l'Edict
des meres, entierement des biens paternels, & que tout ce qu'en
fçauroient dire les Docteurs n'eft point fi fort que l'Ordōnance,
laquelle ne porte aucune limitation ny reftriction ou diftinctiō;
& fouftenoit que la mere ayāt intenté *querelā inofficiofiteftamenti*,
en laquelle elle perfiftoit, nonobftant l'offre qui luy a efté faite,
que *locus erat fucceßioni ab inteftato*, fuiuant la loy *Papinianus. §. fi ex
caufa. de inoff. teft*. & que la loy *Omnimodo* n'auoit changé le droict
ancien, finon quand il n'efcheoit faire qu'vn fupplément de legitime, & que l'on auoit moins laiffé à celuy ou ceux aufquels
la legitime eft deüe, qu'il ne falloit pour ladite legitime; mais
s'il n'a efté riē laiffé du tout, que *corruebat totum teftamentum*. Le legataire refpondoit que l'heritier *ab inteftat* demeuroit d'accord
que le defunct teftateur ne pouuoit rien laiffer à fa mere des
biens paternels pour fa legitime; que la plainte de la mere ne
peut eftre confiderable pour faire caffer le teftament, & que
tout ce qu'elle peut demander, c'eft ce qui luy eft offert; qui
font les biens maternels, & par confequent que le teftament
doibt demeurer en fa force & vertu. Par Arreft prononcé à la
Noftre Dame de Septembre mil fix cens quinze, la fentence
du Senefchal de Lyon a efté caffée, par laquelle le teftament a-
uoit efté declaré nul; en emendant, le legataire vniuerfel eft
maintenu en tous les biens paternels du defunct, à la charge de
laiffer à la mere, fuiuant fes offres, les biens maternels.

La legitime, & la Trebellianique sont deuës à l'heritier, en-
cores qu'il y ait prohibition d'aliener, par le testament,
& que la substitution soit faicte souz con-
dition, si sine liberis.

ARREST CXXVII.

V N marchand de Lyon a deux enfans, fils & fille; il institituë le fils son heritier, & les enfans masles qui prouiendront de luy en loyal mariage ; & s'il decede sans enfans masles, il substituë sa fille & ses enfans; & si elle decede sans enfans, il substituë vn sien frere. Apres ces degrez de substitutiõ il y a clause qui porte prohibition d'aliener, & que s'il decede sans lignée, veult que ses biens appartiennent à l'Hostel Dieu de Lyon. Il aduient que le fils decede sans enfans auant sa sœur. Apres son deceds sa sœur iouïst par le temps & espace de cinquante ou soixante ans des biens delaissez par le testateur, sans auoir enfans. Elle faict son testament, par lequel elle laisse plusieurs maisons audict Hostel Dieu ; & au residu de son bien elle instituë le Receueur de l'aumosne du pont de Lyon. Apres son deceds suiuant son testament, l'Hostel Dieu & ledit Receueur estans entrez en iouïssance des biens de la defuncte, vne petite fille du frere dudict premier testateur demande que ladite substitution soit declarée ouuerte à son profict, attendu la prohibition d'aliener portée par le testament dudit testateur, & que les premiers instituez, & substituez sont decedez sans enfans. Que l'Hostel Dieu n'est appellé par ledit testateur qu'en cas qu'il n'y ait plus aucun de sa lignée. L'on dict au contraire pour lesdits Hostel Dieu & Receueur, que l'ayeul de ladite demanderesse frere du testateur est decedé auant les instituez & substituez : que ledit testateur n'a appellé les enfans, encores moins les descendans ou petits enfans de sondit frere, partant qu'elle ne peut pretendre aucun droict esdits biens. Que la prohibition d'aliener n'est que pour conseruer les biens aux substituez. Que celle qui a testé, & qui leur a laissé ces biens, estoit la derniere substituée, *& sic habuit liberè.* Quant à la lignée, qu'elle ne s'entend que *in directa.* En tout cas que ladite testatrice a peu *detrahere* la legitime de son frere, duquel elle a esté la plus proche heritiere, & pa-

reillement la Trebellianique, les deux quartes estans deuës à
l'heritier qui est chargé de substitution, quand il est *in directa*,
suiuant l'aduis d'Azo & de Fulgosius, *in l. iubemus. Cod. ad Trebell.*
& les Canonistes *in cap. Rainutius & Rainaldus. ext. de test.* La demanderesse replique, & dict que la clause portant prohibition
d'aliener, & celle qui dict que si le testateur decede sans lignée
qu'il substitue l'Hostel Dieu, estans apposées apres la substitution du frere ; monstrent qu'il a entendu parler de sa famille &
de ceux de son nom, du moins des descendans de luy, & de son
frere, ausquels se terminoit ladite lignée, ayant substitué son
frere auant que d'apposer ladite clause. Quant aux quartes,
qu'elles ne peuuent estre pretendues toutes deux par la disposition du droict Ciuil, *in Authent. sed cùm testator. & in Authent.*
res quæ. Cod. ad Trebell. encores que *aliud statuatur de iure canoni-*
co, lequel ne doibt estre suiuy, ne s'agissant d'vn faict Ecclesiastique, ou de conscience ; cela estant trop constant de droict Ciuil par les textes susdits, & par la Nouelle 92. *de immensis donat.*
Et quand la detraction se pourroit faire de toutes les deux, y
ayant prohibition d'aliener, ny la legitime, ny la Trebellianique, ny la Falcidie ne se peuuent detraire, par l'Authent. *sed in*
ea re. Cod. ad l. Falcidiam. Et d'ailleurs la substitution estant faite par le premier testateur en cas que son fils decedast sans enfans, *& sic sub conditione & post tempus, non purè, nec statim*, lesdites quartes ne se pourroient detraire, par ce qu'en telle substitution *fructus imputantur in legitimam & in Trebellianicam. l. in*
fideicommissariam. ad Trebell. & ibi gl. Et quand il y auroit quelque
difficulté pour ce qui est de la legitime à cause de la loy *scimus.*
§. *repetitionem. Cod. de test.* il n'y en a point pour ce qui est de la
Trebellianique, par ladicte loy *iubemus. Cod. ad Trebell.* mesme
quando tenetur pater restituere filys primi gradus, cap. 1. de test. Et la
raison est, par ce que *videtur iudicio patris*, auoir eu les fruicts
pour sa quarte. A cela respondent l'Hostel Dieu & le dit Receueur, qu'il n'y a que quatre ou cinq cas en droict, ausquels l'on
dispute si l'institué ne peut prendre la Trebellianique. Le premier est *in causa pia. Authent. similiter. Cod. ad leg. Falc.* Le second,
quand l'on l'a prohibée expressément. Le troisiesme, quand
l'on a faict inuentaire. Le quatriesme, quand le testateur a chargé l'heritier de restituer *purè & statim.* Le cinquiesme, quand
la substitution est faicte *sub conditione*, ou que la restitution est
differée *in aliquod tempus.* Qu'il ne falloit parler des quatre pre-

miers, par ce qu'il ne s'en agissoit ; qu'il est seulement question du dernier, qui est *quando substitutio facta est sub conditione si sine liberis* : ou bien quand l'institué est seulement chargé de rendre apres son deceds *aut post certum tempus* ; ausquels cas par la loy *Papinianus. §. vnde si quis. de inoff. test. fructus imputantur in quartam* : mesme *quando post decem annos est quis grauatus restituere*. Et se iuge en ce Parlement, si l'on a iouy vingt ou trente ans, qu'apres vn si long temps, l'on ne peut detraire la Trebellianique, *quia iudicio testatoris videtur* l'institué auoir eu les fruits, au lieu de la Trebellianique apres vn si long temps. Qu'il n'est pas iustifié, non pas mesme mis en fait, que le fils du testateur ait vescu, ny dix, ny vingt ans apres le deceds de son pere. Voire il semble estre constant, qu'il a fort peu vescu apres son pere, la derniere testatrice sa sœur ayant iouy de tous les biens l'espace de soixante ans ou enuiron depuis le deceds de son frere. Pour ce qui est de la prohibition d'aliener, que l'on pourroit mettre pour vn sixiesme cas, auquel la Trebellianique ne se peut prendre : Que l'Authent. qui a esté alleguée, *sed & in ea re. Cod.ad l. Falcid.* ne parle que de la Falcidie, de laquelle il n'est question au faict qui se presente : & n'est besoin d'insister pour ce qui est de la legitime, par ce que la demanderesse est d'accord, qu'elle ne se pert iamais, & que les fruicts ne la consomment qui pourroient auoir esté receus par l'institué par quelque temps que ce soit, & que la prohibition d'aliener n'empesche ladite legitime, laquelle aussi doit estre laissée exempte *ab omni onere*, sans qu'elle puisse estre chargée de restitution, suiuant la Nouelle 18. *de hereditaria portione*. Et ce qui a esté dict cy dessus, qu'il ne s'agist *de pia causa*, qui est le premier cas auquel la detraction de la Trebellianique n'a lieu : c'est par ce que l'Authentique *similiter*, qui dict que *non detrahitur Trebellianica in pia causa*, s'entend *fauore piæ causæ* ; & quand les biens doiuent estre restituez *in piam causam*. Mais icy au contraire l'on veut priuer l'Hostel Dieu de la Trebellianique, lequel est au lieu de l'institué, qui a esté chargé de restituer par le moyen de la disposition faicte à son profict par la derniere testatrice. Le Seneschal de Lyon auoit adiugé par prouision les biens aux defendeurs. Appel. Requeste pour euoquer le principal. Par Arrest l'appellation & ce au neant ; le principal euoqué ; & y faisant droict, la substitution declarée ouuerte au profict de la demanderesse, auec restitution de fruicts, desduction faicte des quartes de legitime

gitime & Trebellianique au profict des inthimez, que la Cour
a estimé aux deux tiers, ainsi que Monsieur le premier President
aduertit lors qu'il prononça l'Arrest à Noël 1615.

La reigle des vingt iours n'a lieu à l'ordinaire.

ARREST CXXVIII.

V N Chanoine de l'Eglise Cathedrale de Roüen re-
signe sa prebende *purè & simpliciter*, estant detenu
de maladie, *in manibus ordinarij*. L'Archeuesque
de Roüen pouruoit à ladite prebende, comme va-
cante par ladicte resignation. Le resignant meurt
bien tost apres au mois de Ianuier affecté aux Graduez nommez,
n'ayant vescu le resignant les vingt iours. Vn Gradué nommé
se faict pouruoir *per obitum*: Le pourueu par resignation s'oppose à la prinse de possession du Gradué : dict qu'il est canoniquement pourueu par l'ordinaire au moyen de la resignation
simple du dernier paisible possesseur de ladicte prebende : partant que ladite prebende n'ayant vaqué *per obitum*, qu'à iuste cause il s'est opposé à ladite prinse de possession, que le pourueu par ce genre de vacation s'est efforcé faire. Que les Graduez
ne peuuent pretendre droict qu'aux benefices, qui vaquent en
leurs mois, par mort, si ce n'est que la resignation fust faicte *in
fauorem in manibus summi Pontificis*, & que le resignant n'eust
vescu vingt iours apres ladicte resignation. Car ladite reigle *de
viginti diebus* n'a esté faicte, comme il appert par la lecture d'i-
celle, que pour les resignations *in fauorem*, & pour empescher
la succession & perpetuité aux benefices, lesquelles resignations *in fauorem* ne pouuant estre admises que par le Pape, il est
sans doubte qu'elles n'ont esté faites par les Papes, que pour eux,
& à leur esgard seulement; & partant que n'ayant lieu aux or-
dinaires, il se trouue plus canoniquement pourueu, que n'est
celuy qui a obtenu prouision de Rome de ladite prebende, *per
obitum*. Et ceste doctrine, que ladite reigle n'a lieu à l'ordinaire,
est de Ludouicus Romanus, de Decius, de Boërius, de du Moulin, de Benedicti, & d'Imbert. Il est bien vray que du Moulin
sur la reigle *de infirmis resignantibus, num*. 30. a estimé que con-
currant trois cas, *renunciatio, infirmitas, & consanguinitas*, que la

reigle deuoit auoir lieu à l'ordinaire, tous les trois concurrans enſemble; ce qui n'eſt au faict qui ſe preſente, n'eſtant aucunement parent du reſignant. Le Gradué au contraire ſouſtenoit que la reigle deuoit auoir lieu à l'ordinaire, les benefices vacans en leurs mois, du moins quand les reſignans ſont detenus de maladie lors de leurs reſignations; & que bien toſt apres ils decedent de la meſme maladie. Qui eſt l'aduis de Gomes, & de Rebuffe, par ce qu'autrement iamais ceſte reigle n'auroit lieu: d'autant que pour les reſignations *in fauorem*, le Pape en diſpenſe ordinairement; & en ce faiſant, le priuilege des Graduez leur ſeroit entierement inutile, & ſeroient touſiours fruſtrez de leur expectatiue; combien que le priuilege ſoit grandement fauorable eſtant introduit pour entretenir aux eſtudes ceux qui ſe donnent à l'Egliſe, n'ayans moyen d'ailleurs de s'entretenir aux eſtudes *in forma pauperum. cap. ſi pauperibus clericis. de reſcriptis*. Doncques triple faueur. Celle de l'Egliſe, laquelle paſſe toutes les autres faueurs: *maxima enim ratio quæ pro religione facit:* Celle des eſtudes, pour laquelle l'on a tant donné de priuileges aux eſtudians, tant par les Conſtitutions canoniques, que par les Ordonnances de nos Roys: Celle de la pauureté & diſette, pour laquelle ont eſté inſtituez tant de Seminaires par toute l'eſtenduë de la Chreſtienté, meſme en France, preſque par tous les Eueſchez, en execution des Ordonnances, meſme de celle de Blois, par laquelle les Eueſques ſont aduertis d'en inſtituer en leurs dioceſes. Et pour cela, la Cour a iugé, comme remarque Monſieur Loüet, que le reſignant decedant au mois des Graduez, peu de iours apres ſa reſignation, que le Gradué eſt maintenu en la poſſeſſion & ioüiſſance du benefice: par ce que telle reſignation eſt preſumée faicte *in fraudem* des Graduez, quand cela aduient au mois des Graduez. Par Arreſt prononcé à Noel 1616. le pourueu par reſignation a eſté maintenu & gardé en ladite prebende. *Nota* que ceſte meſme queſtion auoit eſté iugée par Arreſt prononcé en robbe rouge par le Preſident Magiſtri l'an 1550. que la reigle des vingt iours n'a lieu à l'ordinaire, comme eſtant faicte en ſa faueur: & depuis par autre Arreſt auſſi prononcé en robbe rouge par le Preſident Sainct André, iugé qu'elle auoit lieu à l'ordinaire *in permutatione, tanquam ſit collatio neceſſaria*. Il y a neantmoins l'Arreſt donné au rapport de Monſieur Anroux l'an mil cinq ſoixante & dix-huit *conſultis claſſibus*, qui a iugé le contraire, qu'en permuta-

tion elle n'auoit lieu à l'ordinaire. Ledict Arrest a esté imprimé.

---

*Donation non acceptée, ny insinuée, sinon apres le temps por-
té par l'Ordonnance, declarée valable, & iugé particulierement, que l'assistance de la donataire lors de l'insinuation, vaut acceptation.*

ARREST CXXIX.

V N Ecclesiastique demeurant en la ville de Poi-
ctiers, faict vne donation à vne ieune femme aagée
de vingt deux, ou vingt trois ans, d'vne maison size
en ladicte ville; laquelle donation n'est insinuée
dans le temps de l'Ordonnance, ny acceptée que
par les Notaires: depuis toutesfois le donateur la faict insinuer
en presence de la donataire. Le donateur vient à deceder; son
heritier debat ladite donation de defaut d'acceptation & d'insinuation dans le temps de l'Ordonnance. Dict que l'Ordonnance de Moulins, article 58. declare nulles toutes donations,
qui ne sont insinuées dans les quatre mois: & quant à l'acceptation, que l'article 133. de l'Ordonnance de l'an 1539. porte que
les donations n'auront aucun effect, que du iour qu'elles seront
acceptées par les donataires, en presence des Notaires: & la
declaration du Roy Charles IX. faicte en l'an 1569. sur aucuns
articles de ladite Ordonnance porte en interpretant ledit article 133. que les donations faites à personnes absentes, se pourrôt
accepter par les donataires du viuât du donateur, pourueu que
ce soit en presence des Notaires, & que l'instrument de la donation soit inseré en l'acte de ladicte acceptation: ce qui n'est au
faict qui se presente. Outre le soupçon que le defunct donateur
eust vescu impudiquement auec ladite donataire. Au contraire ladite donataire soustient, que pour le regard de l'insinuation, qu'il a esté iugé, qu'il suffisoit insinuer du viuant du donateur, & quant à l'acceptation, qu'elle est assez faicte par la
presence d'elle donataire lors de l'insinuation; & que la loy finale. *Cod. de donat. que sub modo*, & la loy *cùm mater. Cod. de instit. & substitut. sub condit. factis*, disent que *in donationibus, &*

Nn ij

legatis sufficit si aliquid contingat per æquipollens. Pour ce qui est de
la pretenduë incontinence, qu'elle estant mariée, & son mary
partie au procez, pour requerir la deliurance de ladicte donation; que sans subiect ceste consideration estoit mise en auant,
& que *erat bene constans matrimonium*, lequel ledit heritier *malo*
more vouloit troubler. L'heritier soustenoit que pour ce qui
est de l'acceptation, que l'Ordonnance la requerant *in forma*
specifica, & precisément, qu'il ne falloit dire que cela se peust
faire *per æquipollens* : car autre chose est d'vne donation faicte sous condition, de laquelle parlent les loix qui ont
esté alleguées, qui disent, que *si conditio contingat per æquipol-*
lens, que cela suffit, & de ce qui est de la substance, & forme essentielle, comme est ce qui est requis *in adimplenda vo-*
luntate de celuy qui a declaré specifiquement sa volonté; &
comme quoy il entendoit que ce qu'il auoit voulu, & enioint,
fust accomply pour sortir son effect, *l. qui heredi. & l. Me-*
uius. de condit. & demonstr. Bart. in l. Gallus. §. & quid si tantùm. de
lib. & post. ausquels actes, qui alloient à la forme essentielle, &
ausquels il s'agissoit d'accomplir la volonté declarée, & specialement designée en vn testament ou autre acte, l'on ne pouuoit rien faire *per æquipollens*, mais il falloit accomplir la volonté de celuy qui auoit disposé, *in terminis*, & specifiquement, selon qu'il estoit prescript, pour pouuoir ioüir & s'acquerir ce qui
estoit delaissé, en satisfaisant à la charge, ou autre chose declarée, & specifiée par ladite disposition. Que si cela auoit lieu
aux actes qui se faisoient entre particuliers, qu'il deuoit auoir
lieu, à beaucoup plus forte raison, pour ce qui est enioint & prescript par vne Ordonnance, *quæ est iuris publici*. Autrement il seroit loisible aux particuliers de preferer leur iugement à celuy
du public, qui a esté arresté *communi consensu* des trois Estats, &
faire dependre les loix, & Ordonnances, de ce qui sembleroit
bon à chaque particulier : qui seroit par ce moyen rendre les statuts & loix publiques illusoires, vaines & incertaines, & faire
qu'il n'y eust rien de reglé & d'arresté. Par Arrest prononcé
à la Nostre Dame de Septembre mil six cens dix-sept, la donation iugée valable. Aduertit Monsieur le Premier President
prononçant l'Arrest, que la Cour auoit iugé que la presence de
la donataire lors de l'insinuation, equipolloit à vne acceptation
formelle. Il y auoit eu Arrest au rapport de Monsieur Pinon,
par lequel il auoit esté iugé que le donataire ayant requis l'insi-

nuation de la donation, qu'il n'auoit acceptée, que cela equipolloit à vne acceptation.

Le mineur qui s'est obligé pour faire sortir son pere
de prison, n'est releué.

ARREST CXXX.

V N fils mineur, voyant son pere prisonnier, aagé de
quatre vingts ans, s'oblige à la debte pour laquelle
sondit pere estoit prisonnier ; & par ce moyen le
faict sortir de prison. Le pere decede quelque têps
apres ; le fils renonce à sa succession à cause des
grandes debtes qui absorboient tout le bien dudit defunct. Le
creancier poursuit le mineur pour le payement de la debte de
son pere, à laquelle il s'estoit obligé. Il a lettres pour estre releu-
é de son obligation, fondées sur sa minorité, & sur ce qu'il n'a-
uoit amendé d'aucune chose des biens de sondit pere ; ayant
esté contraint de renoncer à sa succession pour les grâdes debtes
desquelles elle estoit chargée. Que ce qu'il en auoit faict, estoit
intuitu pietatis, & pour la grande vieillesse de son pere, aagé de
quatre vingts ans. Que c'estoit cruauté de le tenir prisonnier
pour debte, & non pour crime. Que vray-semblablement l'Ordonnance exemptoit de ceste rigueur des prisons ceux qui
auoient vn si grand aage. Qu'il y auoit eu Arrest du 4. Feurier
1610. en vne cause plaidée à l'Audience, par lequel vn mineur
aagé de vingt-trois ans, qui s'estoit dict maieur en la presence
de son pere, & auoit respondu pour sondit pere d'vne debte de
huict ou dix mil liures, n'ayant rien amendé de son pere. pour
auoir esté contraint de renoncer à sa succession, à cause des
grandes debtes qui s'estoient trouuées en icelle, fut releué &
restitué contré son obligation. Le creancier le soustient non
receuable en ses lettres, ayant esté cause que son pere soit sorty
de prison ; qu'il ne s'en estoit voulu porter heritier pour empescher, comme il y a apparence, qu'il ne fust poursuiuy en ceste
qualité par le demandeur. Que s'il eust retenu son pere prisonnier, il fust à present payé ; par ce que le defendeur se fust forcé
de trouuer moyen d'acquiter ce que son pere deuoit pour le li-
berer de la prison. Que l'Arrest allegué par ledit defendeur,

portoit, sans tirer à consequence, & encores au faict dudit Arrest, le pere estoit encores viuant, lequel le fils representoit en
pareille condition qu'il estoit quand il s'obligea pour luy, &
qu'il le fist sortir de prison. Mais qu'il y en auoit eu vn prononcé
en robbe rouge par Monsieur le Premier President de Thou, l'an
1571. par lequel vn fils ayant quité son doüaire pour faire sortir
son pere de prison, n'ayant que dix-sept ans, fut debouté de ses
lettres. Car si le mineur qui faict traffic, s'estant obligé pour faict
de marchandise, n'est pas restitué ; comme il a esté iugé par Arrest du 5. Decembre 1606. y ayant des cas esquels le mineur se
peut valablement obliger, *l. sed & si quis. S. pupillus. de instit. act.*
le defendeur ne peut pretendre son obligation nulle au faict
qui se presente sous pretexte de sa minorité, voulant tromper
tant sous couleur de ladite minorité, que sous couleur de la
pieté qu'il dict auoir exercee enuers son pere; & ne void pas que
se voulant faire releuer, il rend ceste pretenduë pieté, en effect
vne impieté & tromperie, voulant faire tomber la perte sur le
demandeur, & luy faire exercer ceste pieté, laquelle luy fils refuse, & trouue bon de la rejetter sur vn estranger, qui est le demandeur, au lieu d'enuier à vn autre ce deuoir de pieté, s'il y a-
uoit du combat à qui se preuiendroit. Il ne considere pas que
ledit demandeur s'est fié à luy, & que *fidem eius secuutus est*, quand
il a cōsenty que son pere sortist de prison. Si la loy a introduit vne
action *de side fracta* en la loy premiere, *Cod. de dolo*, quand le side-
iusseur faict quelque chose contre la foy, qu'il a interposée
pour le principal obligé? Se peut-il dire qu'il y ait moins de su-
jet d'intenter ceste action *de side fracta* contre le defendeur, lequel ayant donné sa foy au demandeur, s'en veut desdire par
vne impieté qu'il commet contre la memoire de son pere? Vn
fideiusseur qui a respondu pour vn mineur n'est pas releué, encores que le mineur se face releuer, *l. in causa. de min.* Et le defendeur sera receuable aux lettres qu'il a obtenues, pour se faire
releuer contre vne obligation en laquelle il est entré pour son
pere? ce que le demandeur soustient estre sans raison ny apparence. Par Arrest prononcé à la Nostre Dame de Septembre
1618. le mineur a esté debouté de ses lettres.

L'egalité doit estre aux donations qui se font entre mary
& femme, en pays de droict escrit ; & la plus
grande est reduicte à la moindre.

ARREST CXXXI.

V N mary & vne femme se donnent par contract de mariage. Le mary ne donne que trois cens liures, & la
femme donne neuf cens liures. Apres le deceds de la
femme, le mary demande les neuf cens liures aux heritiers de sadite femme, lesquels se defendent & disent que les
parties sont demeurantes, & leurs biens assis en pays de droict
escrit, par lequel, *lege Leonis*, qui se commence *ex morte. Cod. de*
pact. conuentis, le dot & donation *propter nuptias* doiuent estre es-
gaux; c'est à dire que le mary ne peut plus donner à la femme
qu'elle ne luy donne, & que l'egalité doit estre en l'vne & l'autre donation, suiuant les deux Authentiques qui suiuent ladite
loy *ex morte*; & que par la loy *lege Leonis*, au mesme titre, Iustinian a adiousté à la loy de l'Empereur Leon, ce qui y manquoit;
car il estoit bien dict, que *debebat esse æqualitas* entre le don de la
femme, & celuy du mary; mais il n'estoit pas dit, ce qu'il falloit
faire si l'egalité n'y estoit: & par ceste loy *lege Leonis*, il est ordonné que la plus grande donation sera reduite à la moindre, &
non pas la moindre esteduë à la plus grâde. Partant que le mary
se doit contenter de trois cens liures, n'ayant donné que cela à
sa femme, & reduire lesdits neuf cens liures à ladite somme de
trois cens liures. Le mary au contraire disoit que par la Nouelle 97. *de iure dotis* l'on auoit corrigé la Nouelle 22. & qu'il auoit
esté ordonné que *si augeatur dos*, *augeretur* pareillement *donatio*
propter nuptias ; *& è contrario*, *si augeretur donatio propter nuptias*,
que *augeatur dos*, *vt sit æqualitas*, suiuant l'Authentique, *de æ-*
qualitate dotis : & que c'est le nouueau droict que celuy des Nouelles, & Authentiques : par ainsi qu'au lieu de diminuer les
neuf cens liures à son preiudice, ayant suruescu sa femme, que
s'il fust predecedé, il eust fallu augmenter la donation des trois
cens liures, qu'il auoit faict à sa femme iusques à neuf cens liures. Et de faict que de droict l'on pratique l'augment de dot,

que Cuias sur les Nouelles, appelle ὑπόβολον, qui est le tiers en montant de ce à quoy monte le dot, s'il n'a esté prefix à vne certaine somme. Par Arrest prononcé à Noël 1618. ladicte donation de neuf cens liures faicte par la femme au mary a esté reduite à trois cens liures.

L'heritier est tenu d'acquitter l'Eglise de l'indemnité qui est deuë au Seigneur, pour iouir de son legs.

ARREST CXXXII.

VN nommé Chedcuille par son testament legue vne maison size à Paris, en la censiue des Religieux de Sainct Lazare, à l'Hostel Dieu de Paris. Apres le deceds du testateur, l'Hostel Dieu ayant eu deliurance de son legs, & estant en possession de ladite maison, le Prieur de Saint Lazare & les Religieux demandent l'indemnité audit Hostel Dieu, lequel somme les heritiers dudict testateur de l'acquitter dudit droict, & le faire iouir dudit legs suiuant les Arrests de la Cour, mesme celuy qui a esté prononcé en robbe rouge à Noël 1581. qui est rapporté cy dessus, & suiuant ce qui est de droict *in l. his verbis. §. vlt. de leg. 3.* Les heritiers disent que le testateur ne les en a point chargez, & que la definition vulgaire, que *legatum est donatio à defuncto relicta*, ne passe point outre, & ne porte ces mots, *ab herede præstanda*, comme il appert *ex Modestino. l. 36. de leg. 2. ex Florentino in l. 119. de leg. 1. nec Theophilus, nec Harmenopulus agnoscunt ea verba, ab herede præstanda.* Pour cela il est dict en droict *in l. si sic legatum. §. si quis ita. de leg. 1.* & la glose *in l. 2. §. idem Labeo. ne quid in loco publico,* que l'heritier n'est tenu d'agir pour faire iouir le legataire de ce qui luy a esté legué, & que *cedendo actionem* au legataire, *liberatur. idem si res obligata sit legata, non est heredis soluere. l. si res obligata. de leg. 1. nisi sciuerit testator rem esse obligatam.* Le testateur s'est contenté de leguer la maison à l'Hostel Dieu sans charger ses heritiers de payer l'indemnité, laquelle s'ils payoient, l'on estendroit le legs faict audit Hostel Dieu, contre la volonté & disposition expresse dudit testateur. Que si l'on allegue des Arrests pour dire que l'heritier soit tenu de payer l'indemnité, qu'il y en a d'autres contraires, par lesquels l'heritier en a esté deschargé,

chargé ; entre autres vn qui a esté donné à l'Audience en Iuillet 1600. qui l'a iugé en pareille question : Vn autre aussi donné à l'Audience, le 26. Iuillet 1616. par lequel le mesme a esté
iugé, que l'heritier n'estoit tenu de payer l'indemnité sur ce qui
luy doit demeurer par la Goustume, qui sont les quatre quints
à Paris, en laquelle la question se presentoit, le testateur ayant
faict des legs qui absorboient tout ce dont il pouuoit disposer.
L'Hostel Dieu disoit à cela, que l'indemnité est vne obligation
sur la chose leguée ; laquelle obligation n'a esté ignorée par le
testateur, ou du moins il ne l'a deu ignorer ; par consequent que
l'heritier est tenu de l'acquitter suiuant ceste mesme loy, *si res
obligata*. Et de dire que le legs seroit augmenté, si l'heritier
payoit l'indemnité, & que *illi decederet*, plus que ce que le testateur a voulu, & entendu leguer ; qu'il faut considerer d'vn
autre costé, que le legs seroit diminué, si l'heritier ne payoit
l'indemnité, par ce que ledit Hostel Dieu qui est le legataire,
n'auroit que les quatre quints de ladite maison leguée, s'il deuoit porter l'indemnité, par ce que ladite maison estant en rotu-
re, il faudroit payer le quint de la valeur d'icelle pour l'indemnité, comme il a esté iugé par les Arrests de la Cour, qu'en rotu-
re l'estimation de l'indemnité estoit au quint de ce que valoit
l'heritage, & chose leguée ; & en fief que c'estoit le tiers. L'Arrest a esté donné pour le College de Clermont de ceste ville de
Paris le 9. Auril 1565. & quant aux Arrests que lesdicts heritiers
alleguent, qu'ils sont donnez en des cas particuliers, comme
ils l'ont remarqué eux mesme cy dessus, expliquans ce que la
Cour auoit iugé par lesdits Arrests. Par Arrest prononcé à la
Nostre Dame de Septembre mil six cens dix-neuf, les heritiers
ont esté condamnez acquitter l'Hostel Dieu dudict droict
d'indemnité.

Les successions des filles qui ont renoncé en faueur des masles,
se partagent esgalement entre les masles, sans droict
d'aisnesse, en la Coustume de Poictou.

ARREST CXXXIII.

ITIVS ayant six enfans, trois masles, & trois filles, mariant lesdites filles moyennant le dot qu'il leur baille, il les fait renoncer à sa succession, au profit des masles. Le pere estant decedé, se meut differend entre les trois masles, l'aisné voulant que le partage se fist en trois lots, comme s'il estoit question de partager la succession du pere seulement, les filles y ayant renoncé, & prendre son droict d'aisnesse, eu esgard à tout le bien que le pere auoit laissé apres son deceds. D'autant mesme que la Coustume de Poictou, en laquelle les parties estoient demeurantes & les biens assis & situez, porte que l'aisné prend son droict d'aisnesse tant en succession directe, qu'en succession collateralle, en l'article 289. qui porte ces mots: Entre nobles au regard des choses nobles tant en succession directe, que collateralle, le principal heritier masle prend pour son droict d'aisnesse le principal chastel. Et l'article suiuant porte : Et quant au surplus de toutes les terres nobles, l'aisné en prend les deux tiers, & tous les puisnez fils & filles l'autre tiers à iceluy diuiser esgalement entre eux; & où il escherroit subdiuision de l'vn, ou plusieurs predecedez, sera gardé l'aduantage à l'aisné. Partant soustenoit qu'au moyen de cest article dernier, il deuoit auoir les deux tiers pour son droict d'aisnesse, de toutes les terres nobles, aussi bien en la part qu'eust appartenu à ses sœurs, cessant leur renonciation, comme au surplus desdites terres nobles qui se sont trouuées en la succession de leur pere; puis que par ledit article l'aisné est fondé en la subdiuision, & succession des freres & sœurs decedez, de prendre son droict d'aisnesse ; que *eadem ratio* en la renonciation des sœurs, au faict qui se presente, comme si elles fussent decedées auant le partage. Les puisnez au côtraire soustiennent qu'il faut faire six lots, comme ils sont six enfans, & que l'aisné peut prendre son droict d'aisnesse, comme il eust fait

fi leurs sœurs succedoient & qu'elles n'eussent renoncé : mais
que subdiuisant les parts desdites sœurs qu'il ne peut pretendre
sur lesdictes parts son droict d'aisnesse, ains qu'ils doiuent succeder esgallement & prendre autant les vns que les autres, aux
parts des sœurs, par ce que la renonciation qu'elles ont faicte,
estant faicte en leur faueur, ils doiuent tous prendre esgal profict à ce qui a appartenu à leursdites sœurs, comme estant vne
espece de donation qu'elles leur ont faicte de leurs portions hereditaires, ausquelles chacun doibt autant auoir l'vn que l'autre. Que cela auoit esté iugé en vne donation faicte de la terre
de Ville-Parisis à vn nommé de Paris, & aux siens. Fut iugé que
les enfans ou petits enfans dudict de Paris succederoient esgallement en ladite terre donnée, sans y prendre par l'aisné droict
d'aisnesse. L'aisné replique que toutes dispositiõs se doiuent en-
tẽdre & interpreter pour succeder *secundum ius commune*, suiuant
la loy *commodissime. de lib. & post.* suiuant la loy *defunctus. Cod. de
fus & legit & ibi Baldus.* Que les Coustumes *sunt'ius nostrum
commune*, selon lequel l'on doibt interpreter la renonciation
des sœurs, faicte en faueur des masles, pour succeder par lesdits masles *secundum consuetudinem, aut consuetudines*, sous lesquelles lesdits biens & terres, dont est question, se trouueront
assises, n'ayant point plus particulierement declaré leurs volon-
tez, & intentions. Ce qui se tire de la loy *Gallus. §. 1. & §. & quid
si tantum. de lib. & posth.* où l'on supplée *ex lege Velleia*, ce qui est
obscur, & incertain en vne substitution, l'on l'esclaircit, & s'interprete selon la disposition de la loy, & s'execute *ex mente & dispositione legis*. De mesme ceste renonciation estant faicte par les
sœurs, par laquelle elles laissent à leurs freres, les parts & portions qu'elles pouuoient auoir en la succession de leur pere, pour
sçauoir comment se partageroient lesdites portions, ausquelles
les sœurs ont renoncé, ne l'ayant lesdites sœurs declaré, il faut
recourir à la loy, qui est à dire à la Coustume, pour en sçauoir
l'interpretation, & suiure ce que la Coustume en dict, & selon
icelle interpreter l'intention de celles qui ont renoncé. Et a esté
ainsi iugé par vn Arrest du cinquiesme Ianuier mil six cens dix-
sept à l'Audience : car par ledit Arrest il a esté ordonné que les
neueux, & niepces representant leur pere, ou mere, subdiuise-
ront & partageront les biens entre eux selon la Coustume,
comme vne succession collateralle à laquelle leurdict pere ou
mere eussent succedé s'ils eussent esté viuans, & non comme

s'ils auoient lesdits biens *à patre aut à matre* , & qu'il fust question de partager vne succession directe. Par Arrest prononcé
à Noël mil six cens dix-neuf, il a esté ordonné que les masles
succederoient esgallement aux parts & portions hereditaires de
leurs sœurs.

Lon presume pour le premier testament , qui est solemnel , en-
cores qu'il ait esté reuoqué par vn testament subsequent,
qui ne se trouue en bonne forme.

ARREST. CXXXIV.

VN testateur faict trois testamens. Par le premier il
faict plusieurs substitutions apres l'institution , &
faict des legs, & autres dispositions , selon sa volonté , & estoit ledit testament bien & sollennelle-
ment faict , selon la Coustume des lieux. Il en fait
vn second, lequel est conforme au premier pour les substitutions. Le troisiesme estoit solennel, & reuoquoit les deux precedens; mais lors du deceds dudit testateur, il se trouua rayé,
& biffé. A pres le deceds du testateur, les heritiers *ab intestat* disoient, qu'il ne falloit auoir esgard à aucun desdits testamens,
par ce que le premier estoit reuoqué par le dernier, lequel encores qu'il se trouuast biffé , & raturé lors du deceds du testateur, que toutesfois l'on ne pouuoit doubter que *apparebat vo-*
luntas defuncti, qu'il n'entendoit que ledict premier testament
sortist aucun effect , l'ayant reuoqué; & que si le dernier *erat*
deletum , aut id consulto factum , aut non consulto ; si consulto, que
c'estoit vne preuue toute euidente qu'il vouloit deceder intestat, & qu'aucun de ces testamens n'eust lieu : *si inconsulto* , qu'il
en faudroit auoir preuue , par ceux qui veulent soustenir que
ledit premier testament doit subsister , la presomption estant
que *fuit consulto deletum* , s'estant trouué comme cela, apres le
deceds dudit testateur rayé & biffé par tout, & partant que *ex*
l. 1. de his que in testamento delentur , le testament ne pouuoit
subsister, & sur tout qu'il estoit considerable que l'institué &
premier substitué estoient decedez auant le testateur. Les substituez suruiuans, au profict desquels ledit testateur auoit dispo-

sé par ledit premier testament, soustenoient qu'il n'y auoit point
de difficulté, que le premier testament ne deust subsister, puis
qu'il ne paroissoit point qu'il fust valablement reuoqué ; car le
dernier en l'estat qu'il auoit esté trouué apres le deceds dudit testateur, l'on pouuoit dire que ce n'estoit point vn testamét, estát
bastonné, rayé, & biffé. Ce qui monstre que ledit testateur n'a
voulu que ledit testament dernier fust tenu pour son testament,
l'ayant mis en tel estat qu'il n'auoit plus forme de testament. Et
quant au dilemme, que lesdits heritiers *ab intestat* auoient voulu
tirer de la loy premiere *de his quæ in testamento delentur, si consulto aut*
inconsulto fuerit deleũ testamétum, qu'il se destruisoit en le renuer-
sant & l'expliquant au vray sens auquel il se deuoit prendre. Car
il faut dire que *si consulto sit deletum*, qu'il est indubitable que le
premier doit subsister, se trouuant solemnel, & faict selon
les formes requises, suiuant l'aduis de Cuias sur Papinian expliquant la loy *qui ex liberis. §. testamento. de bon. possess. secundum tab.*
Si inconsulto sit deletum, que cela n'estant presumé que ce seroit
ausdits heritiers à en faire preuue, estans d'accord que la presomption est qu'il ait esté *consulto deletum*, *non consulto*, s'estant
trouué en ceste forme lors du deceds dudict testateur. *Ex his* il
resulte que le defunct a voulu que son premier testament subsi-
stast, & sortist son plein & entier effect, n'estant le dernier testament, portant la reuocation du premier, en aucune façon
considerable ; ayant esté suffisamment iustifié, qu'il ne pouuoit
auoir aucun effect, & partant que la reuocation contenuë en
iceluy dudit premier testament n'estoit valable. Par Arrest prononcé à Pasques 1620. la Cour a iugé que le premier testament
sortiroit son plein & entier effect. Cest Arrest estant nouuelle-
ment imprimé & rapporté fort au long, auec toutes les particularitez & raisons de Messieurs les Rapporteur & Comparti-
teur, par ce qu'il auoit esté party, l'on y pourra auoir recours.

*En fideicommis, ou substitution, la mort ciuile n'est
reputée pour mort naturelle.*

ARREST CXXXV.

MÆVIVS faict son testament, par lequel il instituë
Cornelius son heritier, & s'il decede sans enfans, il
luy substituë ses neueux Pierre, Nicolas, Iacques,
Iean & François. L'heritier institué estant decedé
sans enfans, Pierre iouist des biens, & apres luy Nicolas. Iacques se rend Religieux, & par sa profession Iean entre
en iouïssance des biens, lequel en dispose, & les vend *tanquam
haberet liberè*, estant au quatriesme degré, ayant esté iugé par l'Arrest de Montespan, que toutes substitutions sont reduictes à
quatre degrez outre l'institué, tant auant que depuis l'Ordonnance de Moulins & d'Orleans ; & qu'il faut ainsi entendre l'article 57. de ladite Ordonnance de Moulins. Monsieur le President Brisson le tient ainsi en son Code Henry, que par ledit article 57. de ladite Ordonnance de Moulins, toutes substitutiõs
sont reduictes à quatre degrez, François l'vn des substituez qui
suit apres Iean, en l'ordre des substitutions portées par ledit testament, faict appeller l'acquereur pour voir dire, que les biens
par luy acquis seront declarez subjects à ladite substitution, aduenant le deceds dudit vendeur. Le vendeur est sommé qui
prend le faict & cause, & soustient qu'estant au quatriesme degré de substitution, *habant liberè*, & que François son frere n'y a
rien, ainsi qu'il a esté representé cy dessus. Au contraire soustient François, que Iacques son frere qui estoit au troisiesme
degré, s'estant faict Religieux, il n'est point compté, & partant
que Iean qui est le vendeur, qui suit Iacques en l'ordre desdites
substitutions, n'est qu'au troisiesme degré : Et d'ailleurs qu'il
peut aduenir que Iean vendeur decedera auant Iacques, qui
estoit au troisiesme degré. *Et sic*, il sera vray de dire audit cas, que
celuy qui est au troisiesme, ayant suruescu celuy qui est au quatriesme degré, que luy François sera capable de ladite substitution, ne se trouuant qu'au quatriesme degré. Par ce que l'ou
suit au Palais la decision de *Bart. in l. 2. §. si sertur : de bon. possess.
contra tab.* que *quæque persona* qui a iouy, *facit gradum*, & que l'on

compte les degrez par les personnes qui ont iouy, & non par les
generations : & a esté ainsi iugé par Arrest au procez de Leuis,
ou Quelus; & par l'Arrest de Peyre donné au Grand Conseil.
Iean vendeur replique, que Iacques leur frere estant Religieux,
pro mortuo habetur, n'estant plus capable de succeder: tous les Religieux font vœu de pauureté, & ne succedent à leurs parens,
ny le Monastere pour eux, par ce qu'en France, *nostris moribus*,
l'on ne garde l'Authent. *Ingressi. Cod. de sacris. Ecclesi.* Que s'il est
reputé mort, il ne faut point entrer en consideration, s'il pourroit suruiure luy vendeur, par ce qu'il est desia tenu & reputé
pour mort; & qu'encores qu'il n'ait iouy des biens de la substitution, qu'il ne laisse d'auoir faict vn degré entre les substituez,
qui est le troisiesme; par ce qu'encores qu'il soit vray que l'on
compte les degrez en vne substitution, par les personnes, & non
par les generations, que neantmoins il est vray de dire que Iacques, comptant les personnes, estoit le troisiesme substitué; &
partant que luy vendeur, estant au quatriesme degré, estant en
ordre apres Iacques, qu'il a peu vendre, puis que les substitutions ne peuuent passer plus auant, que le quatriesme degré,
suiuant l'Ordonnance, comme il a esté dict. François respond
que Iacques qui s'est rendu Religieux est bien reputé mort ci-
uilement; mais que la mort ciuile n'est tenue ny estimée pour
mort naturelle *in fideicommisso, & substitutione fideicommissaria*, suiuant la loy *Statius Florus. §. Cornelio Fœlici. de iure fisci*, où il est dict
que *conditio apposita in mortem alicuius, non ante ea conditio existit
quàm naturalis mors contigerit, non etiam ciuilis. Idem in stipulatione.
l. ex ea parte. §. in insulam. de verb. oblig. vbi deportato reo promittendi,
stipulatio in eius mortem concepta, non committitur.* Et cela iugé par
Arrest rapporté par du Luc, le Roy Henry II. seant au Parlement le 4. Iuin 1549. Il est de mesme en vn doüaire, lequel n'est
deub à la femme par la mort ciuile du mary: ainsi iugé par Arrest
du 27. Ianuier 1596. *Idem in vsufructu. l. in metallum. de bon. dam.*
Par Arrest prononcé à la Nostre Dame de Septembre 1620. iugé que la vendition tiendra, à la charge neantmoins de reuer-
sion au profit de François, si Iean qui a vendu decede auant le
Religieux.

*Vn contract de mariage passé hors de la France, ne porte
hypotheque sur les biens qui sont en France.*

ARREST CXXXVI.

V N François qui auoit des biens en France, se va marier en Lorraine : il oblige par son contract de mariage tous ses biens , aux conuentions matrimonialles de sa femme. Aucuns de ses creanciers depuis ce
mariage, font saisir les immeubles que le mary auoit
en France, pour estre payez de ce qui leur estoit deub par contracts & obligations passées depuis ledit contract de mariage,&
font mettre lesdits biens en criées. La femme qui en est aduertie
s'oppose en vertu de son contract de mariage , pour ses conuentions matrimoniales. Quand il faut faire l'ordre, suruient differend entre elle & les creanciers , pour sçauoir si elle peut pretendre hypotheque sur lesdicts biens , qui appartiennent à son
mary, du iour de sondit contract de mariage , & si elle sera mise
de ce iour, en ordre sur lesdits biens , auant les creanciers subsequens, qui ont hypotheque, & ceux mesme qui n'en ont point,
qui ont les premiers faict saisir , ou qui se sont opposez auant elle , par ce que l'opposition vaut saisie quand il y a vn premier saisissant, à cause que saisie sur saisie ne vaut. La femme soustient
que son contract de mariage porte hypotheque , sur les biens
qui sont assis en France appartenans à son mary , & partant
qu'elle doit estre mise en ordre du iour dudict contract de mariage, auant tous les autres posterieurs creanciers hypothecai-
res, ou chirographaires. Qu'il est constant qu'il porte hypotheque sur les biens assis en France, encores qu'il soit passé hors de
la France , parce que l'on ne doit douter de ce qui a esté iugé
par les Arrests, lesquels doiuent seruir de loy à tous ceux qui
plaident. Qu'il y a eu Arrest le 8. Aoust 1598. donné entre Damoiselle Barbe Philippes, veufue de Diego Nismes Denora demanderesse, & poursuiuante criées, d'vne part : Et Maistre Denys Simon sieur de Marquemont, & consors defendeurs d'autre, par lequel il a esté iugé qu'vn François ayant contracté mariage en Flandres , & le contract de mariage ayant esté passé en
Flandres,

Flandres, que ledit contract porte hypotheque sur les biens af-
sis en France du iour que ledit contract a esté passé. Arrest fondé en grande raison : car si par l'Ordonnance faicte en l'an 1539.
article 66. il est porté que tous contracts passez sous seaux authentiques, sont executoires contre les obligez, & leurs heritiers, sur tous leurs biens, quelque part qu'ils soient assis, &
trouuez; pourquoy fera-l'on difficulté, que les mesmes contracts
qui peuuent estre executez par tout, ne portent hypotheque
pareillement, par tout où ils peuuent estre executez, & où le
debteur a des biens? pourquoy l'execution, sinon à cause de l'hypotheque? l'execution estant permise par ladicte Ordonnance
non seulement contre les personnes obligées, mais aussi sur les
biens quelque part qu'ils soient assis : si l'hypotheque n'auoit
lieu sur les biens, l'execution ne se pourroit faire sur les biens.
Que si l'on dict que l'Ordonnance s'entend des contracts passez
dans le Royaume, cela ne se peut dire, par ce que la Cour a iugé le contraire en propres termes, par vn Arrest du vingt-hui-
ctiesme May 1601. donné à l'Audience. Il estoit question de
sçauoir, si vne obligation passée à Verdun, deuant vn Notaire
de l'Euesque, & Conte de Verdun, Seigneur spirituel & tem-
porel, seroit executoire en France, & si elle portoit hypotheque, car l'vn va auec l'autre, & l'execution sur les biens depend
de l'hypotheque, comme il a esté dict. Il fut remarqué en plaidant que Verdun estoit ville Imperiale, en la protection neantmoins du Roy, que cela se remarquoit dans l'Histoire d'Aimo-
inus, Regino, & d'Abbas Vspergensis. Monsieur l'Aduocat du
Roy Marion, plaidât pour Môsieur le Procureur General, remô-
stra que tout ce qui estoit passé, mesme hors le Royaume, pardeuant personnes publiques, estoit aussi tenu pour public en
France, & qu'vne obligation passée mesme à Rome portoit
hypotheque en France : mais qu'il falloit pour l'execution distinguer: Si ladite execution se faict, où le seel est authentique,
sous lequel l'obligation que l'on veut executer, a esté passée, ladite obligation a son execution parée, estant seellée, sans demander permission par le Sergent qui en est porteur. Si l'execution se faict hors le territoire, où le seel est authentique, elle est parable, c'est à dire qu'il faut demander permission au Iuge
du lieu où l'on veut faire l'execution, de mettre l'obligation
à execution, comme l'on auoit faict au faict qui se presentoit
en ladite cause. Neantmoins le Iuge de Langres auoit ordonné

P p

que l'on se pourroit par action. Appel de ladite sentence. Par
ledit Arrest la Cour dict qu'il auoit esté mal iugé, en emendant,
ordonna que ladicte obligation seroit executée. Apres ces Arrests *niti in contrarium*, qu'il n'y auoit apparence, estant mesme
question d'vn contract de mariage, lequel est assisté de toute
faueur, & en consideration duquel a esté donné le susdict Arrest du huictiesme Aoust 1598. lequel auoit iugé ceste cause en
vn faict indiuidu, & tout pareil. Demeuroit bien la demanderesse d'accord, que s'il s'agissoit de l'execution d'vn iugemēt dō-
né en vne autre souueraineté, lequel l'on voulust executer en
France, pour raison des biens assis en France, que cela ne se
pourroit pas faire, & qu'il se faudroit pouruoir par action, & a-
uoir iugement pour les biens de la France, & que celuy qui
auroit esté donné ailleurs hors la France, *non faceret ius* hors de
la souueraineté, où il auroit esté donné, parce que le Roy ne recognoist point d'autres Iuges dans la France que les siens, ou
ceux dont les appellations ressortissent en ses Parlemens : & n'y
a que luy, ou ses officiers *qui possint ius dicere* entre ses subiects,
pour chose assise en France, ou les officiers des Seigneurs qui
exercent leur Iustice par sa permission. Il y eut Arrest qui l'a ainsi
iugé à l'Audience, au roole de Champaigne, plaidans Escor-
cheuel, & le Beau, en l'an 1585. combien que Bartole tienne le
cōtraire, *in l. cunctos populos. Cod. de summa Trinit.* de mesme *cap. Ro-
mana.* §. *multis. de foro comp. in 6.* Que s'il estoit question de sçauoir
si vne personne qui a esté rendu infame par vn iugement donné
en vne autre souueraineté, sera tenu pour infame en la souueraineté où il se trouue, l'on ne doubte point qu'il est infame par
tout, parce qu'ayant esté conuaincu d'estre larron, ou d'auoir
commis vn autre crime en la souueraineté où il estoit lors demeurant, il n'apporte pas auec luy son procés, pour le iuger v-
ne autre fois, quand il va en vne autre souueraineté. Cela est
perpetuel en matiere criminelle, qui est vne matiere personnelle, la tache & la note estant inherente à la personne quelque
part qu'il aille, puis que l'on ne luy peut faire de nouueau son
procés, en vn lieu où le delict n'a pas esté commis, & où les tesmoins ne sont pas pour en pouuoir parler. C'est pourquoy celuy qui a esté declaré larron à Rome, est larron, & noté d'infa-
mie à Paris, & en quelque lieu qu'il aille. Mais il n'est question
au faict qui se presente, de iuger vne matiere criminelle ny ciuile, mais de sçauoir si celuy qui a consenty l'hypotheque de ses

biens par contract, l'a pas aussi bien consenty pour vn lieu, que pour vn autre, quelque part qu'il ait faict ledit consentement; n'estant necessaire qu'il soit au lieu où il a des biens pour rendre son consentement valable pour l'hypotheque de ses biens : car autrement il faudroit que celuy qui se voudroit obliger, & ses biens, allast contracter en autant de lieux, comme il y en auroit où il possederoit des biens. C'est chose absurde, & esloignée de raison & d'apparence : mais l'hypotheque dependant de l'obligation personnelle, depuis que la personne est obligée par contract passé pardeuant personnes publiques, l'hypotheque suit, quelque part que les biens soient assis. Les creanciers disent au contraire, que pour acquerir l'hypotheque en France, il faut que le contract ou l'obligation soit passée en France, pardeuant des personnes qui ayent faict le serment en Iustice, & entre les mains des Officiers establis par le Roy, ou par les Seigneurs ausquels il a accordé la Iustice, & les droicts de Tabellioné. Qu'vn François peut bien se retirer du Royaume, & abandonner son pays, & obliger là où il est sa personne tant qu'il voudra, mais qu'il ne peut pas obliger ses biens qui sont en France, pour oster au Roy le pouuoir qu'il a sur tout ce qui est au dedans de son Royaume, & qui tient de luy, ou mediatement, ou immediatement. Et ne se faut persuader qu'en consequence de l'obligation personnelle, la reelle, & celle qui affecte les choses, suiue, & que l'vne depende de l'autre : car en termes de droict, *sublata personali actione remanet hypothecaria*, Cynus le traicte *in l. cum notißimi. Cod. de præscript.* 30. *vel* 40. *annorum*, & sur la loy 1. *Cod. de luit. pign.* qui y est expresse. Ainsi iugé par Arrest en la maison de Haqueuille, la mere du sieur de Haqueuille ayant esté trente trois ans sans demander son douaire, son fils le demande apres ce temps là. L'on luy dit que *sublata personali tollitur hypothecaria*; Iugé par Arrest, que les biens du pere estoient affectez au douaire, & que le fils les pourroit faire saisir à faute de payement. La raison qu'en rend Cynus, c'est que *in obligationibus iuris gentium*, comme sont les contracts, *est duplex obligatio, aut duplex vinculum*, l'vn personnel, l'autre reel, distincts & diuisez, sans que l'vn depende de l'autre. Cela est bien certain de droict : mais l'on a doubté si l'on le deuoit obseruer en pays coustumier : & par Arrest donné à la Cinquiesme, en Septembre 1587. au rapport de Monsieur Despinois, iugé que *sublata personali remanet hypothecaria*. Quant aux Arrests que la demanderesse allegue, que celuy

du 8. Aouſt 1598. ſeroit fort conſiderable, ſi elle en faiſoit apparoir; mais ne paroiſſant point, qu'il faut croire qu'il y auoit des
particularitez, qui ſont cauſe qu'il n'eſt produict. Pour le regard
du ſecond Arreſt par elle allegué, du 28. May 1601. l'on ſçait,
parce qu'il a eſté donné à l'Audience, que l'on n'eſtoit pas d'accord, que Verdun ne fuſt de la ſouueraineté de France, & ſouſ-
tindrent Meſſieurs les Gens du Roy, contre l'Aduocat qui l'a-
uoit mis en faict, qu'il ſ'eſtoit meſconté, & que cela n'auoit deub
eſtre dict au Barreau, le contraire eſtant veritable. Partant que
comme l'on eſt d'accord, qu'en France l'on n'eſt point aſtraint à
vn iugement donné en vne autre ſouueraineté, qu'auſſi le contract fait hors de la France ne peut donner aucune hypotheque
ſur les biens aſſis en France, ſi l'on n'a vn iugement par lequel
les heritages qui ſont en France, ſoient declarez affectez & hypothequez à la debte contenuë au contract, & à laquelle celuy
qui l'a paſſé s'eſt obligé: tout ainſi que pour les biens d'vne ſucceſſion qui ſont en France, s'il y a differend de ſçauoir qui eſt
heritier, il faut vn iugement au profict de l'vn ou de l'autre des
contendans, qui ſoit donné en France, ne luy pouuant ſeruir
pour les biens de France, celuy qui a eſté donné en autre ſouueraineté, en laquelle l'on a plaidé pour ladite ſucceſſion, à cauſe des biens qui y ſont aſſis. Que la faueur des contracts de mariage *nihil mutat*, eſtans oppoſez à icelle les droicts de ſouueraineté, leſquels preponderent, & paſſent la faueur des particuliers, comme faict la faueur du public, celle des perſonnes pri-
uées. Que l'on ne peut obmettre vne grande conſideration,
qui eſt qu'il eſt incertain ſi ceux qui ont receu ledit contract de
mariage, ſont Notaires & perſonnes publiques, n'eſtás cogneus
en France; & quand ils ſeroient atteſtez eſtre tels, par ceux qui
ſe diſent Iuges & Officiers de Iuſtice au meſme lieu, il y a autant
de doubte & d'incertitude, ſi ceux qui donnent ladite atteſta-
tion ſont Iuges & perſonnes publiques, comme il y a pour les
Notaires, eſtans auſſi peu cogneus en France les vns que les autres; & eſt d'vne incertitude paſſer à vne autre. C'eſt pourquoy
il n'eſt pas raiſonnable en choſe ſi douteuſe, & qui a ſi peu de
certitude, d'oſter à des François regnicoles leurs droicts, & leur
faire perdre leurs debtes, pour gratifier des eſtrangers, qui tire-
ront hors de la France le ſuc & la ſubſtance du debteur, prenant
à leur profict le prix des heritages dudit debteur, pour l'empor-
ter hors du Royaume, au preiudice des pauures François, qui

seront peut-estre par ce moyen ruinez. Par Arrest prononcé
à la Nostre Dame de Septembre 1621. il a esté ordonné que les
creanciers seroient preferez & mis en ordre sur le prix des heritages vendus par decret auant ladite demanderesse.

---

*Donation faicte pour cause pie, non acceptée ny
insinuée, est nulle.*

ARREST CXXXVII.

IL a esté prononcé deux Arrests à la Nostre Dame
de Septembre 1588. le premier est en son ordre,
celuy-cy ayant esté oublié, a esté mis à la fin, parce qu'on ne s'en est apperceu que le liure estant
sur la fin de l'impression. Mæuius donne à l'Eglise
par donation entre vifs, pour fondation de quelques seruices,
sans que la donation soit acceptée ny insinuée. Les heritiers du
donateur debattent ceste donation, & disent que par trois Ordonnances de 1539. de 1549. & de 1566. toutes donations doiuent estre insinuées, à peine de nullité, sans exception quelconque; partant que ceste donation ne peut subsister. Demeurent d'accord que les donations faictes à l'Eglise *in causam piam,*
sont fauorables; mais ce n'est pas pour preualoir à ce qui est
introduit par tant d'Ordonnances, *quæ tuentur ius publicum.* Pour
cela l'on a iugé que l'Ordonnance qui defend d'informer par
tesmoins, en chose excedante cent liures, doibt estre gardée *in
foro Ecclesiastico,* pour ce qui est du Sacrement de mariage, quand
l'on allegue promesse de mariage *de præsenti,* encores que l'on
representast que les Ordonnances ne lient *in his que vergunt in
animæ dispendium,* & qui vont à la conscience, de desnier qu'il y
ait mariage, qui est vn Sacrement. L'Arrest est du 22. Ianuier
1604. plaidant Maistre René Chopin: combien que de droict
canon, ny de droict ciuil, *tabulæ nuptiales non requirantur,* & que
les promesses verbales soient receuës, *cap. veniens. de spons. l. cùm
citra. Cod. de iure dot. & l. contrahitur. de pign.* Bien est vray que depuis les Arrests ont distingué si la promesse estoit *per verba de præsenti;* auquel cas l'on a iugé que la preuue n'en peut estre receuë, parce que l'Ordonnance de Blois defend telles promesses
en l'article 44. & c'est le cas de l'Arrest cy dessus cotté, & d'vn

autre du 6. Mars 1608. donné à l'Audience. Que si la promesse est *de futuro*, l'on en a permis la preuue par tesmoins, par Arrest du 14. Feurier 1608. à l'Audience ; parce que ce n'est directement contre l'Ordonnance de Moulins, qui defend la preue ue par tesmoins de ce qui excede cent liures : ioinct qu'il y va du faict de la conscience ; ce qui n'est au faict qui se presente, puis que la forme requise par l'Ordonnance pour donner valablement entre vifs, ne se trouue en la donation : & dit la loy *sancimus. Cod. de donat.* que si celuy qui donne ne fait insinuer, qu'il est presumé *actum voluisse facere inutilem.* La loy excepte seulement les donations faictes *in redemptionem captiuorum* : & la loy *apud Cessum. de doli mali & metus except.* dict que *donatio in arca retentata nihil operatur*, qui est à dire celle qui n'a esté insinuée *apud acta*, ny acceptée. Le mineur aussi n'est releué d'vne donation qui luy a esté faicte si elle n'a esté insinuée, comme la Cour l'a iugé par Arrest en robbes rouges, qui est cy deuãt rapporté. La Coustume de Paris, art. 292. porte par exprés, que l'on ne peut exceder ce qu'il est permis de disposer par testament, encores que ce soit pour cause pitoyable. De mesme si le testamēt est nul faute des solemnitez requises par la Coustume, les legs faits en faueur de l'Eglise, ou aux pauures, ou pour cause pie, ne sont valables, comme le traicte Boerius *decis.* 93. *Molineus cons.* 53. & ainsi iugé par les Arrests rapportez par Chopin *lib. 3. de priuil. rustic.* & Robert *lib. 1. cap. 1.* rapporte auoir esté iugé, que la legitime deuë aux ascendans est preferée aux legs pies. Au contraire, disoient les donataires, que lesdites Ordonnances qui ont introduict les insinuations en France, ne font autre que receuoir la disposition du droict escript, par lequel l'insinuation des donations a lieu, combien qu'en quelques circonstances & particularitez, les insinuations soient autrement reiglées par les Ordonnances, qu'elles ne font par la disposition du droict escript : Mais tant y a, les insinuations sont tirées & viennēt du droict escript, par lequel les donations faictes *in piam causam* estoient valables sans insinuation. La gl. sur ladite loy *sancimus. Cod. de donat.* le dict expressément, & la loy mesme le dict expressément *in redemptione captiuarum*, qui est vne exemple *pia causa.* Et la loy *illud. Cod. de sacros. Eccles.* dict que *insinuatio non requiritur in causis pijs* ; du moins *vsque ad quingentos solidos.* Et par plusieurs Arrests a esté iugé que les fondations faictes pour des Messes & seruices, n'estoient subiectes à insinuation : & le 24. May 1606. fut donné

Arrest à la Chambre de l'Edict, par lequel l'on confirma vne fondation d'vn Religieux aux Minimes, l'insinuation n'ayant esté deuëment faicte. Il se peut remarquer plusieurs cas esquels l'insinuation n'est requise, ny de droict, ny par l'Ordonnance, ainsi que les Arrests l'ont iugé. Pour le droict, il suffira d'en remarquer vn cas notable qui est en la loy *si pater. §. 1. de donat.* où il est expressément decidé que la donation faite *ei qui me exemit à la truncalii, non eget insinuatione.* En l'Authent. *eò decursum. Cod. de donat. si donatum sit à viro vxori,* l'insinuation n'est requise. Par les Arrests l'on a iugé qu'vne donation faicte *ad alimenta* à vn bastard, *non eget insinuatione,* l'Arrest cy dessus rapporté, prononcé en robbes rouges à la my-Aoust 1582. Ce qui est donné par le pere à son fils pour son tiltre presbyteral, n'est subiect à insinuation ny à rapport, par Arrest du 5. Decembre 1619. Il a esté pareillement iugé qu'vne donation faicte par le pere en aduancement d'hoirie par contract de mariage aux enfans, n'est subiecte à insinuation, combien que Monsieur Loüet en remarque vn contraire, f. 247. Et est à considerer ce que dict la loy *plerumque. de adilitio edicto,* que l'on doibt tousiours prendre garde *ne pietatis ratio sit offensa.* A cause dequoy ceste loy dict, que *receditur* de ce qui est de la rigueur du droict *ratione pietatis.* Aussi en la loy *ait Prætor. §. 3. de iure deliber.* il est dict, *exequenda esse post mortem defuncti quæ sine piaculo præteriri non possunt :* & en la loy *cum ti qui. §. in ea. de condict. indeb.* il est dict, *sublata falsa opinione, remanet causa pietatis, ex qua solutum repeti non potest.* Seneque disoit, *lib. de Consolatione ad Martiam, cap. 1. permittit sibi quædam & contra bonum morem magna pietas.* Tant y a, lesdits heritiers ont euxmesmes remarqué l'Arrest du 14. Feurier 1608. par lequel la Cour contre l'Ordonnance de Moulins, a receu les parties à informer d'vne promesse de mariage, *intuitu pietatis.* Arrest prononcé à la Nostre Dame de Septembre 1588. par Monsieur le Premier President de Harlay, par lequel ladicte donation & fondation a esté declarée nulle, & de nul effect.

Qu'vne fille impubere, qui n'a accomply douze ans, n'est ca-
pable de contracter mariage, & est priuée de ses
conuentions matrimonialles.

ARREST CXXXVIII.

'ARREST qui suit a esté prononcé pendant que
ce liure estoit sur la Presse, & a esté adjousté auec
les autres. Gabriel Hodier espouse vne fille,
aagée seulement d'vnze ans, & peu plus, ne
demeurant que trois mois en mariage, apres les-
quels le mary estant allé à la guerre de Sauoye, il y fut tué en
duel. Apres son deceds, sa veufue se remarie presque aussi
tost, auec Gabriel de Chamfeu, sieur de Riage, lesquels se constituent demandeurs contre les heritiers dudit Hodier premier
mary, pour la restitution du dot de ladite femme, qui l'auoit espousé en ce ieune aage, pour le payement de 500. liures de doüaire par chacun an, trois mil liures de preciput, & quinze cents
liures de bagues & ioyaux. Les heritiers dudit mary soustiennent lesdits demandeurs non receuables pour trois raisons. La
premiere, que le mariage n'a esté valable, ayant esté contracté
ante annos pubertatis completos, & n'ayant lors la femme douze ans
complets, comme il est requis tant par la constitution canoni-
que *in cap. de illis. ext. de desp. impuberum*, que par la ciuile, *S. 1. Inst.*
de nupt. & en la loy, *falsus, S. 1. quod falso tut. auth. gestum est, vix*
ignoscitur au pere *si ante duodecimum annum tradiderit filiam suam in*
matrimonium. Ignoscendum patri, ce dict la loy, *si filiam suam matu-*
riùs in familiam sponsi perducere voluerit, affectu enim propensiore magis,
quàm dolo videri id fecisse. Et bien que ç'ait esté vne contention &
dispute entre les Iurisconsultes, & que Sabinus & Cassius ayent
tenu, que *ex habitu corporis, non ex ætate*, la puberté deuoit estre
considerée; neantmoins *prænaluit*, & a esté plus suiuie l'opinion
de Proculus, qui a tenu qu'il falloit regler par l'aage la puberté.
Que si les Canonistes semblent s'y estre rendus plus indulgens,
& auoir estimé que le mariage pouuoit subsister *ante duodecimum*
completum, selon la disposition des personnes, qui sont plus tost
propres à la generation les vns que les autres; cela estant plein
d'incertitude, il vaut beaucoup mieux se tenir à la reigle : d'autant

tant mesme que les Canons ne tendent à ceste opinion, que
quand la fille *est proxima* de la puberté, *in c. continebatur.* §. 1. *de
desp. impub. ext.* & au fait qui se presente, la demanderesse n'auoit
que trois iours sur le douziesme de son aage, quand elle a contracté mariage, *& sic ante annos pubertatis.* Et comme l'on considere au mariage trois choses, *fides, proles, & sacramètum, can. omne.
27. q. 2.* il faut *vt proles suscipiatur,* auoir l'aage competent & reglé
pour cela. La seconde raison est, qu'elle n'a poursuiuy ceux
qui ont tué son mary ; ce qui la rend priuable de ses conuentiós,
aussi bien qu'est l'heritier de la succession, quand il n'en a aussi
faict son deuoir, *l. his consequenter.* §. 1. *fam. ercisc.* La troisiesme
raison est, qu'elle s'est remariée *intra annum luctus,* qui la rend
aussi priuable de ses conuentions, *propter turbationem sanguinis,*
suiuant la Nouelle 22. *de secundis nupt.* C'est pourquoy S. Hie-
rosme au can. *quomodo. 31. q. 1.* parle de telle sorte des secondes
nopces, qu'il semble n'en estre d'aduis. A cela respondoient les
demandeurs, que quant à la premiere raison, qui est de l'aage
pour contracter mariage par vne fille, qui est à douze ans complets, que l'on doit suiure, en ce qui est des mariages, la constitution canonique, laquelle est toute formelle, que le mariage se
peut contracter *ante duodecimum, in vndecimo* mesme, par le chap.
continebatur, au §. 1. *de desp. impub.* & par Infinis autres textes, *can.
nec aliqua. 27. q. 1. cap. proposuisti. ext. de prob. cap. causam.* au mesme
tit. *cap. vnico.* §. *idem. de desp. imp. in 6. c. puberes. ext. de desp. impub.*
& ce pour ne rompre vn mariage, & dissoudre vn sacrement te-
merairement, lequel ne se considere que par la verité, si les personnes ont esté capables de le contracter, encores qu'ils n'eussent l'aage de douze ans pour la femme, & de quatorze pour le
mary, & la presomption estant qu'ils le peuuent consumer
quando sunt proximi pubertatis ; ce qui est mesme à vnze ans, ainsi
qu'il a esté remarqué *ex dicto c. continebatur. ext. de desp. impub.* Et
ce sacrement est de telle importance, que *si dolus dederit causam
matrimonio, non rumpitur. c. veniens. ext. de conuers. coniugat.* L'on ne
doubte point qu'à sept ans *possit sponsalia cötrahi,* les textes y estás
tous formels, *cap. 1. de desp. impub. in 6. cap. literas. de desp. imp. ext.*
la loy *in sponsalibus. de spons.* parce que *ea atate* l'vn & l'autre, & l'espoux & l'espouse, peuuët estre capables de döner leur consentement ; partant l'on ne peut faire doubte qu'à vnze ans complets,
& le douziesme commencé, le mariage ne se puisse contracter
effectuellement, duquel le consentement est le fondement &

Q q

la forme qui luy donne son estre. Et a esté iugé que le mariage ne se considere par la consommation, mais par la benediction. Les Arrests sont rapportez par Monsieur Loüet, f. 462. & l'on sçait qu'il a esté donné Arrest à l'Audience, pour le sieur de la Rochette, qu'il s'estoit peu marier à cent ans : & le mesme auoit esté iugé, comme Monsieur Marion le rapporte en la cause, pour vn de la maison d'Aubeterre, qui auoit espousé à cest aage de cent ans la Marquise de Mezieres. Que le defunct premier mary de la demanderesse auoit vingt-cinq ans quand il l'espousa, & partant capable de prendre garde à ce qu'il faisoit ; & est à presumer en cest aage-là, qu'il a sceu que celle qu'il espousoit n'auoit encores atteint la pleine puberté, qui est à l'aage de douze ans accomplis. Pour le regard du second poinct, qui est de n'auoir poursuiuy la vindicte de son dit mary, qu'au contraire, la verité estoit qu'elle auoit enuoyé sur les lieux pour en demander iustice ; ce qui luy auroit esté desnié, parce que l'on disoit que c'estoit non vn duel, mais vn faict militaire, duquel l'on ne pouuoit faire recherche. Quant à la troisiesme obiection, qu'il n'y falloit autre response que ce qui estoit de la disposition canonique, au chap. fin. *ext. de secundis nupt.* par lequel les secondes nopces sont permises *intra annum luctus* : laquelle constitution est aussi suiuie, sans que la femme soit tenue des peines *quæ sunt meri pœnales*, comme de la priuation de ses conuentions matrimoniales, le mariage n'estant nul, & partant *habet effectum ciuiles*, qui est la repetition & demande de tout ce qui luy est deub & promis par son contract de mariage ; mais elle est de verité subiecte aux peines qui sont ordonnées *in fauorem* des enfans. Et a remarqué Rebuffe que c'est vn des cas de droict qui ne se garde en France. Si la cause estoit de pays de droict escrit, il y auroit plus de doubte : mais les parties sont demeurantes en Bourbonnois. Les heritiers repliquoient en vn mot, que le mariage contracté auant douze ans ne pouuoit subsister, & estoit nul, si ce n'estoit que les douze ans accomplis, le mariage eust continué, suiuant le chap. vnique, §. 1. *de despons. imp. in* 6. qui dict que ceux qui se sont promis mariage apres sept ans, si l'vn d'eux n'a l'aage de douze ans, qu'il peut auant ledit aage resilir de ladite promesse ; mais ayant apres les douze ans demeuré en mariage, qu'il ne peut resilir, & demeure le mariage en sa force & vertu. Que ce poinct estant le principal, ils s'y arrestent plus qu'aux autres. Sur ce, sentence du Seneschal de Bourbonnois,

par laquelle les demandes des demandeurs leur sont adiugées.
Appel. La cause plaidée en la Chambre de l'Edict, fut appointée au Conseil; depuis Arrest, par lequel l'appellation, & ce
dont est appellé au neant; en emendant les demandeurs deboutez du doüaire, preciput, & bagues; ordonné que sa dot
sera restituée & renduë. Contre cest Arrest, requeste ciuile, sur
laquelle les parties ont esté mises hors de Cour & de procés : &
fut ledit Arrest prononcé par Monsieur le Premier President à
Noël 1611. & aduertit apres la prononciation, que l'on appren-
droit de l'Arrest, qu'vn mariage contracté auant la pleine puberté n'est valable, si les conioincts n'ont perseueré au mariage,
& habité ensemble, iusques apres la pleine puberté de douze
ans accomplis, & le treziesme commencé.

TABLE DES MATIERES
CONTENVES EN CE LIVRE
D'ARRESTS PRONONCEZ
EN ROBBES ROVGES.

TABLE.

Rr

TABLE.

R r iij

M

TABLE.

crean-

V

TABLE.

FIN.

.

www.ingramcontent.com/pod-product-compliance
Lightning Source LLC
Chambersburg PA
CBHW070332030726
47505CB00004B/1172